코리안드림

통 일 한 반 도 의　　비 전

KOREAN DREAM
코리안드림

센테니얼 에디션

문현진 지음

마음
서재

이 책을 한평생 코리안드림을 갈망했던
선친 문선명 총재께 바칩니다.

서문

코리안드림의 개념 정립과 이 책의 저술은 몇 가지 요인이 종합되어 이루어지게 되었다. 우선, 우리 집안의 내력을 들 수 있다. 나의 선친께 서는 분단된 조국을 통일로 치유하기 위해 일생을 바치셨으며, 한반도 통일을 세계평화를 실현하기 위한 핵심적인 토대라고 보셨다. 북한의 강제 노동수용소에서 처절한 고초를 겪으셨으나 마침내 선친은 1991 년 김일성 주석과의 극적인 만남을 통해 북한의 문을 여는 길을 개척 하셨다. 집안 내력을 조금 더 거슬러 올라가보면, 나의 종증조부 문윤 국 목사는 1919년 기미독립운동 당시 독립선언문 작성 과정에 참여하 셨을 뿐만 아니라, 평안북도 지역에서 만세운동을 주도하다가 투옥되 어 모진 옥고를 치르신 분으로, 이후 집안 재산 전부를 상하이 임시정 부에 독립군 자금으로 바치셨다. 이러한 공로가 뒤늦게 알려져 1990년 건국훈장 애족장이 추서되셨다.

이러한 우리 집안의 특별한 내력은 나로 하여금 한국 역사에 큰 관심을 갖도록 이끌었으며, 컬럼비아대학 졸업논문으로 2차 세계대전이 종전되었던 1945년부터 한국전쟁이 시작되었던 1950년까지 한반도를 둘러싼 갈등 상황에 관해 연구하여 제출하기도 했다. 나는 한민족의 정체성에 기반한 자주적 독립국가를 반드시 건설하겠다던 일제강점기 독립운동가들의 위대한 열망이 어떻게 좌절되었고, 한반도 내부의 정세와 국제적 이해관계가 어떻게 한반도의 분단을 불러왔으며 결국 전쟁으로까지 이어지게 되었는지 이해하고 싶었다.

컬럼비아대학에서 역사학을 전공하고, 하버드 MBA와 통일신학대학원UTS에서 종교교육학 석사 과정을 마친 나는 세계평화활동을 전개하고 있던 선친의 활동, 특히 남북통일을 위한 활동을 가까이에서 도왔다. 역사와 경영과 종교로 이어지는 다양한 교육 배경은 통일문제에 관한 나의 관점을 형성하는 데 도움이 되었고, 비전과 원칙, 그리고 실질적인 성과의 중요성을 깨닫게 하였다. 통일을 통해 이루고자 하는 나라에 대한 명확한 목표 없이 그저 피동적으로 이루어지는 정책 결정들에 의해 우리의 미래가 결정되어서는 안 된다고 생각한다. 통일은 우리의 독특한 역사적 전통에 의해 형성된 한민족의 정체성을 찾는 일부터 시작되어야 한다. 우리 민족이 지향해야 할 미래 운명과 통일의 궁극적인 목표와 세계를 위해 우리 민족이 펼쳐야 할 큰 사명이 바로 그 정체성 속에 있다.

나는 어린 시절부터 해외 많은 나라들을 돌아볼 기회가 있었다. 지금 하고 있는 활동과 관련해서는 특히 남반부의 개발도상국들을 많이 방문하고 있다. 나는 이들 나라에서 다양한 봉사활동과 교육운동, 그리고 기업활동들을 통해 세계평화운동을 주도하고 있다. 이러한 세계적 기반을 통해 국제관계와 개발도상국에 대한 전망, 그리고 통일된 조국의 역할에 대해 고유한 시각을 갖게 되었다.

이처럼 우리 집안의 전통과 나의 교육 배경, 그리고 인생의 경험들과 이를 통해 거둔 성과들이 모두 결합되어 이 책에 담긴 개념들을 탄생시킨 것이다. 이 책은 통일의 과정과 정책에 관한 것이 아니다. 이 책은 통일 과정에 앞서 선행되어야 하고 통일의 과정에서 나침반 역할을 할 비전, 즉 한민족의 역사와 정체성과 운명의 비전에 대한 나의 열정을 담은 소고이다. 이 책은 본래 2014년 한국 독자들을 위해 초판을 냈다. 초판에서 나는 명확한 비전을 통해 우리가 작금의 정치적 분열을 초월하여 한민족의 통일을 이룰 수 있다고 강조했다.

나는 우리 국민들에게 다음과 같이 촉구한다. 우리는 현재의 가치관 및 가장 우선적인 과제가 무엇인지 생각해야 하며, 역사 속에 구현되어 온 우리의 고귀한 이상, 특히 모든 인류를 널리 이롭게 한다는 홍익인간의 원리에 입각하여 살아가야 한다. 그런 삶은 과거를 바라보기보다는 미래에 더 집중한다. 또한 우리는 보편적 원리와 가치에 근거한 새로운 나라를 건설하여 동북아시아 지역에 평화와 안보, 그리고 번영을 가져올 수 있도록 해야 한다. 원칙과 비전에 기초한 한반도 통일의 추구는 동북아시아 지역에 큰 영향을 줄 것이다. 이런 측면에서 나는 2014년에 이 책의 초판을 발행했고, 이어서 일본어판과 영어판을 냈다. 주지하듯이 한반도의 미래는 동북아시아를 넘어서는 영향력을 가진다. 한반도의 미래는 세계의 평화와 번영에 큰 영향을 미치게 되어 있다.

요즘은 그 어느 때보다 평화적 통일이 실현될 수 있는 더할 나위 없이 좋은 여건이 마련되고 있다. 가능성이 희박해 보였던 한반도 통일의 비전이 2014년부터 점차 국제사회의 가장 주목받는 이슈로 전환되었음을 우리는 목격하고 있다. 바로 그렇기 때문에, 우리는 지금 통일을 위한 강력한 도덕적 기반을 준비하고 구축하는 것이 긴급하다.

이 책에서 나는 그러한 가치들 위에 만들어나갈 한민족의 미래 비전과 그것들이 가리키는 우리의 운명을 소개하고자 한다. 모쪼록 이 책이 많은 한국인들로 하여금 이와 같은 비전에 공감하고, 그것을 현실로 만들어나갈 수 있도록 함께 협력하며 영감을 얻는 계기가 되기를 희망한다.

문현진

추천의 글

에드윈 J. 퓰너 박사 Edwin J. Feulner, Ph.D.

헤리티지재단 창설자

•

나는 한국에 대한 깊은 관심과 한국인들에 대한 남다른 애정을 갖고 살아왔습니다.

오늘날 한국은 매우 중요한 전환기에 직면해 있습니다. 한반도는 아직도 분단 상태이며, 이러한 상황은 동북아시아 지역의 경제적 번영에 크나큰 장애일 뿐만 아니라, 지구촌의 안보에 대한 위협입니다. 한반도 상황을 개선하기 위한 기존의 많은 노력들이 성공하지 못했고 앞으로도 그 일은 쉽지 않습니다. 그러나 많은 학자 및 정책 전문가들은 한반도 통일은 반드시 가능하고 또한 필요한 일이라고 보고 있습니다.

통일과 그 실현 방법론에 대한 궁금증들이 광범위하게 확산되어 있는 상황에서, 문현진 박사의 저서 《코리안드림》의 출간은 매우 시의적

절합니다. 더욱 주목할 점은 그의 탁월한 식견이 한반도 통일 논의에 특별한 공헌을 할 수 있다는 것입니다. 그의 저서는 한국인의 역사와 문화, 사회적 관계에 기초해서 통일이 불러올 지정학적 그리고 경제적 효과를 매우 폭넓게 다루고 있기 때문입니다.

《코리안드림》에서 가장 주목해야 할 핵심 내용은, 통일된 한국이 추구해야 할 비전과 그 비전을 선도할 원칙들, 그리고 통일을 추진하는 과정에서 역동적인 시민사회가 그 중심적 역할을 해야 할 필요성에 대해 설명하고 있다는 점입니다.

나는 미국의 건국과 독립선언문에 나타난 정신에 대해 깊은 자긍심을 가진 미국인으로서, 문 박사가 미래의 통일한국을 위한 근본적 원칙의 중요성에 대해 강조하고 있다는 것은 매우 의미가 크며 감동적이라고 생각합니다. 그는 한반도가 2차 대전 이후 지금까지 지속된 냉전적 이념과 정치체제에 의한 대립에서 벗어나야 한다고 강조하고 있습니다.

그는 단지 수천 년 동안 한민족을 하나로 묶어온 역사와 문화, 민족적 가치들의 중요성을 강조하는 것으로 끝내지 않았습니다. 한민족의 문화와 역사를 이끌었던 명시적이며 근본적인 원칙의 중요성에 대해서도 조명하고 있습니다. 그 원칙으로서 한민족의 건국정신인 "널리 세상을 이롭게 하라"는 홍익인간 정신을 내세운 것입니다.

이 원칙은 한민족의 역사를 통해 영적인 이상과 도덕적 잣대로 작용해 왔습니다. 《코리안드림》은 배타적인 정치적 영역에서 벗어나 한민족 모두가 참여하고 지지하는 통일을 추구해야 하는 필요성에 대해서 설명하고 있습니다. 실제로 저자는 무엇보다 먼저 한국사회는 물론 미국, 일본, 중국 등에 거주하는 한국 교민들의 참여를 통해 그 실현 가능성을 높여가고 있습니다.

시민단체들의 역할은 이와 같은 참여를 이끌어내는 데 매우 중요합니다. 나는 알렉시스 드 토크빌Alexis de Tocqueville을 신봉하는 사람으로서, 민간의 자발적인 결사체가 시민사회를 형성하는 기본 요건이고, 그에 대한 시민들의 폭넓은 참여야말로 건강하고 생동하는 민주주의의 모습이라고 주장해왔습니다.

통일이라는 하나의 목표 아래, 공통의 원칙에 기반한 시민사회의 결집은 한민족의 미래를 위해 남북한 양측에게 각별한 의미를 지닐 것입니다.

저자는 한민족의 평화와, 번영, 그리고 통일된 미래를 개척하기 위한 시민사회 연대체인 '통일을실천하는사람들'의 창립 과정을 소개하고 있습니다. 나는 이 단체가 주최한 대규모 행사에 두 차례 참석한 바 있는데, 그때마다 현실화할 수 있는 하나의 통일된 원칙을 실천해나가는 에너지와 희망을 발견할 수 있었습니다. 이것은 진정으로 시민사회운동에서 최고의 모범을 보여준 사례라고 볼 수 있습니다.

한반도에는 큰 변화의 가능성이 상존합니다. 북한이 과거의 후견국이자 동맹국인 중국과 러시아에 기댈 수 있는 여지도 점점 줄어들고 있습니다. 하지만 우리는 결코 통일 과정이나 통일 이후에 닥칠 정치적 시나리오에 존재할 실질적인 도전을 과소평가해서는 안 됩니다. 따라서 나무가 아니라 숲을 바라보는 지혜를 가져야 합니다.

시민사회의 성공을 떠받치는 기반은 신의 존재에 대한 믿음이며, 이러한 믿음이 사람들의 상호작용을 도덕으로 충만하게 만드는 토대가 된다고 나는 확신합니다. 문 박사의 저서 《코리안드림》은 이와 같은 관점이 한반도뿐만 아니라 전 세계를 위한 평화의 기초임을 잘 설명하고 있습니다.

역사적 전환의 시기에는 원칙과 현실성 모두를 충족할 넓은 안목이 요구됩니다. 때마침 《코리안드림》은 한반도 통일을 향한 역사적 진전을 이끌 원칙들을 제시하고 있습니다.

고故 박세일

전 서울대학교 명예교수 / 한반도 선진화재단 상임고문

●

2014년 초 박근혜 대통령께서 통일대박론을 주창하신 후 통일에 대한 관심이 급격히 높아지고 있다. 통일을 부담이나 비용으로 보던 국민들의 생각이 통일을 기회로, 축복으로 보는 관점으로 바뀌고 있다. '대한민국이 통일에 대하여 소극적이지 않은가?'라고 보던 이웃 나라 전문가들의 생각도 크게 바뀌는 것 같다. '대한민국이 통일에 대해 확고한 의지를 가지는 것 아닌가' 하고 그 생각이 바뀌고 있다. 대단히 바람직한 변화이다.

통일인가, 분단인가? 우리 민족이 큰 결단을 해야 할 시간이 빠르게 다가오고 있다. 북한은 체제 실패의 정도가 심해지고 있고 중국의 국력은 욱일승천하고 있기 때문에, 우리 남한이 통일에 대하여 소극적인 입장을 취하며 뒤로 물러서 있으면, 북한의 중국화(중국의 변방 속국화)가 빠르게 진행될 위험이 크다. 그래서 우리의 통일 의지와 통일 준비가 대단히 중요한 시점이다.

그래서 우리 사회에서는 '어떤 통일을 할 것인가?' '어떻게 통일을 할 것인가?' '통일을 하면 어떤 이익이 있는가?' 등의 논의, 즉 통일의 정치경제학적 논의가 활발해지고 있다. 그런데 이러한 정치경제학적 논의 이전에 '우리는 왜 통일을 해야 하는가?' '통일의 목적, 가치, 대의大義는 도대체 무엇인가?' 하는 통일의 철학과 사상에 대한 논의는 별로 이루어지지 않는 것 같다. 통일 논의에 있어서 '어떻게'만 있지 '왜'가 없는 셈이다. 통일의 방법에 대한 주장은 많으나 통일의 비전에 대한 주장은 안 보인다.

이러한 상황에서 통일의 철학과 사상, 통일의 비전을 논한 책이 문현진 회장의 《코리안드림》이다. 바로 여기에 이 책이 귀중한 가치를 지니는 이유가 있다. 이 책은 오랫동안 많은 성찰과 사색에서 비롯된 것으로 판단된다. 기본적으로 통일의 철학과 통일의 사상을 이야기하고 있다. 한반도 통일의 사상을 우리 한민족 전래의 민족철학이자 세계적인 포용성과 인류적 보편성을 가지는 사상인 '홍익인간'의 철학에서 찾고 있다. 홍익인간의 철학을 통일의 철학으로, 통일의 이념으로 해야 한다는 주장이다. 홍익인간이 가지고 있는 다른 종교와 민족에 대한 '큰 포용성'과 인간의 합리와 이성을 존중하는 '큰 보편성'이야말로 우리 민족의 정신적 자산이고 자랑이라는 주장이다. 이 자랑스러운 철학과 사상을 국내외에 널리 알리고, 이 사상에 기초하여 한반도 통일을 이루고, 나아가 동아시아는 물론 전 세계에 그 사상의 구현을 위한 실천과 노력이 필요하다는 주장이다. 이러한 큰 사명감과 비전을 가지고 우선 한반도에서 홍익인간 사상의 실천에 노력하는 것이 바로 한반도 통일의 길이라는 주장이다. 크게 공감한다.*

---

* 《선진통일전략》(2013, 21세기북스, 426~435쪽)이라는 책에서 필자도 한반도 통일의 비전으로 '홍익인간주의'를, 그리고 홍익인간의 세상을 창조하고 조직하는 이념적 원리로 '공동체 자유주의(공동체를 소중히 하는 자유주의)'를, 그리고 홍익인간 세상의 관리 및 경영 원리로 '균화주의(균형과 조화의 중시)'를 주장한 바 있다.

홍익인간은 결코 지나간 과거 시대의 사상이 아니다. 사실은 앞으로 올 미래의 사상이고 선진의 사상이다. 홍익인간을 통일의 철학으로, 더 나아가 동아시아의 미래 철학으로 내세울 수 있다는 주장에 전적으로 동의한다. 합리적 좌와 우를 아우르고 선진국과 후진국을 아우르고 동양정신과 서양문명을 아우를 수 있는 사상이 홍익인간이다. 우리의 통일이 바로 이 정신과 이 사상에 기초할 때 한반도 통일은 한반도만의 축복으로 끝나지 않고 동아시아, 더 나아가 지구촌 모두의 축복으로 발전할 수 있다고 본다.

정치경제학적으로도 한반도의 통일은 분명 동아시아의 평화와 번영의 전기가 될 것이다. 반면에 한반도가 통일에 실패하면 북한이 중국의 변방 속국(변속番屬)이 될 위험이 커진다. 즉 중국의 영향권 안에 들어갈 위험이 커진다. 그러면 남과 북의 갈등이 격화됨은 물론 동아시아에는 미일과 중러 간에 치열한 대결과 적대의 시대, 즉 21세기 '신新냉전의 시대'가 열리게 될 것이다. 따라서 많은 전문가들은 한반도 통일 없이 동아시아의 평화와 번영은 불가능하다고 본다. 한반도가 통일되어야 남과 북의 경제가 상호보완의 효과를 내며 크게 뛰어오를 것이고, 나아가 중국의 동북3성과 러시아의 연해주와 극동 시베리아 지역이 함께 고도성장의 시대로 들어갈 것으로 보고 있다. 그리고 그 결과로 '동아시아 경제공동체' 및 '안보협력체'가 등장할 것으로 보는 것이다. 즉 동아시아의 번영과 평화의 시대가 시작될 것으로 보는 것이다.

그런데 새로운 동아시아 공동체의 시대를 열려면 경제적 이해와 안보적 이해가 일치하는 것만으로는 부족하다. 반드시 동아시아인들 모두가 공감하고 수용하고 지지하는 '보편적이고 선진적인 사상과 철학'이 있어야 한다. 그래야 비로소 동아시아 공동체가 성립할 수 있다. 보편적인 사상 없이 공동체는 성립할 수 없다. 나는 이 책에서 주장하는 우리나라 전래의 홍익인간 사상이 바로 동아시아의 미래 사상이 될 수 있다고 하는 주장에 전적으로 찬성한다. 즉 홍익인간은 한반도 통일의 사상일 뿐 아니라 동아시아 공동체의 사상이고, 더 나아가 21세기 전 인류의 철학이 될 수 있다고 생각한다.

이 책에서는 지금까지 인류가 가졌던 보편적 이상으로서 칭기즈 칸의 꿈, 미국의 아메리칸드림, 그리고 통일한국의 코리안드림, 이 세 가지를 들고 있다. 흥미로운 주장이다. 지금까지 우리는 해방 이후 건국 → 산업화 → 민주화에 노력하면서 항상 서구를 배우는 데 급급하여 우리 것, 우리 전래의 훌륭한 전통과 사상과 문화와 가치를 잊고 살아왔다. 이제 21세기 우리 대한민국은 세계 일등국가, 즉 선진화를 지향하는 발전 단계에 와 있다. 단순히 서구를 모방하는 단계를 벗어나 우리 전래의 사상과 서구의 문명을 창조적으로 융합하는 노력을 해야 하는 '창조적 선진화'의 단계에 와 있다. 이렇게 볼 때 이 책이 강조하는 코리안드림의 방향은 대단히 옳다고 생각한다.

또한 이 책에서는 '대가족제도'의 중요성을 강조하고 있다. 서구의 이기주의적 개인주의의 폐해를 극복할 길로서 우리나라 전래의 대가족제도의 부활을 강조하고 있다. 어떻게 보면 다 과거 전통으로의 복귀를 주장하는 것 같으나 나는 오히려 깊이 있는 통찰이라고 생각한다. 특히 앞으로 고령화 시대가 본격적으로 전개될 때 더욱 깊이 생각해볼 사회정책 방향이다. 나는 우선 그 방향은 옳다고 생각한다. 문제는 어떻게 대가족제도라는 틀을 21세기의 경제적·기술적·정신적·문화적 상황 속에서 구체화하고 제도화할 것인가이다. 대가족제도가 성립할 수 있는 경제·사회적, 정신·기술적 환경을 어떻게 만들 것인가가 문제가 될 것이다.

이 책에서 주장하는 종교지도자와 영성지도자를 나누어 보는 시각도 대단히 흥미롭다. 우리 역사에 '선비'라는 개념이 있고, 이 선비는 순수 우리말로서 우리 민족의 정치적·정신적·도덕적 지도자를 의미한다. 단군이 최초의 선비이다. 그런데 우리는 언제부터인가 선비정신을 잃어버린 채로 살아왔고, 선비문화가 사라지는 사회에서 살고 있다. 단순히 특정 종교의 지도자가 아니라 종교를 뛰어넘어 영적 지도자라는 개념은 우리나라에서는 선비와 유사한 개념이 아닐까 생각한다. 나는 평소 선비정신을 중시하는 '선비민주주의'와 '선비자본주의'의 필요성을 주장해왔는데 대단히 유사한 주장, 즉 영성지도자를 중시하는 주장을 이 책에서 만나 더욱 흥미로웠다.

한 가지 답답한 것이 있다. 즉 문제는 홍익인간의 깃발을 들고 통일을 이루어나갈 역사적 주체의 문제이다. 누가 '홍익인간적 통일'을 추진할 것인가 하는 문제이다. 이 책에서는 NGO의 중요성을 많이 강조하고 있다. 옳은 이야기다. 그러나 새로운 역사 창조를 위해선 시민사회, 그리고 지식인 내지 종교집단의 각성만으로는 부족하다. 더 결정적인 것은 정치적 주체가 앞장서야 한다. '홍익인간적 통일'의 깃발을 높이 들고 정치적 주체들이 앞장서야 비로소 역사가 바뀌기 시작한다. 그런데 지금 우리의 정치현실은 전혀 그러하지 못하다. 이것이 이 책을 읽으면서 느끼는 가장 큰 답답함이다. 과연 누가 이 '홍익인간적 통일'을 실천할 것인가 하는 답답함이다.

지금 우리나라는 국정의 혼란이 심하다. 그래서 국민들의 걱정이 많다. 이 국정 혼란의 원인은 무엇일까? 가장 중요한 것이 국가 비전의 상실, 국민적 꿈의 상실, 민족적 이상의 상실에서 오는 것이 아닐까? 그래서 새로운 국가 비전을 위하여 '통일대박론'을 이야기하고, 그 비전을 실현하기 위하여 '국가개조'의 필요를 주장하는 목소리가 커지고 있다. 그러나 중요한 것은 단순한 통일의 담론과 전략이 아니고 단순한 국가개조의 당위와 정책의 방향이 아니다. 진정으로 중요한 것은 통일의 철학이고 국가개조의 사상이다. '우리는 어떠한 통일철학과 국가개조의 사상을 가지고 통일의 시대를 준비해야 하는가?' 이 문제가 대단히 중요하다.

이 문제에 대하여 이 책은 많은 고민을 하고 있다. 그리고 그 답을 제시하고 있다. 이 책의 출판을 계기로 우리나라에서 더 많은 통일철학과 통일 비전, 그리고 국가사상과 민족정신에 대한 연구와 논의가 활발해지기를 간절히 기대한다. 지금까지 우리는 산업화와 민주화를 위하여 서구의 사상적 지침을 수신受信하고 배우는 데 급급했다. 이제는 우리 대한민국이 지구촌 전체에 새로운 사상적 지침을 발신發信하는 시대를 열 수 있기를 기대한다. 우리 대한민국이 혼란스러운 오늘날 지구촌에 광명을 주는 '동방의 큰 등불'이 되는 시대를 열 수 있기를 간절히 기대한다. 이 책의 출판을 크게 축하하며, 민족과 나라를 사랑하고 인류의 평화와 번영을 기원하는 많은 분들에게 일독을 권하고 싶다.

곽태환

전 통일연구원 원장 / 미국 이스턴켄터키대학교 명예교수

•

《코리안드림》의 저자인 문현진 박사는 역사가, 사상가, 세계평화운동가, 초종교지도자 그리고 역동적인 스피커dynamic speaker이면서 열렬한 통일운동가다. 해박한 지식과 미래 비전을 담은 그의 책에 추천사를 쓰게 됨을 영광으로 생각하며 독자들이 이 책을 이해하는 데 도움이 되길 바란다.

문현진 박사와 내가 처음 인연을 맺은 것은 2011년 서울에서 글로벌피스재단이 개최한 한반도 통일을 주제로 한 국제회의였다. 그 행사에서 문현진 의장의 기조연설을 듣고 큰 감동을 받아 저자가 주창하는 글로벌 평화론에 관심을 갖게 되었고, 글로벌피스재단의 미션을 그동안 열정적으로 지지해왔다. 당시 그는 이 저서에서 소개하고 있는 코리안드림을 주창했다. 열정적이고 역동적인 영어 연설로 그는 자신이 구상하고 있는 한반도 통일이 추구해야 할 미래 비전을 역사적 관점에서 제시하여 세계 각국에서 온 참석자들을 감동시켰고 열렬한 박수갈채를 받았다. 남북의 평화통일을 위한 그의 구상과 지구촌에서 글로벌피스재단이 실천해오고 있는 다양한 활동은 나에게 커다란 감동과 신선한 충격을 안겨주었다.

나는 한반도 문제 해결을 위해 평생 동안 연구해온 국제정치학자로서, 그리고 한국정부의 싱크탱크인 통일연구원Korea Institute for National

Unification 전前 원장으로서 작금의 한반도 문제가 미궁에 빠져들고 남북관계가 점점 더 경색되어가고 있는 모습을 볼 때 안타깝고, 또한 보수와 진보 간 통일 논의 자체가 남남갈등의 또 다른 원인이 되어 합의점을 찾지 못하는 현실에 가슴 아프다.

향후 한반도 문제를 어떻게 풀고 평화적 통일을 어떻게 이룰 것인가에 대해 문현진 의장은 이 책에서 주창하는 코리안드림을 하나의 대안으로 제시하고 있다. 그는 우리가 평화적으로 남북통일을 실현하기 위해서는 무엇보다 통일코리아가 향후 어떤 나라가 될 것인가에 대한 미래 비전을 먼저 결정하고 국민적 합의를 이루어야 한다고 강조한다. 나는 한반도 통일을 실현하기 위한 구체적인 방안을 연구해온 학자로서 참신하고 혁신적인 한반도 통일의 미래 비전과 구상에 감동을 받았다. 결국 내 마음을 온통 흔들고 매료시켰던 내용들이 이 책에 모두 담겨 있으며, 홍익인간 이념을 바탕으로 한반도 통일의 당위성이 설득력 있게 정리되었다.

저자는 남북통일을 통해 이루어야 하는 원코리아One Korea 새 국가는 단순히 남북한을 하나로 만드는 것에 만족하지 않고 새 나라 선진국가 건설이어야 하며, 그 새로운 나라는 바로 우리 민족이 5,000년 동안 이상적으로 꿈꾸어온 새 조국 건설이 되어야 한다고 강조하고 있다. 특히 그는 우리 한민족의 역사를 회고해볼 것을 주문한다.

우리 한민족은 매우 중요한 역사적 사실을 간과하고 있었다고 저자는 설파하고 있다. 일제로부터 해방과 한국전쟁, 그리고 체제경쟁으로 지내온 수십 년간 우리 조상 대대로 이루고자 하는 이상과 목표가 있었음을 우리 한민족이 잊고 살아왔다고 증언한다. 핏줄만이 아니라 이상ideal과 목표 속에 우리가 하나였다는 사실을 잊고 있었고, 가장 중요한 것을 잊은 채로 우리는 통일을 이야기해온 것이다. 그런데 저자는 바로 우리가 돌아가야 하는 우리의 본모습, 우리의 본래 정체성identity이 바로 통일의 목표이며, 그 가장 중요한 부분을 잊지 말라고 강조한다. 그리고 통일의 목표에 대한 합의 없이 절차와 과정을 계획하는 것은 바람직하지 않다고 강조하고 있다.

한반도 통일은 휴전선을 없애고 하나의 정부를 구성하는 것이 최종 목표가 아니라 그것은 과정에 불과하며, 무엇보다 중요한 것은 우리 민족이 진정으로 하나가 되는 것이라고 강조한다. 그렇다면 "무엇으로 우리 민족이 하나가 되겠습니까?"라고 묻는다. 그는 지금 남한 내에서 국론 통일이 되었다고 할 수 없으며, 진보와 보수 간 갈등은 팽팽한 평행선을 달리고 있고, 우리는 무엇 하나 국민적 합의를 이룰 수 없는 지경에 처해 있다고 주장한다. 이런 상황에서 남북통일을 하면 무엇으로 우리 민족을 하나로 만들고, 화합과 번영을 이루겠는지 반문한다. 그러니 우리 민족 모두가 공감할 수 있는 우리의 정체성을 발견하는 것은 무엇보다 중요하며, 이 정체성이 통일의 기초가 되어야 한다고 그는 강조한다.

그는 우리의 정체성을 5,000년 역사 속에서 발견하고자 한다. 우리 민족은 반만년 역사의 출발부터 '홍익인간'이라는 건국이념을 가지고 출발했고, 그 홍익인간의 이념은 우리 민족의 역사를 관통하며 이상적 정치체제와 민족공동체 건설을 위한 근본 바탕이 되었으며, 우리 민족의 삶에 투영되어 매우 특별한 민족성을 형성해왔다는 사실을 잘 지적하고 있다.

저자 문현진 박사는 담대하게 세계인들 앞에 우리 민족이 꿈꾸어온 나라는 인간의 가치와 존엄성을 가장 중요하게 생각하는 나라이며, 모두가 '하나님 아래 한 가족One Family under God'처럼 사는 나라가 되는 것이라고 주장하고 있으며 나는 이에 공감한다. 그래서 통일코리아는 초종교적으로 좌우의 대립, 종교문명 간의 갈등을 해소하고 동서양 문화의 장점을 융합해 새로운 문명을 창조하여 동북아 평화를 넘어 지구촌의 평화와 번영을 이끄는 새 국가 건설이 그의 '코리아의 몽夢'이며 우리 민족 모두의 꿈이 되길 바란다고 강조한다.

저자는 남북분단을 극복하고 남북통일이라는 장기적인 목표를 실현하기 위해서 우리의 꿈은 크고 위대해야 한다고 주장한다. 위대한 꿈만이 남북한 국민들 모두의 가슴을 흔들어 깨워 새로운 통일국가를 건설할 수 있다고 강조함으로써 이 책은 그 위대한 꿈을 갖게 하는 길라잡이가 될 것으로 나는 확신한다. 저자가 글로벌피스재단의 인도주의적 사업과 활동을 통해 전 세계에서 펼치고 있는 노력은 문현진 의장 자신의 꿈임이 틀림없다. 남북통일과 세계평화를 위한 그의 활동은 동북아시아뿐만 아니라 남북미, 아프리카, 동남아시아 등 5대양 6대주에서 글로벌 평화사업과 비전을 역동적으로 그리고 묵묵히 실천, 이행하고 있으며 코리안 세계평화주의자로 부상하고 있음을 나는 진정으로 자랑스럽게 생각하고 그의 노고에 감사드린다.

또한 저자는 격동하는 국제체제의 근본적 변화와 북한의 내부 상황을 예리하게 분석하여 남북통일이 먼 미래의 문제가 아니라 단기적으로 우리가 준비해야 함을 강조한다. 그리고 그 운명의 주인은 외세도 정부도 아닌 바로 우리 자신이라며 우리의 각성을 촉구하고 있다. 시민사회, NGO, 종교지도자, 해외동포들이 어떤 중요한 역할을 해야 하는지에 대해서도 구체적인 제안을 하고 있으며, 특히 향후 남북관계가 나아갈 방향도 제시하고 있다. 저자는 이 책에서 한국사와 세계사, 서양 근대철학과 민족사상, 보편적 원칙과 가치를 설명함으로써 개인과 공동체가 추구해야 할 도덕과 윤리기준을 제시하고, 또한 테러와의 전쟁의 원인인 종교문명 간의 충돌 문제에 세계적인 해결책을 제시하고 있다. 원대한 코리안드림을 논하면서도 협소한 민족우월주의에 빠지지 않고, 세계적인 관점으로 온 인류를 위한 우리 민족의 사명에 대해서도 논하고 있어 이 책의 가치를 더욱더 높여주고 있다.

마지막으로 남북통일을 준비하면서 민족적 각성을 촉구하는 보기 드문 역작이라 생각한다. 이 책에서 저자의 해박한 지식과 예리하고 통찰력 있는 분석, 미래 비전과 제언에 많은 독자들이 공감하리라 기대한다. 이 책이 가지고 있는 핵심적인 메시지를 고려할 때 대한민국 국민뿐 아니라 세계 도처에 살고 있는 해외동포들도 꼭 읽어야 할 필독서라고 생각되어 적극적으로 추천하고자 한다. 특히 이 책을 북한 동포와 지도층이 꼭 읽었으면 하는 바람이다.

• **오스카 알바레즈 아라야 박사** 코스타리카국립대학 교수

글로벌피스재단의 창설자이자 의장인 문현진 박사의 저서《코리안드림》을 추천합니다. 문 박사는 이 책에서 "선친인 문선명 총재가 김일성 주석을 만난 후 북한의 문이 열렸으나 당시 한국에는 북한 개방을 더욱 진전시킬 명확한 국가적 비전과 전략이 없었다"고 지적합니다. 다행스러운 것은 이 책에서 문 박사는 통일코리아를 위한 비전과 전략을 제시하고 있습니다. 세계평화지도자로서 문 박사는 보편적 원칙과 도덕적 가치에 기초하여 정치와 경제적 차원의 통합을 넘어 동북아시아의 평화를 위한 플랜을 제공하고 있습니다.

• **비니시오 마르코 세레조** 전 과테말라 대통령 / 에스끼뿔라스 중미통합재단 창설
    자이자 회장

문현진 박사는 하나님 아래 인류 한 가족의 가치를 주창하는 평화의 사도입니다. 통일한국을 위한 문 박사의 비전과 꿈에 기초한 평화의 원리가 제시된 이 책은 우리 모두에게 큰 영감과 희망을 주고 있습니다. 문 박사는 그의 비전의 기초가 되는 한국의 홍익인간 정신, 즉 인류를 위해 이바지하는 삶의 가치와 중요성을 우리 모두에게 상기시키고 있습니다. 모든 인류가 하나님 아래 한 가족으로 조화롭게 살아갈 수 있도록 지구촌 평화운동을 이끌고 있는 문 박사의 헌신과 리더십에 감사합니다.

• 호세 드 베네시아 필리핀 전 국회의장

문현진 박사는 동북아 및 세계의 평화와 안전, 그리고 화해를 위해 기여할 수 있는 도덕적 힘을 가진 인물입니다. 그는 이 책에서 한반도 통일을 위한 비전을 공유하면서 실제로 트랙2 분야에서 시민사회를 움직여 사회 갈등을 줄이고 가족과 공동체를 강화하는 노력을 하고 있습니다. 그리고 작지만 의미 있는 방식으로 인류의 경제 및 사회 발전에 기여하고 있습니다.

• 해롤드 돌리 주니어 돌리안보그룹 창설자 / 전 코트디부아르 미국 대사

오늘날 남한과 북한은 끝나지 않는 갈등이 존재하는 세계의 핫스폿이다. 이란의 핵 능력이 북한에서 시험, 개량되었다고 믿는 사람으로서 이 책은 한민족의 갈등 해결과 한반도 통일을 위해 직면하고 있는 도전을 해소하는 접근법을 제시하고 있다. 나는 문 박사의 《코리안드림》이 한반도와 세계평화 실현을 위한 매우 설득력 있는 길을 제시하고 있다고 보며, 독자들에게 일독을 권한다.

- **제임스 맨첨 경** 세이셸공화국 건국 대통령

문현진 박사의 책《코리안드림》출간을 축하합니다. 문 박사가 제시하는 통일의 원칙은 모든 사람을 위한 공통의 꿈에 기초하며, 동시에 권리와 책임을 강조하는 보편적이고 초월적인 원칙에 기초하고 있습니다. 이 원리는 한반도 통일은 물론 인종과 종교, 이념과 정당 등으로 갈라진 여느 국가를 통합하기 위한 원리로서 반드시 필요할 것으로 확신합니다.

- **로버트 슐러 박사** 미국 복음주의 목사 / 저술가

문현진 박사의 친구 중 한 사람으로서 나는 문 박사가 인류를 위한 깊은 존중과 사랑의 마음을 가지고 있다고 말할 수 있습니다. 그의 영혼 깊은 곳에는 세계평화를 향한 열망이 있습니다. 한반도는 그 열망 실현의 가장 우선순위에 있습니다. 통일한국을 위한 그의 비전은 대중에게 매우 전염성이 있습니다. 그의 통찰과 계획들은 반드시 실행되어야 합니다. 이제 한반도에 평화가 실현될 때가 무르익고 있습니다. 이것은 반드시 성취될 것입니다. 여러분 모두가 그 꿈을 믿길 바라면서, 이 책을 읽으시기 바랍니다.

● 신진 충남대 정치외교학과 교수

이 책은 한반도 통일에 대해서 기존의 통념을 뛰어넘어 매우 훌륭한 접근을 시도했다. 이 책에서 저자는 전 세계에 퍼져 있는 한민족을 하나로 통일할 수 있는 새로운 나라 건설에 대한 비전과 통찰을 잘 보여주고 있다. 저자의 통찰은 현재의 정치적 변화와 한민족의 정체성을 통일이 가져올 실질적인 이익, 안보와 경제 성장에 대한 비전과 연결시키고 있다. 이 책은 대학 교재로 사용될 만한 충분한 가치가 있다.

● 복거일 소설가

《코리안드림》은 통일을 큰 맥락에서 다룬 저작이다. 저자 문현진은 통일에 관한 현실적인 논의를 시작하기 위해서는 같은 한민족으로서 모두가 공감할 수 있는 공통분모가 필요하다고 지적한다. 그리고 "새 국가 건설의 기초가 될 원칙과 가치, 통일에 대한 염원이나 꿈에 관한 진지한 논의가 먼저 일어나야 한다"고 강조한다. 정치 및 경제 시스템을 비롯한 통치제도에 관한 논의는 그다음이라는 얘기다. 통일 뒤에 우리가 공유할 미래의 모습에 대한 논의가 통일의 과정에 대한 논의에 앞서야 한다는 지적은 탁견이다.

- **홍순경** 북한민주화위원회 위원장 / 대통령 소속 국민대통합위원회 위원

'코리안드림'은 통일한국의 미래이다. 문현진 박사는 그의 저서에서 "코리안드림은 한반도에 평화와 번영을 가져오며 통일민족으로서 동북아 지역과 세계를 이롭게 하는 것이다"라고 규정하고 있다. '코리안드림'은 통일한국의 새로운 모델이며 구상인데 그에 대한 상세한 분석과 내용, 그것을 실현하기 위한 구체적인 방안들까지 상세히 명시함으로써 우리의 목표를 명백하게 가르쳐준 귀중한 저서다. 문 박사는 코리안드림을 실현하기 위해서는 통일을 이루는 것이 첫 과제라는 것을 서술함으로써 우리 세대의 과제를 명백히 밝혀주었다.

- **조규석** 전 세계일보 논설실장 / 대한언론인회 논설위원

저자는 홍익인간을 이념으로 하는 한반도 통일을 민족의 염원으로서뿐만이 아니라 동북아와 세계의 미래와 연결해서 파악한다. 홍익인간의 이념과 그 이념으로 통일된 한반도는 동북아의 안정뿐 아니라 세계 평화 구현을 위해서도 절대적인 요건이라는 것이다. 이 책《코리안드림》을 일반인은 물론 정부의 통일정책 당국자, 학계의 통일문제 연구 학자들이 일독하길 권한다.

● **이진곤** 경희대학교 정치외교학과 객원교수

문현진의《코리안드림》은 세계사적·문명사적 차원에서 한민족의 통일을 내다보며 말한다. 그는 우리 민족의 정신적 표상이자 소명인 '홍익인간'의 실천을 통해 우리가 통일을 이루고 세계가 한 가족이 되리라는 원대한 꿈을 피력하고 있다. '널리 인간을 이롭게' 하는 우리 민족의 이상으로 '항구적 평화를 구가하는 지구 대가족'을 이뤄내는 게 그의 꿈이자《코리안드림》의 결론이라고 이해한다. "모두가 함께 꾸는 꿈은 현실이 된다."《코리안드림》은 그 꿈으로의 초대장이다.

● **김지하** 시인

나의 꿈, 너의 꿈, 우리의 꿈. 이 세 꿈이 한 꿈으로 융합하는 것이 바로《코리안드림》이다.

코리안드림을 꿈꾸다

3·1운동 100주년 기념판을 내며

초판 발행 이후 여러 해가 지난 지금,《코리안드림》은 스스로 그 속에 담긴 비전을 실현하기 위한 시민운동의 촉매제가 되었을 뿐 아니라, 국내외에서 다방면에 걸쳐 시민사회의 강력한 지지를 이끌어냈다.

2014년 이후 한반도에 대한 국제적 관심이 높아진 가운데, 남북한을 다시 하나로 만들기 위한 의미 있는 조치들이 취해져왔다. 글로벌피스재단GPF과 '통일을실천하는사람들AKU'은 전 세계인과 한국 시민사회로 하여금 한반도 평화통일 실현을 위한 코리안드림 접근방식에 대한 이해도를 높이기 위해 정책 전문가와 대학들, 일반 시민들, 특히 청년층의 참여를 이끌어내는 노력을 공동으로 펼쳐오고 있다.

이 책은 시민사회연합체인 AKU가 이끄는 활발한 시민운동에 방향을 제시하고 있다. AKU는 2011년에 설립되어 2012년에 공식 출범한 이래 빠른 속도로 성장해왔으며, 현재 코리안드림을 지지하는 1,000개 이상의 회원단체가 참여하고 있다. 최근에는 미국과 일본 등 주요 지역에 지부를 설립하는 등 149개국에 흩어져 사는 740여 만 명의 해외동포가 참여할 수 있도록 네트워크를 확대하고 있다.

코리안드림 통일아카데미는 통일을 주제로 한 공개 토론회를 꾸준히 열고 있다. 지금까지 4,000명이 넘는 대학생들이 이 아카데미에서 실시한 각종 세미나에 참여했으며, 통일아카데미는 숭실대학교와 협력하여 중고등학생용 통일교재를 발간하기도 했다.

글로벌피스재단은 국내에서 코리안드림 및 통일을 주제로 전문가 정책 포럼을 개최하고 있다. 또한 국제문제를 다루는 미국의 주요 싱크탱크인 국제전략문제연구소CSIS와 함께 워싱턴 D.C.에서 5회에 걸쳐 통일 관련 포럼을 공동 개최하기도 했다. 이 포럼을 통해 한반도 통일문제가 미국의 정책결정자들과 전문가들이 다뤄야 하는 중요한 문제로 부각되었다.

글로벌피스재단의 활동 영역은 전문가 그룹과 학계를 넘어 '원케이글로벌캠페인One K Global Campaign'을 통해 강력한 문화운동으로 확장되고 있다. 이 캠페인의 하이라이트는 한국의 유명 작곡가들과 협력하여 '새 시대 통일의 노래'를 만들어낸 것이다. 이 노래의 뮤직비디오에는 K-POP 아티스트들과 여야 정치인들이 참여해 하나 된 모습을 보여주었다. 2015년 10월 서울에서 열린 제1회 '원케이콘서트One K Concert'에서는 30명이 넘는 K-POP 아티스트가 4만여 명의 젊은 관객들 앞에서 콘서트를 펼쳤으며, 이 장면은 SBS를 통해 전국에 방송되었다. 그중 K-POP 아티스트의 새 시대 통일의 노래 〈원드림 원코리아〉

합창은 콘서트의 백미를 장식했다. 이 노래는 2018년 4·27 판문점 남북정상회담의 피날레 송으로 선정, 연주되었다.

'원케이글로벌캠페인'은 이제 세계적인 캠페인이 되었다. 2017년 필리핀 마닐라의 아시아 아레나에서 열린 '원케이글로벌콘서트'에서는 피보 브라이슨, 임다미, 에드레이, 젠디, 사브리나 같은 세계적인 아티스트들이 싸이, 샤이니, 씨엔블루, BAP, 비투비, AOA, B1A4 같은 K-POP 스타들과 합동공연을 펼쳤다. 그래미상을 수상한 지미 잼과 테리 루이스가 작곡한 새로운 통일 노래 '코리안드림'이 이 콘서트에서 처음 소개되었다.

2019년 3월 1일에 열린 제3회 '원케이콘서트'는 1919년 3·1운동 100주년 기념행사의 일환이었는데, 서울 여의도 국회 광장에서 열린 이 콘서트에는 수십 명의 '원케이' 스타가 참여해 3·1운동 100주년을 기념하고 한반도의 통일과 평화를 염원했다.

이 외에도 더 많은 시민들이 통일문제에 현실적인 관심을 갖도록 유도하는 운동이 여럿 있다. 우선, 학생들을 대상으로 한 통일 관련 프로젝트와 통일 관련 에세이 경진대회가 있다. '천원의 기적' 캠페인을 통해서는 어린 학생들이 매일 소액을 저축해 북한 어린이들에게 보내줄 빵을 만드는 데 도움을 주고 있다. 현재 우리 사회에 탈북민이 점점 늘어가는데, AKU는 그들이 우리 사회에 적응할 수 있도록 실질적인 지원을 해주고 있다. 또한 북한에 있는 가족 등에게 소식을 전하고 싶어 하는 탈북민 단체들을 후원하기도 한다.

코리안드림에 대한 시민들의 호응이 점점 높아지자 우리 언론들도 이와 관련한 활동들을 취재하는 데 큰 관심을 보이고 있다. 주요 일간지와 잡지, TV 방송사들이 그러하다. 특히 SBS는 2019년 3월 1일 열린 행사에 협찬하고 이를 전국에 생방송했으며, 이후 여러 차례 재방송도 했다. SBS는 또한 아시아 지역의 자체 방송망을 통해 특별 프로그램을 제작하기까지 했다. 비디오 메시지를 비롯한 소셜 미디어 캠페인들 덕분에 국제적으로 많은 이들이 한반도 문제를 인지하고, 코리안드림의 실현에 대한 인식과 관심을 재고해가고 있다.

2019년은 우리 민족이 1919년 3월 1일 독립선언문 발표를 통해 이상적인 국가 비전에 뜻을 모은 지 100년이 되는 해였다. 이 중요한 날을 계기로 우리는 《코리안드림》 3·1운동 100주년 기념판을 내게 됐다. 이 기념판에 우리는 코리안드림 운동과 관련한 여러 흥미로운 순간과 활동을 보여주는 사진들을 함께 소개한다.

이 중요한 책의 센테니얼 에디션 출간으로 '원코리아'에 대한 우리의 비전이 계속 진전돼 나갔으면 하는 바람이다.

《코리안드림》 3·1운동 100주년 기념판 편집팀

일러두기

책에 인용된 전체 참고문헌을 확인하려면 웹사이트 koreandream. kr을 참고하시기 바랍니다.

차례

CHAPTER 1

코리안드림

나는 코리안드림이 한반도 통일에 대한 염원을 넘어서
우리의 건국신화에 기원을 둔 한민족의
소명이라는 점이 명료해지기를 희망한다. 이 소명은
홍익인간의 비전이고 우리의 역사 속에서 살아 숨 쉬고 있다.
이것이 우리 민족을 위대하게 만드는 원동력이다.

한 사람의 꿈은 꿈에 불과하지만
모두가 함께 꿀 때 그것은 현실이 된다.

·

칭기즈 칸

한민족은 유구한 반만년의 역사를 이어오는 동안 동일한 언어를 기반
으로 고유한 문화와 전통을 공유해온 단일 민족이다. 하지만 한민족의
생활터전인 한반도는 그 지정학적 특성 때문에 2차 세계대전이 끝나
가는 시점에서, 서구 자유진영과 소련 공산진영의 대결로 분단되었다.
그 결과 한민족은 자신들의 의지와 상관없이 남북으로 갈라져 전쟁까
지 치러야 했고, 그 후유증은 아직도 치유되지 않은 상처로 남아 한반
도 자체는 물론 동북아와 세계의 안녕마저 위협하고 있다.

한반도 분단 후 70여 년이 지난 지금 남북의 상황은 비교 자체가 부
질없을 정도로 달라졌다. 한국은 낙후된 농업에서 탈피해 산업화를 성
취함으로써 불과 한 세대 만에 제조업과 무역과 기술 분야를 선도하는
세계 10위권의 경제 강국으로 성장했다. 세계가 놀라워하는 한강의 기
적을 이룬 것이다. 하지만 이 같은 경제발전에는 많은 희생이 수반되

었다. 물질적 풍요를 추구하며 서구식 진보주의와 대중문화를 수용하는 과정에서 소중한 문화 전통과 가치의 상당 부분이 사라져버린 것이다. 한민족은 오랜 고난의 역사를 함께 견뎌온 유전자를 공유하고 있다. 하지만 이제 남북한 주민 사이에 같은 민족으로서의 동질성이 희박해지고 있는 가운데 세대가 지날수록 마음속에서는 통일에 대한 희망은 퇴색돼가고 그 당위성에 대한 이해마저 잊혀가고 있는 실정이다.

북한은 사실상 하나의 거대한 블랙홀로 변해버렸다. 야간에 인공위성에서 내려다본 서울, 부산, 도쿄, 그리고 베이징과 드넓은 연안 도시 등 이웃 나라의 주요 도시들은 밤에도 화려한 불빛을 뿜어내고 있다. 그러나 한반도 중심을 동서로 가로지르는 휴전선에서 북쪽으로 두만강과 압록강에 이르는 북한 지역은 온통 어둠에 덮여 있다. 한 줄기 빛도 새어 나오지 않는 저 짙은 어둠은 희망 없는 북한의 현실을 가감 없이 보여준다. 주민들의 오랜 고통인 극심한 빈곤과 기아는 해결의 기미가 보이지 않는다. 무엇보다 심각한 문제는 북한 주민들에게 최소한의 자유와 인권조차 허용되지 않는다는 사실이다.

북한과 접촉은 물론이고 그에 대한 정보가 매우 제한되어 있기 때문에 한국 국민들은 북한을 대단히 낯설게 느낀다. 소련의 붕괴로 공산주의의 실패가 확연하게 드러났는데도 북한은 여전히 이미 용도 폐기된 냉전시대의 이념으로 국가체제를 유지하고 있다. 이러한 북한의 현실은 사회·정치·경제 등 모든 영역에서 남북한의 격차를 확대하면서 통일을 점점 더 어렵게 만든다.

하지만 1948년 정부 수립 이후부터의 분단 70여 년은 단일민족으로서 함께 지켜온 반만년 역사와 비교해볼 때, 바닷물에 떨어지는 빗방울만큼이나 극히 작은 부분에 지나지 않는다. 이제 우리는 현 분단상태를 넘어 공통된 역사적 경험, 전통, 문화에 바탕을 둔 새로운 미래를 추구해야 할 시점에 와 있다. 바로 통일시대를 맞고 있는 것이다.

큰 꿈big dreams을 믿는 나는 한국이 어떠한 도전에도 당당히 맞서 역사적인 기회를 만들어낼 수 있는 역량이 있다고 생각한다. 나는 이 책을 통해 이에 대한 설명과 함께 한반도와 동북아시아, 그리고 세계를 변화시킬 새로운 비전을 제시하고자 한다.

그렇다면 그 꿈은 구체적으로 어떤 모습일까?

그 대답에 앞서 나는, 인류사는 언제나 꿈꾸는 사람들에 의해서 발전해왔다는 점을 강조하고 싶다. 꿈이 있는 사람은 자기 시대의 한계를 넘어 새로운 가능성을 모색하고, 사람들이 그 꿈을 실현하도록 영감을 준다. 그리고 일정한 과정을 거쳐 놀랍고도 전혀 예측하지 못한 방식으로 세상을 변화시킨다. 이를 증명하고 있는 동서양의 두 가지 사례를 들어보겠다.

칭기즈 칸의 꿈
'한 하늘 아래 하나 된 세계'

—

칭기즈 칸은 '한 하늘 아래 하나 된 세계'를 꿈꿨다. 광대한 영토를 정복하여 거대한 제국을 건설한 그가 어떻게 자신의 꿈을 성취했는지 탐구해가는 과정에서 우리는 몇 가지 교훈을 발견하게 된다.

13세기 전반, 칭기즈 칸은 기동성이 뛰어나고 잘 훈련된 기병대를 이끌고 몽골 초원지대를 누볐다. 신속한 군사작전을 통해 그는 알렉산더 대왕이나 로마제국이 이룩한 것보다 더 광대한 대제국을 단기간에 건설하였다. 역사상 유례가 없는 그 제국의 영향력이 동쪽으로는 한반도, 서쪽으로는 폴란드, 북쪽으로는 시베리아, 남쪽으로는 페르시아와 인도에까지 미쳤다.

칭기즈 칸은 뛰어난 조직가이자 군사전략가였다. 1차 세계대전이 끝난 후 기갑전機甲戰 전문가들은 탱크의 전략적 사용을 위한 자료로 그가 구사했던 군사작전을 연구하기도 했다. 근대 인도의 첫 총리이자 독립운동 지도자였던 자와할랄 네루Jawaharlal Nehru 는 "칭기즈 칸 앞에 선 알렉산더와 시저도 초라해 보인다"라고 말했다.

칭기즈 칸이 군사적으로 뛰어난 능력을 갖춘 것은 분명하지만 그것만으로 그의 성공을 설명할 수는 없다. 그가 자란 곳은 조상 대대로 살아온 척박한 몽골 초원지대다. 여러 곳에 흩어져 살던 유목민들에게 전쟁은 일상사였고, 부족 간 반목과 분열은 폭력의 악순환을 낳았다.

칭기즈 칸도 이런 환경에서 힘든 성장기를 거쳐야 했다. 어린 시절에 족장인 아버지가 죽었고, 그 후 어머니, 형제들과 함께 가문에서 쫓겨나 도적들 무리에 붙어살아야 했다. 결혼 후에는 첫 번째 부인 보르테가 적군인 메르키트 부족 전사들에게 납치당해 포로가 되는 수모를 겪기도 했다.

하지만 그는 이러한 역경에도 굴하지 않고 오히려 현실을 뛰어넘는 꿈을 좇는다. 친족만을 보호하고 경쟁자는 무너뜨리는 부족장이 아니라 몽골 부족을 하나로 통합하여 수 세기 동안 지속된 투쟁의 역사를 종식시키겠다는 꿈이었다. 그리고 마침내 앞으로 다가올 수 세기 동안 유라시아 대륙의 판도를 뒤바꿔놓을 국가를 탄생시켰다.

칭기즈 칸은 "한 사람의 꿈은 꿈에 불과하지만 모두가 함께 꿀 때 그것은 현실이 된다"라고 말했는데, 바로 그것이 그의 성공 비결이다. 그 역시 경쟁하는 부족들과의 충돌을 해결하는 방법으로 무력을 사용했지만 몽골 부족을 통합하게 만든 힘은 다름 아닌 그의 꿈이었던 것이다.

"노예는 어쩔 수 없어 복종하지만 자유인은 스스로 선택하여 순종한다"라는 말이 있다. 위대한 지도자는 추종자들이 노예처럼 복종하도록 만들지 않고 자신의 의지를 그들과 조율해 미래를 인도하는 꿈과 비전으로 승화시킨다. 그는 자신을 따랐던 몽골인들의 의지는 물론 몽골과 접촉했던 지역 사람들의 의지까지 하나로 결속시켜 정복의 동기가 되었던 자신의 꿈을 모두가 추구하게 했다. 이렇게 해서 칭기즈 칸은 몽골 부족을 하나로 통합할 수 있었고, 유럽 대륙까지 통합하는 위업을 달성하게 된 것이다.

칭기즈 칸을 이끈 '한 하늘 아래 하나 된 세계'의 명제는 단순했지만 그 속에 담긴 뜻은 심오하다. 바로 그것이 세계평화를 열 수 있는 궁극의 열쇠라는 것이다. 이러한 꿈의 결과는 미국의 문화인류학자 잭 웨더포드Jack Weatherford가 그의 역저《칭기즈 칸, 잠든 유럽을 깨우다Genghis Khan and the Making of the Modern World》에 기술했듯이 '몽골제국의 지속적 보편주의'로 나타난다. 몽골인들이 '보편적 문화와 세계질서의 기초'를 놓았다고 평가한 것이다.

'한 하늘 아래'는 단순한 언어적 수사가 아니라 칭기즈 칸이 품었던 꿈의 핵심이다. 그는 평화와 번영이 신이 정한 보편적 질서라고 믿었다. 네루는 위대한 평화주의자임에도 불구하고 칭기즈 칸에게 매료되었다. 그가 뛰어난 군사 정복자라는 점만으로는 설명할 수 없는 위대한 인물임을 깨달았기 때문이다. 네루는 칭기즈 칸의 '절대 불변하는 법칙'을 믿었으며 "불변하는 법칙은 어느 누구도 거역할 수 없다. 황제조차도 이에 복종해야 한다"라는 그의 신념에 감명을 받았다.

칭기즈 칸은 '불변하는 법칙'에 대한 신념을 기초로 기본적 자유와 초기 단계 인권 개념에 뿌리를 둔 보편적이고 쉽게 적용할 수 있는 법률들을 반포한다. 웨더포드는 몽골제국의 법과 체제 속에서 제국이 멸망한 후에도 오랫동안 지속된 글로벌 문화의 초기 형태를 발견하는데, '자유로운 상거래, 개방적 의사소통, 지식의 공유, 세속 정치, 종교의 공존, 국제법, 외교 면책 특권' 등이 그러한 예다.

이것들은 모두 칭기즈 칸의 꿈이 거둔 결실이다. 억압과 갈등의 요소를 완화하기 위해 제국은 정복 지역의 문화를 존중했고 종교의 자유를 인정했다. 몽골인들은 사회적 지위가 아닌 능력으로 우대받는 사회를 지향했고 신분제도를 폐지했으며, 현지 지배계층이 누리던 독점적 권력도 타파했다. 뿐만 아니라 여성 차별을 줄이고 인간 생명의 존엄성을 옹호했으며 문화, 인종, 종교의 차이를 넘어서는 결혼을 장려했다.

몽골 법전 야사Yassa는 제국 전체에 걸쳐 부족 간 분쟁과 갈등의 오랜 원인들을 억제함으로써 평화와 번영의 시대를 촉진했다. 그 결과 몽골제국에 의한 평화를 의미하는 팍스몽골리카Pax Mongolica는 몽골제국의 정복이 끝나는 13세기 중반부터 14세기 말까지 지속된다. 그 영향은 유라시아 대륙 전체에 퍼져나갔으며, 그 당시의 시대상은 흔히 "머리에 금덩어리를 얹은 처녀도 마음 놓고 거리를 활보할 수 있다"라고 표현되기도 했다.

이런 평화의 가장 직접적인 수혜자가 이탈리아 베네치아 출신의 탐험가 마르코 폴로Marco Polo다. 아시아에서 중동을 거쳐 동유럽 전역까지 확립된 자유무역과 안정된 치안에 힘입어 무사히 중국에 도착한 마르코 폴로는 자신의 여행담을《동방견문록》이라는 책으로 펴냈고, 이 책은 위대한 칸Khan 제국에 대한 유럽인들의 관심을 촉발시켰다.

제국이 주도하는 평화는 동서 문명 간 교역을 촉진시켜 아시아의 물품과 기술이 유럽 지역에 전파될 수 있게 했다. 그에 따라 로마제국 몰락 이후 오랫동안 잠들어 있던 유럽이 마침내 깨어나기 시작했다. 칭기즈 칸이 아니었다면 유럽은 훨씬 오랫동안 깊은 잠에 빠져 있었을 것이고, 근대 세계로의 발전도 그만큼 늦어졌을 것이다.

칭기즈 칸의 일생은 우리가 처한 환경이 아무리 어렵고 힘들더라도 현재를 넘어 더 나은 미래를 꿈꿀 때 그것이 실현될 수 있다는 교훈을 준다. 그 꿈을 개인의 의지가 아닌 보편적 원리와 가치에 뿌리를 두고 민족이나 국가, 나아가 대륙 전체가 공유할 때, 꿈은 이전에 상상할 수 없었던 방식으로 현실을 바꾸는 힘을 갖는다는 사실을 몽골제국의 역사가 입증했다. 실제로 그 꿈은 계몽되지 않은 중세 유럽과 아시아가 새로운 문화체계와 세계 시스템을 받아들이게 하는 힘을 발휘했다. 칭기즈 칸이 감행한 정복의 실제 동기가 무엇이었는지 알 길은 없다. 하지만 역사적으로 분명한 사실은 칭기즈 칸을 이끈 것은 권력욕이 아니었다는 점이다. 그가 세운 '한 하늘 아래 하나 된 세계'라는 비전은 권력이나 신분에 상관없이 모두에게 적용되는 변치 않는 보편적 법칙의 출발점이며, 그 속에 내포된 염원과 원칙과 가치가 그를 위대한 인물로 세계사에 기록되게 한 것이다.

우리는 몽골, 몽골 민족, 몽골 역사에 친근함을 느낀다. 두 나라는 문화적으로 많은 부분이 비슷할 뿐만 아니라 몽골반점이라는 신체적 특징도 공유하고 있다. 칭기즈 칸이라는 인물이 우리에게 더욱 각별한 이유도 그 때문인지 모른다. 그를 통해, 위대한 꿈은 인간으로 하여금 환경의 제약을 뛰어넘어 민족을 하나의 국가 안에서 통합하고, 나아가 세계를 변혁시키는 힘이 된다는 사실을 깨닫게 된다.

오늘 우리의 선택과 행동이 내일을 결정하고, 과거는 현재의 어려움에 맞서 싸울 수 있는 지혜와 힘을 준다는 사실로 미루어 볼 때 이는 단순한 역사 속의 이야기가 아니다. 우리는 칭기즈 칸과 그가 이룩한 몽골제국의 역사를 되돌아보면서 자문해야 한다. 조국의 미래와 세계를 위해 큰 역할을 할 수 있는 우리의 꿈은 과연 무엇인가?

아메리칸드림과
근대의 태동

—

두 번째는 근대 세계로의 길을 연 아메리칸드림American Dream이다. 인권과 자유에 관한 근대적 사상의 태동에 일조했고, 오늘날까지도 전 세계에 영향을 미치고 있는 아메리칸드림은 과연 무엇인가? 대한민국이 나아갈 방향을 생각할 때 이 물음에 대한 정확한 답을 아는 것이 중요하다.

미국은 건국 200여 년 만에 가장 강력한 군사력을 보유한 세계 1위의 경제대국으로 성장했다. 그러나 처음부터 부유하고 강력한 국가로 출발한 것은 아니다. 대부분의 땅이 미개발 상태였고, 그나마 독립 이전의 13개 주는 모두 대영제국의 농경 식민지였다. 세계질서가 유럽을 중심으로 돌아가고 있을 때 미국은 변방국가에 지나지 않았던 것이다. 그렇다면 어떻게 오늘날과 같이 강력한 국가가 되었을까?

근대 세계의 출현에 하나의 이정표로 기록되는 유럽인들의 아메리카 이민은 르네상스와 종교개혁으로 유럽인들의 세계관에 커다란 변화가 일어나면서 시작된 현상이었다. 그 후 수 세기에 걸쳐 남미와 북미가 서로 다른 길을 걷게 된 과정을 비교해보면 하나의 교훈을 얻을 수 있다. 오늘날 라틴아메리카의 정치·경제 발전은 괄목할 만하지만 역사적으로는 북미와 극명한 차이를 드러내 보였다. 남미의 역사는 정치 부패와 불안정, 독재정권, 비효율적 경제체계, 지배계급을 제외한 절대 다수의 빈곤으로 요약된다.

두 지역이 이처럼 전혀 다른 길을 걸어가게 된 근본적인 원인은 처음부터 역사적인 유산이 달랐다는 사실에 있다. 북미 대륙은 최초로 입헌정치를 실시하고 시민들의 '기본권'을 보장했던 영국적인 전통을 기반으로 국가가 형성되었다. 반면 중남미는 구유럽의 맹주였던 스페인의 봉건적 정치·종교 전통으로부터 전반적인 영향을 받았는데, 이베리아 반도에서는 봉건체제가 약해지는 시점에 다시 절대군주제가 들어섰다.

한국에서 태어났지만 미국에서 교육을 받은 나는 미국 역사에 관심이 많았고, 그래서 이 나라의 성공 비결과 아메리칸드림의 진정한 의미가 무엇인지 연구했다. 전 세계 많은 사람들이 미국 이민을 택하는 이유는 무엇인가? 나는 아메리칸드림의 핵심은 외적인 면에서 찾을 수 있는 것이 아님을 깨달았다. 아메리칸드림은 큰 집도, 멋진 자동차도, 자녀들의 교육도 아니었다. 그것은 바로 건국의 기틀이 되었던 원칙과 가치에 있었다.

13개 주 식민지 주민들이 영국으로부터 독립을 쟁취하고자 뭉쳤을 때, 이는 미국과 세계사에 하나의 분수령이 되었다. 그들은 '영국 태생'에게 주어지는 신민으로서의 권리가 자신들에게는 허용되지 않았다고 주장했다. 식민지도 엄연한 대영제국의 영토일 뿐만 아니라 그 주민들도 대부분이 영국계 후손인 만큼, 그들은 자신들도 의회에 대표자를 보낼 수 있는 자격이 있다고 믿었다. 하지만 일체의 대의권이나 청구권도 갖지 못한 채 정부의 임의적인 명령을 따라야만 한다는 사실에 그들은 분노했다.

미국의 독립전쟁 이전에도 세계 도처에서 수많은 모반과 반란이 있었지만 어느 경우도 하나님을 근본으로 하는 보편적 원칙에 호소하지는 않았다. 1776년 7월 4일 건국의 아버지들이 독립선언서에 서명, 선포하고 새로운 국가의 이념을 제시했다. 그것이 아메리칸드림의 탄생을 알리는 신호였다.

독립선언서는 전제군주의 임의적이고 절대적인 권력 행사와 이를 정당화, 합리화하는 왕권신수설에 대한 직접적인 도전이었다. 영국인들은 이미 국왕 찰스 1세(1600~1649)와 유혈 내전을 치르면서 왕권신수설에 도전했고, 1688년 명예혁명을 통해서 왕의 권한을 대폭 축소한 입헌군주제를 채택하고 있었다. 건국의 아버지들은 이러한 영국의 선례를 기반으로 자신들의 원칙을 구상할 수 있었다.

하지만 바다 건너 유럽 대륙에서는 훨씬 이후까지 왕권신수설을 토대로 한 절대군주제가 유지되었고, 엄격한 신분제도가 사회를 떠받치고 있었다. 신성로마제국은 사실상 제국으로서의 권위를 상실하고 그 명맥만 간신히 유지하는 정도였다. 마지막 황제였던 프란시스 2세(1768~1835)는 나폴레옹과의 전쟁에서 패한 뒤 황제의 지위를 박탈당하고 1835년 죽을 때까지 오스트리아−헝가리 제국의 군주 프란시스 1세로 살았다. 그런 황제 밑에서 장관을 지낸 한 인물은 황제의 정책을 설명하면서 "군주의 권위는 절대적이며, 그 권위에 대한 일부 사람들의 참여 요구는 있을 수 없다"라는 것이 황제의 방침이라고 했다. 이는 당시 황제 정치철학의 숨은 본질을 여실히 드러내는 언급이었다고 할 수 있다.

미국 건국의 아버지들은 이와는 전혀 다른 길을 선택했다. 먼저 군주의 권위가 절대적이라는 생각을 거부했다. 그 대신 독립선언서에서 인간의 기본적 권리와 자유는 국가나 군주가 아니라 창조주가 인간에게 직접 부여한 것이라고 천명했다. 그리고 정부의 존립 목적은 바로 이러한 권리들을 보호하는 데 있다는 것을 분명히 밝혔다.

독립선언서의 기본 철학은, 개인은 창조주로부터 고유한 가치를 타고나며, 이 가치는 사람마다의 본질적인 존엄과 이 존엄에 의해 자동적으로 수반되는 권리의 기초를 이룬다는 것으로서 계몽된 근대적 개념으로서의 보편적 인권과 자유에 대한 방향을 제시했다.

건국의 아버지들은 평등한 인권과 근본적인 자유는 책임이 따르므로 덕성을 갖춘 시민만이 그것들을 누릴 수 있다고 보았다. 인권과 자유를 보장받기 위해 시민은 높은 도덕 기준을 따라야 하는데, 이는 한 마디로 개인마다 덕을 갖추고 스스로를 다스릴 수 있어야 한다는 걸 의미한다. 대륙회의의 대표로 활약했던 존 애덤스John Adams가 아마도 이런 의미를 가장 잘 풀이한 것 같다. 그는 "우리의 헌법은 오로지 도덕적이고 종교적인 사람들을 위해 만들어졌고, 이는 다른 여타의 정부에는 전혀 적합하지 않다"라고 말했다(존 애덤스, 매사추세츠주 민병대 제3사단 제1여단 소속 장교들에게, 1798년 10월 11일).

　미국이 종교의 자유를 왜 그토록 소중하게 생각하는지 그 이유가 바로 거기에 있다. 사람들은 자유롭게 신앙을 선택할 수 있을 뿐 아니라 그들의 종교가 추구하는 미덕이 대중에게 큰 영향력을 행사할 수 있는 분위기를 조성하기 위해 종교의 자유가 필요하다는 것이다. 조지 워싱턴George Washington은 "…이성으로나 경험을 통해서나, 종교적 원칙이 배제된 상태에서는 국가의 도덕성이 싹틀 수 없다"라고 말했다.

　실제로 미국은 건국 이후 개인의 자유와 권리에 대한 보장을 최고의 가치로 끌어올리기 위해 유례없는 혁명적 실험을 감행했다. 이는 미국에 새로 정착하는 이민자들의 인생관을 형성했으며, 열정을 투입하게 만드는 비전이었다. '하나님 아래 하나의 나라'를 건설하겠다는 목표가 그렇게 세워졌다.

　많은 이들이 미국의 힘은 민주적인 정치제도와 자유시장 경제체제에서 왔다고 믿는다. 그러나 정치·경제 시스템이 성공하느냐 실패하느냐는 그 시스템 안에서 일하는 사람들을 인도하고 동기를 부여하는 원칙과 가치에 의해 결정된다. 히틀러가 당시 민주국가였던 바이마르 공화국Weimar Republic에서 선거를 통해 권력을 잡았다는 사실은 민주적인 절차만으로 자유가 보증될 수 없음을 보여준다. 2008년 글로벌 금융위기의 진원지가 되었던 월스트리트 금융가의 사례도 마찬가지다. 자유시장이건 자본주의 체제건 윤리적 기준이 부재하거나, 그것이 있다고 해도 국민이 그것을 중시하지 않는다면, 부와 권력을 향한 이기적 욕망 때문에 빚어지는 불행으로부터 스스로를 보호할 수 있는 절차나 제도란 존재하지 않는다.

미국의 건국 원칙과 가치들은 전 역사를 통해 정치·경제 시스템 안에서 작동하며 활력과 기회, 자유가 충만한 현재의 미국을 만들어왔다. 초대 대통령인 조지 워싱턴은 퇴임 연설에서 "미덕과 도덕이 국민 정부의 원천"이라고 밝혔다. 이것이 진정한 의미에서 미국의 발전을 이끈 힘이었다. 영적인 원칙과 가치들을 내면화, 구체화, 명문화함으로써 미덕과 덕성을 갖춘 국가가 되기 위해 노력하는 나라가 세워진 것이다. 미국 역사에서 위기의 순간마다 독립선언서가 등장하는 이유가 바로 여기에 있다.

독립선언서는 현재를 점검하는 하나의 시금석이자 건국이념에 부합하는 미래를 향한 안내서다. 노예해방 직전 에이브러햄 링컨Abraham Lincoln 대통령은 게티즈버그 연설을 통해 남부연합의 공격으로 시작된 남북전쟁을 인종에 관계없이 모든 사람들이 진정으로 평등한 사회를 건설한다는 독립선언서의 내용을 실현하는 것에 대한 도전으로 규정했다. 이 정신은 마틴 루터 킹Martin Luther King 목사의 "나에게는 꿈이 있습니다"로 시작하는 연설로 이어졌다. 1960년대 민권운동이 최고조에 달했던 시점에 킹 목사는 미국인들에게 독립선언서에 새겨진 원칙들을 상기시키면서 이러한 이상에 반하는 인종차별과 불평등에 대한 심판을 요구했다.

요약하면 독립선언서에 담긴 원칙과 가치가 미국 역사를 발전시켰고, 미국인들이 위기를 극복하며 하나로 뭉칠 수 있게 했던 것이다. 바다에서는 나침반이 선박의 항로를 알려주듯이, 독립선언서는 국민의 정부와 자유시장이 보다 높은 이상을 향해 가도록 안내했으며, 미국뿐만 아니라 전 세계에 영감을 주었다. 그것은 세계 여러 나라에서 억압받으며 기회와 자유를 누리지 못하던 사람들이 생명의 자유와 행복을 찾아갈 수 있게 하는 희망의 등불이 되었다.

미국에서 독립선언서의 정신은 사회의 혁신을 위한 기반이었다. 자유, 진취성, 창의성으로 대변되는 기업가 정신은 '가난뱅이가 벼락부자가 되었다'는 성공담을 통해 장려되었다. 아메리칸드림은 그 뿌리가 되는 영성에 머물지 않고 기업가들의 실질적인 성공으로 현실화되었다. 꿈을 가진 그들은 미국이 제공하는 기회를 십분 활용하며 성공을 위해서는 어떠한 위험도 기꺼이 감수했다. 그들의 성공담은 점점 더 많은 사람들에게 진취적인 개척자의 정신을 고취했다. 대규모 철도와 고속도로와 항구가 건설되었고, 자유시장경제가 꽃을 피우며 미 대륙에 경제적 번영을 가져다주었다. 그와 같은 성취들은 모두 '개척자 정신'에 의한 결실이었다.

　독립선언서는 오늘날에도 세계 곳곳에서 그 영향력을 발휘한다. 인권과 자유, 그리고 인간의 존엄성에 대한 지향이 보편적 추세이기 때문이다. 독립선언서가 미국인만을 위한 것이 아니라 만민을 위한 것이라는 뜻이다. 미국의 독립은 세계적으로 전제군주제를 폐지하고 민주주의와 자유시장 체제로 전환하는 근대적인 정치운동의 시발始發이었다.

　독립선언서가 천명한 원칙들은 2차 세계대전 이후 미국의 외교정책에서도 분명하게 드러난다. 전승국 미국은 세계 유일의 초강대국 지위를 확보했지만 패전국인 독일과 일본을 식민지화하지 않았다. 1차 세계대전에서 승리한 영국과 프랑스가 독일에게 했던 것처럼 전쟁 배상금을 요구할 수도 있었지만, 미국은 전혀 다른 길을 선택했다. 오히려 패배한 적대국의 경제 복구를 위해 원조를 제공했다. 미국의 이 같은 전후 처리는 세계가 참담했던 전쟁을 다시는 반복하지 않고 평화와 공동의 번영을 향해 협력해갈 수 있는 기반을 만들기 위해서였다.

　2차 세계대전에서 교훈을 얻은 미국은 자국의 건국 원칙을 세계에 확산시키기 시작했다. 미국이 국제연합UN의 창설을 주도한 동기도 바로 거기에 있었다. 미국은 UN을 통해 제3세계 신생 국가들의 독립을 열렬히 지지했으며, 그 결과 유럽 열강들에 의한 식민지 시대가 막을 내리게 되었다. 오늘날 UN은 창설 목적에서 많이 벗어나 있긴 하지만 미국이 지향하려 했던 이상은 변할 수 없다.

　미국은 자유수호의 의지를 행동으로 보여주었다. 이를 위해 본토에서 아무리 먼 전쟁터라 할지라도 희생을 무릅쓰고 자국의 젊은이들을 파병했다. 대한민국이 암울했던 시기에도 마찬가지였다. 한국전쟁에서 약 4만 명의 미국 젊은이들이 목숨을 잃었다. 어떻게 미국인들은 사랑하는 가족을 먼 이국의 전쟁터로 보낼 수 있었을까? 미국이 추구하는 영적인 원칙과 가치를 이해하지 않고서는 알 수 없는 일이다. 우리 인간은 하나님으로부터 자유와 인권을 부여받았고, 이것을 보호하는 것은 신이 우리에게 내린 의무이며, 이를 수행하기 위해서는 자신만이 아니라 먼 이국땅에 살고 있는 사람들의 자유와 인권도 보호받아야 한다는 신념이 있었기에 가능했다.

이처럼 숭고했던 희생정신은 오늘날 미국에서 심각한 도전을 받고 있다. 이는 세계 전체로 볼 때 불길한 현상이다. 존 F. 케네디John F. Kennedy 대통령은 1961년 대통령 취임 연설에서 "국가가 당신에게 무엇을 해줄 것인지 묻지 말고 당신이 국가를 위해서 무엇을 할 수 있는지 물어달라"고 했다. 그러나 오늘날 희생정신은 방종하고 이기적인 개인주의에 밀려나고 있다. '미국 정신'이 위협받고 있는 것이다.

건국정신이 이처럼 흔들리는 가운데 미덕, 책임감, 자기희생과는 전혀 상반된 향락적 대중문화가 유행하고, 근본적인 원칙과 가치가 존재한다는 사실을 부정하는 정치철학이 그 세를 키워가고 있다. 세계로 수출되는 미국의 대중문화가 미국의 이미지를 왜곡하고, 보편적 원칙과 가치의 확산을 통해 확보돼왔던 미국의 영향력은 약해지고 있다. 미국이 번영을 지속하고 세계에서 도덕적 리더십을 발휘하기 위해서는 건국정신을 회복해야 한다.

미국 건국의 아버지들이 품었던 꿈은 당대 세계사에서도 유례가 없는 나라를 탄생시켰다. 뿐만 아니라 세계 도처에 중대한 발자취를 남겼다. 보편적인 인권, 자유, 책임감에 대한 이상을 정립했고, 그 이상을 실현하기 위해 많은 희생을 치렀다. 미국이 더 이상 그러한 노력을 하지 않는다면 과연 어느 나라, 어떤 사람이 그 일을 할 것이며, 또 해낼 수 있겠는가?

우리 한국은 어떤가? 미국은 원칙과 가치를 놓고 인간의 자유를 위한 투쟁을 이끌었다. 처음엔 나라 안의 노예를 해방시켰을 뿐만 아니라 후에는 독재체제에서, 또는 열강의 식민지에서 억압받는 사람들을 위해 싸웠다. 그러한 미국에서 우리가 배울 것은 무엇인가? 천박한 소비주의와 위험한 방종의 늪에 빠져 있는 오늘의 미국을 닮아갈 것인가? 우리는 세계사에 어떤 발자취를 남길 것인가?

홍익인간,
한민족의 영적 의식과 코리안드림

—

강대국들에 둘러싸여 있는 지정학적인 조건으로 인해 한반도는 역사적으로 대륙 세력과 해양 세력의 반복된 침략에 시달려왔다. 한 역사학자의 연구에 따르면 한반도가 장구한 역사를 통해 외세의 침략을 받은 횟수가 무려 930회나 되는 것으로 조사되었다. 세계사적으로 유례를 찾아보기 힘든 혹독한 고난의 역사다. 우리 민족은 약자의 설움을 역사 속에 고스란히 지니고 있는 것이다. 이런 역사적 경험을 통해 우리는 어떤 성격을 지니게 되었으며, 어떤 유형의 문화를 창조하고 전승해왔는가?

시련과 고통은 우리로 하여금 불가피하게 삶을 성찰하고 깊은 영적 이해와 진리를 갈망하게 하였다. 그런 충동이 우리의 고유한 특성으로 반영된 표현이 바로 '한恨의 민족'이라는 것이다. '한'은 부당함과 피해에 대해 원한을 품고 복수를 꾀한다는 뜻이 아니다. 오히려 그로 인한 분함과 억울함을 사랑과 용서로 승화시켜 푼다는 것을 의미한다. 이런 특성은 성자들에게서나 볼 수 있는 특출한 개별적 미덕이 아니라 민족 구성원 모두가 공유하고 공동체적 염원이 담긴 정서였다. 이는 일반 사람들의 일상적인 삶 속에서 노래와 문학과 춤 등으로 표현되었다.

이와 같은 정서를 지닌 한민족은 항상 평화를 사랑해왔다. 외세의 수많은 침략과 도발에도 불구하고 다른 나라를 침략한 역사가 없다. 이것은 주변국 역사와는 판이한 특징이다. 어떻게 그와 같은 특성이 길러졌는가? 그 답은 우리의 독특한 정신유산 속에 나와 있다. 고조선을 건국한 단군 시조는 이도여치以道與治, 광명이세光名理世, 재세이화在世理化의 사상을 토대로 나라를 세웠다.

이러한 건국사상은 '인간을 널리 이롭게 한다'는 홍익인간弘益人間 정신에 수렴된다. 단군은 '도덕과 진리'로 세상을 다스리고(이도여치), 진리로 세상을 계몽하며(광명이세), 세상에서 진리가 구현되기(재세이화)를 염원했다. 진리의 세계를 구현하겠다는 꿈은 인류의 기원이 하느님이라는 것과 한민족이 그 하느님으로부터 모든 인류를 위해 살아가라는 특별한 사명을 받았다는 점에 대한 이해를 기초로 한다.

나는 내가 주최한 국제회의에서 단군 이야기와 홍익인간의 정신을 발표한 적이 있다. 그때 참석자들, 특히 두 사람의 미국 하원의원은 홍익인간의 비전이 미국의 독립선언서와 같은 원칙과 가치를 추구한다고 설명하며, 이미 5,000년 전에 이 같은 이념에 입각해 나라를 세웠다는 사실에 놀라워했다. 고대의 사람들이 부족과 나라를 넘어 전 인류를 끌어안는 고귀한 비전을 통해서, 그리고 높은 도덕적 원칙과 가치를 바탕으로 국가를 세우고 유지했다는 것은 상상도 할 수 없는 일이라는 것이었다. 시대와 무관하게 권력의 원천은 힘이고, 충성심은 가족, 부족, 국가에 의해 정의되어왔음을 인류 역사가 보여주기 때문이다. 그날 그들과 대화한 이후 나는 단군신화에 매료되었다.

홍익인간은 한민족이 전 역사를 통해 고귀한 이상을 실현코자 염원했다는 증거다. 미국의 탄생과 더불어 인류의 보편적 사상이 오늘날만큼 논리적으로 성숙해질 수 있었는데 한민족은 그보다 수천 년 앞서 이미 근대적 의미의 계몽된 통치사상을 발전시켰다. 이 사실만으로도 한민족의 역사는 다른 고대 문명국가와는 확연히 구별된다. 내가 아는 한 이런 유의 건국이념과 철학을 가진 나라는 없다.

나는 역사학이나 고고학적인 관점에서 단군의 건국신화를 거론하자는 것이 아니다. 내가 하고 싶은 말은 홍익인간이 한민족 정체성의 뿌리이며 과거로부터 이어져온 정신적 혈맥이라는 점이다. 역사적인 사건들과 전통, 문화유산을 통해 우리는 지속적으로 이 사상을 내면화해왔다. 특히 위기의 순간마다 이 '과거'의 정신은 억압받던 우리 민족에게 삶의 의미와 목적을 일깨워주었다. 결론적으로 고조선 건국의 이야기는 단순한 고대 신화가 아니며, 실제 살아서 우리 역사의 근간을 형성하고 있다는 것이 내 생각이다.

인류에게 봉사한다는 홍익인간의 정신 속에 표현된 당위성으로 인해 유사 이래 한민족은 어떠한 사상보다도 인간의 삶을 가장 소중한 가치로 여겨왔다. 우리는 항상 암묵적으로나 명시적으로나 인간은 모두 평등하며 하늘을 대표한다고 믿어왔다. 19세기 동학운동이 주창한 인내천人乃天 사상은 단군신화에 뿌리를 둔 이런 전통을 잘 보여준다. '사람이 곧 하늘'이라는 말은 인간이 행복한 세상이 곧 하늘이 행복한 세상이고 하늘이 원하는 세상이라는 의미다.

인간성과 하늘의 뜻에 대한 독창적 이해는 한민족에게 깊은 영적 깨달음을 주었고, 대단히 신앙적인 사람들이 되게 하였다. 비록 이런 깨달음은 건국신화에 뿌리를 두고 있지만 나는 압박받는 민족으로서 침략과 억압, 외세의 지배, 남북분단이라는 혹독한 시련과 고난의 역사를 거치며 형성되었다고 믿는다. 우리가 인간의 삶과 우리의 정신이 갖는 중요성을 인식하게 된 것은 시련과 고난을 통해서다. 그 결과 한민족은 심오한 영적인 역사를 지니고 있으며, 여느 단일 민족들과는 달리 다양한 신앙에 대해 열린 태도를 보이고 있다.

불교를 받아들인 것이 그런 사례의 하나다. 불교는 4세기 후반 중국 전진前秦에서 한반도에 전래되었다. 비록 외래 종교였지만 깨달음과 영적 각성의 중요성을 강조하는 불교의 가르침은 한국인이 추구해온 영적 이상과 공유할 수 있는 부분이 많았다. 불교는 이미 고대로부터 한국사회에 큰 영향을 끼쳐왔던 토속적인 전통과 충돌 없이 체계적이며 형식을 갖춘 엄격한 신앙 과정을 거쳐 들어온 후 홍익인간이 주창하는 대승적 윤리의 전통을 계승했다.

주목할 점은, 불교가 한국만의 고유한 특성을 따르고 이에 융화된 것처럼 그 이후의 외래 종교들도 마찬가지 과정을 거쳤다는 사실이다. 더 나아가 한국 불교는 보다 '총체적인 접근'으로 외래 종교라고 할 수 없는, 한민족만의 고유한 특성으로 해석해야 하는 종교가 되기 위해 노력했다. 그 토착화 과정에서 한국인의 영적인 염원과 결합하면서 불교와 국가 간에는 밀접한 관계가 형성되었다.

삼국시대(4~7세기 중엽) 불교의 영향력은 여러 분야에서 증대되어 고구려, 백제, 신라 삼국이 불교를 국교로 채택했다. 삼국 가운데 가장 늦게 출발한 신라는 불교의 가르침을 기반으로 한 '화랑도'를 조직하여 육성했고, 화랑은 훗날 삼국통일을 달성하는 데 선봉장 역할을 했다. 통일신라(7세기 말엽~10세기 초)에 이어 고려시대(10~14세기)의 불교는 종교생활을 비롯해 고등교육을 담당하는 학교로서의 기능은 물론 계몽된 통치를 위한 자문기관의 역할까지 수행했다. 이 시기에 불교의 가르침에 따라 주요 국가 기관들이 설립되면서 통일 한민족이라는 우리의 정체성에 안정감과 정통성을 가져다주었다.

한편 조선왕조(14세기 후반~19세기 말)는 유교의 한국식 변용이라고 할 수 있는 성리학을 국정 이념으로 받아들임으로써 불교의 영향력이 급속히 쇠퇴한다. 중요한 점은 성리학이 유교의 핵심을 이루는 윤리 철학이었지만 토착화 과정에서 도교와 불교 등의 가르침과 융합되어 종교와 윤리가 혼합된 고유한 이념을 형성했다는 것이다. 조선왕조는 다분히 명상적이고 영적 추구를 중시하는 불교보다는 성리학이 현실 정치세계와 통치에 더 유효한 이념이라고 판단했다. 그들은 국정 운영을 위한 정치철학으로 '가족관계'를 중심으로 하는 성리학의 윤리적 가르침을 기반으로 삼아 군왕이 아버지의 입장으로 국가를 다스리는 하나의 거대한 대가족으로 보았다.

조선은 오늘날의 헌법이라 할 수 있는《경국대전經國大典》을 왕조의 수명이 다할 때까지 국가 운영의 교범으로 삼을 만큼 중시했다.《경국 대전》은 공동선을 함양하는 원칙과 법에 의해 통치되는 이상적 국가 의 틀을 제시했다는 점에서 가치가 있다.

조선왕조 시대엔 왕과 신하 사이에 사람이 갖추어야 할 덕과 올바른 정치에 대한 토론이 유례없이 활발했다. 통치자가 국가보다 왕 개인의 이익을 위해 사사로이 권력을 행사하지 못하도록 '견제와 균형'의 체 계가 확립돼 있었다. 통치자의 권력행사가 제한된 현대의 입헌군주제

형태와 유사하다고 할 수 있다. 모든 국민의 자유와 권리를 존중하고 '법에 의한 통치'라는 이상을 추구한 것이다. 놀라운 사실은 이처럼 계몽된 정치적 이상이 한반도 안에서 자생했을 뿐만 아니라 계몽시대 정치철학자들의 저서를 통해 정치사상에 혁명적 변화가 일어났던 유럽보다도 몇백 년 앞섰다는 점이다.

당시 아시아에서 가장 강력한 국가였던 명나라가 유교를 국가 이념으로 삼았기 때문에 조선도 시대의 흐름을 따라 불가피하게 유교를 채택한 것이라고 주장할 수도 있다. 물론 조선이 명나라의 영향을 받았다는 점은 부인할 수 없다. 하지만 공자가 살아 있던 시절에도 한민족은 '동방예의지국東方禮儀之國의 백성'이라는 칭송을 받았다는 사실을 감안하면 해석은 달라진다. 조선왕조가 성리학을 채택한 이유는 그것이 문화나 정치적 영향력의 문제와는 별도로 한민족의 특성에 맞았을 뿐만 아니라 도덕과 정의를 중심으로 이상적인 법치法治 국가를 건설해야 한다는 민족적 의지와 염원이 있었음을 말해주기 때문이다.

한국이 기독교를 수용하는 과정 역시 세계사에서 보기 드문 사례다. 가톨릭은 200여 년 전, 개신교는 100여 년 전에 이 땅에 들어왔다. 아시아의 여느 나라들과는 달리, 개신교는 한국에서 한 세기 만에 주류 종교로 자리를 잡았고, 오늘날 인구의 3분의 1이 스스로를 기독교인이라고 생각한다. 북한의 수도 평양은 한때 '아시아의 예루살렘'으로 불렸는데, 이곳에서 미국 선교사들은 수많은 사람들이 '복음'을 받고 개종하는 모습을 목격했다.

한국 기독교가 짧은 역사에도 불구하고 오늘날 전 세계에 기독교 전파의 기관차 역할을 하고 있다는 사실은 놀랍다. 해외에 파견된 선교사 수는 세계 최고이고, 그들이 선교활동을 벌이고 있는 지역도 대부분 오지나 위험 지역이다. 한국 개신교는 대형 교회의 부흥운동을 확산시켰고 외국의 많은 목회자들이 찾아와 배우고 있다. 상대적으로 역사가 짧은 외래 종교에 이 정도로 '적극성'을 갖고 있다는 사실은 흔치 않은 일이다. 이는 다양한 신앙에 대한 개방성이라고 해석할 수 있겠는데, 그보다는 한국인이 천성적으로 대단히 영적인 사람들이기에 가능한 일이라고 보는 것이 더욱 타당할 것이다.

한국에는 세계의 모든 주류 종교들이 들어와 심오한 영성문화를 활기차게 키우고 번성시켜왔다. 일반적으로 다인종·다민족 국가에서 다종교 사회가 형성되는 건 당연한 현상이다. 그러나 한국처럼 단일민족이면서도 종교적 충돌 없이 조화를 이루며 살아가는 다종교 사회는 흔치 않다. 이것이 가능한 이유를 우리의 역사 유산에서 발견할 수 있다.

한국인의 영적인 의식 속에는 홍익인간의 이상이 깊이 담겨 있기에 이상국가를 건설하고 세계에 기여하려는 국가적 열망을 이끌어가는데 종교가 중요한 역할을 한다는 사실을 우리는 알고 있다. 이러한 깨달음은 우리 민족이 고난의 역사 속에서 모든 난관을 극복할 수 있게 한 힘의 원천이었다. 우리는 물질적인 소망만이 아니라 더 중요한 영적인 진리를 갈망하면서 신앙에 대한 개방적인 정신 자세를 갖춰온 것이다.

이런 이유로 우리 민족은 고난과 시련이 닥칠 때마다 우리의 영적 깨달음에서 의미와 실마리를 찾곤 했다. 그 과정에서 우리 민족은 세계에 봉사한다는 신성한 사명을 자각해왔다. 이상국가 건설의 안내자는 진리다. 진리에 근거한 홍익인간의 비전은 끈질기게 이어져온 한민족의 희망이다. 그것이 우리의 본질이자 유전자다.

'모든 인간을 이롭게 한다'가 우리 정신의 본질이라면 코리안드림이 갖는 의미는 명확하다. 그것은 한반도에 평화와 번영을 가져오고 통일 민족으로서 동북아 지역을, 궁극적으로는 세계를 이롭게 하는 일이어야 한다. 코리안드림은 한반도 통일에 도덕적 권위를 부여하고 세계를 이롭게 하려는 열망 속에 평화를 사랑하는 계몽된 나라를 만듦으로써 성취된다. 그것이 코리안드림이자 우리가 풀어야 할 역사적 과제다.

통일, 코리안드림의
실현을 위한 첫 단계

—

홍익인간의 비전이 민족의 염원이라면, 이를 성취하기 위해 해야 할 첫 번째 과업은 무엇일까? 그것은 바로 남북통일이다.

남과 북의 분단이 지금은 어쩔 수 없는 '현실'이고, 남과 북이 그것을 받아들일 수밖에 없다 하더라도, 이런 상황이 미래에까지 지속되어서는 안 된다고 생각한다. 분단의 지속은 한민족과 주변 국가들, 더 나아가 세계가 막대한 부담을 떠안게 되는 짐이다. 북한의 불안정한 정치·경제와 핵무기 개발은 한국과 동아시아를 비롯한 전 세계의 안보와 경제에 상시적인 위협이다. 그러므로 한반도 분단은 단지 한국만의 문제가 아니라 21세기와 미래의 인류를 위협하는 동북아와 세계의 현안인 것이다. 내가 오늘날 세계평화를 위해 가장 중요한 과제가 남북통일이라고 보는 이유가 바로 여기에 있다.

한국인으로서 우리는 통일을 위해 무엇을 할 것인가? 우리가 그 실마리를 쥐고 있다. 한반도 통일은 동북아와 세계의 문제로 논하기 이전에 일차적으로 한국의 문제로 인식해야 한다. 분단은 남북한 당국자 사이에 논의되는 정치적·경제적·군사적 문제이기에 앞서 우리의 가족, 더 중요하게는 한민족의 정체성에 영향을 미치는 반인류적 비극이다.

우리는 지난 역사와 우리의 근본을 망각할 것인가? 한민족이 스스로의 정체성을 자각하기 시작했을 때 우리 선조들이 품고 있었던 그 심오하고 원대한 꿈을 포기할 것인가? 우리의 의지와는 무관하게 초래된 분단상황을 체념하듯 받아들이고 그 멍에를 후대에 그대로 물려줄 것인가? 남북한 주민들이 통일을 위해 할 수 있고, 해야 할 일이 달리 없는가? 통일문제에는 시민들이 일할 수 있는 공간은 따로 없고 오직 정부의 정책, 지역 단위의 관심 영역만 있을 뿐인가? 우리 시민들은 그렇게 무기력한가? 물음들은 끝없이 이어진다.

나는 분단된 나라에서 살고 싶지도 않고, 그런 현실을 받아들이고 싶은 마음도 없다. 나는 가능성과 희망으로 생기 넘치는 통일한국을 꿈꾼다. 과거, 현재, 미래, 그리고 동서양의 가장 좋은 점만 반영된 문명국 한국을 희망하며 그러한 염원을 '코리안드림'이라고 부른다.

그것은 한민족 모두가 공유하는 꿈이다. 우리가 함께한다면 그것을 현실로 만들 수 있다. 우리는 인위적으로 허리가 끊어진 한반도를 하나로 연결하고 통일된 국가에서 하나 된 민족으로서 '인간을 널리 이롭게 한다'는 도덕적 임무와 섭리적 사명을 완수해야 한다. 아시아 최초의 노벨 문학상 수상자 라빈드라나트 타고르Rabindranath Tagore는 〈동방의 등불〉이라는 시에서 이렇게 예언했다.

일찍이 아시아의 황금 시기에
빛나던 등불의 하나인 코리아
그 등불 다시 켜지는 날
너는 동방의 밝은 빛이 될지니.

지정학적·경제적인 맥락에서 볼 때, 세계 힘의 중심은 점차 대서양에서 환태평양 지역으로 이동하고 있다. 여기에서 한국은 실질적으로 큰 영향을 줄 수 있는 매우 특수한 지리적·역사적·정치적·경제적 위치에 있다. 무엇보다도 한국은 냉전시대 최후의 잔재를 종식하고 처절했던 역사의 한 페이지를 접을 수 있는 기회를 맞았다. 또한 인류를 분열시키는 모든 장벽을 뛰어넘어 진정한 평화 구축을 위한 도덕적 선례를 시범할 수 있다.

그 선례는 모든 분쟁국가 및 지역에 '빛'이 되어줄 것이다. 타고르의 시구詩句처럼 '빛나던 동방의 등불 코리아는 그 등불이 다시 켜지는 날'을 기다리고 있다. 그날을 실현하기 위해선 먼저 우리 안에 목표가 있어야 한다. 그 목표는 공통된 역사의식과 미래에 대한 공동의 염원을 바탕으로 한 새로운 국가 건설이다. 하지만 현재까지 통일에 관한 논의는 오로지 그 '과정'에 집중되었다. 그것도 냉전시대의 지정학적 이해관계라는 렌즈를 통해서 바라보았다. 거기에는 한쪽의 체제나 정부가 상대방의 체제나 정부를 설득하거나 굴복시켜야 한다는 가정假定이 전제돼 있다. 나는 남북 간의 사회적·정치적·경제적 분단을 더욱 악화시키는 그런 사고방식이 향후 통일을 위한 진지한 노력을 불가능하게 만들 것이라고 본다.

정작 중요한 문제는 우리가 과연 통일에 대해 명확한 비전을 갖고 있는가 하는 점이다. 사실상 최악의 시나리오는 내부적으로는 한반도에서, 그리고 외부적으로는 다른 여러 관련 국가들 간에 서로 원하는 결과에 대한 합의가 없는 상황에서 어느 날 갑자기 통일을 강제당하는 경우다. 따라서 이 문제에 대한 철저한 대비책이 마련되어야 한다. 한국인 스스로 통일 과정에서 국가의 운명을 주도적으로 이끌어나가고, 주변국들과 국제사회로 하여금 우리의 노력을 지지하도록 유도해야 한다.

이제는 통일을 해야만 하는 이유와 방법, 시기에 대한 논의보다도 통일된 나라는 어떤 모습이어야 하는지 고민하는 것이 합당하다고 믿는다. 남한은 '한민족 공동체 통일방안'을 내놓았고 북한은 '고려연방제'를 주장하고 있다. 양쪽 모두 평화적·민주적 절차를 통한 통일을 주장하고는 있지만 접점을 찾지 못하고 있다. 두 방안에 대한 정부 간 논의는 거의 없고, 현재로서는 남북관계를 진전시킬 수 있는 계기도 보이지 않는다.

통일에 관한 현실적인 논의를 시작하기 위해서는 분단된 국가로서가 아니라 같은 한민족으로서 모두가 공감할 수 있는 공통분모가 필요하다. 새 국가 건설의 기초가 될 원칙과 가치, 통일의 염원이나 꿈에 대해 진지한 논의가 선행돼야 하는 것이다. 정치·경제 시스템을 비롯해 통치제도에 관한 토의는 그다음이다. 원칙과 가치가 기반이 되어야 비로소 어떤 체제나 제도, 그리고 국가의 옳고 그름을 판단하는 특성과 본질을 결정할 수 있다.

지금껏 칭기즈 칸, 미국의 건국, 그리고 홍익인간 정신에 대해 언급한 이유는 통일 논의에 도움이 될 새로운 사고의 틀을 이끌어내기 위해서다. 앞에서도 언급했듯이, 언젠가 통일이 실현되어야 한다면, 반드시 통일의 결과에 대한 어떤 합의가 있어야 한다. 그런 합의가 없으면 공통의 기반도, 공통의 목표도 있을 수 없다. 그리고 이론과 가설, 가정의 세계에서 서로 자기주장만 하다 끝난다. 현실과 동떨어진 학자들, 그리고 국민들의 실생활과 전혀 상관없는 정책 입안자들이 판치게 될 것이다.

그렇지만 역사는 매우 구체적인 방법으로 우리와 연관된다. 역사는 가장 친숙한 차원에서 개인의 의견과 관점과 이해를 형성시킴으로써 우리 조상들, 조부모와 부모, 그리고 우리 자신들의 삶에 심대한 영향을 끼치는 우리의 지난 이야기들의 총합체다. 세계의 곳곳에서 일어난 사건들이 모든 개인에게 의미를 갖게 함으로써, 평범한 시민들이 자신들로서는 어찌 해볼 도리가 없는, 그래서 일상과는 무관한 것처럼 보였던 문제들에 관심을 갖고 이에 동참하도록 만든다.

한국인이라면 누구나 개인적 일상과 과거가 모두 한반도 분단상황의 연장선상에서 진행된 것이고, 현재와 미래 또한 이와 분리될 수 없다. 통일이 우리가 진정으로 추구하는 소중한 목표이고 정부도 염원하는 것이라면 무엇보다도 먼저 국민들의 관심과 참여를 이끌어내야 한다. 국민의 참여 없이 꿈을 실현하려는 것은 마치 꿈을 실현할 '주인'이 없는 몽상과 다를 바 없다.

독일, 몽골, 튀니지, 리비아, 이집트에서 벌어진 일들을 보라. 이들 나라에 놀라운 변화가 닥친 것은 실로 눈 깜박할 사이였다. 상황을 면밀히 추적했던 이른바 전문가라는 사람들조차 예상하지 못한 사태였던 것이다. 혁명적 변화를 예견한 사람은 아무도 없었지만 변화는 결국 일어나고야 말았다.

변화를 주도한 세력은 정부나 정치지도자가 아닌 국민이었다. 국정을 운영하는 고위 인사들의 협상이 아니라 거리로 몰려나온 시민들의 시위로 촉발된, 아래로부터의 변화였다. 변화의 주체인 대중의 의식이 깨어났을 때 분출되는 힘이다. 시민들이 없는 혁명적 변화란 몽상이다. 그러나 그들이 함께하면 모든 것이 가능하다.

"한 사람의 꿈은 꿈에 불과하지만 모두가 함께 꿀 때 그것은 현실이 된다"라는 칭기즈 칸의 통찰에는 위대한 진리가 숨어 있다. 남과 북은 같은 꿈을 꾸어야 하고, 그 꿈은 코리안드림이어야 한다. 그렇게 될 때 통일은 예상보다 빨리 찾아올 것이다.

한국인이 반만년에 걸쳐 간직해온 염원엔 '한 하늘 아래 하나 된 세계'를 이룩한 칭기즈 칸의 고귀한 꿈과 '하나님 아래 하나의 나라'를 건설한 아메리칸드림이 온전히 담겨 있다. 두 비전의 핵심은 인간의 삶을 주관하는 초월적이며 보편적인 진리와 원칙이 있고, 인간의 존엄과 가치와 권리는 창조주 하나님으로부터 부여받았다는 것이다. 코리안드림과 홍익인간에 담긴 원칙들의 핵심은 같다. 진리와 정의를 중심으로 '인간을 이롭게 하는 도덕적 국가'의 건설이 한민족의 건국이념이자 섭리적인 사명이다.

그 꿈의 실현은 오롯이 현 세대의 몫이다. 우리는 지금 운명적으로 민족과 국가 그리고 세계의 문명사적 전환기를 맞고 있다. 다 함께 큰 꿈을 품고 공동의 선을 위한 미래를 만들어갈 것인가, 아니면 두 손을 놓고 누군가 나를 대신해주길 기다릴 것인가? 우리는 다양한 선택의 패를 쥐고 있다. 코리안드림을 이룰 것이냐, 포기할 것이냐? 우리의 선택에 달려 있다.

코리안드림의 내면화와
한국인의 소명

—

코리안드림을 성취해나가는 데는 통일이 아주 중요한 역할을 하지만, 앞서 말했듯이 그 꿈은 통일 그 이상이어야 한다. 그것은 한국인의 소명이고 세계에 긍정적인 영향을 미치는 것이다. 우리는 민족의 건국이념에 부합하는 통일한국의 창조를 통해서만 이 꿈을 온전히 실현할 수 있다. 그래서 이 나라가 홍익인간이라는 숭고한 이상을 표방하는 고귀하고 계몽된 국가가 돼야 한다. 그러면 이 나라는 자연스럽게 이번 세기를 넘어 먼 미래에까지 진정한 선을 실현할 수 있는 도덕적 권위를 갖추게 될 것이다.

그러나 오늘날 우리의 가장 소중한 자원인 민족의 구성원들이 위험에 처해 있다. 북한은 차치하고라도 남한 국민들은 우리의 자랑스러운 역사와 정체성의 기반을 상실해가고 있다. 그중에서도 가장 심각한 문제는 가족의 해체다. 한민족의 가장 두드러진 문화적 특징 중 하나가 대가족제다. 강력한 사회적 규범으로서 오랜 세월 유지되어온 대가족제는 세대 간의 긴밀한 유대가 친족은 물론 넓게는 사회, 국가로까지 확장된다.

이처럼 신성한 제도가 급속한 현대화와 서구식 사회 패턴의 수용, 확대로 인해 사라지고 핵가족이 사회적인 추세를 이룬 현실은 참으로 안타깝다. 사회가 향락적으로 변해가면서 성, 결혼, 가정의 중요성에 대한 인식이 희박해졌다. 그 결과 이혼율과 자살률은 선진국 가운데 가장 높은 반면, 출산율은 반대로 가장 낮은 나라 중 하나가 되었다. 내가 어릴 때는 들어본 적도 없는 일탈적 성범죄 또한 늘고 있다.

학교는 오로지 대학입시를 위한 암기공장이 되어버렸다. 초등학교부터 대학까지, 학생들에게 우리 민족 안에 내재하는 풍부하고도 고유한 영적 유산과 도덕적 특성을 가르치는 곳은 찾아보기 어렵다. 사회 분위기는 서구 선진국처럼 자기중심적인 개인주의가 팽배해지고 있다. 상업화로 치닫는 언론과 대중문화가 인터넷, 스마트폰, 소셜 네트워킹 같은 최신 기술과 만나 개인의 자기만족을 위한 소비 욕구를 부추기면서 이러한 경향을 적극적으로 조장한다.

정치는 방향감각을 상실했고, 진보와 보수 정당 간의 대립은 끝이 보이지 않는다. 대중의 요구에 영합하기 위해 벌이는 정파와 정치인들의 말싸움은 화합보다는 분열을 심화한다. 이로 인해 정치 지도자들에 대한 국민의 실망과 불신은 커져만 가고 있다. 산업화와 민주화를 이루었고 국제무대에 당당히 설 수 있는 나라를 만들었던 희생정신은 오늘날 젊은 세대에게 전수되지 못하고 있다.

이런 현상들은 모두 우리의 정체성을 형성해온 꿈조차 분단과 함께 단절되었기 때문에 발생하는 것이다. 통일은 명확한 국가적 목표를 설정하고 그것을 이루어가는 과정에서 한국인의 정체성을 회복할 수 있는 기회를 제공한다. 이것이 가능하기 위해선 역사를 이끌어온 우리 민족 고유의 근본정신으로 다시 돌아가야만 한다.

20세기 내내 한민족은 독립된 통일국가에서 살기를 간절히 소망해 왔다. 이러한 꿈은 처음엔 일제 식민지배로, 후엔 냉전으로 인한 이념 갈등과 국토 분단으로 좌절되었다. 일제 식민지배나 분단은 민족의 의지와는 무관하게 외부 열강들로 인해 빚어졌다. 하지만 민족 내부적으로도 이해관계가 다른 집단들의 분열로 독립과 통일을 위한 추진력을 상실했던 것 또한 엄연한 사실이다. 우리에게 한 번 더 민족자결의 기회가 찾아온다면 이런 일이 되풀이되지 않도록 해야 한다. 통일과 코리안드림을 실현하기 위해서는 큰 꿈을 함께 키워나가야 한다는 뜻이다.

그렇다면 통일을 통해 우리가 건설하고자 하는 국가의 유형과 미래상은 어떤 것이어야 할까? 갖가지 유형이 나올 수 있지만 다행히 우리 역사에는 신생 통일한국의 미래상을 예시豫示해준 선례가 있다. 어떤 면에서 보면 그 나라는 이미 우리의 건국 비전이 그 존립 목적을 규정하고 있기 때문에 새로운 나라가 아닐 수도 있다. 그러나 다른 측면으로는 그 나라의 창건은 우리가 지금까지 이루지 못했으나 인류와 세계를 이롭게 하겠다는 한민족의 운명적 염원을 성취하는 것이기 때문에 완전히 새로운 나라일 수도 있다.

내가 생각하는 미래의 통일한국은 동서양의 가장 훌륭한 점만을 수용하고, 우리 조상들에게 생기를 불어넣어준 비전에 부합하며, 현대 및 미래세계와 조화를 이루는 그런 나라다. 새 국가를 건설하는 것이 깨끗한 칠판에 글씨를 써 넣는 것이라고 한다면, 우리는 단군의 역사를 포함해 최상의 선례만을 골라 그렇게 할 수 있다. 체제 및 제도와 관련해선 사려 깊은 객관성이 동반된 열린 자세가 필요하다. 하지만 신생 국가의 기초가 될 염원과 원칙과 가치에 있어서만큼은 우리 고유의 역사적 경험과 문화와 전통이 반영돼야 할 것이다. 다시 말해, 새로운 한민족의 국가는 고유의 사명을 재현해야 하며, 외세의 영향에 그 빛을 잃어선 안 된다. 신생 통일국가의 구체적 특징을 세밀히 살피는 대신 그것이 기초해야 하는 기본 틀에 대한 설명에 도움이 될 몇 가지 사항을 아래에 언급하고자 한다.

첫째, 홍익인간의 정신을 구현해야 한다. 홍익인간 정신은 우리 민족사의 공통된 뿌리이자 공동의 염원과 원칙, 그리고 가치를 표현하기 때문이다. 이러한 비전에 맞춰, 인간의 본질적 가치와 권리, 자유의 초석으로서 하나님의 주권을 인정해야 한다. 이는 '사람이 곧 하늘'이라는 한민족의 영적 깨달음에도 부합한다. 따라서 어떤 정부나 어떤 제도도 하늘로부터 부여받은 인간의 이러한 권리와 자유를 약화시키거나 무효화할 수 없다. 인권과 자유야말로 신생 한국의 근본 초석이기 때문이다. 그 결과 자연스럽게 '법의 지배'를 존중하고, 정의와 진리로 국민을 통치하는 헌법과 그것에 기초한 정부 형태가 도출된다.

둘째, 그 정부는 국민이 원하는 것을 대변하고 지지를 얻는 대의제 정부여야 한다. 신생 통일한국의 주인은 국민이고, 정부의 존립 목적은 국민에게 봉사하는 것임을 명확히 할 필요가 있다. 그 결과 '권력의 분립'이 자연스럽게 이루어짐으로써 '견제와 균형'을 통해 독재정부가

들어서는 길을 막을 수 있다. 정부가 국민을 억압하지 않고 자유와 권리를 보장하기 위해서는 각기 다른 기능을 가진 행정, 입법, 사법의 삼권이 분립되어야 한다.

셋째, 선진국도 부러워하는 교육제도를 통해 우리 아이들에게 어린 시절부터 심성과 영성을 깨우치는 교육을 해야 한다. 이 두 가지 교육은 학생들이 무엇을 아느냐가 아니라 어떤 사람이 될 것인가를 결정짓기 때문이다. 그래서 학교교육을 통해 이미 우리에게 깊이 내재된 영적 유산이 시민적 의무와 삶을 위한 윤리적 근간이 되도록 장려해야 한다. 이것은 대의제 정부가 빠지기 쉬운 '군중의 지배'라는 부작용을 줄이기 위해서 절실히 필요하다. 교착상태에 빠진 미국의 현 정치상황은 시민들과 리더들이 개인적 야망보다 국가의 이익을 우선하려는 도덕성과 윤리를 갖추지 않을 경우 아무리 훌륭한 제도라도 무너질 수 있다는 것을 잘 보여준다. 따라서 교육의 목표는 전인적 품성을 길러주는 것이어야 한다. 한마디로 인간을 기르는 것이다. 천부의 아름다운 심성과 영성으로 사회의 모든 영역에서 도덕적 리더십을 발휘할 수 있도록 가르쳐야 한다는 뜻이다.

넷째, 기업가 정신을 장려하고 도덕적 자유시장 경제체제를 추구해야 한다. 나는 공산주의의 실험은 실패했고 자유시장체제가 상품과 서비스를 가장 효율적으로 분배하는 시스템이라고 생각한다. 하지만 자유시장체제의 본질적 결함들, 특히 맹목적 야망과 억제되지 않은 탐욕이 방치될 때의 상황을 충분히 인식해야 한다. 글로벌 금융위기가 발생한 원인을 살펴보면 이 문제와 직결되어 있다는 사실이 금방 확인된다.

규제가 위기 통제의 한 가지 방법이긴 하지만 그것에는 그만한 대가가 따른다. 규제가 늘어날수록 성장은 느려지기 때문이다. 효과적인 방법은 한 국가의 경제활동에서 윤리적·도덕적으로 행동하는 인격을 갖춘 사람들을 길러내는 것이다. 이들의 미덕이 부패를 막는 최선의 견제장치가 될 것이다. 술수를 쓰는 사람들보다 '규칙을 준수하려는' 사람들에게 더 많은 기회가 돌아가야 한다. 현재 한국의 규제 및 경제환경은 힘과 기득권을 쥔 자들에게 여전히 유리하며, 경제활동을 시작하려는 사람들에게는 기회가 대단히 제한적이다. 이로 인해 한국인의 타고난 기업가 정신이 움츠러들고 있다. 창의성과 참여의식, 진실한 행동을 유도하는 동기부여가 제대로 되지 않고 있다. 개혁이 필요한 부분이다.

다섯째, 모든 한국인을 대신해 권력에 '쓴소리'를 할 수 있는 참여적이고 객관적이며 독립적인 언론매체가 있어야 한다. 자유사회의 여러 특징 가운데 가장 중요한 것이 바로 언론의 자유다. 오늘날 언론은 빈번히 당파적인 입장을 취하고 있다. 심지어 국민에게 피해를 주면서까지 특수한 이해나 이념에 집착한 홍보지의 역할을 하고 있다. 이는 선진국이나 개도국을 막론하고 대부분의 국가에서 나타나고 있는 현상이다. 그러므로 대학의 언론 관련 학과, 방송사나 신문사의 보도·편집국 등 제작 부서에 언론 윤리와 관련한 명확한 기준이 마련돼야 한다.

이는 정부가 아닌 민간 분야에서 먼저 시작하여 협회나 기타 특수 민간기구를 통해 규제되어야 한다. 그래야 언론이 정부의 도구로 이용되는 일을 막을 수 있다.

여섯째, 귀감이 되는 문명국가를 건설하는 데 무엇보다 윤리의 중요성이 크다는 점을 인식하고 도덕적 행위의 지지자로서 신앙 전통이 공적 영역에서 나름의 기여를 할 수 있도록 해야 한다. 거의 모든 선진국들이 '정교분리'를 왜곡 해석하여 종교가 정치에 관여해선 안 된다는 의미로 이해하고 있다. 하지만 이 원칙의 기본 정신은 소수 종교의 '신앙 표현과 양심의 자유'를 보호하기 위해 국가가 단일한 종교를 가져서는 안 된다는 것이다. 다시 말해, 정교분리의 원칙은 국민의 삶에서 종교를 없애기 위해서가 아니라 종교의 자유를 인정하기 위해 확립된 것이다.

종교가 깊은 영적 유산을 바탕으로 우리 민족사에 긍정적인 기여를 한 데 대해 보다 성숙하고 통찰력 있는 시각으로 평가할 필요가 있다. 물론 때론 폐해도 있었다. 하지만 영적 유산은 우리 역사의 가장 혹독했던 순간마다 민족이 좌절하지 않도록 든든한 버팀목 역할을 해왔다. 단군신화가 말해주듯이, 영적 유산은 우리 민족 최고最高의 이상과 염원을 구현했다. 나는 우리 민족이 근대화 과정에서 잃어버렸던 영적 유산의 중요성을 더 이상 간과하는 오류를 범하지 않기를 바란다. 새로운 통일국가 건설이라는 민족적 과업을 추진하고 지난 70여 년의 분단이 남긴 아물지 않은 깊은 상처를 치료하기 위해서라도 반드시 필요한 일이다.

　마지막으로 가장 중요한 사안은, 우리 민족의 신성한 대가족제도의 장점을 보존해야 한다는 것이다. 전통적인 한민족의 가족제도는 수많은 유산 가운데서도 가장 독특하고 역사가 오래된 유산이다. 가정은 사랑하는 사람들로부터 가장 중요한 교훈인 우리의 뿌리를 배우는 곳이다. 이 안에서 우리는 조상을 알아가고 가족의 따뜻함을 느끼며 가문의 다양성을 경험한다. 그러면서 '나' 역시 '우리'를 규정하고, 사랑하는 관계망을 구성하는 하나의 연속체임을, 거기서 '나'가 존재함을 깨닫는다. 이렇게 형성되는 우리의 '안전망'은 그 어떤 정부의 복지제도도 따라올 수 없다.

　가족 안에서 학습되는 진지한 노력은 '정성'이라는 개념으로 구체화된다. 정성은 옷을 만드는 일에서부터 음식을 준비하고 집을 짓고 일을 하는 것에 이르기까지, 또 사소한 문제에서부터 지극히 고상한 행동에 이르기까지 생활의 모든 부분에 적용되며, 모든 일에 성실과 진지한 자세가 요구된다. 그 결과 한국인의 몸엔 어떤 일이건 최고가 되고자 노력하고 다른 사람이라면 엄두도 내지 못할 자기희생과 봉사정신이 자연스럽게 배어 있다.

　한민족의 이런 독특한 특성으로 인해 '효'와 같은 덕목들이 새로운 차원의 성실과 자기희생으로 나타난다. 이는 다른 아시아 문화권에서도 볼 수 없는 현상이다. 일반적으로 효는 공손한 행동의 또 다른 표현이라고 할 수 있는데 한국인에게는 그 이상의 의미를 갖는다. 고전소

설 속의 심청이 아버지의 눈을 뜨게 하고자 기꺼이 목숨을 바친다는 이야기가 상징하듯이 효는 가장 값진 자기희생을 대표한다. 가정에서 부모나 친족을 통해 이런 이야기를 들으면서 아이들은 성실과 가족의 의미를 배우고 성장하며, 마침내 진정한 한민족의 일원이 된다.

나는 새로운 통일국가의 모습을 제안하고 싶다. 내게 그 국가는 동양과 서양의 좋은 점을 수용하고, 우리 선조들이 추구했던 비전과 일치하며, 세계사의 올바른 전개에도 기여하는 나라를 의미한다.

지금 세계는 북핵문제와 도처에서 벌어지고 있는 테러와의 전쟁을 해결할 리더십을 필요로 하고 있다. 한반도 통일 그 자체로 북핵문제는 즉시 해결되고, 테러의 확산과 가공할 위협도 현저히 줄어들 수 있다. 또한 한반도와 주변 지역을 비롯한 세계경제의 번영도 기약할 수 있다. 2009년 발표된 골드만삭스의 '한반도 통일 효과에 관한 모의 연구'는 2050년에 통일한국에서 남북한의 1인당 국민소득은 각각 9만 달러와 7만 달러에 달해 개인소득 평균 세계 2위, 전체 GDP 규모로는 6조 달러가 넘어 세계 8위의 경제대국이 될 것이라고 전망했다. 통일은 남한 정부가 한때 주장했던 것처럼 정말 '대박'이 될 것이다. 시장, 노동, 천연자원 면에서 북한은 지금 남한이 직면하고 있는 저성장 국면을 탈피하고 다시 한 번 고도성장 궤도로 진입할 수 있는 모든 요소를 가지고 있다. 또한 남한은 북한의 생활수준을 현대적 선진 산업국가로 끌어올릴 수 있는 경험과 자본을 보유하고 있다.

무엇보다도 중요한 점은 통일이 우리 민족의 역사적 유산과 하늘의 뜻에 부합하는 도덕적 선례를 만들 것이라는 사실이다. 하지만 통일은 우리의 꿈이 하나가 될 때 비로소 가능할 것이다. 남북한의 꿈을 하나로 모아야 한다. 이를 위해서는 남북한 정부 관리와 지도자들뿐 아니라 남녀노소, 해외동포를 막론하고 모든 한국인에게 영감과 활력을 불어넣을 수 있어야 한다. 모든 한국인이 이러한 꿈을 마음에 담고 그 실현을 위해 협력할 때 이념과 경제의 격차, 파벌, 분열은 해소되고 통일된 민족국가로서 분단의 상처 또한 치유될 수 있다.

코리안드림과
'하나님 아래 한 가족'의 비전

—

한민족의 눈앞에 천우의 기회가 와 있다. 우리의 운명을 스스로 결정할 수 있는 능력을 갖추지 못했던 20세기와는 달리, 오늘날 우리는 모든 패의 카드를 들고 있다. 그냥 하는 말이 아니다. 우리가 꿈을 갖고 우리 민족의 꿈을 성취할 수 있는 대범함을 갖는다면, 이것이 한반도는 물론이고 세계에 미치는 영향력은 대단할 것이다. 서구의 리더십과 발전 유형이 의문시되고 있고, 심지어 일부는 몰락하고 있다는 평가도 나오는 가운데 신흥국들은 새로운 사상과 개발 방식을 적극 수용하고 있다. 한국이 코리안드림을 실현할 수 있다면 새로운 표상으로 인정받을 것이다.

대서양 시대라 할 수 있는 15세기부터 20세기에 이르는 기간, 서구 열강들은 곳곳을 누비며 식민지를 만들고 세계를 지배했다. 서구의 계몽주의 사상과 산업혁명으로 인한 기술의 진보는 발전의 촉진제 역할을 했다. 하지만 오늘날 역사의 조류는 다른 방향으로 흘러가고 있다. 환태평양 시대가 도래하고 있는 것이다. 따라서 아시아 지역 국가들이 국제무대에서 한층 더 중요한 역할을 하게 될 것이다.

이와 같은 역사적 변화 속에서 한민족은 특별한 리더십을 발휘할 수 있다. 우리의 목표는 냉전의 마지막 잔재를 종식시키고 서구 열강들의 개입으로 빼앗겼던 민족자결권을 회복하는 것이다. 그렇게 되면 우리 민족은 아시아와 세계에서 우리와 비슷한 식민지 경험을 하고 외세에 자결권을 내주었던 나라들에게 우리의 경험을 전수할 수 있는 도덕적 리더십을 갖게 된다. 홍익인간의 이상에 뿌리를 둔 새로운 통일한국은 우리와 비슷한 문화와 역사를 가졌으면서 서구 열강을 신뢰하지 않는 나라들의 귀감이 되는 나라다. 그런 통일한국은 선진 문명국으로서 세계에서 가장 역동적인 동북아시아의 중심에서 보편적 인권과 자유를 대변하게 될 것이다.

그래서 통일한국은 아시아의 발전에 모델이 될 뿐만 아니라 자연스럽게 동과 서를 잇는 교량 역할도 하게 된다. 남반구의 국가들은 이미 상당 부분 우리와 비슷한 대가족 구조를 갖고 있으며, 한국의 전통적 가치에 대해 친근감이 형성되어 있다. 내가 경험해본 바로는 남반구 국가들에서는 우리의 가족 형태만큼이나 원칙과 가치도 한민족에게만 적용되는 특수 사례로서가 아니라 보편적인 것으로 쉽게 받아들여진다. 코리안드림의 실현은 이러한 이상을 가시화하고 다른 개발도상국들의 동참도 이끌어낼 것이다.

내가 설립한 글로벌피스재단Global Peace Foundation, GPF이 추진하는 활동과 비전을 통하여 이러한 이상이 보편화할 때, 탈냉전시대에 가장 파괴적일 수 있는 정체성의 충돌을 해결하는 답이 나온다. GPF의 평화운동은 인종, 국적, 종교, 문화에 관계없이 전 세계 모든 인류가 '하나님 아래 한 가족'의 일원이라는 명제에 따라 추진된다. 우리가 일하고 있는 지역의 모든 사람들, 특히 정체성의 갈등으로 신음하고 있는 지역에서 적극적으로 평화활동을 하고 있는 사람들로부터 이러한 염원을 느낄 수 있었다. 많은 사람들이 인종과 종교를 초월하여 강력한 힘을 발휘할 수 있는 이상을 오랫동안 기다려왔는데, 이 비전이 바로 그것이라고 말한다.

GPF가 펼치고 있는 국제적 활동을 통해 보편적인 염원, 원칙, 그리고 윤리적 가치가 세계인에게 호소력을 갖는다는 점을 나는 실감한다. 한국 내에서 GPF의 활동은 많이 알려져 있다. GPF는 특히 통일문제에 관심 있는 850여 개 비정부기구NGO와 시민단체의 연합체인 '통일을실천하는사람들Action for Korea United, 통일천사'의 설립을 주도하고 이끌어왔다. 이 연합체는 코리안드림의 비전에 따라 추진하는 한반도 통일에 범사회적 지지를 이끌어내는 것을 목적으로 한다. GPF가 있는 곳이라면 우리는 어디서든 다양한 분야에서 보편적인 비전과 원리, 그리고 가치를 중심으로 누구나 공감할 수 있는 활동을 위해 사회 각계의 지도자들과 함께 일한다. GPF는 한국에서뿐만 아니라 아시아와 아프리카 등 저개발 지역은 물론이고 현재는 미주 대륙과 유럽에서도 활발하게 활동하고 있다.

 GPF 활동을 하다 보면 세계 각지의 정치·종교·기업·비영리 분야의 지도자들을 만나게 되는데, 이들은 무엇보다도 나를 한국인으로 인식한다. 이들은 내가 말하는 비전의 뿌리가 한국에 있음을 이해한다. 한국의 역사와 문화 속엔 '하나님 아래 한 가족'이라는 이상이 강력하게 자리 잡고 있다. 사실, 의미상으로나 실질적으로나 이것이 주는 의미는 한민족의 확대가족 유형으로 가장 잘 설명될 수 있다. 그렇기 때문에 통일된 새 조국은 이 비전의 이상적인 귀감이 될 것이다. 우리의 가족 유형 중심에는 독특한 한민족의 정서인 '한'과 '정'이 담긴 희생적인 사랑의 힘이 있다. 이것이 사람과 사람의 마음을 잇는 역할을 한다. 코리안드림은 그러한 통일을 실현해야 할 우리의 운명이다. 그 꿈의 실현은 갈라진 사람들이 어떻게 하나가 될 수 있는지 보여주는 가장 확실한 선례가 된다. 그리고 전 세계에 평화를 이룰 수 있게 하는 한민족의 도덕적 리더십에 대한 증표다.

 대가족 형태와 함께 발현되는 우리 내면의 영적 깨달음은 우리 민족이 가장 오랫동안, 그리고 완벽하게 표현해온 삶의 역사이며 우리의 문화유산이다. 이것은 역사를 통해 도덕적인 개인, 도덕적인 가족, 도덕적인 시민, 도덕적인 국가의 초석이 되었다. 그래서 우리 민족은 평화를 사랑하고 사람을 소중하게 여긴다. 타고르가 시를 통해 예언적으로 말한 것처럼, 이제 세계는 한국의 등불이 다시 한 번 켜져 아시아의 빛이 되기를 고대하고 있다. 이것이 우리에게 주어진 하늘의 뜻이다. 희망의 빛을 밝혀 분열과 갈등에 빠져 있는 모든 민족과 국가, 지역, 세계를 '하나님 아래 한 가족'이라는 고귀한 목표를 향한 길로 나아가게 하는 것이 우리의 섭리적인 사명이다. 나는 우리가 통일민족으로서 이러한 도전에 기꺼이 나설 수 있기를, 그래서 '인간을 이롭게 하기' 위한 삶을 산다는 우리의 신성한 의무가 구체적인 의미를 갖길 기도한다.

나는 코리안드림이 한반도의 통일에 대한 염원을 넘어서 우리의 건국신화에 기원을 둔 한민족의 소명이라는 점이 명료해지기를 희망한다. 이 소명은 홍익인간의 비전이고 우리의 역사 속에서 살아 숨 쉬고 있다. 이것이 우리 민족을 위대하게 만드는 원동력이다. 우리에게 알려주는 한반도와 동북아와 인류의 미래다. 그 미래는 우리가 결정한다. 그래서 우리는 새로운 역사의 물결이 밀려오는 이때에 게으름을 피울 시간이 없다. 큰 꿈을 가져야 한다. 코리안드림이 실현될 때가 왔다.

분단조국의
후예들

홍익인간 정신에 내재된 우리의 염원에는 역사적으로 하나였던
민족의 집단의식을 일깨워 분단의 상처를 치유할 수 있는 힘이 있다.
그것으로써 우리는 '나라 집'을 굳건히 세우고
궁극적으로 역사적 소명을 실현할 수 있을 것이다.
이제 우리에게 필요한 건 통일된 비전이고
그것은 바로 코리안드림이다.

스스로 분쟁하는 집은
바로 설 수 없다.

•

에이브러햄 링컨

사람은 누구나 태어나서 자라는 동안의 경험과 학습, 그리고 선대가
물려준 유산에서 자유로울 수 없다. 나 또한 예외가 아니다. 1953년 휴
전협정 이후 태어난 모든 사람들처럼 나 역시 분단된 나라를 조국으
로 두었다. 나는 서울에서 태어났다. 하지만 부모님의 고향은 휴전선
이북으로 아버지는 평안북도 정주, 어머니는 평안남도 안주 출신이다.
수백만 이산가족들과 마찬가지로 북한에는 나의 가까운 친척들이 살
고 있다. 우리는 냉전시대가 만들어놓은 굴레 속에 갇혀 아직도 아물
지 않은 분단의 상처를 안고 살아간다.

20세기 들어 서구와 소비에트 진영이 이데올로기로 대립하기 시작
한 후 최초로 군사적 충돌이 빚어졌던 지역이 한반도다. 2차 대전 후
1950년에 북한이 전쟁을 촉발하고 남북이 교전 당사자였지만, 그 배
경에는 자본주의와 공산주의라는 양립할 수 없는 두 이념이 드리워져

있었다. 한국전쟁은 결국 동유럽, 카리브해, 동남아시아, 라틴아메리카, 아프리카, 중동 지역에서 빚어질 갈등과 분란의 선례가 되었다.

소련의 공산주의 체제는 1980년대 말부터 쇠퇴하기 시작하여 1991년에 완전히 붕괴되었다. 비슷한 시기, 또 하나의 분단국이었던 독일은 분단의 상징이었던 베를린 장벽을 무너뜨리자는 로널드 레이건 Ronald Reagan 미국 대통령의 제안에 귀 기울였다. 동서독 국민들은 그 제안에 화답하듯이 '하나 된 마음'으로 스스로 일어나 '하나의 독일'을 실현했다. 물론 독일은 통일 후 지난 수십 년 동안 갖은 어려움을 겪어야 했다. 하지만 통일국가 독일은 유럽의 번영과 안정에 크게 기여했다. 오늘날 독일은 유럽연합EU의 주요 기둥으로서 지역문제뿐만 아니라 세계적 현안의 해결에도 리더의 역할을 수행하고 있다.

지난 세기는 통일된 조국을 탄생시키고자 하는 희망에 쓰디쓴 좌절을 맛본 시기였다. 나는 1장에서 우리의 건국이상과 염원에 대해 서술했다. 지금은 우리가 하나의 민족으로서 통일로 향하는 새롭고 대담한 길을 모색해야 할 시점이다. 우리는 분단상태를 그대로 유지할 것인가? 아니면 통일로 가는 보다 새로운 길을 과감하게 개척해갈 것인가? 경제적인 측면이나 안보의 측면에서도 분단으로 인한 대가는 막대하다. 그러나 무엇보다 가장 큰 아픔은 인도주의적 차원의 비극에서 연유한다.

오늘날 대부분의 한국인들은 분단 이후에 태어난 세대다. 이는 참으로 안타까운 현실이다. 현재 남한이 직면한 위험은 물질적인 번영이 우리를 분단에 대한 도의적인 책임으로부터 무감각하게 만들고 있다는 점이다. 우리 자신이 이런 현실에 냉담해질 때, 한국인의 유산과 정체성, 그리고 섭리적인 운명을 잃게 될 것이다.

미국이 부당한 노예제도 때문에 싸우고 있을 때, 에이브러햄 링컨은 "스스로 분쟁하는 집은 바로 설 수 없다"라고 했다. 노예제도에 대한 남부와의 입장 차이를 해결하고 미국의 건국이상을 실현하기 위해 남북전쟁을 결단해야 하는 긴박한 순간에 토로한 말이다. 마찬가지로, 우리도 분단 현실을 그대로 안고 갈 것인지, 아니면 통일로 향하는 새롭고 대담한 길을 기꺼이 걸어갈 것인지 고민해야 한다. 우리 한민족은 분단의 깊은 상처를 치유하지 않은 채 하나의 민족공동체로서 바로 설 수 있을까? 이는 21세기에 우리 한국인이 직면한 가장 중요한 과제다. 이 과제를 풀기 위해서는 이제 결단해야 한다.

20세기:
분단의 역사적 맥락

—

1910년 8월 29일, 일본의 강제 합병으로 민족의 시련은 시작된다. 그보다 앞서 1905년에 을사늑약이 체결됐다. 고종 황제는 늑약이 무효라면서 서명을 거부했지만 강제 집행을 막을 힘은 없었다. 1907년에는 대한제국의 자주적 내무 행정권을 박탈하는 조약도 만들어졌다. 이것들은 모두 1894년 청일전쟁 종료 이후 일본이 중국의 간섭을 배제하고 한반도를 자국의 영향권 안에 복속시키기 위한 것이었다. 서구 열강들 역시 자국이 식민지화 정책에 묶여 있었기 때문에 대한제국은 청나라 이외에는 국제사회의 지지를 이끌어낼 수 없었다.

합병 후 일본의 지배가 가혹해지면서 한반도와 중국과 일본 등 동북아 전역에 독립운동의 열기가 번져갔다. 물론 독립운동이 처음부터 하나의 비전을 공유하고 있었는지는 명확하지 않다. 그러나 당대의 여러 정파가 다양한 유형의 국가, 신앙 전통, 사상의 도움으로 일본의 압제에서 벗어나고자 했던 사실만은 분명하고, 그것이 훗날 분단의 한 요인으로 작용하게 된다. 어떤 이들은 소련식 공산주의를, 또 다른 이들은 미국식 민주주의를 주장했다. 그 외에도 여러 주의와 주장이 쏟아져 나왔고, 그 가운데 김구로 대표되는 민족주의자들은 홍익인간의 원칙에 바탕을 둔 비전으로 미래의 독립국가 건설을 희망했다. 그런 상황에서 이들 지도급 인사 모두의 일본에 대한 저항이 대중의 지지를 이끌어내면서 1919년 3월 1일 전국 방방곡곡에서 독립만세운동이 일어났다.

'3·1운동' 이후 일본의 한반도 지배는 더욱 혹독해져 민간 자산의 몰수는 물론이고 한민족의 고유문화까지도 남김없이 말살하려 했다. 한국인의 성과 이름을 일본식으로 바꾸도록 강제하는 법령이 1940년에 공포, 시행되었고, 1941년에는 학교에서 한국어 교육이 금지되었다. 한국인의 투자는 차단되었고 국내의 산업과 자본은 거의 모두 일본인들에게 넘어갔다. 이런 가혹한 정책에 못 이겨 전 인구의 6분의 1에 해당하는 약 300만 명이 조국을 떠나 중국, 소련, 미국 등지로 흩어졌다.

2차 세계대전 중 100만 명이 넘는 한민족이 강제 징발되어 일본, 만주, 한반도의 광산과 공장 등지에서 노동력을 착취당했고, 그중 상당수는 열악한 환경에서 혹사당하다가 비참하게 목숨을 잃었다. 태평양 전쟁에서 패색이 짙어진 1943년 이후, 다급해진 일본은 급기야 수십만 명의 한국 남자들을 징발하여 전쟁터로 내보낸다.

이 기간에 일제는 한민족을 비롯해 다른 여러 민족의 여성들을 상대로 잔악한 범죄도 저질렀다. 몇몇 UN 보고서에 따르면, 수만 명의 어린 여성들이 소위 '정신대'라는 이름으로 전쟁터에 끌려가 사실상의 '성노예'로서 끔찍한 경험을 해야만 했다.

1945년 2차 세계대전 종전과 함께 한민족은 악몽과 같은 일제 식민통치에서 벗어나 마침내 통일된 자주국가를 건설할 수 있으리라는 희망에 부풀었지만, 그 꿈은 슬프게도 아직까지 실현되지 않았다. 그리고 그동안 독립운동 단체들 사이의 분열은 지정학적 조건 때문에 2차 세계대전 이후 새롭게 부상한 국가들과의 결탁으로 더욱 증폭돼왔다.

일본의 무장을 해제하기 위해 북한에는 소련군이, 남한에는 미군이 진주, 분할 점령했다. 그러나 일본이 패망하고 떠난 공간은 이념갈등으로 시작된 동서 냉전 때문에 둘로 갈라졌고, 분단상황은 세월과 함께 더욱 고착되었다. 이러한 두 세력의 갈등에 민족지도자들의 야심과 개인적 성향이 더해지며 국내 정치는 혼란이 가중되었다. 결국 통일된 자주독립국가의 꿈은 무산되었고 1948년에 남쪽에는 대한민국, 북쪽에는 조선민주주의인민공화국이라는 두 개의 정부가 들어섰다.

그리고 1950년 6월 25일, 조국통일전쟁이라는 미명 아래 북한 인민군이 남한을 기습 공격하면서 민족상잔의 전쟁이 벌어졌다. 한국전쟁이 발발한 것이다. 비록 한반도에서 일어난 전쟁이지만 중국과 소련이 북한을 지원하고, 미국을 포함한 UN 산하 16개국이 남한을 돕기 위해 참전하면서 상황은 국제전 양상으로 발전했다. 한국전쟁은 여러 차원에서 매우 비극적인 전쟁이었다.

우선, 인명과 재산의 피해가 막대했다. 한국군과 UN군 약 50만 명이 전사했거나 부상, 실종되었고, 북한과 중공군은 그 수가 110만에서 150만 명으로 집계되었다. 민간인 사상자는 약 250만 명을 헤아린다. 탈환을 위해 여러 차례 치열한 전투가 벌어졌던 서울은 초토화되었다. 일부 지역의 경우, 가옥들의 절반 이상이 소실되고 사회간접자본시설의 80%가 파괴되었다. 이는 수치로 표시할 수 있는 피해들이지만 수량화할 수 없는 더 깊은 피해가 있다. 바로 1945년 광복과 더불어 피어올랐던 희망의 불꽃이 꺼지고 우리만의 철학과 기개가 담긴, 통일된 주권국가 건립이 좌절된 것이다.

20세기는 세계사에서 가장 잔악하고 파괴적인 시기였고, 특히 한민족은 그 폐해를 고스란히 경험했다. 반만년 역사 속에 지켜온 한민족만의 고유한 정체성과 자주권은 식민지배, 광복, 38선에 의한 남북분단과 전쟁, 그 결과 그어진 휴전선 등 잇따른 고통에 직면해왔다. 불과 반세기 동안에 연속적으로 일어난 이 사태들의 후유증이 안타깝게도 오늘날까지 이어지고 있다. 이 비극들은 다양한 측면을 가지고 있지만 가장 오랫동안 우리를 괴롭히고 있는 부분은 바로 인간적인 고통이다. 분단은 한민족에게 지속적으로 이산의 고통을 강요하고 있다.

우리는 이런 고통과 분단의 역사를 면밀히 살펴 그것이 지속되도록 방치할 것인지 아닌지를 결정해야 한다. 내가 볼 때, 답은 분명하다. 우리의 신성한 책무는 우리의 역량을 모두 쏟아 지난 세기부터 지속되어온 분단시대를 마감하고 1919년 독립의 염원과 1945년 광복의 환희를 공유하는 '통일시대'를 여는 것이다.

이산가족의 고통

―

1953년 총성은 멈췄지만 한민족이 치러야 하는 대가는 여기서 끝나지 않았다. 전쟁 이후의 분단은 한민족의 삶과 가족관계에 치명적인 영향을 미쳤다. 1950년 전쟁이 발발하자 대략 65만 명의 피난민들이 남한으로 내려왔다. 하지만 이미 전쟁이 일어나기 전에 훨씬 더 많은 사람들이 대부분 가족을 북한에 두고 남한으로 와 있던 상태였다.

제임스 폴리James Foley는 그의 책 《이산가족 : 50년의 이별Korea's Divided Families : Fifty Years of Separation》에서 남과 북의 이산가족이 50만에서 75만 명이라고 주장한다. 대한적십자사는 가족의 이별로 직간접적인 영향을 받는 사람들이 많게는 그것의 10배가 넘을 것으로 추산하고 있다.

정확한 수치야 어찌 됐건, 하나하나가 반인륜적인 비극이다. 전쟁 초기, 혼돈과 함께 밀고 밀리는 상황에서 남편과 아내, 부모와 자식, 형제와 자매는 생이별을 해야만 했다. 며칠 뒤 다시 만날 것이라는 희망은 달을 넘기고 해를 넘겨 수십 년이 지나도록 이루어지지 않았으며, 이제는 더 이상 가족에게 안부를 전할 기회마저도 사라져버렸다. 남과 북의 이산가족들은 서로의 생사 여부도 모른 채 그렇게 수십 년을 살아가고 있는 것이다.

재미이산가족상봉추진위원회Divided Families in the USA는 현재 미국에 거주하고 있는 이산가족의 가족사를 연대순으로 수집해 기록하는 일을 하고 있다. 그중 90세 이은진 할머니의 이야기를 듣고 나는 매우 가슴이 아팠다. 북한에 일곱 살, 다섯 살, 두 살 된 자녀 3명을 남겨두고 어머니와 함께 서울에 있는 친척집을 방문하던 중 한국전쟁이 터졌고, 그 후로 다시는 아이들을 볼 수 없었다. 그녀는 밤마다 자식들을 찾으러 고향에 가는 꿈을 꾼다고 했다.

사랑하는 사람의 소식을 모르는 고통이 어떤 것인지 나는 잘 안다. 내 가족에게도 그런 아픈 경험이 있기 때문이다. 내 아버지는 전쟁이 발발하기 전 북한 동쪽 해안에 위치한 악명 높은 흥남 노무자수용소에 수감되어 있었다. 그곳 수감자들은 그 어떤 보호장비도 없이 살에 닿으면 피부가 타버리는 질산 비료를 포대에 담는 일을 해야 했다. 건강한 장정들이 몇 달을 버티지 못하고 죽어나갔다. 아버지가 '반동분자'로 투옥되면서 집안 식구들도 모두 반동분자 가족으로 낙인찍혔고, 그로 인해 고통을 겪어야 했다. 결국 가세가 기울면서 남은 재산마저 바닥이 났다. 그런데도 할머니는 감옥에 있는 당신의 아들을 보려고 남아 있던 마지막 소 한 마리를 팔았다고 한다. 농사로 먹고사는 집에서 소는 그 무엇과도 바꿀 수 없는 소중한 재산이었는데도 말이다.

흥남으로 가던 도중 할머니는 소 판 돈을 전부 도둑맞았지만 포기하지 않고 천신만고 끝에 아들 면회에 성공했다. 하지만 재회의 순간, 할머니 눈에 들어온 아들은 차마 눈뜨고 볼 수 없을 만큼 헐벗고 상처투성이인 죄수의 모습이었다. 마을로 돌아온 할머니는 내내 목 놓아 울었다고 한다. 이것이 아버지와 할머니의 마지막 만남이었다.

1950년 10월, UN군이 이 지역에 상륙하면서 동료들과 함께 자유를 얻은 아버지는 고향집에 들러 부모님을 뵙지도 못한 채, 다른 수천 명의 난민들과 마찬가지로 남쪽을 향해 걸었다. 아버지에게 이 사건은 평생을 따라다닌 무거운 마음의 짐이었다.

나는 아버지가 가슴속 얘기를 꺼내면서 눈가에 눈물이 맺히던 모습을 마치 어제 일처럼 또렷이 기억한다. 1991년, 아버지는 한 세대를 다 보내고 나서야 40여 년을 한결같이 그리워하고 꿈꿔왔던 고향마을과 생가를 방문할 수 있었다. 아버지는 누님과 여동생을 다시 만났다. 마지막으로 보았을 때 열네 살이었던 여동생은 이제 얼굴에 주름이 깊게 팬 할머니가 되어 있었다. 아버지는 여동생의 주름진 얼굴을 쓰다듬으며 "네가 이렇게 늙었구나!" 하면서 슬퍼했다. 아버지는 어린 시절을 보낸 생가를 찾아 둘러본 뒤, 부모님 묘소를 찾아 절을 올렸다. 분단 40년 동안 한결같이 꿈속에서도 그려왔던 일이었다.

아버지는 자신을 끔찍이도 사랑했던 어머니의 무덤 앞에 섰을 때 심장이 찢어지고 흐르는 눈물을 주체할 수 없었지만 참아야 했다고 말씀해주셨다. 개인적인 슬픔보다도 2,000만 북한 동포들의 고통을 먼저 헤아리고, 방북 목적도 그들을 위한 것이었기 때문이었다. 아버지는 그날 사명감을 갖고 분단의 장벽을 허물어 모두가 통일된 나라에서 한민족의 형제자매로 함께 살 수 있는 날을 불러오겠다고 맹세했다. 그런 날이 오면 다시 돌아와 아들로서 마음껏 눈물 흘리고 대성통곡하겠

CHAPTER 2

다고 다짐했다. 이것은 그분의 기도인 동시에 아버지가 어떤 분이며, 어떤 사명감을 갖고 살았는지 잘 설명해주는 이야기다.

참으로 많은 한국인들이 분단과 전쟁으로 인한 고통스러운 경험을 안고 살아간다. 한국에는 아직도 상봉의 희망을 안고 살아가는 어르신 들이 많지만 그분들이 죽기 전 북에 있는 친족을 단 한 번만이라도 만 날 수 있을지 지금으로서는 기약할 수가 없다. 모든 것은 남북 간에 합 의하는 상봉행사의 대상 가족수와 절차에 달려 있다. 그런데 어렵게 상봉이 추진된다 해도 선발 추첨에 당첨되지 못해 크게 실망하는 이산 가족이 더 많다. 더구나 희한한 제한 규정에 따라 아직 건강하고 오래 살 수 있는 사람들은 대부분 후순위로 밀려난다.

2000년에서 2019년 사이에 이산가족 상봉은 21차례밖에 열리지 않 았고, 희망을 가슴속에 묻은 채 눈을 감는 노인들의 수는 매일 늘고 있 다. 북에 있는 친족을 보고자 등록한 13만 3,385명 가운데 2019년까 지 불과 2만 4,352명만이 상봉의 기회를 가졌다. 북한은 2008년에 상 봉행사를 일방적으로 중단시켰다. 따라서 이산가족의 만남은 정치적 분위기의 변화로 주어질지도 모를 어떤 형식의 '은혜'에 기댈 수밖에 없었다.

하지만 많은 사람들이 희망을 잃지 않았다. 마침내 2014년에 한 번 더 상봉행사가 성사됐다. 96세 할머니와 93세 할아버지를 포함해 남측의 이산가족 83명이 북한에 사는 178명의 친족들과 눈물의 상봉을 했다.

상봉은 종종 만남의 기쁨과 동시에 생사의 여부를 떠나 고통스러운 가족의 소식을 함께 전한다. 제임스 폴리는 자신의 저서에서 가족 상봉에 참여했던 남측 사람들의 체험담을 일부 기술하고 있는데, 그중 한 내용은 이렇다. 중국이 참전하여 남쪽으로 밀고 내려올 때 남편은 남한에, 아내는 북한에 남게 되었는데 남편은 당시 아내가 임신 중이라는 사실을 모르고 있었다. 세월이 흘러 지난 2000년 가족 상봉 자리에서 남자는 한 번도 본 적이 없는 딸과 함께 장성한 손자를 대면했다. 그의 아내는 아직 살아 있지만 전쟁 중 파편에 맞아 뇌를 다치면서 기억상실증에 걸려 결혼한 사실도 기억하지 못하는 상태였다고 한다. 한국의 이산가족들은 이처럼 저마다 아픈 사연을 가슴에 품고 있다.

북에 가족을 둔 사람들은 북한에 홍수나 기근이 들었다는 소식을 들을 때마다 가슴을 쓸어내린다. 가족의 생사조차 알 수 없는 현실에 가슴 아파한다. 이산가족 상봉의 기회를 잡은 사람들도 잠시의 만남 뒤에 있을 또 다른 이별에 대한 생각으로 고통스럽기는 마찬가지다. 함께 있는 시간은 너무나 짧고, 언제나 그렇듯 다시 길고 긴 이별을 준비해야 하기 때문이다. 이러한 일들은 매우 심각한 정신적 후유증을 불러온다. 제임스 폴리가 인터뷰한 사람들 가운데 한 남자는 심리적 스트레스가 너무 심해 상봉 후 2주간 병원을 다녀야 했다고 한다. 또 다른 여성은 오빠와 상봉 후 며칠 동안 계속해서 울기만 했다며, 1년이 지났지만 아직도 오빠 사진만 보면 왈칵 눈물이 쏟아진다고 했다.

나는 아버지가 이와 같은 고통으로 가슴 아파하는 것을 본 적이 있다. 아버지는 고향에서 누이들을 만난 후로 그리움이 더욱 깊어졌고,

때때로 북에 두고 온 사람들과 막내 여동생의 얼굴을 떠올리며 눈물을 흘리셨다. 분단에서 비롯된 이런 안타까운 기억들은 우리 가족만이 아니라 수백만 한민족이 안고 있는 고통이다. 그리고 이러한 반인륜적인 비극은 우리들 개개인의 삶과 연결되어 오늘날까지 지속되고 있다. 정감 없는 현대인의 번잡하고 분주한 삶과 물질적 번영의 얇은 막으로는 그 깊은 상처를 가리거나 지울 수 없다.

고향에 대한 추억과 그리움은 언제나 아버지의 가슴 깊은 곳에서 활활 타올랐다. 아버지는 고향마을 상사리의 개울가에서 낚시했던 얘기, 새들의 알을 모으거나 산속을 헤매며 놀던 얘기 등 유년 시절의 추억을 자주 들려주셨다. 그 이야기들이 어찌나 생생하던지 내가 그곳에 함께 있었던 것처럼 그 장면들이 눈앞에 하나둘 선명하게 펼쳐졌다. 아버지는 말씀하실 때면 마치 어린 시절로 돌아가 헤어졌던 사람들과 익숙한 장소에 함께 있는 듯 두 눈은 아득히 먼 곳을 향해 있었다. 그리고 연어가 망망한 바다에서 험난한 여정을 거쳐 원래 태어난 강으로 다시 돌아와 알을 낳고 죽듯이, 사람도 자기가 태어난 곳으로 돌아가야 한다고 말씀하시곤 했다.

연어는 한민족을 상징하는 것 같다. 우리는 우리가 태어나고 다음 세대에게 넘겨줄 땅, 즉 우리의 본향으로 돌아가야만 한다. 그 땅은 우리 민족의 역사 내내 홍익인간의 원칙으로 대표되던 단군의 건국신화와 함께 열린 곳이다. 그런 점에서 '모든 인간을 이롭게 하고' 인류에 봉사하는 것은 신에 의해 정해진 우리의 운명이다. 코리안드림의 실현은 우리 민족이 이러한 사명을 자각하고 통일된 자주국가를 건설하는 데서 시작된다.

그런데 문제는 분단된 조국이 우리의 길을 가로막고 있다는 사실이다. 분단은 가족사의 고통뿐만 아니라 하늘로부터 받은 사명을 성취할 수 있는 이상적이고 독립된 통일국가 건설의 희망과 한민족의 정체성에도 깊은 상처를 남겼다. 한반도의 분단이 코리안드림의 실현을 어렵게 하고 있는 것이다.

선친의 삶과 꿈

—

나는 어릴 적부터 내 아버지의 삶을 통해 조국의 분단상황이 한민족의 미래를 좌우하게 해선 안 된다는 점을 배웠다. 구사일생으로 흥남 노무자수용소를 탈출한 아버지는 다리가 부러진 감옥 동료이자 수감 중에 제자가 된 사람을 자전거에 태우고 남쪽으로 향했다. 천신만고 끝에 부산에 도착해서는 범내골 언덕배기에 진흙과 돌로 담을 쌓고, 미군이 버린 종이 박스로 지붕을 엮어 움막 한 채를 지었다. 나는 아버지가 그 움막 앞에서 찍은 빛바랜 흑백사진 한 장을 간직하고 있다. 전쟁 후 우리 가족사가 시작된 곳을 잊지 않기 위해서다.

다른 피난민들과 마찬가지로 아버지의 생활은 궁핍했지만, 당신의 마음속엔 원대한 꿈이 있었다. 분단된 조국을 통일하는 데 일생을 바치겠다는 것이었다. 더 나아가 세계평화를 위해 일하고 한민족의 사명을 실현하겠다고 자신과 하나님에게 맹세했다. 아버지는 고향으로 향하는 자신의 절실한 그리움을 통해 인류가 전쟁과 분단과 증오가 없는 평화로운 세계에서 한 가족처럼 살아가기를 창조주 하나님도 원한다는 사실을 깨달았다.

북한에서 비참한 수감생활을 직접 경험한 아버지는 반인륜적인 잔악 행위도 정당화하는 공산주의 사상이 평화로운 이상세계 건설에 가장 큰 장애가 된다고 확신했다. 공산주의가 안고 있는 문제의 핵심은 신의 존재를 부정한다는 것이다. 신의 존재를 부정하는 것은 영혼을 부정하는 것이고, 영혼이 실재하지 않는다면 인간의 존엄성과 윤리원칙, 그리고 기본적 인권과 자유의 근거가 되는 절대진리의 토대가 없어지는 것이다. 결국 인간을 포함해 모든 것이 물질로 격하된다.

공산주의는 인간의 정신도 물질 작용의 소산이라고 설명한다. 공산주의가 반인륜적 범죄와 잔학 행위를 정당화할 수 있는 근거가 거기에 있다. 국제사회에서 공산주의가 외면당하고 있는 이유다. 여전히 공산주의를 고수하고 있는 국가들조차 개혁과 개방정책을 통해 상당한 변화를 가져왔지만, 북한 주민들은 아직도 공산주의를 강령으로 하는 비인도적 노동당 독재체제에서 인권을 유린당하며 살아가고 있다.

군사력만으로는 공산주의에 대항할 수 없다. 그래서 나의 아버지는 공산주의 사상의 문제점을 알리기 위해 국제적인 승공운동을 시작했다. 아버지는 최고의 반공운동가로 알려져 있지만 엄밀히 말하면 이는 정확하지 않다. 단순히 공산주의를 반대한 것이 아니기 때문이다. 아버지는 인권과 자유가 창조주 하나님으로부터 시작된다고 하는 원칙을 옹호하는 도덕적 비전을 제시함으로써 공산주의 사상을 물리쳤던 것이다.

미국에서 살고 있는데도 공산주의로 인해 초래된 조국분단과 이념대립은 우리 가족에게 직접적으로 많은 영향을 끼쳤다. 내 선친은 공산주의에 도전하는 세계적 지도자였기에 소련, 북한, 중국은 물론이고 한국, 일본, 미국의 좌파에게도 무자비한 공격 목표가 되었다. 그럼에도 선친이 이끈 승공운동에 참여한 청년들은 한국, 일본, 미국 내 대학 캠퍼스에서의 이념논쟁에서 좌파 그룹의 논리에 대해 냉철한 반론으로 적극 대응해나갔다.

좌파의 공격은 논쟁으로만 멈추지 않았다. 1988년 뉴저지주 경찰관들이 턴파이크 고속도로에서 차 한 대를 멈춰 세웠다. 운전자는 젊은 일본인이었다. 그의 차 안에서 총과 폭탄 제조 장비와 함께 우리 집 주소가 발견되었다. 경찰 조사 결과 그는 평양에도 사무소를 두고 북한과 긴밀히 연계된 급진적이고 폭력적인 공산주의 그룹 적군파Red Army 소속인 것으로 밝혀졌다. 이런 위협 때문에 나에게는 늘 경호원이 따라다녔다. 실제로 유괴되거나 암살될 가능성이 충분했기 때문이다. 공산주의자들의 표적이 된 아버지와 우리 가족은 이렇듯 오랫동안 곤경에 처했던 것이다.

나는 미국 컬럼비아대학에서 역사를 공부하며 현대세계를 바라보는 서구적 관점을 이해하게 되었다. 특히 미국 '건국의 아버지들'이 새로운 나라를 세우는 토대로서 근본적인 원칙과 가치의 중요성을 고양시켰다는 사실을 알게 되었다. 이러한 원칙들은 미국 외에도 어느 국가에서나 개인의 인권과 자유를 보장하기 위해 적용할 수 있는 보편적 원칙이자 정책적 기반이 될 수 있는 가치임을 깨달았다. 바로 선친이 꿈꾸었던 세계를 만드는 핵심이었던 것이다.

미국에 살고 있지만 조국의 분단은 나와 분리될 수 없는 현실이다. 가끔 사람들은 나에게 "당신은 어느 나라 사람인가?"라고 질문한다. 그리고 "코리안"이라는 나의 답변에는 언제나 "어느 코리아인가? 북한인가, 남한인가?"라는 질문이 뒤따른다. 그들의 입장에서 보면 나는 하나의 조국을 가지고 있는 사람이 아닌 것이다. 나 또한 이럴 때는 어떻게 답변해야 할지 난감하다. 나는 남한에서 태어났지만 부모님은 모두 북한 출신이다. 그렇다면 우리 가족은 서로 다른 두 개의 조국을 가지고 있는 것인가? 그런 순간마다 나는 모든 한국인들처럼 우리가 분단 조국의 국민임을 뼈저리게 느낀다. 나는 결코 이 사실로부터 자유로울 수 없다.

컬럼비아대학에서 역사를 전공한 나의 학부 졸업논문은 1945년 2차 세계대전이 종전된 시점부터 1950년 한국전쟁이 발발한 시점까지의 한반도 상황에 대한 연구가 주제였다. 일본의 패망은 한반도에 대한 식민통치 종결과 더불어 우리 민족에게 독립국가 건설에 대한 부푼 희망을 안겨주었지만, 김일성은 소련과 중국의 지원을 받아 1950년 무력으로 한반도 장악을 시도했다. 그 결과 세계사에서 국가분단이 그러하듯이 정치, 이데올로기, 군사, 경제적으로 가혹하고도 처절한 비극이 초래됐다. 나는 1945년 광복의 기쁨과 독립국가 건설에 대한 희망이 좌우의 대립으로 분단과 전쟁으로 이어지는 일련의 사건들이 어떻게 전개되었는지를 이해하고 싶었다.

나는 대학에 들어가기 전 몇 년 동안 승마에 전념한 결과 1988년 서울 올림픽과 1992년 바르셀로나 올림픽에서 혼합 장애물 종목에 한국 대표로 출전할 수 있었다. 서울 올림픽은 스포츠 경기 그 이상의 중요한 의미를 지닌 대회였다. 1976년 이후 12년 만에 미국과 소련이 함께 출전하는 올림픽이었기 때문이다. 미국이 1980년 모스크바 올림픽에 출전을 거부하자 소련과 그 동맹국들도 1984년 LA 올림픽 불참을 선언했다. 그에 따라 국가와 이념의 벽을 넘어 스포츠를 통한 인류의 형제애를 구현해야 하는 올림픽이 두 번에 걸쳐 그 의미도 무색하게 냉전시대 또 다른 충돌의 장이 되어버렸다.

아버지는 서울 올림픽이 중요한 역사적 전환점이 될 것으로 생각했다. 12년 만에 다시 민주세계와 공산세계를 대표하는 나라들이 함께 스포츠 경기를 하게 되었기 때문이다. 이는 한국 역사나 세계사적으로도 중요한 사건이었다. 아버지는 서울 올림픽이 냉전의 종식을 알리는 역사적 이벤트가 될 것이며, 향후 한반도 통일도 현실적으로 가능하리라 확신했다. 나는 태극기가 그려진 유니폼을 입게 된 자부심과 함께 역사가 변하기 시작했다고 의식하게 되었다.

놀랍게도 서울 올림픽 이후, 미하일 고르바초프Mikhail Gorbachev 소련 공산당 서기장의 개혁(페레스트로이카) 개방(글라스노스트) 정책들은 더욱 가속화되기 시작했다. 그 결과 공산주의 체제 소련은 예상보다 빠르게 해체되었고 냉전도 종식되었다.

아버지는 공산주의자를 미워한 것이 아니라 신神이 사라진 사상을 미워했다. 그래서 소련에 변화가 왔을 때, 무신론 대신 하나님을 중심으로 한 세계관이 들어서길 간절히 희망했다. 아버지는 그 때문에 1990년 4월 모스크바에서 국제회의를 개최하고, 그 기간에 고르바초프를 만나 유물론을 포기하고 신앙의 자유를 보장하도록 촉구했다.

소련 언론은 그 만남을 중요한 이슈로 다루었다. 모스크바 뉴스 Moscow News는 '세계에서 가장 영향력 있는 반공주의자이자 소련의 첫 번째 적'인 아버지에 관해 상세히 보도하면서 이제는 '화해할 때'라고 논평했다. 그 만남의 결과로 수십 명의 소련 국회의원과 관리들이 교환 방문으로 미국에 와 민주사회의 운영 원리를 배워 갔고, 수천 명의 소련 학생들도 미국의 문화, 특히 미국식 자유의 기저를 이루는 원칙을 학습했다.

자신들이 '국가의 적 1호'라고 불렀던 인물이 모스크바를 찾아왔다는 소식에 소련의 정부 관리들과 언론이 충격을 받은 만큼 한국이나 서구사회에도 이것은 충격이었을 것이다. 대부분의 사람들은 정치적인 관점에서 아버지를 반공주의자로만 생각했지, 그의 깊은 영적 철학에 대해서는 이해하지 못했다. 사실, 유물론자인 고르바초프와 만난 것은 아버지의 원칙에서 추호도 벗어나지 않는다. 아버지는 원수까지도 포용하는 이타적이고 희생적인 참사랑의 힘을 통해서만 평화가 온다는 것을 가르쳐왔기 때문이다. 실제로 아버지는 사랑의 힘으로 당신의 비판자들은 물론, 심지어 원수까지도 친구로 만들었던 것이다. 그러한 우정은 참사랑의 진리를 토대로 했을 때 가능하다. 진리야말로 아버지가 가난한 노동자든, 세계적 지도자든 모든 이들에게 전하고자 했던 말이다.

1991년 12월, 나의 아버지가 북한으로 가 김일성 주석을 만났을 때 사람들은 더욱 놀라워했다. 극과 극으로 대치되는 사상과 아버지를 살해하려 했던 지난 과거를 놓고 볼 때, 이는 상상하기 어려운 일이었다. 아버지의 이러한 행보를 일부에서 단순히 대담하다는 식으로 표현하는 것은 그 내막을 잘 모르고 하는 말이다. 사실 아버지가 무사히 돌아오리라는 보장은 어디에도 없었다. 하지만 분단상황을 해결하겠다는 의지가 절대적이었고, 이는 하나님과 약속한 일이기도 했다. 마침 냉전의 종식과 함께 북한을 설득할 수 있는 기회를 보고 있었기에, 아버지는 자신의 안전은 전혀 개의치 않고 그 기회를 잡았던 것이다.

나와 대화를 나눈 사람들 중에, 특히 노년 세대는 아버지가 남북관계의 물꼬를 튼 진정한 선구자라고 말했다. 아버지는 만수대의사당에서 북한 지도부에게 시종 단호하고 위엄 있는 태도로 두 시간에 걸쳐 연설했다. 그러면서 북한의 미래가 밝아지려면 주체사상을 포기하고 하나님의 존재를 받아들여야 한다고 역설했다.

이는 외교적 발언이 아니었다. 그런 변화를 통해서만 북한 지도부가 북한을 구할 수 있다는 확신을 밝힌 것이다. 이 정도의 연설을 했다고 하면 누구나 다시는 김일성 주석과 만날 일은 없을 거라고 생각했다. 하지만 모든 이의 예상을 깨고 김 주석은 얼마 지나지 않아 함흥에 있는 자신의 관저로 아버지를 초대했다. 1991년 12월 6일이었다.

김 주석과의 만남에서 아버지는 공식적으로 고개를 숙이지 않았다. 대신 오래전에 헤어졌다 만난 형제처럼 끌어안고는 만수대의사당에서 던진 메시지를 상기시키며, 핵무기 개발을 포기하고 국제사찰단의 입국을 허용할 것을 촉구했다. 또 평화로운 통일을 위한 과정으로 가족 상봉과 같은 인도적 교류의 단계부터 하나씩 밟아갈 것을 권유했다.

훗날 나에게 사적으로 말씀하시기로는, 이 회담이 그때까지 당신이 했던 일 중에서 가장 힘들었다고 하셨다. 자신을 살해하려고까지 했던 북한이었기 때문에 일신의 안전이 걱정돼서만이 아니었다. 그것은 한 국민과 한국에 말로 다 할 수 없는 고통을 안겨준 사람을 기탄없이 포용한다는 것에 대한 마음의 저항이었다. 하지만 아버지는 그러한 감정을 삭이고 북한의 문을 열도록 하라는 하나님의 명령을 거역할 수 없었다. 절대적인 확신과 사명감으로 아버지는 완전히 다른 세계관에도 불구하고 김일성의 마음을 움직일 수 있었던 것이다. 그것은 군사력이나 경제적인 유인책으로는 불가능한 일이었다. 탈북자로서는 최초로 한국의 국회의원이 된 조명철 의원을 만난 적이 있는데, 북한에서 장관급 고위직을 지낸 그의 부친이 내 아버지와 김일성 주석이 회동하는 자리에 함께 있었다고 내게 말했다. 조 의원이 들은 바로는 김 주석이 나의 아버지에게 깊은 감동을 받고 마음의 문을 열었다는 것이다. 그는 또 김일성 주석이 참모들에게, 문 목사야말로 북한 밖에서 자신이 신뢰할 수 있는 유일한 인물이라고 말했다는 이야기를 다른 증언을 통해 전해 들었다고도 했다.

지금까지 기술한 내용들은 성장 과정의 내 경험인 동시에 아버지에게서 물려받은 유산이다. 아버지의 삶, 아버지에 대한 기억, 개인적으로 해주셨던 말씀들이 모두 내 삶에 스며들어 있다. 나는 한국인, 한국이라는 나라의 운명과 떼어놓을 수 없는 아버지의 유산을 이어가야만 할 책임을 절감한다. 한국이 통일을 이루어 섭리에 부합하는 나라를 만들었을 때 내 책임도 완수된다는 것을 알고 있다.

남한의 무관심

—

나에게 통일은 자연스러우면서도 필수적인 목표다. 통일은 분단의 상처를 치유해줄 것이고, 지정학적인 관점에서 번영과 발전, 평화, 안보와 관련하여 한반도는 물론 동북아시아와 세계에 긍정적인 영향을 끼칠 것이기 때문이다.

따라서 나는 모든 한국인이 통일을 염원하고 이를 적극적으로 추진하고 있으리라 생각해왔다. 하지만 그동안 한국의 주요한 리더들과 이 주제에 관해 대화를 나누면서 내 의견에 대한 반응이 예상과는 너무 달라 무척 놀랄 수밖에 없었다. 젊은 세대, 특히 학생들은 대부분 통일에 관심도 없고, 통일을 아예 원하지 않는다는 사람이 점점 늘어가고 있다는 걸 알았다. 안타깝게도 통일을 국가 정책의 우선순위로 보는 사람은 극소수에 불과했다.

2014년 1월《조선일보》가 한국인을 대상으로 발표한 설문조사에 따르면, 응답자의 19.9%만이 통일이 곧 도래하기를 원하는 것으로 나타났다. 이는 1994년의 40.9%와 비교해 절반으로 줄어든 수치다. 반면 분단상황이 유지되기를 원한다는 응답자는 1994년 7%에서 2014년에 16.8%로 2배 이상 상승했다. 젊은 세대일수록 더욱 심각한 것으로 나타났다. 20대의 경우, 4명 중 1명은 현 상태에 만족한다고 응답했고, 35%는 통일에 전혀 관심이 없다고 응답했다.

물론 이런 통일의식에도 나름 이유가 있다는 생각도 들지만 그래도 여전히 이해가 안 된다. 한국인들이 분단현실에 너무나 익숙한 나머지 분단상황의 부정적인 영향에 대해 무관심해지고 있는 것이 아닌가 하는 의문이 든다. 어쩌면 상황 자체를 부정하고 있는 건지도 모른다. '익숙하면 무시하기 쉽다'라는 옛 속담이 있다. 한반도에서의 전쟁 가능성에 너무 '익숙해져' 경각심도 잊은 것인가? 한국전쟁의 비극을 접할 수 없었던 젊은 세대에게는 두려움조차 없는 것 같다.

하지만 분단현실은 현 세대에게 일상에서도 지속적인 희생을 요구하고 있다. 학업과 직장생활을 중단한 채 가족을 떠나 입대한 우리 젊은이들이 현실적 위협인 전쟁의 가능성이 상존하는 상황에서 북한 형제들과 휴전선을 사이에 두고 서로 총부리를 겨눠야 하는 현실을 생각해보자. 북한의 도발 위협이 없다면 다른 곳에 생산적으로 투자되었을 엄청난 규모의 자원이 국가방위에 소모됨에 따라 그만큼 국가의 생산성은 저하된다. 외적도 아닌 우리 민족, 동족과의 싸움 때문에 이처럼 막대한 자원을 쏟아붓고 있다고 생각하면 정말 터무니없이 많은 비용을 치르고 있는 셈이다.

만일 북한이 전쟁을 일으킨다고 해도 그들이 이길 확률은 제로다. 그러나 북한의 호전성과 북한사회 내부의 불안정성을 고려해볼 때 그같은 전쟁이 결코 일어나지 않으리라고는 아무도 장담할 수 없다. 물리적 충돌이 일어난다면 남한의 번영은 어떻게 될 것인가? 북한은 얼마만큼의 피해를 입은 뒤 패망할 것인가? 확실한 것은 무력분쟁이 일어나면 현재 경제력이 세계 10위 수준인 남한도 모든 것을 잃게 된다는 사실이다.

남한은 북한의 예측 불가능성으로 촉발될지 모르는 무력충돌의 위협에서 국가를 보위해야 한다. 따라서 궁극적으로 이런 위협을 해결할 수 있는 유일한 방법은 통일을 앞당겨 성취하는 것이다. 통일을 가장 시급히 달성해야 할 국가적 목표로 삼아야 한다. 통일은 코리안드림에 뿌리를 두고 우리의 훌륭한 윤리, 문화전통들을 활용해 이루어야 한다.

나는 미국에서 성장했지만 내 부모님이 한국의 전통적 가족 모델을 충실히 따라준 덕분에 사람들로부터 외양이나 관습이 부모님 세대의 모습을 닮았다는 말을 듣곤 했다. 이는 내가 '전통적 방식'을 중요하게 여기고 있다는 것을 의미한다. 안타깝게도 우리 사회에서 전통들은 빠르게 사라지고, 그 가치들은 올바르게 이해되지 못하고 있다. 특히 과거 우리 사회의 바탕이 되었던 전통적인 가정의 가치들이 퇴색되고 있다. 지금 서울의 모습은 내 부모님이 살던 시절의 모습과 확연하게 대조된다.

그 당시에는 주위 사람들에게 인정을 베풀었으며, 지나가는 사람 누구에게든 식사를 제공하곤 했다고 한다. 전후에 부모님 세대는 세계 최빈국이었던 나라를 재건하기 위해 엄청난 고생을 감수했다. 그분들은 고난 속에서도 미래를 위한 꿈이 있었다. 하지만 지금의 젊은 세대는 오늘의 한국을 만든 부모님 세대의 희생을 망각하고 있다. 이것은 쇠락과 부패의 요인이 된다. 새로운 세대가 더 큰 목표의 실현을 위해 희생을 마다하지 않을 때에만 그 국가는 빠르게 발전해갈 수 있다.

한국인의 정체성을 보여주는 모델은 우리의 가족제도다. 우리 가정에 가득한 효孝, 한恨, 정情의 정서가 가족을 하나로 묶어준다. 효는 부모와 자식의 개인적 차원에서뿐만 아니라 애국적 차원으로까지 고양될 수 있는 가치다. 효를 통해 새로운 세대가 나라를 위해 고귀한 것을 지키려 했던 과거 세대의 희생을 기리는 마음을 갖도록 할 수 있기 때문이다. 어떤 꿈이 이 세대를 움직이는가? 어떻게 하면 한국인들을 일으켜 세워 한국에 부여된 섭리적 사명을 완수하게 할 수 있는가? 통일이 바로 이 세대 앞에 놓인 가장 큰 과제라고 나는 생각한다.

모든 세대는 후손에게 위대한 업적을 남길지, 아니면 기회를 잃어버려 초래될지도 모를 가혹한 결과를 감내할지에 대한 결정적인 순간에 직면한다. 오늘날 한국인은 선조들이 피와 땀과 눈물로 이룩한 성과를 딛고 서 있다. 너와 나, 우리 모두는 번영하는 자유국가에서 선조들의 희생이 담긴 꿀을 향유하며 살고 있는 것이다.

우리는 선조들에게 너무나 많은 빚을 지고 있다. 그분들의 엄청난 노고에 눈감는다면, 오늘 우리가 누리는 삶의 가치를 유지할 수 있겠는가? 더욱이 우리를 필요로 하는 시대적 요청에 어떻게 부응할 수 있겠는가? 과연 우리는 주어진 사명을 완수하여 더 큰 열매를 후손들에게 물려줄 수 있을까? 우리가 선택한 가치들이 바로 우리의 미래를 결정할 것이다.

북한의
반인륜적 비극

—

도덕적인 차원에서도 통일은 반드시 이루어져야 한다. 한반도 분단이 초래한 반인륜적인 희생은 급증하는 이산가족 노인들의 사망에만 해당되는 것이 아니다. 오늘날 수천만의 북한 주민들이 가공할 범죄에 시달리고 있다.

　인공위성 사진에서 북한을 덮고 있는 어둠은 단지 전력이 부족하다는 현상만을 설명하지 않는다. 상징적으로는 그곳이 불가사의한 정치의 암흑지대이며, 주민들의 생활상태 등에 관한 정보의 블랙홀임을 의미한다. 그런 북한이 그나마 변하고 있다는 건 현재 남한에 거주하고 있는 3만여 명의 탈북자들과 대북구호단체들이 전하는 정보를 통해서 겨우 알 수 있을 뿐이다.

　북한의 인권상황을 감시해온 UN 인권위원회는 2019년 뉴욕 총회장에서 북한인권결의안을 15년 연속 채택했다. 그 결의안은 북한 주민의 인권 보호에 가장 책임 있는 자에게 적절한 조치를 취하도록 권고했다. 나는 UN이 2014년에 근거가 분명한 자료를 다량 수집하여 발행한 북한 인권상황 보고서를 보았다. 그 보고서는 현재 대부분의 북한 주민들이 겪고 있는 끔찍한 상황을 다양한 영역에서 전례가 없을 정도로 생생하게 전해주었다. 나는 '국가 최고위층이 설정한 정책'의 결과로 야기된 '말로 다 형용할 수 없는 잔혹 행위'와 반인륜적 범죄를 상세하게 다룬 그 보고서를 읽으며 몸서리를 쳤다. UN 인권위원회는 "실패한 북한 정부를 대신해 국제사회가 반인륜적 범죄로부터 북한 주민들을 보호하는 데 책임감을 보여야 한다"면서 국제적인 차원의 도덕적 대응을 주문했다. 보고서에 매우 상세하게 기록된 증거의 상당 부분은 용기 있게 나선 탈북자들의 생생한 증언이다.

　탈북자들이 우리 사회에 적응하려고 애쓸 때, 소외와 차별에 직면하는 것은 안타까운 일이다. 경쟁이 치열한 우리 사회에서 탈북자들은 쓸모 있는 기술을 갖기 어려운 데다 북한 출신이라는 이유로 부담스러운 존재로 여겨지기도 한다. 좋은 대학에 특례 입학한 탈북 젊은이는 종종 일반 사람들에게 분노의 대상이 되기도 한다. 많은 탈북자들이 첫 직장에서 불편한 동료관계 때문에 사직하는 경우도 있다고 한다. 그래서 한번 퇴직을 경험한 탈북자는 다시 새 직장을 얻게 되면 북한에서 왔다는 사실을 숨기기도 한다는 것이다.

나는 서울에 설립한 관련 시민단체를 통해 탈북자들이 우리 사회에 적응하도록 돕고 있다. 나는 많은 탈북자를 만나 이야기를 나눴는데, 30대 중반의 한 탈북 여성은 남편이 죽고 생활고를 견디기 어려워 탈북했다고 전해주었다. 불행히도 그 여성은 하나밖에 없는 아들을 데려오지 못했다고 말했다. 그녀는 아들을 나중에 데려올 수 있으리라고 생각했지만, 중국 국경의 보안이 너무 삼엄하여 결국 그렇게 하지 못했다. 남한에서의 삶이 힘들긴 하지만, 그것보다 더 큰 고통은 바로 아들과 헤어져 사는 것이라고 눈시울을 적시며 말했다. 탈북자들은 깊은 상처와 고통을 안고 있지만 우리 사회에서 그런 사연을 말하기는 결코 쉽지 않다. 탈북자들은 우리 사회에서 보통 사람들로부터 신뢰를 얻는 데에 어려움을 겪고 있다. 심지어 사람들 앞에서 터놓고 이야기하는 것도 쉬운 일이 아니다.

북한 주민들은 배고픔에 시달리고 있다. 1994년부터 1998년까지 이어진 혹독한 식량난으로 정부의 배급체계마저 무너지면서 100만여 명이 굶어 죽은 것으로 추정되었는데, 일부에서는 그 수가 300만여 명에 이른다는 주장도 나왔다.

무너진 북한의 식량 배급체계는 전 국토를 영양실조와 만성적 기아 상태로 몰아넣었다. 비정부기구인 ACAPS The Assessment Capacities Project 에 따르면 2,400만 주민 가운데 3분의 2가 다음 끼니를 보장받지 못하고 있다는 것이다. 5세 이하 어린이의 28%가 영양실조 때문에 뇌 발달이 영구적으로 손상될 수 있다고 한다.

대다수의 탈북 주민들은 오직 식량을 얻고자 중국으로 넘어간 사람들이다. 현재 미국에서 생활하고 있는 25세의 조진혜(가명) 씨는 미의회에서 북한의 인권침해에 관해 증언했다. 1998년, 그녀의 아버지는 먹을 것을 구하기 위해 가까스로 국경을 넘어 중국으로 갔지만 바로 중국 공안에게 붙잡혀 북한에 강제 송환된 후 투옥됐고 10일 동안 고문을 받았다. 그녀의 어머니 역시 '범죄자'의 아내라는 이유로 심하게 구타를 당했는데, 상처가 얼마나 심각했던지 두 달 동안 자리에서 일어날 수 없었다고 한다. 그녀는 중국에서 체포되어 2002년과 2006년 사이 네 차례나 북한에 송환되었다. 그녀는 극악한 환경의 교도소에 수감돼 간수에게 수시로 폭행을 당하고 굶주림에 시달려야 했다.

당시 14세 소녀였던 그녀는 자기가 왜 여자로, 그것도 북한에서 태어나게 됐는지 스스로에게 묻곤 했다고 한다. 중국으로 넘어간 16세 이상의 북한 여성 가운데 약 80%는 인신매매단에 팔려, 나이가 많거나 장애를 가진 중국 남성들과 강제 결혼 또는 성매매를 강요당한다고 그녀는 증언했다. 그녀는 여성 1명의 몸값이 대개 300달러 정도인데 4,700달러 이상인 경우도 있다고 덧붙여 설명했다. 일부 인신매매단은 탈북을 도와주는 척 유인한 후 중국에 넘어오면 곧바로 팔아넘긴다고 한다.

어떤 매매범들은 심지어 추적견을 풀어 국경을 넘은 여성들을 납치한다. 이렇게 잡힌 여성들이 중국에서 도움을 청할 곳을 찾기란 쉽지 않다. 신분증도 없어 중국 공안에게 잡히면 다시 북으로 보내져 투옥된다. 조진혜 씨가 감옥에서 만난 여인들 가운데는 중국인 남자와의 관계로 임신이 되자, 가장 원시적인 방법으로 강제 낙태를 당했다는 여인들도 있었다고 한다.

북한에서 아이들은 일찍 성인이 될 수밖에 없다. '미스터 박'을 이름 대신 사용한다는 또 다른 탈북자는 미국 코네티컷주의 저널리스트 셰이코 리우Shako Liu에게, 보안원들이 가게와 학교 문을 닫게 하고는 주민과 학생들을 모두 공개 처형장에 강제로 데려가곤 했다고 증언했다. 그는 그곳에서 국영농장 가축을 훔치다가 발각된 사람들을 공개 처형하는 광경을 몇 차례 본 적이 있다면서 "이런 공포가 내가 아는 전부였다"라고 말했다.

고아들의 삶은 더욱 비참하다. 여덟 살 때 어머니에게 버림받은 열아홉 살 윤희의 사연이 CNN에 방영된 적이 있다. 윤희는 어머니에게 버림받은 후 10년 동안 노숙자로 생활하면서 구걸하거나 다른 사람 일을 도와주며 먹을 것을 해결했다. 어느 날 알고 지내던 집을 찾아갔

더니 가족이 모두 굶어 죽어 있었다고 한다. 열세 살에 버림받아 고아 신세가 된 요셉 역시 윤희와 비슷한 생활을 했다. 그는 "희망이 있어 버틸 수 있었다. 희망이라고 해봐야 대단한 건 아니었다. 그저 다음 쓰레기통에는 음식 찌꺼기라도 있었으면 하는 그런 거였다. 하지만 없는 경우가 많았다"라고 했다.

가혹한 북한 정권으로부터 탈출에 성공했다고 해서 모든 문제가 해결되지는 않는다. 탈북민들은 또 다른 형태의 고통을 겪게 되는데, 그것은 북에 두고 온 가족에 대해 엄청난 죄의식을 느낀다는 것이다. 친지들에게 말 한마디 없이 떠난 것에 대해, 또는 자신의 탈북으로 인해 고통을 당하거나, 그렇지 않더라도 여전히 굶주리고 있을 가족들 생각 때문이다.

그런데 탈북민들 대부분이 남한에서도 소외와 차별을 경험한다. 유용한 기술을 익히지 못한 채 경쟁이 치열한 남한의 현대적 산업사회에 적응해야 한다는 부담을 안고 있는 데다, 때로는 북한의 간첩으로 오해받는 경우도 생긴다. 이들이 좋은 대학에 특례 입학을 하기라도 하면 주변에선 억울해한다. 탈북자 대부분은 첫 직장에서 동료들과 인간적 불화를 겪다 일을 그만두게 되는데, 그러면서 조금씩 북한 출신임을 드러내지 않고 살아가는 법을 배워나간다.

나는 몇 가지 측면에서 간단히 사례들을 언급했지만, 그러한 예는 수없이 많다. 탈북자의 한 사람인 이혜수 씨는 "진리나 인권에 대해선 아무것도 모른 채, 북한 주민들은 창살 없는 감옥에서 살아가고 있다"

라고 말했다. 삶의 결정권이 박탈된 평범한 이들에게 가해지는 이처럼 방대한 규모의 폭력적 패륜에 대해 남한 국민들은 절대로 외면해서는 안 된다.

1994년 르완다의 집단학살 사건 이후, 미국과 UN에선 그와 같은 참사를 막을 수도 있었다는 점에 대해 깊은 자기반성이 있었다. 2019년 3월, 시리아 내전으로 인한 사망자 수가 37만 명에 달했다. 미국 정부는 다수의 미국 시민과 인권단체로부터 추가 인명 피해를 막기 위해 더 적극적인 행동에 나서야 한다는 압력을 받고 있다.

르완다, 시리아 등이 비록 멀리 떨어져 있는 나라들이지만 미국인들은 그곳에서 불의不義에 희생된 사람들을 돕기 위해 뭔가를 해야 한다는 도덕적 책임을 느낀다. 한국인은 어떤가? 같은 언어를 쓰는 민족으로서 같은 역사와 문화를 공유하고 있는 우리의 사촌, 북한 주민들에게 가해지는 불의에 대해 도덕적 책임을 느끼는 사람들이 과연 얼마나 될까? 북한 주민들이 겪고 있는 비인도적 삶의 조건에 대해 우리 모두가 함께 책임감을 느껴야 한다.

이산가족 상봉에서 남과 북의 가족들이 족보를 갱신하고 교환하는 장면에서도 우리는 같은 민족임을 분명히 확인했다. 북한의 한 참석자는 남한에서 부모님과 함께 살았던 누이가 돌아가신 부모님의 제사를 지낸 것이 항상 마음에 걸렸다고 하면서 이제 장남인 자신이 제사를 모시겠다고 했다. 또 다른 참석자는 어머니가 돌아가셨을 때, 그리고 형제자매들이 결혼했을 때 자신이 큰형으로서 할 일을 다 하지 못했다면서 남쪽에 있는 친척들에게 사과하기도 했다. 이러한 상봉 사례를 통해서 가족적인 전통과 효의 정신이 북한 주민들의 가슴속에 여전히 살아 있음을 알 수 있다.

북한의 한 시인은 가족 상봉 자리에서 만난 동생에게 "서로의 사상은 다를지라도 우리가 얼싸안으며 흘리는 눈물과 따뜻한 피는 같지 아니한가"라고 말했다. 현재 북한에서 홀로 살고 있는 형을 걱정한 남한의 한 참석자는 "우리의 희망은 통일이 빨리 돼서 서로의 집을 오가며 지낼 수 있는 것"이라고 말했다. 이런 이야기들은 한민족의 가슴속에 흐르고 있는 심정적 유대감을 기반으로, 일체의 사상이나 정치체제, 경제 수준의 차이를 뛰어넘는 공동의 역사적·문화적 유산을 공유하고 있음을 거듭 확인시켜준다. 그것이 바로 코리안드림을 실현하는 통일국가 건설의 토대다.

해외동포:
한국과 세계를 연결하다

—

나는 비록 한국에서 태어났지만 미국에서 대부분 살아왔다. 따라서 나는 해외동포에 해당된다. 나를 포함해 해외에 거주하는 한민족은 대략 750만 명 정도로, 그중 대부분이 미국이나 중국, 일본에 분포해 있다. 해외동포들 역시 분단조국의 운명과 직간접적으로 연결되어 있고 이산가족의 아픔을 안고 살아간다. 다양한 문화권에 진출한 동포들은 통일의 과업을 달성하는 데 있어 보다 확장된 관점을 제시할 수 있다는 장점을 지니고 있다. 나는 해외동포들이 국제무대에서 한민족의 통일에 대한 염원을 확장하고 지지 기반을 구축하는 데 결정적인 역할을 할 것이라고 믿는다.

해외에 거주하는 한국인은 여러 측면에서 특출하다. 세계화와 더불어 많은 한국인들이 세계로 진출했다. 2019년 외교통상부가 발표한 재외동포 현황에 따르면, 전 세계 183개국에 749만 명이 거주하고 있다. 그중 중국 246만, 미국 256만, 일본 82만, 구소련 국가에 49만 명이 거주한다. 한국인은 어디에 있든 도전정신을 갖고 살아간다. 그들은 지역 상황에 적응하며 개척하는 능력도 뛰어나지만, 한국인의 공동체적 정체성 또한 간직하고 산다.

해외 거주 인구수는 중국 또는 인도 출신이 한민족보다 훨씬 많다. 그러나 남북한 인구에 대비해본 해외 한인의 비율은 9%로 우리보다 월등히 큰 나라인 중국이나 인도보다 높다.

1990년부터 미국으로 집중되었던 해외 이민이 이제 중국이나 개발도상국으로 확장되고 있다. 한국인들의 해외 진출 추진력이 그만큼 강해진 것으로 보인다. 그들은 정착한 나라에서 두각을 나타내고 있다.

미국에 사는 한인들만 하더라도 저축률과 대학 졸업률이 평균 미국인들의 2배에 달한다. 그들의 수입은 미국인 평균의 상위 70%에 속한다. 높은 교육수준과 투철한 시민정신으로 미국사회 곳곳에서 활약하며 한국 이슈와 관련한 의회의 입법에도 큰 영향력을 행사하고 있다. 대부분의 한인들이 도심 근교의 밀집된 생활권에서 아주 단절된 공동체를 형성하여 살고 있기 때문에 더욱 큰 힘을 발휘하는 듯하다. 예를 들어 뉴저지 버건 카운티의 펠리세이즈 파크라는 동네에는 현재 주민의 절반 이상이 한인이라고 한다.

해외동포들은 조국의 통일을 지원할 국제적 네트워크를 결성할 수 있는 좋은 위치에 있다. 우리 해외동포들이 가장 많이 살고 있는 곳이, 한국의 미래 운명과 가장 관계가 깊은 미국, 중국, 일본이라는 것은 매우 주목해야 할 사실이다. 개발도상국에 진출한 해외동포들 또한 한국이 글로벌 리더로서의 역할을 하는 데 매우 중요한 인적 자산이다. 한국인들은 반기문 UN 사무총장과 김용 세계은행 총재를 배출함으로써 전 세계에 한국인의 능력을 입증했다.

해외동포들은 이국적 환경에서 자신들의 정체성을 지키기 위해 단결된 한인 공동체를 이루고 있다. 대다수가 한국에 대해 강한 애국심을 갖고 있고, 조국에 무엇이든지 기여하고자 하는 마음을 가지고 있다. 특히 고통 속에 있는 북한 동포를 돕고자 한다. 북한 동포의 인권개선과 인도주의적 지원활동은 주로 신앙적 동기에서 출발한다. 해외에서 태어난 젊은 한인들은 한국의 유교적 생활습관에는 서툴지 모르나 민족적 유대감만큼은 확실히 상속받은 것으로 보인다.

해외 한인 동포 2세와 3세들 중에는 현재 한반도 문제에 적극적으로 관여하는 사람도 많다. 이민 2세 마이크 김Mike Kim은 시카고에서 투자사업을 성공적으로 운영하던 중 북한 난민을 위해 뭔가를 해야겠다는 신념이 점점 커지자 과감히 사업을 접었다. 4년간 북한과 중국 접경지역에서 생활하며 난민들이 동남아시아 국가로 탈주해 망명 신청을 할 수 있도록 도왔던 그는《북한 탈출 : 세계에서 가장 억압적인 나라에서의 희망과 반항Escaping North Korea : Defiance and Hope in the World's Most Repressive Country》이라는 책에서 이때의 경험을 들려주고 있다. 북한 국경에서 동남아시아에 이르는 소위 '비밀 탈주로'는 장장 9,600km에 이르는데, 모든 여정을 무사히 마치고 한국대사관에 망명 신청을 하기까지 여러 명의 헌신적인 한국인 자원봉사자들의 협조가 있었기에 가능했다고 그는 책에 기술하고 있다. 남한과 북한은 물론 호주, 캐나다, 중국, 영국, 일본, 카자흐스탄, 뉴질랜드, 러시아, 타지키스탄, 미국, 우즈베키스탄에서 온 자원봉사자들은 오직 같은 한민족을 돕겠다는 목적으로 신변의 위험을 무릅쓰고 이 일에 나선 것이다.

세계 도처에서 모여든 이들 한국인은 이산가족과 북한 주민들의 역경을 외면할 수 없는 도덕적 이슈이자 반인류적 비극으로 인식하고 있다. 미국 이민 3세대이자 영화 제작자인 제이슨 안Jason Ahn은 영화〈이산가족Divided Families〉을 언급하면서 "지금 세대가 공유하는 비극적 경험과 나의 개인적 이야기의 차원을 넘어 도덕적·윤리적 관점에서 '상봉을 용이하게 하는 것이' 옳은 일이라는 점을 말하고자 했다"고 영화 제작 의도를 밝혔다.

해외에 거주하고 있는 한인 이민 1세 중에도 북한 동포를 돕기 위해서 활발히 활동하는 사람들이 있다. 평양에 첫 번째 사립대학인 평양과학기술대학교를 세운 김진경 박사가 그런 사람이다. 또한 영국에 거주하는 이기호 목사는 북한 어린이들을 구호하기 위해 북한에 빵공장을 세우고 '북녘어린이사랑'이라는 단체를 통해 이를 지원해왔다.

전 세계에 흩어져 살고 있는 해외동포들이 탈북민과 이산가족의 어려움을 살펴주는 것을 넘어 그들이 살고 있는 지역과 국가에서 통일의 필요성을 알리고, 이를 지지할 수 있는 기반을 조성한다면 그것은 한반도의 미래에 아주 중요한 역할이 될 것이다. 우리는 이미 일제강점기에 해외동포들이 조국의 독립운동에 크게 기여했던 사실을 알고 있다. 1919년 3·1독립운동 후 상하이에 임시정부를 세웠던 독립운동가들은 많은 세월을 해외에서 보내야 했다. 김구 선생은 식민시대 대부분을 상하이에서 보냈다. 미국에 유학한 이승만 초대 대통령은 미국 정부로부터 임시정부를 승인받기 위해 노력했다. 미국 교포들의 지도자였던 도산 안창호 선생은 샌프란시스코를 중심으로 신민회를 결성하여 일본의 식민지배에 맞서 싸웠다.

지금 세계 각지에 진출한 해외동포들은 각자가 살고 있는 지역사회와 국가별로 남북통일에 대한 지지를 이끌어낼 수 있는 소중한 자원이다. 우리 민족에게 우호적이지 않았던 20세기 서구의 분위기와는 달리 동포사회를 통해 국제적으로 한반도 통일을 지지해줄 나라들이 늘고 있다. 통일은 단지 조국에 살고 있는 국민들만이 아니라 전 세계에 흩어져 사는 모든 한민족의 문제다. 통일이 우리 모두의 도덕적인 의무인 까닭이다.

코리안드림 : 민족분단의 치유를 위한 합의 구축

—

20세기는 통일조국에 대한 한민족의 꿈이 가장 혹독한 방식으로 좌절된 시기였다. 한반도는 분단되었고 그 상태는 지금까지도 계속되고 있다. 그 결과 안보는 위협받고 있으며 경제적 손실도 상당하지만, 그 피해 중에 인도적 고통이 제일 크다고 할 수 있다. 북한 주민이 처한 상황은 UN 인권위원회 보고서가 지적한 대로 세계의 도덕적 양심에 대한 질문이지만 일차적으로 대한민국 국민과 해외동포들에게 물어야 할 일이다.

우리는 지구상 마지막 분단국가의 국민으로 남을 것인가? 이에 대해 답해야 하는 것은 완전히 우리의 몫이다. 한국이 앞장서서 문제를 해결해야 하는 상황이기 때문이다. 세계는 한반도 통일을 우리가 주도하길 기대하고 있다. 우리가 이 과업을 감당해낸다면, 고통스러웠던 20세기의 역사를 뛰어넘어 섭리적인 사명을 완수할 수 있을 것이다.

그러나 이를 위해서는 선행돼야 할 일이 있다. 해외동포를 포함하여 우리 모두가 먼저 같은 민족으로서 공유할 원칙과 도덕적 비전에 대해 합의해야 한다는 것이다. 통일은 정부뿐 아니라 시민사회와 NGO를 포함한 모든 국민들의 최우선 과제가 되어야 한다. 우리 사회의 목소리가 하나로 모이지 않으면 일제강점기 독립운동 단체나 해방 후 좌우진영 간에 벌어졌던 내부 분열이 반복될 위험이 있다. 최근의 예로, 나의 아버지가 김일성 주석과의 만남을 통해 남북대화의 물꼬를 텄을 때, 국가적 차원에서 그 성과를 어떻게 활용할지에 대한 합의와 공감대가 마련되지 않았다. 남한의 기업과 단체들은 어떠한 조율이나 의견의 일치 없이 어떻게든 북한과 교류해서 각자의 이익만을 챙기려 했다. 북한과의 관계개선을 통해 무엇을 얻을 수 있는가를 제대로 인식하지 않았다. 분명한 목표도, 지침이 되는 공통의 비전도 없었던 것이다.

1998년부터 2008년까지 10년 동안 김대중 대통령과 후임 노무현 대통령은 북한과의 관계를 개선하고 평양이 핵개발을 멈추고 경제정책도 바꾸도록 유도하기 위해 햇볕정책을 추진했다. 의도는 좋았으나 결과는 오히려 반대로 나타났다.

2011년 8월 30일 영문판 《조선일보》에 실린 한승주 전 외무장관의 발언에 따르면, 그 10년 동안 서울은 평양에 7조 4,000억 원을 지원했다고 한다. 거기에 민간 기업체, 종교단체, NGO의 비공개 지원금까지 포함하면 대북지원금의 규모는 훨씬 더 커진다. 남북의 공식적인 관계가 정점에 오른 시기는 2000년 평양에서 이루어진 김대중 대통령과 김정일 국방위원장의 정상회담이었다. 뒤에 알려진 사실이지만 정상회담 성사를 위해 비밀리에 5억 달러를 북측에 제공했는데 대부분이 현대그룹을 통해서 전달되었다고 한다. 평양의 진짜 관심은 돈에 있었던 것이다.

냉전이 끝난 이래 현금이 부족했던 평양은 소련의 지원을 대체할 수 있는 수입원을 찾기에 혈안이 되어 있었다. 햇볕정책의 지지자들은 그것을 동독에 대한 서독의 동방정책Ostpolitik과 비교하거나 심지어 북방정책Nordpolitik이라고 설명하기도 했다. 그러나 남한으로부터의 지원에는 어떤 조건이나 통제도 없었기 때문에 평양 정권은 그것을 자기들 마음대로 사용할 수 있었다. 평양은 처음부터 어떤 지원도 자기들이 원하는 조건하에서만 받아들이겠다고 분명히 밝히고 비무장지대에 이산가족을 위한 '만남의 지역'을 만들자는 서울의 제안도 거부했다. 이 시기 북한 정권의 움직임을 보면 햇볕정책이 전혀 영향력을 발휘하지 못한 것 같다. 2003년 북한은 핵확산금지조약NPT 탈퇴를 선언했고 2006년에는 첫 핵실험을 강행했다. 한 해 전인 2005년에 6자회담에서 핵비무장화에 합의했음에도 불구하고 북한의 핵 도발은 그렇게 본격화했다.

실제로 햇볕정책을 통해 남한으로부터 감시받지 않는 자금을 받은 북한이 그 수혜의 대가로 한 일은 아무것도 없다. 남한에서 지원된 자금이 핵개발 프로그램에 직접 사용되었는가 하는 것은 논외다. 서울이 평화에 좀 더 가까이 다가가고 있다고 상상하는 동안 북한은 선군정책을 강화하고 핵과 미사일을 개발할 수 있는 재정적 여유를 갖게 되었다. 여기에서 우리는 반드시 분명하고 포괄적인 비전을 바탕으로 대북 관계를 풀어가야 한다는 교훈을 얻었다.

코리안드림이 중요한 이유는 과거에 없었던 비전의 제시이기 때문이다. GPF가 주도적으로 참여한 '통일을실천하는사람들'은 각계를 대표하는 다양한 성향의 950여 개 시민단체로 구성된 연합체다. 2012년에 구성된 이 연합체는 한국사회에서 코리안드림에 대한 합의의 토대를 만들어가고 있다. 따라서 시민사회와 NGO 활동을 통해 북한 주민들과도 코리안드림을 공유하게 될 것이다.

내가 2001년에 설립한 자원봉사단체 서비스포피스재단Service for Peace은 2006년 금강산 부근에서 온돌 난방용 보일러 설치공사에 착수했다. 이 프로젝트는 나중에 주택 건축으로까지 확대되었다. 남한을 포함해 세계 각지에서 온 사람들이 북한을 돕기 위한 이 프로젝트에 자발적으로 참여했다. 구호단체의 자원봉사자들이 북한 주민들과 함께 얼굴을 맞대고 작업하는 모습은 처음 있는 일이었다. 봉사자들은 고등학생부터 직장인, 연금 수급자에 이르기까지 연령대가 매우 다양했다. 남북관계 악화로 2008년 중단될 때까지 모두 2,000대의 보일러를 설치했고 104채의 가옥을 신축했다. 이 프로젝트는 비록 중단되었지만 언제라도 다시 시작될 수 있고 확장도 얼마든지 가능하다.

남북한 주민 간의 직접적인 접촉과 지원 프로그램을 통해 북한 주민과 공유할 수 있는 통일한국의 비전에 대한 합의는 무력충돌을 피할 수 있는 최선의 방책이다. 북한이 코리안드림의 비전을 공유하고 동참할 때, 우리 스스로 우리 운명의 주인이 될 수 있다.

우리 한민족은 한반도 전역의 주민들과 모든 해외동포를 아우르는 하나의 대가족이다. 그러한 가족적 유대감으로 남한과 해외동포들이 함께 힘을 모아 북한에 고립된 동포들을 도우려는 것이다. 역사적으로 우리는 한민족이라는 독특한 정체성을 기반으로 형성돼온 가치들을 가족 사이에서 가꿔왔다. 그렇기 때문에 우리의 가족제도는 가장 소중한 문화적 유산이다.

갈라진 가족은 유대가 지속되지 못하고 가족을 강하게 만들었던 정신을 점차 잃어가게 될 것이다. 우리는 지금 바로 그런 상황을 맞고 있다. 분단의 상처를 아물게 하고 우리의 가족을 온전하게 하나가 되게 한다는 과제를 풀지 못한다면 한민족이라는 정체성의 기반이 되는 미덕과 자질들을 우리 스스로 배반하는 결과가 될 것이다. 그렇게 되면 우리는 결국 우리의 문화적 유산을 잃게 될 것이며, 홍익인간의 건국 정신에 따라 우리가 수행하도록 소명 받은 섭리적 사명을 실현할 수 있는 기회도 상실하게 된다.

우리가 분단의 상처를 치유하지 못하고 한민족이라는 대가족의 나라를 온전히 세우지도 못하면, "스스로 분쟁하는 집은 바로 설 수 없다"고 했던 에이브러햄 링컨의 경고처럼 홍익인간에 담긴 건국의 비전을 구현할 기회를 놓치게 될 것이다.

여러 난관에도 불구하고 나는 현 세대가 우리의 도덕적 책무를 저버리는 일은 없을 거라고 믿는다. 우리는 어려운 상황 앞에서 힘을 모을 줄 아는 민족이다. 2007년 태안에서 발생한 대규모 기름 유출 사고에 대한 우리의 대응이 이를 잘 보여준다. 국민들은 정부나 관련 기관에만 의존하지 않았다. 수백만 명의 자원봉사자들이 한 달 동안 마치 자기 일인 것처럼 현장에서 기름 제거 작업을 도왔다. 우리 민족이 아니고선 상상하기 힘든 일이었다. 우리 한민족은 이처럼 진정으로 하려고 하면 무엇이든지 해낼 수 있는 저력을 갖고 있다.

이는 우리 민족의 참된 정신적 힘이다. 홍익인간 정신에 내재된 우리의 염원에는 역사적으로 하나였던 민족의 집단의식을 일깨워 분단의 상처를 치유할 수 있는 힘이 있다. 그것으로써 우리는 '나라 집'을 굳건히 세우고, 궁극적으로 역사적 소명을 실현할 수도 있을 것이다. 이제 우리에게 필요한 건 통일된 비전이고 그것은 바로 코리안드림이다. 우리가 성심을 다해 코리안드림을 추구하겠다는 신념을 갖고 있다면 우리는 과거의 잘못을 진지하게 성찰하고, 그 바탕 위에 새로 그린 내일의 청사진을 우리 자신뿐만 아니라 전 세계인에게 제시할 수 있을 것이다. 이것은 숭고한 비전이며 지금 우리에게 필요한 비전이다.

동북아시아의 정치적·경제적 상황은 코리안드림의 실현에 유리하게 돌아가는 것으로 보인다. 주변국들이 과거와는 달리 한반도의 통일을 선호하는 방향으로 바뀌고 있다. 이 주제에 대해선 다음 장에서 살펴보고자 한다.

CHAPTER 3

통일을 향한
기회와 도전

오늘날 한국은 쉽지 않은 여러 도전에 맞닥뜨리고 있다.
그러나 위기는 분명 기회와 함께 찾아온다.
우리만 준비되어 있다면 지금은 반만년 이어온 문화적 정체성과
공통의 역사에 뿌리를 둔 코리안드림이 구현된 새로운
나라를 건설할 수 있는 절호의 기회다.

비관론자는 모든 기회에서 어려움을 찾아내고,
낙관론자는 모든 어려움에서 기회를 찾아낸다.

•

윈스턴 처칠

위대한 업적은 언제나 불가능에 대한 도전의 결과다. 인간의 노력은 위험과 불확실성 속에서 그 진가를 발휘한다. 그렇기 때문에 지금 한반도에 가득 차 있는 위험과 불확실성은 우리의 노력이 진가를 발휘할 수 있는 기회도 가득하다는 뜻이다.

나는 2장에서 이산가족들과 북한 주민들이 겪고 있는 고통에 대해서 기술했다. 하지만 우리가 분단으로 인해 치러야 하는 대가는 그것으로 끝나지 않는다. 계속 이어지고 있는 북한의 미사일 발사 시위, 불안정한 정치·경제상황 역시 한국의 안보를 위협하는 요소들이다. 나아가 북한의 핵개발로 인한 위기감은 동북아시아를 넘어 세계로 확산하고 있다.

경제적인 관점에서도 북한은 한국의 경제에 여러 측면에서 재앙과 같은 존재다. 더 나아가 동북아시아 지역 전체의 통합과 자유무역을 통한 경제 활성화까지도 가로막는 장애물이다. 이러한 상황은 주변국들로 하여금 과거 냉전시대의 지정학적 관계를 지속시키도록 할 뿐 아니라 변화된 세계의 현실을 전혀 반영하지 못하도록 만든다.

대체로 통일에 무관심한 우리 젊은이들의 성향은 통일환경 조성에 부정적인 영향을 미치고 있다. 이들의 무관심은 거의 다 현 상황에서 자신들이 할 수 있는 일은 아무것도 없다는 무력감의 다른 표현이다. 그렇기 때문에 의무적으로 군 복무를 마치거나, 기껏해야 미사일 방어 시스템의 구축을 지지하는 정도만으로 할 일을 다 했다고 생각하기 마련이다. 무관심을 키우는 또 다른 이유는 통일을 긍정적인 기회로 여기는 것이 아니라 경제적 희생이 따르는 부담으로 여긴다는 데 있다. 독일의 통일이 자국은 물론이고 유럽연합에 기대 이상의 긍정적인 결과를 가져다주었다는 사실에도 불구하고 한국 젊은이들은 그 과정에서 나타난 부정적인 면만을 확대 해석하는 경향이 있다.

도전해보지도 않고 어려움을 회피하는 것은 우리 민족의 기백과 거리가 멀다. 한국전쟁으로 인한 잿더미에서 일어나 오늘날 나라를 선진국 대열에 진입시킨 우리 부모세대의 정신이라고 할 수 없다. 태안반도 기름 유출 사건 때 수백만 국민이 자발적으로 동참하여 보여주었던 헌신적인 태도와도 거리가 멀다. 우리는 어떠한 고난이 닥치더라도 기꺼이 맞서 싸우는 기백 있는 민족이다.

대다수 한국인들은 첨예하게 대립하고 있는 두 개의 정부, 서로 다른 이념과 정치체제, 그리고 위태롭게 보이는 군사적 대치 상황으로부터 벗어날 수 있는 방법을 알지 못한다. 하지만 내가 제안하고 있는 코리안드림을 통해서 우리는 지금까지 풀 수 없을 것만 같았던 남북 간 갈등을 해소하고 이를 기반으로 보다 전향적인 미래를 만들어가는 방법을 발견할 수 있다. 그리고 그것은 현재의 교착상태로 야기된 문제들을 현실적인 방법으로 해결하는 비전을 제시함으로써 민족 전체를 하나로 만드는 토대가 될 것이다.

한국인들 중에서 통일에 무관심하거나 반대하며 그저 '현상 유지'가 최선이라고 생각하는 사람들은 남한의 안보와 경제에 미치는 북한의 위협이 시간이 지날수록 점점 더 심각해진다는 사실을 깨달아야 한다. 북한의 예측 불가능한 행동이 계속되는 상황에서 지금과 같은 상태는 그리 오래 유지될 수 없다. 오늘날 한반도와 동북아시아는 지정학적 측면에서 큰 변화와 함께 위기에 직면하고 있다는 사실을 깨달아야 한다. 이 장에서 나는 정치, 경제, 안보 그리고 지정학적인 위험 요소들을 살펴보고, 우리가 그것을 분명히 인식했을 때 오히려 평화통일의 기회로 삼을 수 있다는 점을 설명하고자 한다. 실제로 한반도의 통일은 남북한은 물론 인접 국가들과 동맹 국가들, 그리고 모든 이해 당사자들의 요구를 충족시켜줄 것이다. 현재와 같은 분단상황을 지속하는 것이야말로 최악의 선택이라고 나는 판단한다. 분단상황을 변혁할 수 있는 방법의 핵심은, 남북한 정부에만 의존하지 않고 한민족 전체가 통일을 지지하도록 사람들의 마음을 얻는 것이다. 그러한 지지가 있으면 통일을 향한 통일된 행동이 따르게 된다. 지금 우리는 스스로 옳은 길을 선택한다면 통일의 열망이 결실할 수 있는 역사의 변곡점에 서 있다. 따라서 우리의 선택에 따라 통일은 물론이고, 자유로운 이상국가를 갈망하며 고난의 시대를 살았던 모든 애국선열들의 소망과 이상의 실현 여부가 결정될 것이다. 결과는 우리 모두가 얼마나 공동의 노력을 기울이냐에 따라 판가름될 수밖에 없다. 그러니 이제는 더 이상 뱀 앞에 최면 걸린 토끼처럼 현재 상황에 마비된 상태로 있어서는 안 된다. 주변 상황에 슬기롭게 대처하고 주도적으로 나서서 스스로 운명의 주인이 되어야 한다.

한반도의 위험과
예측 불가능성

—

1950년 김일성이 기습적인 남침을 감행한 이후 북한 정권은 줄곧 예측할 수 없는 행동을 해왔다. 그런데 지금의 김정은 정권은 그 예측 불가능의 정도가 너무 크다. 김정은은 미사일 시험발사, 연평도 포격, 핵무기의 개발과 실험 등 아버지 김정일이 자행했던 도발을 그대로 답습했다. 거기에 더해 김정은은 2013년 12월 고모부인 장성택을 잔혹한 방식으로 공개 처형함으로써 스스로 예측 불가능한 존재임을 입증했다. 뉴스 보도에 따르면 장성택 처형 이후 약 200명에 이르는 장성택 일가와 지지자들이 처형당하거나 강제 수용소로 보내졌다고 한다.

　이 소식은 세계를 경악시켰다. 무엇보다 그것은 한민족의 정서상 도저히 용납할 수 없는 잔악한 행위였다. 김정은은 고모부 장성택을 숙청함으로써 우리 한민족이 가장 소중하게 여겨온 가족의 신성한 가치와 이상적인 지도자상像을 여지없이 짓밟았다. 오랜 세월에 걸쳐 우리 문화에 축적된 유교적 윤리를 기준으로 하면 무엇보다도 예禮로써 가족의 화목을 도모하는, 따뜻한 덕성과 올바른 지혜가 지도자의 기본 자질이다. 국가 통치자에게 요구되는 자질도 마찬가지다. 따라서 통치자가 그런 자질을 갖추지 못하고 도덕적으로 부패, 타락하면 그 끝은 자기 자신은 물론 국민의 불행으로 귀결되기 마련이다. 부패하고 강압적인 통치자는 반드시 주민들의 원성과 저항을 불러오게 되고, 그들과 이어졌던 유대의 끈도 끊어지게 되기 때문이다. 결국 자신이 확보했던 권력의 정통성도 무너질 수밖에 없다. 그것은 바로 천명天命의 상실을 의미한다. 김정은은 자신의 고모부이자 아버지 김정일이 임명한 정치적 후견인을 잔혹한 방식으로 공개 처형함으로써 북한 주민 모두에게 통치자로서 그의 됨됨이를 의심하지 않을 수 없게 했다. 한국인들에게 그러한 김정은의 행위는 그가 과연 인간일까 하는 의문마저 들게 한다.

북한 주민들은 인권을 전혀 보장받지 못한 채 살고 있는 반면, 김정은은 체제 결속을 위해 과거 우리가 보아왔던 것보다 더 가혹한 방식으로 자신의 권력의지를 과시하고 있다. 더구나 오늘날 북한의 내부 상황은 한국전쟁 이후 그 어느 때보다도 예측할 수 없게 돼가고 있다.

외부 관찰자가 보았을 때, 김일성부터 시작된 '김씨 세습왕조'는 주민을 억압하고 착취하는 독재국가일 뿐이다. 하지만 북한 내부를 들여다보면 나름대로 체제를 유지하기 위한 명분을 갖춰왔음이 발견된다. 국가 선전기관은 한민족의 뿌리 깊은 가족문화를 빌미 삼아 주민을 호도함으로써 김일성 주석을 국가와 민족의 아버지로 떠받들게 하는 데 성공했다. 그가 권좌에 오를 당시는 냉전 상황이었던 데다 주민들에게 최소한의 생활 정도는 보장해줄 수 있었기 때문에 완벽한 정보 통제가 가능했던 것이다.

북한의 선전기관이 그린 그림은 언제나 지도자와 인민이 외부세계에 대한 적개심으로 똘똘 뭉쳐 있는 모습을 보여주는데, 북한 경제가 남한보다 앞섰던 휴전 이후 약 20년 동안은 그런 공상이 그럴듯해 보였다. 북한 주민들과 김일성 체제 사이에는 초기부터 암묵적으로 동의된 일종의 사회계약이 있었다. 정부는 주거, 노동, 여행, 언론, 사상의 표현 등 모든 영역에서 주민의 일상적 기본권을 엄격히 통제한 반면 직장, 주택, 식량 배급을 약속했던 것이다. 전쟁의 종식과 함께 세계 최빈국으로 전락한 상황에서 북한의 고도화한 중앙집권제는 주민들의 기본적인 생활수준을 끌어올리는 데 일시적으로 효과가 있었다.

그러나 해외 원조와 정부의 지원은 주민 생활이 절박한 상태를 벗어나는 수준에 이르기까지만 유효했다. 다른 공산주의 국가와 마찬가지로 북한의 실험도 그 태생적 한계를 보여주었다. 기본적인 의식주 해결을 넘어 그 이상의 경제 성장을 달성하려면 자유시장체제에서 요구되는 창의성, 기업정신, 혁신, 그리고 양질의 기술과 상품이 있어야 한다. 하지만 공산주의식 중앙 계획경제는 성장의 동력인 이러한 활동들을 질식시키기 때문에 결국 한계에 부딪히면서 경제를 침체시킨다. 소련을 비롯해서 다른 공산권 국가들이 모두 이 같은 전철을 밟았다. 남한의 경우 전략적인 정부 정책과 결합하여 보다 나은 경제적 기회가 있었다. 한국인의 에너지와 역동성이 분출되어 1970년대 남한의 경제는 결코 정체되지 않았으며, 결국은 북한을 추월했다. 침체된 북한 경제는 소련이 붕괴되고 그동안 받아왔던 식량과 에너지 원조가 중단되자 큰 타격을 입게 되었다.

북한 지도부로서는 새로운 상황에 적응하고 자립경제를 달성하기 위해 대대적인 변화를 시도해야 했다. 북한은 몽골식 방법을 따를 수도 있었다. 몽골은 공산국가에서 민주독립국가로 정치체제를 전환한 후 20년간 경제가 지속적으로 성장했다. 최소한 북한은 중국의 권고를 받아들여 중국식 경제개혁을 추진할 수도 있었다. 하지만 김일성에 이어 최고지도자에 오른 김정일은 그럴 생각이 없었다. 1990년대의 참혹했던 대기근을 겪으면서도 체제 유지에만 골몰했다. 당시 그는 당 간부들에게 체제가 전복되고 모두가 살해당할 위기에 처해 있다면서 어떤 희생을 치르더라도 권력수호에 집중할 것을 당부했다. 이때 등장한 것이 바로 '선군정치military first policy'다. 군 지도부는 당에 충성함으로써 정권의 생존을 보장하고 그 대가로 최고지도부로부터 안락한 삶을 보장받는 '악마의 거래'가 이루어졌던 것이다. 대단히 어리석고 잘못된 선택이었다. 이로 인해 비록 압제적이었으나 그나마 명맥을 유지했던 김일성과 북한 주민 간의 기본적인 사회계약이 깨지기 시작했다.

선군정치를 표방한 김정일의 국정운영은 지도부와 국민 사이에 돌이킬 수 없는 분열을 초래했다. 국가의 발전을 위한 계획은 폐기됐고, 주민들이 최저생활을 영위할 수 있는 조건은 제공되지 않았다. 그런 상황에서 넘쳐나는 것은 공허한 선전뿐이었다. 체제의 버팀목인 당 간부들을 제외하고는 그 누구도 일자리나 식량을 보장받지 못했다. 그래도 김정일은 표면적으로나마 아버지 김일성에 대해 최소한의 효를 지켰다. 반면 김정은은 아버지의 매제이자 그가 주요 후견인으로 임명했던 장성택을 처형함으로써 이런 전통마저도 깨버렸다. 김정은이 그동안 보여준 일련의 무자비한 행위는 전통적인 한민족의 미덕과 인간애를 포기한 것이라는 점에서 반민족적·반인륜적 죄악이다.

이것은 북한 정권이 더 이상 지속될 수 없는 상황에 이른 것을 의미한다. 착취적인 지도부가 나머지 일반 대중에게 언제까지나 희생을 강요할 수는 없다. 조만간 무엇인가를 주어야 한다. 문제는 언제 어떻게 주느냐다. 튀니지, 리비아, 이집트에 변화를 몰고 온 이유도 정부의 시혜 방식 때문이었다. 그것이 '아랍의 봄Arab Spring'이 주는 교훈이다. 김정은은 북한 지도자가 갖추어야 할 인격의 기준이 내리막길을 걷게 만들었다. 경험 없고 격한 성격의 무자비한 지도자가 군림하는 북한의 불안정한 사회·경제적 상황은 언제 폭발할지 모르는 시한폭탄과 같다.

장성택 처형은, 과거엔 내부 투쟁이 그처럼 공개적이며 극적으로 드러난 적이 없었다는 점으로 미루어 볼 때 북한 지도부 내에 이미 심각한 파벌싸움이 진행되었음을 보여준다. 어쨌든 김정은의 폭력적이고도 야만적인 통치방식은 북한 체제의 불안정성이 심화하고 있음을 보여주고, 그 때문에 앞으로 그가 치르게 될 대가는 갈수록 커질 것이 분명하다.

장성택의 참담한 최후를 계기로 김정은에 대한 인접국들의 우려는 더욱 커지고 있다. 장성택은 그동안 북한과 중국을 이어주는 중재자로서 적어도 중국 접경지대에서나마 점진적인 중국식 개방을 시도했던 인물이었기 때문이다. 아마도 그의 이런 행보가 권력 내부에 강한 반발을 불러오고 끝내 자신을 죽음에 이르게 한 것으로 보인다.

소련 붕괴 이후 중국이 북한의 주요 후원자이자 보호자 역할을 해왔다는 사실에도 불구하고 김정은은 장성택 처형이 중국과의 관계에 미칠 영향에 대해 특별히 신경을 쓰는 것처럼 보이지 않았다. 그는 중국을 방문하지도 않았다. 중국의 도움 없이도 국가 운영에 자신 있음을 과시하듯 행동하는 경우도 가끔 있다. 하지만 그와 같은 행동은 망상의 다른 표현이다. 국가 운명에 영향을 줄 수 있는 국제질서의 기초적인 현실조차 도외시하는 듯한 이런 식의 행보는 김정은이 정치적으로 미숙하다는 사실을 그대로 드러내 보일 뿐이다. 실제로 그의 아버지 김정일은 최고지도자가 되기 위해 10년간 준비기간을 거쳤지만 갑작스럽게 최고통치자가 된 김정은은 그러질 못했다.

혹자는 김정은이 데니스 로드맨Dennis Rodman을 평양으로 초대했을 때, 대를 이어 체제를 섬겼던 그의 보좌관들이 어떤 생각을 했을지 궁금해한다. 미국 스포츠계에서 악동으로 소문난 인물을 평양으로 부르면서 김정은은 어리석게도 그 악동이 버락 오바마Barack Obama 대통령에게 자신의 메시지를 전달해줄 수 있을 것으로 기대한 것 같다. 이는 김정은이 얼마나 정치적으로 미숙하고 국제관계 현실에 무지몽매한지 스스로 보여준 대표적 사례라 할 수 있다. 그처럼 변덕스럽고 경험이 없는 지도자가 권좌에 앉아 핵무기를 쥐고 있다는 것은 세계의 대재앙을 예고하는 것이나 다름없다. 북한이라는 존재 자체가 갖고 있는 위험성이 이제 극에 달했다는 의미다. 한국 국민들은 이러한 정황에 어떻게 대응할 것인지 결정해야 한다. 상징적으로나 실재적으로나 시한폭탄과 다름없이 무모하기 짝이 없는 독재자의 결정에 나라의 내일을 내맡길 것인가? 아니면 당장 그 시한폭탄의 뇌관을 제거하기 위한 행동에 나설 것인가? 조만간 변화는 찾아올 것이고 그 방식은 매우 격렬할 것임이 분명하다.

앞서 쓴 두 챕터에서 나는 통일의 필수 기반으로 한국의 운명적 통일 비전을 약화시키는, 현대 한국사회에서 드러나고 있는 몇 가지 삶의 행태들을 언급했다. 통일에 대한 무관심이 팽배하다는 것은 보다 넓은 시야로 파악하면 한국의 전통적 가치, 특히 가족과 관련한 가치가 무너지고 있다는 사실과 맥락을 같이한다. 동시에 한국사회의 끊임없는 좌우 정치세력의 사상적 대립은 분명한 민족적 비전을 중심으로 하는 국민통합의 전개에 가장 큰 장애물이다. 이를 제거하지 못하면 평화로운 통일은 기대할 수 없으며, 우리가 소명받은 이상을 실현할 수도, 사명을 완수하지도 못할 것이다.

북한의 변화 가능성

—

북한의 불안정은 한반도의 위기를 불러오지만 나는 그와 동시에 통일의 기회도 열리고 있다는 점을 인지한다. 북한의 식량배급 체계의 붕괴는 주민들이 정부에만 의지하지 않고 각자의 삶을 스스로 책임지게 만들었다. 자연스럽게 소규모 시장이 생겨났고, 일부 주민들은 식량을 구하거나 돈을 벌기 위해 중국으로 넘어갔다. 이들에겐 정부의 통제가 미치지 않았는데 북한에선 처음 있는 일이었다. 이렇게 중국으로 넘어갔던 사람들은 식량뿐 아니라 정보도 함께 가지고 돌아왔다. 특히 중국에서 방영되는 남한 TV를 통해 북한에서 살던 때에 알았던 것과는 전혀 다른 세상이 있다는 걸 깨닫게 되었다. 이렇게 검열받지 않고 입수되는 정보들은 북한 당국이 주민들에게 보여주었던 것이 모두 허위와 가식이었음을 적나라하게 일깨워주었다. 그 결과 인민의 천국이라고 했던 북한의 실체에 균열이 생기기 시작했다.

김정일은 시장을 금지하고 다시 이전 수준의 통제권을 회복하려 했지만, 정부가 모든 주민들에게 식량을 제공하지 못하는 입장에서 그런 시도는 실패할 수밖에 없었다. 게다가 2009년 11월에 기습적으로 단행한 화폐개혁은 주민들을 대혼란 속으로 밀어넣었다. 화폐개혁의 의도는 화폐가치를 절상하여 암시장 운영자들의 저축액을 상대적으로 줄이기 위한 것이었다. 북한 정부는 세대당 교환할 수 있는 화폐의 액수를 제한했다. 그러나 암시장 '전주錢主'들은 주로 위안화나 달러로 자산을 보유하고 있었기 때문에 원래의 의도와는 달리 이 개혁은 대다수 평범한 북한 주민들만 피해자로 만들었다. 급기야 화폐개혁을 원망하며 시장에 대한 규제를 풀어달라는 주민들의 요구가 빗발쳤다. 이에 정부는 전례가 없는 공식 사과문을 발표했고, 화폐개혁을 주도한 노동당 재정부장 박남기는 결국 처형되었다(2010년 3월).

화폐개혁의 실패는 북한 정부와 주민들의 관계에 전환점이 되었다.

정부는 시장을 완전히 장악하거나 억누를 수 없음을 사실상 인정하게 되었고, 정권과 주민 사이에 간극이 벌어지고 있음을 확인시켜주었다. 정권은 권력을 보전하고자 한 반면, 정부가 아무것도 해주지 않는 상황에서 주민들은 스스로 의지를 드러냈다. 이는 북한에도 변화가 찾아올 수밖에 없다는 신호임이 분명하다.

오늘날 북한에서 시장은 확실하게 자리를 잡았으며 생존을 위한 필수 조건이 되었다. 그와 함께 정부의 통제력을 벗어나 운영되는 암시장의 규모와 외환거래액도 커지고 있다. 사실, 상인들은 대부분 위안화를 선호하는데 중국 국경 부근에서 영업하는 상인들은 특히 그렇다. 반면 평양 엘리트들은 달러를 선호한다.

정보 또한 북한 내부로 꾸준히 유입되고 있다. 대부분의 정보는 가용성이 높은 휴대전화를 통해 중국을 거쳐 들어가는데, 현재 북한의 휴대전화 가입자 수는 452만 명 정도인 것으로 알려져 있다. 그러나 더 많은 사람들이 처벌의 위험에도 불구하고 한국 TV를 직접 시청한다. 북한은 자체 공급이 불가능한 식량과 의료 서비스의 상당 부분을 구호단체들에게 의존할 수밖에 없으며, 이들 구호단체 대부분은 북한 주민과의 직접적인 접촉이 가능하기 때문에 정보 유입의 통로가 된다.

북한은 더 이상 외부로부터의 정보를 차단할 수 없고, 북한 주민들은 외부세계의 정보를 습득하면 할수록 자신들의 처참한 현실을 깨닫게 된다. 이는 정보통신기술의 발전과 주변국들의 개방된 변화에 기인한다. 냉전 이후 북한의 우방이자 지원자였던 중국과 소련은 자국의 경제발전에 집중하면서 북한과는 비교할 수 없을 정도로 자유로운 정보 흐름을 용인했다. 이에 반해 '정보의 차단벽'을 쌓은 채 주민을 고립시키는 북한은 이들로부터 과거와 같은 도움을 더 이상 기대할 수 없다. 이제 더 많은 북한 사람들이 세계정세를 알고 있으며, 북한체제는 더 이상 외부 정보를 차단하지 못한다. 일부 기술의 발달과 이 지역의 정세변화가 원인이기도 하다. 지금은 탈냉전시대다.

냉전시대에 북한의 후견국 역할을 해주었던 중국과 러시아는 이제 각각 자국의 경제발전에 집중하고 있다. 더구나 정보의 흐름이 북한보다 훨씬 자유로워졌다. 두 나라는 북한 지도부가 북한 주민들을 고립시키려고 구축한 정보방화벽의 유지에 더 이상 관심을 기울이지 않는다. 북한은 체제 유지를 돕는 과거와 같은 방식의 지원을 기대할 수 없다.

북한 주민들은 북한 체제가 주민들의 기본적인 생존권조차 보장해주지 못한다는 사실을 경험해왔다. 따라서 북한 체제와 주민들 사이에 간극이 점점 벌어지고 있다. 이 간극은 장성택 처형으로 더욱 벌어졌다. 남한의 몇몇 인권단체는 북한 내 정보원들과 휴대전화로 비밀리에 통화하며 북한의 여론을 파악하고 있다. 장성택 처형은 전체적으로 북한사회에 깊은 충격을 주었다. 북한 주민들은 지도자 김정은에 대한 신뢰와 존경심을 상실했으며, 미래에 대한 불안감이 더 커진다고 말한다.

이 모든 것이 결국 1948년 한반도에 두 개의 정부가 수립된 이후 북한사회에서 통일을 향한 긍정적인 변화가 그 어느 때보다도 빠르게 진행되는 상황을 조성하게 되었다. 언론, 휴대전화, NGO와 시민단체의 직접적인 접촉을 통한 뉴스 채널들이 북한 주민들에게 미래를 위한 희망의 비전을 제시하고 있다. 따라서 북한 주민들은 이전보다 더 많은 외부 정보를 알게 되고, 자신의 삶을 위해 주체적으로 행동할 가능성이 높아지고 있다. 생존을 위해서는 그렇게 할 수밖에 없다. 그들은 머지않아 북한의 상황이 남한과 비교조차 할 수 없을 정도이고, 심지어는 중국의 시골지역에 비해서도 얼마나 열악한지 알게 될 것이다.

북한체제를 향한 믿음과 충성이 약화되는 것은 비단 생존을 위해 고통받는 북한 주민뿐만이 아니다. 노동당 엘리트 또한 변화하는 불확실한 상황에서 어떻게 하면 자신의 특권을 유지할까 전전긍긍하고 있다. 소위 불법적인 외화 거래가 중단될 가능성이 없는 이유 중 하나는 노동당 간부들이 이런 거래를 통해 개인적인 이익을 챙기고 있기 때문이다.

북한 관리들은 그들과 외교관계에 있는 몽골을 종종 방문하는데, 이들은 비공식 자리에서 몽골 공산당원들에게 현재 벌어지고 있는 상황에 대해 조심스럽게 묻곤 한다. 내가 만난 한 몽골 의원은 자신들이 민주적 절차에 합류했고, 그 후로 지금까지 정부와 여당 사이에서 활동하고 있다는 이야기를 했다고 한다. 대부분 중간 계급인 북한의 관리들은 이 말에 안도하며 일말의 희망을 찾는 눈치였다고 하는데, 자국에서 일어날 변화의 조짐을 염두에 두고 있는 것이 틀림없다. 일반 주민들이나 당 간부들이 저마다 살길을 모색하기 시작할 때 정권은 이들의 충성심과 절대적인 지지를 상실한다. 동유럽 공산국가에서 벌어졌던 일들이 바로 그런 것이다. 시간이 흐르면서 점점 더 많은 주민들이 현 정권의 지속이 과연 자신들의 생존에 이득이 될지 여부를 냉정하게 계산할 것이다.

국제사회에서의 고립도 가속화하고 있다. 남한은 전통적인 우방을 넘어 중국과 러시아를 포함한 다양한 국가들과 관계를 확대해나가고 있는 반면에, 북한은 과거 냉전시대의 우방이었던 중국·소련과의 관계도 원만하지 않다. 두 강대국이 북한의 핵과 미사일 발사 실험을 반대하면서 대북지원을 사실상 끊은 상태이기 때문이다. 북한은 결국 외화벌이를 위해 무기 수출, 마약 밀매, 화폐 위조 등과 같은 불법적이고 극단적인 방법에 의존했지만 그것도 상당히 많은 처벌적 규제에 얽매여 있다.

북한 지도부 내에 '더 이상 잃을 것이 없다'는 사고가 급격히 형성될 경우 무모하고 도발적인 행동으로 이어질 가능성도 있긴 하다. 그러나 나는 남북한 주민들이 소모적인 싸움을 멈추고 코리안드림을 함께 실현하기 위해 지금 이 시점을 또 다른 면에서 진정한 변화를 불러올 수 있는 기회로 삼기를 진심으로 제안한다.

한국의 경제적 도전

—

이제 초점을 한국으로 돌려보면, 한국 역시 지난 수십 년간 지속되었던 역동적인 경제성장이 둔화하기 시작했다. 한반도의 분단상황과 북한 정권의 특성으로 인해 한계에 직면한 것이다. 경제협력개발기구 OECD의 보고서는 남한의 연간 경제성장률이 지금부터 떨어지기 시작해 2060년까지 1.6%에 머물 것으로 예상했다. 잘못하다간 한국도 일본처럼 저성장, 장기불황의 '덫'에 빠져들 가능성이 그만큼 높다.

고령인구의 증가, 천연자원을 둘러싼 치열한 국제경쟁, 그리고 이른바 '호두까기 효과nutcracker effect(한국경제가 일본과 중국 사이에 끼여 고사당할 수 있다는 의미)'로 인해 이러한 전망이 힘을 얻고 있다.

2013년 12.2%를 차지했던 65세 이상 노인인구가 2020년 현재 15.58%가 되었고, 2026년이 되면 노인인구가 20%로 상승하여 우리나라가 초고령사회에 진입할 것으로 예측된다. 이런 추세대로라면 지금의 초등학생이 은퇴할 시점에는 65세 이상 노인이 인구의 절반을 차지하게 된다. 노동인구는 한계가 있는데 현 제도하에서는 엄청난 수의 노인들을 위한 복지비 지출이 급속히 늘어날 수밖에 없다. 복지 예산의 증가는 세율의 상승을 가져오며, 이는 다시 개인들이 투자할 수 있는 자금이 줄어드는 것을 의미한다.

2019년 기획재정부는 복지비 지출로 연간 예산 적자가 GDP의 8.6%로 늘어나고, 2050년이 되면 국가의 빚이 GDP의 85.6%에 달할 것으로 추정했다. 이는 현재의 근로자들이 퇴직자를 위한 복지비를 부담하는 것보다도 더 큰 재정적 부담이 미래의 노동인구에게 돌아가게 된다는 뜻이다. 한국도 이제는 지속적인 성장보다는 서구 복지사회와 마찬가지로 성장을 저해하는 요인들의 비중이 더 커지고 있는 것이다.

이러한 이유로 나는 한국인들에게 전통적 대가족의 가치에 대해 강력하게 역설하고 있다.

노동인구가 줄어드는 상황에서 노인 부양을 위해 감당해야 할 비용이 증가하고 있는데, 대가족은 이런 부담을 완화하는 데 큰 도움이 된다. 대가족은 노인들에게 자연스러운 요양환경이 되기 때문이다. 따라서 대가족은 정부 주도 노인복지의 대안이 될 수 있다. 정부는 이를 위해 가족 구성원들이 나이 많은 어르신들을 부양하도록 장려하는 정책을 수립, 시행하도록 해야 한다. 그렇게 해야 비로소 전통적인 한국의 가정 모델을 현대에 실용적으로 적용할 수 있기 때문이다.

한국경제의 발목을 잡는 또 하나의 요인은 천연자원의 부족이다. 한국은 에너지를 비롯한 중요 자원의 상당 부분을 수입에 의존할 수밖에 없다. 자원 확보를 위한 국제경쟁, 특히 급속한 산업화에 따라 자원의 블랙홀로 불리는 중국으로 인해 원자재 가격이 가파르게 상승하면서 한국의 수익률은 심각하게 위협받고 있다.

북한으로부터의 상시적 안보 위협에 시달리고 있는 우리 국민은 진정 북한과 공존할 것인지와 함께 남북 대치상황이 가져올 모든 불확실성에 대해 지속적으로 고민해야 한다. 북한이 한국과 미국을 상대로 한 본격적인 전쟁에서 승리하리라 생각하는 사람은 아무도 없다. 하지만 북한은 약 120만 명의 병력을 보유하고 있으며, 만약 패배하더라도 서울을 비롯한 일부 지역에 막대한 피해를 안겨줄 것이다. 북한군이 보유하고 있는 1만여 문의 장사정포와 지하갱도에 은닉한 로켓발사기는 남한 대부분 지역을 사정거리로 두고 있다. 최후 수단으로 핵무기 사용이라는 악몽의 시나리오는 논외로 하고도 말이다.

지정학적
위험과 기회

—

북한의 안보 위협은 한반도에만 국한되지 않는다. 그것은 동북아 지역 국가들의 경쟁적인 군사력 증강을 통해 세계로 확산하고 있다. 북한은 동해상에서 일본을 가로질러 미사일 시험 발사를 한 적이 있다. 여기에는 미국을 겨냥해 핵시위를 하려는 의도가 내포돼 있다.

북한문제를 전문으로 하는 정책연구소 38노스38North가 2014년에 펴낸 보고서는 북한이 미국 서부 해안에 도달할 수 있는 이동식 대륙간탄도미사일ICBM/KN-08의 개량형을 보유하고 있다고 주장했다. 게다가 북한은 파키스탄 핵과학자 칸A. Q. Khan에게서 미사일 장착을 위한 핵탄두 소형화 설계도를 입수한 것으로 추정되고 있다.

핵무기 확산은 북한이 야기하는 또 다른 차원의 위협이며 국제적으로 민감한 사안이다. UN 안전보장이사회는 북한 핵실험 후 2013년 3월부터 여러 차례 북한에 대한 제재안을 통과시켰고, 트럼프 정부가 대북 압박을 강화하는 이유가 바로 여기에 있다. 북한의 전통적인 우방인 중국조차도 UN 결의안 1718, 1874, 2087호를 지지했다. UN 안보리는 북한의 완전한 비핵화와 일체의 무기 수출 금지를 촉구해왔다.

북한은 칸과의 협력을 통해 원자로와 핵무기 생산에 필요한 우라늄 농축에 사용하는 육불화우라늄을 무아마르 카다피Muammar Qaddafi 정권하의 리비아에 제공한 것으로 알려져 있고, 시리아에도 2007년까지 원자로 기술을 제공했다. 몇 년 전에는 이란과 핵개발에 협력했다는 사실을 입증하는 강력한 증거가 포착되기도 했다. 일부 미국 전문가들은 이란 과학자들이 북한 과학자들과 함께 북한 핵개발에 참여했다고 믿고 있다.

어떤 수단을 동원해서라도 외화벌이를 해야 하는 북한은 재래식 무기, 미사일 기술, 군사훈련 등을 거래할 준비가 되어 있다. 뿐만 아니라 불안정성이 증대되고 있는 중동 지역 내 국가들과 핵 관련 기술을 거래할 용의가 있다는 것도 내비쳤다. 북한 정권은 카다피가 핵개발을 포기하지만 않았다면 그가 여전히 권력을 쥐고 있을 것으로 확신한다. 2011년 〈아시아타임스온라인Asia Times Online〉의 "북한, 카다피의 어리석은 핵 포기를 애통해하다"라는 기사에서 도널드 커크Donald Kirk는 "말도 안 된다. 그들 북한은 말한다. 만약 카다피에게 반격할 핵 억지력이 있었다면 미국이나 기타 국가들이 과연 카다피 정부군을 공격할 수 있었을까? 북한은 '리비아 위기'를 통해 '국제사회에 준엄한 교훈이 될 만한' 내용을 발견했다. 북한 중앙방송에서 인용한 외교부 대변인의 '미국과 기타 국가들의 리비아 폭격은 평화를 지키기 위해선 힘이 있어야 한다는 진실을 다시 한 번 확인해주었다'라는 말이 이를 증명한다"라고 썼다.

북한이 이란을 도와 핵무기를 손에 넣을 수 있는 기술을 제공한다면 중동의 불안은 더욱 증폭될 것이다. 더구나 핵무기가 간접적이고 비공식적인 채널을 통해 IS나 알카에다Al Qaeda 같은 테러집단의 수중에 들어갈 수도 있다. 비록 그 가능성은 희박할지라도 그런 일이 실제로 일어난다면 그 결과는 대재앙을 불러오게 될 것이다.

북한의 핵 위협은 냉전의 종식이 가져온 직접적인 결과다. 비무장지대DMZ가 냉전시대의 잔재라고 한다면, 냉전의 종식과 함께 개선될 것으로 기대됐던 지정학적 리스크가 오히려 핵 위협을 높이고 한반도 상황을 더욱 심각한 국면으로 내몰고 있다.

대부분의 국가는 냉전의 이념 대립을 청산하고 경제발전에 필요한 정치적 안정에 노력을 기울이고 있다. 소련의 붕괴로 북한은 안보의 주요 보호자를 잃었다. 김정일은 이로 인한 북한의 새로운 약점이 미국의 공격을 야기할 수도 있다고 우려했다. 하지만 냉전이 계속되고 있다고 해서 그가 다른 생각과 행동을 취했을 것이라고는 보기 어렵다. 어쨌든 소련의 붕괴 이후 안보문제에 관한 한 중국에 지나치게 의존하는 것이 싫었던 그는 보다 자주적이고 공격적인 국방전략을 밀어붙였고, 결국 핵과 미사일 개발에 몰두하면서 '선군정치'를 구상했다.

중국은 전통적으로 북한을 주한미군으로부터 자국을 보호하는 일종의 완충지대로 여겨왔다. '순망치한脣亡齒寒'['입술(북한)이 없으면, 이

(중국)가 시리다'는 뜻]은 중국과 북한의 이런 관계를 말해주는 중국식 은유다. 이런 사고 역시 냉전의 잔재이지만 끊임없이 중국 정책의 기본이 되어왔다. 2011년 김정일이 사망하자, 중국은 군대를 동원해 압록강 주변에서 군사행동을 했다. 중국은 이를 만약에 있을지도 모를 북한 주민의 대규모 탈출을 막기 위한 것이라고 해명했다. 하지만 비공식적으로는 북한 정권이 붕괴될 경우 38선 이북으로 미군이 진주할 사태에 대비한 준비일 뿐 북한을 접수할 의도가 없다고 한국 측에 통보했다. 중국의 한반도 정책은 한반도에서의 평화와 안정을 유지하는 것이고, 북한 정권을 지지하는 것이 그 같은 기본 정책에 부합한다고 믿어왔다.

하지만 주변 정세, 특히 북한의 행동은 중국이 당의 정책을 재고하고 역내 환경이 냉전시대와는 전혀 다르게 변하고 있음을 감지하게 만들었다. 따라서 중국은 그들의 의사를 거스르는 북한의 핵무장을 묵인하는 것이 이 지역의 평화와 안정을 위한 최선의 선택인지를 놓고 고심하고 있다.

중국은 평화로운 방법으로 경제성장을 지속하기 위해 무엇보다 안정을 필요로 하는 동시에, 국제사회에서 영향력을 행사하는 국가로 부상하기를 간절히 바라고 있다. 중국은 세계 2위의 경제대국이다. 많은 경제학자들은 중국이 2030년 이전에 미국을 추월할 것이라 예측한다. 《이코노미스트》지는 그 시기를 2019년 이전으로 예측하기도 했다. 물론 이 모든 예측은 어디까지나 예측일 뿐이다. 시간이 지나면서 상황이 어떻게 변할지는 누구도 장담할 수 없다. 다만 그 예측들로 확인할 수 있는 것은, 중국이 세계에 대해 패권적 야심을 지닌 강대국이 되었다는 점이다. 중국은 이를 위해서 비단 경제력과 군사력만이 아니라 일정 수준의 도덕적 권위를 갖고 행동하고자 한다. 하지만 국제적 기준을 철저히 무시하는 불량국가 북한과 지나칠 정도로 긴밀한 관계를 맺게 되면 중국의 행동은 정당성을 잃게 된다. 북한은 중국의 반대에도 불구하고 계속해서 핵실험을 강행하고 있기 때문이다.

중국 지도부는 이 같은 북한의 핵시위가 역내 안정에 얼마나 큰 위협이 되는지 여부를 판단해야 한다. 북한의 핵개발은 특히 일본 근해에 착수着水한 미사일 발사 실험과 함께 일본의 우경화를 부채질하고 있다. 북한의 위협에 따른 대응으로 일본이 핵무기 개발을 추진할 가능성은 여전히 낮지만, 중국은 일본의 군국주의 부활을 경계한다.

중국의 정책이 서서히 방향을 옮겨가고 있다. 중국의 명백한 반대에도 불구하고 북한이 2013년 2월 3차 핵실험을 강행한 후, 중국은 미국과 공동으로 북한을 비난하고 광범위한 제재를 가할 것을 촉구하는 UN 안보리 결의안을 작성했다. 그 이전 2009년 북한의 2차 핵실험 당시에는 다소 유화적인 접근법을 주장했던 것과 비교된다. 그때 중국은 북한에 대한 UN 안보리 결의안을 지지하기는 했지만 좀 더 외교적인 접근을 촉구했고, 결의안 1874호가 부과하는 제재에도 적극적으로 나서지는 않았다.

2014년 초, 중국사회과학원CASS은 향후 5년에서 10년에 걸쳐 이 지역에 대한 중국의 전략을 검토하는 '2014 아시아 태평양 지역 개발 연례 보고서'에서 한반도의 통일 가능성을 염두에 둔 중국의 정책적인 선택을 의제로 올렸다. 보고서는 "앞으로 10년 동안 북한과 남한의 관계에서 핵심은 통일이 될 것"이라며, 북한에 대해 "어떤 상황이 오더라도 중국은 북한을 포기하지 않는다고 오판해선 안 될 것"이라고 경고했다. 중국 정치권이 북한을 완충 역할로 유지하는 것보다 통일이 지역안보에 더 나은 보증수표인지 여부를 고려하기 시작했다는 의미다.

보고서는 남한이 무력에 의한 통일정책을 포기한 지 오래이며, 현 정부도 평화로운 통일정책을 추구하는 관계로, 이제는 중국 정책 당국자들도 한반도 평화통일문제를 진지하게 생각하는 상황으로 가고 있다고 말한다. 또한 북한의 상황과 일본의 재무장에 따른 공동 대응이 필요한 데다 한중 간의 경제교류 증대로 인해 상호 의존성이 커지고 있음을 지적했다. 양국 간 교역은 2019년 기준 2,434억 달러가 넘었고, 이는 남한의 대일본, 대미국 교역을 합친 것보다도 큰 규모다. 이와 비교해서 북한과 중국 간의 양방향 교역은 대략 60억 달러 수준이다. CASS 보고서는 남한에서 정권이 바뀌더라도 이처럼 증대되어가는 중국과의 관계가 바뀌지는 않을 것이라고 말했다.

중국 정부의 공식 대변지인 《글로벌타임스Global Times》 2013년 4월 3일자 사설에서도 중국이 대對 한반도 정책을 재검토할 것을 제안하고 있다. 북한의 4차 핵실험 위협에 대한 반응으로 작성된 이 사설은 북한의 핵 집착은 그만큼 체제가 부실하다는 증거라고 비난하면서 "핵실험과 미사일 발사는 북한의 유일한 외교적 카드로 이는 북한을 비롯해 동북아시아 전체로 볼 때 불행한 일"이라고 했다. 그리고 "만약 북한이 이러한 길을 계속 간다면 국제사회로부터 장기간 고립될 것이며, 북한의 빈곤은 영원히 사라지지 않을 것이다. 이러한 요소들로 인해 북한 정권이 져야 할 위험은 확실한 핵보유국이 된다 하더라도 상쇄되기 힘들 것"이라고 비판했다.

중국의 대한반도 전략 수정이 더 큰 지정학적 야망과 결부된 것이라면, 일본의 관심은 일차적으로 자국의 안보에 모아져 있다. 미사일 시험 발사로 북한은 일본에 직접적인 위협이 된다는 것을 보여주었다. 특히 북한에 대한 경제제재로 인해 양국 간 경제교류가 줄어든 이후로 일본이 북한에 취할 수 있는 조치에는 한계가 있다. 따라서 일본은 북한의 미사일 위협에 군사적 대응으로 맞설 것이다. 2014년 4월 초, 일본 방위성 장관은 해상 자위대에 4월 25일까지 북한에서 날아오는 탄도미사일을 모두 격추시키라고 지시했다.

북한으로부터의 위협은 한반도 주변에 불안정성을 심화했으며, 전면적인 재무장을 꾀하고 있는 일본 극우파의 입지를 공고히 해주고 있다. 이는 중국과 한국 모두에 대단히 민감한 사안이다. 2차 세계대전 당시 중국과 한국에서 자행된 일본의 만행에 관한 역사적인 문제들이 아직 해결되지 않았기 때문이다. 독일이 당시 유럽 국가들과 유대인들에게 가했던 전쟁범죄에 대해 지금까지도 책임지는 자세를 보이고 있는 것과는 대조적으로 일본은 그런 성의나 의향이 전혀 없어 보인다.

독일은 지난 나치Nazi의 역사를 전면 청산하고 홀로코스트Holocaust에 대한 배상금으로 수십억 달러를 이스라엘에 지불했다. 반면 일본 정부는 일제 군국주의의 역사를 긍정적인 시각에서 서술한 교과서 출간을 묵인하는 등 과거를 반성하지 않는 행보를 보이고 있다. 이는 한국과 중국의 공분을 불러일으켰다. 역사적인 맥락에서 볼 때 일본의 재再군국화는 커다란 불안감을 조성하며 역내 긴장을 고조시킨다. 북한의 행동은 이런 대립과 갈등을 야기하는 원천이며, 어이없게도 주변국들의 갈등이 오히려 자신들의 생존에 도움이 된다고 느끼는 것 같다.

오바마 행정부 당시 일본의 군국화 열망은 미국의 정책 변화와 맞물려 다시 고개를 들었다. 힐러리 클린턴Hillary Clinton 전 국무장관이 쓴 〈미국의 태평양 세기America's Pacific Century〉라는 글이 2011년 11월 《포린폴리시Foreign Policy》에 게재된 후, 나중에 '재균형rebalance'으로 명칭이 바뀐 '아시아 중시정책Pivot to Asia'은 미국의 정계와 외교계에서 하나의 유행어가 되기도 했다. 미국의 국방비 삭감은 아시아에서 미군의 입지를 약화시켰고 아프가니스탄, 이란, 예멘, 그리고 파키스탄 국경 지역 등지에서 테러와 싸우던 미국은 시리아 사태를 비롯해 이제는 우크라이나에서 벌어지고 있는 러시아의 야망에도 신경 써야 하는 상황에 놓였다. 이것은 미국이 아시아 정책을 도모할 시간도, 재정도 충분하지 않음을 의미한다.

그러나 2014년 이후 오바마 대통령은 아시아로의 재균형에 대해선 거의 언급하지 않았다. 실제로는 그가 외교정책에 대해 거의 다루지 않았다는 말이 맞다. 이는 리더십의 부재와 나머지 세계로부터의 이탈을 의미하는 것으로, 오바마 정부의 이런 외교정책은 중동과 동유럽에서 미국이 물러난 이후 지역적 힘의 공백이 생긴 데 이어 동북아시아에도 힘의 공백을 불러왔다.

이러한 미국의 태도는 아시아 입장에서 중대한 변화를 초래했다. 미국의 전통적인 국방정책은 동시에 두 개의 전쟁을 수행할 수 있는 역량을 기본으로 해왔지만, 국방비가 삭감된 상황에서 중동 지역 전쟁에 관여하고 있는 미국이 과연 위급한 상황에서 한국과 일본을 지원하기 위한 전쟁을 할 수 있을지 의문이 생기기 시작했다. 미군의 주둔이 이 지역에서 그동안 힘의 안정을 유지하는 역할을 해왔다는 점을 간과할 수는 없지만, 미국 정계는 부담스러운 방위비를 떠넘길 수 있기 때문에 이를 환영했을 것이다.

그 결과, 특히 일본은 미국의 군사력 감축에 따른 동북아시아의 지정학적 불안을 해소하기 위해 미국이 해왔던 방위의 상당 부분을 분담하게 될 것이며, 실제로 일본의 재무장을 주장하는 군국주의자들에게 힘을 실어주는 요소로 작용했다. 일본이 군국주의와 국수주의로 회귀할 경우, 과거사로 인한 충돌과 불만이 수면 위로 다시 떠오르면서 일본과 한국이 서로를 적대할 우려가 있고, 중국은 일본을 극도로 경계할 것이다. 중국 지도부의 입장에서는 이 지역에서의 미군 주둔이 일본의 재무장에 대한 억제책으로 작용해왔다는 점을 명심해야 한다.

과거 오바마 정부의 대북정책은 '전략적 인내strategic patience'로 기술되어 왔는데, 이는 기본적으로 북한이 군사적인 위협을 가할 때를 제외하곤 신경 쓰지 않으며, 평상시에는 남한이 북한과의 협상을 주도적으로 이끌어가도록 한다는 의미다. 이런 사고는 클린턴과 부시 행정부를 거치는 동안 경험한 좌절과 함께, 채찍과 당근 그 어느 것도 북한의 행동에 의미 있는 변화를 가져오지 못한 데서 나온 것이다.

그 결과 많은 미국 관리들과 외교정책 전문가들은 변화를 가져올 유일한 방법은 한반도 평화통일이라고 생각하기 시작했다. 예를 들어, 조지 W. 부시George W. Bush 행정부에서 국가안전보장회의 아시아 담당 국장을 역임했던 빅터 차Victor Cha는 자신의 책에서 "이 불가측의 국가에 대해서 말하자면 통일에 대한 포용은 (중략) 수십 년간의 좌절된 협상 이후 핵무기, 인권유린 그리고 상습적인 군사적 위협 등 실타래처럼 엉켜 있는 문제들을 풀 수 있는 유일한 해결책이 통일이라는 이성적 깨달음에서 유래한다"라고 말했다.

미국은 과거 북한과의 핵무기 협상 실패라는 쓰라린 경험과 최근 미국경제의 세계적인 퇴조 현상 속에 한반도의 상황을 변화시킬 수 있는 유일한 길은 통일이라는 공감대가 형성되었다. 실제로 미국, 일본, 중국은 이 지역의 경제적 발전과 핵위협에 따른 해결책은 통일이며, 남한이 이를 주도적으로 이끌어야 한다는 점에 동의했다.

한편, 크림반도를 합병하고 동우크라이나에서 러시아계의 분리운동을 부추기고 있는 러시아의 야망은 새로운 우려를 낳았다. 역사적으로 러시아는 우크라이나와 벨라루스 등을 자국이 영향력을 행사할 수 있는 지역으로 간주해왔다. 러시아 대통령 블라디미르 푸틴Vladimir Putin 은 2005년 4월 튀니지 국회의사당에서 행한 연설에서 공개적으로 자신은 "소련 붕괴를 20세기 최대의 지정학적 재앙"으로 본다고 언급하면서, 그의 목표는 "과거 소련의 영광을 재현하는 것"이라고 말했다. 그는 세 번째 대통령 임기를 시작하던 시점인 2012년 5월 한 연설에서 러시아의 힘을 세계무대에서 드러내 보이겠다고 공언하기도 했다.

스탈린Stalin 시절의 소련은 극동 지역에 대한 영토적 야망을 갖고 있었고, 푸틴의 새로운 다짐은 그것이 동아시아의 지정학적 균형에서 어떤 의미를 갖는 것은 아닌지 하는 의문을 낳았다. 하지만 유럽 지역과 극동 지역에 대한 러시아의 정치적 관심은 별개의 문제다. 역사적으로 러시아의 세계전략은 항상 아시아 지역보다는 국경을 맞대고 있는 유럽에 초점이 맞춰졌다. 과거 소련의 영광을 재현하려는 푸틴의 야망에 대해 많은 전문가들은, 푸틴이 러시아 국경으로 다가오는 북대서양조약기구NATO 및 유럽연합의 확대를 러시아에 대한 도전으로 인식했다고 판단한다.

러시아의 극동정책은 유럽에 대한 정책과는 전혀 다른 맥락에서 볼 수 있다. 중국과 비슷한 이유에서 한반도 통일은 러시아 안보에 실질적 위협이 되지 않는다. 이곳에 대한 러시아의 주된 관심사는 기본적으로 경제다. 러시아의 최대 교역 상대인 유럽이 부채 위기로 어려움에 직면하자, 푸틴은 2012년부터 아시아로의 경제적 회귀를 뜻하는 동방정책Look East Policy을 추진했다. 2012년 9월 6일자 《월스트리트저널》에서 푸틴은 "러시아는 오래전부터 아시아·태평양 지역에 속해 있었다. 우리는 이 역동적인 지역을 시베리아와 극동 개발은 물론이고 러시아 전체의 성공적 미래를 위한 가장 중요한 요소로 본다"라고 말했다.

러시아 제2의 상업은행인 VTB 그룹의 안드레이 코스틴Andrey Kostin 회장은 러시아와 유럽 간 교역이 2006년을 기점으로 감소하고 있는 반면, 아시아태평양경제협력체APEC 국가들과의 교역은 해마다 늘어나 2025년이 되면 러시아 전체 교역량의 3분의 1을 차지하게 될 것으로 전망했다. 러시아는 시베리아에서 생산되는 자국의 석유와 가스의 상당 부분을 중국, 일본, 한국에 수출하기를 원하고, 따라서 극동 지역의 무역자유화, 지역통합, 식량안보, 운송촉진 등을 목표로 설정하고 있다.

이 목표들을 성공적으로 실현하려면 역내 국가들 사이에 평화와 안정 그리고 협력이 필요하다. 북한을 관통해 남한으로 연결하는 송유관을 설치해야 하는데 그 과정에서 예측 불가능한 김정은에게 자칫 발목이 잡힐 수도 있어 위험천만하다. 현재 상태로 봤을 때 경제발전에 필요한 지역통합을 가로막는 꼴인 북한은 러시아가 목표를 향해 가는 데 장애물일 뿐이다. 지금까지 남북을 포함해 한반도 6자회담에 참여하고 있는 중국, 일본, 러시아, 미국의 관점을 살펴봤는데 나는 여기에 또 하나의 국가를 추가하고 싶다. 세계의 평화적 발전에 중요한 역할을 하리라고 예상되는 나라, 바로 몽골이다.

통일을 향한
구체적인 활동

—

몽골과 북한의 관계는 한국전쟁 당시 몽골이 북한에 가축을 지원한 시절로 거슬러 올라간다. 소련의 붕괴 이후 몽골은 숱한 어려움을 이겨내고 마침내 냉전시대의 틀에서 벗어나 민주적 체제로 이행했지만, 북한과의 관계를 계속해서 유지해왔고, 현재도 평양과 서울에 대사관을 두고 있다. 울란바토르에는 북한 관리들의 방문이 잦으며, 양국 간 합의에 의해 이곳에서 임시직으로 일하며 사는 5,000여 명의 북한인들이 있다. 북한 입장에서 볼 때 몽골은 6자회담에 참가하는 강대국들과 달리 위협적이지도 않고, 공산주의 체제에서 성공적으로 민주주의 체제로 이행한 경험을 공유할 수 있는 나라다.

북한에 대해 상대적으로 열린 관계를 맺고 있는 민주국가로서 몽골은 다양한 차원에서 북한과의 대화에 중립적 중재자로 기여할 수 있는 이상적인 위치에 있다. 몽골은 이미 2012년 일본과 북한 관리들을 수도 울란바토르로 초청해 일본인 납북자 문제에 관한 논의를 중재함으로써 그런 역할을 수행한 바 있다. 컬럼비아대학의 찰스 암스트롱 Charles Armstrong 교수는 "몽골은 한반도 문제와 관련하여 신뢰할 만한 중개인으로서의 이미지를 보여주는 데 성공했고, 남북한 모두 믿을 수 있는 유일한 나라라고 본다"라고 말했다.

나는 여러 차례 몽골 대통령 엘베그도르지Elbegdorj를 만나 동아시아에서 몽골의 역할에 대해 대화를 나눈 적이 있다. 나는 대통령에게 몽골과 한국의 역사적 관계가 얼마나 깊고 오래되었는지 상기시키면서, 몽골은 한반도 통일과 관련해 북한 측에 중재자 역할을 할 수 있는 특별한 위치에 있다고 말했다.

몽골이 유혈사태 없이 공산주의 체제에서 자유시장체제로 이행한 후, 나는 대통령에게 북한이 경제개혁을 수용하고 시장경제로 나아갈 수 있도록 몽골의 경험을 활용해달라고 부탁하면서 6자회담이 재개되면 몽골이 참여해야 한다는 의견도 개진했다. 몽골은 이 회담의 일곱 번째 국가로 중립적 입장에서 나름의 역할을 수행할 수 있기 때문이다.

2011년 8월, 나는 울란바토르에서 '동북아시아 평화와 한반도 통일'을 주제로 글로벌피스리더십컨퍼런스GPLC, 지구촌평화지도자회의를 개최했다. 이 회의는 정부청사가 있는 대통령궁에서 열렸고 몽골 정부가 후원했다. 회의의 목적은 대통령과 논의한 바 있듯, 6자회담에 참여할 경우 몽골 정부의 역할을 논의, 모색하는 것이었다.

그 뒤 엘베그도르지 대통령은 2013년 10월 북한을 방문해 메시지를 전달했다. 그는 김정은이 권력을 잡은 이후 북한을 방문한 첫 번째 해외 정상으로 김일성대학에서 학생들과 교수진에게 매우 진솔하게 자신의 의사를 피력했다. 그의 강연 내용은 무력 없이 주권을 지키는 동시에 경제발전도 이룩할 수 있는 사례로서 몽골의 체제전환 과정을 설명하는 것이었다.

그는 번영을 위해서뿐 아니라 인간 본성의 기본적인 염원으로 자유의 중요성을 역설하면서 다음과 같이 말했다.

"어떤 독재도 영원하지 않으며 자유는 인류에게 부여된 자산이다. 자유는 모든 인간이 자신의 기회를 발견하고 실현하게 한다. 자유롭게 살려는 것이 인민의 바람이며 이것만이 영원한 힘이다." 그는 "그것이 아무리 달콤하더라도, 타인의 선택에 의해 사는 것보다 비록 고통스럽더라도, 스스로의 선택에 의해 살아가는 것이 더 낫다"는 몽골 속담도 인용했다.

대통령은 과거 20년 동안 몽골의 GDP에서 민간 부문이 차지하는 비율이 10%에서 80% 이상 증가했다고 밝혔다. 핵보유국이자 경제강국인 중국, 러시아와 국경을 접하고 있지만 몽골은 핵무기가 없어도 안보를 보장받고 있고 실제로도 비핵국가이다. 북한이 관심을 갖느냐 하는 문제와는 별개로 그가 전달한 메시지에는 분명 북한 지도부가 새겨들어야 할 내용이 담겨 있었다.

몽골에서 개최한 컨퍼런스는 한국과 주변국들에게 한반도 통일문제를 당당히 제시하기 위해 내가 착수한 몇 가지 활동의 시작이었다. 2011년 12월, 나는 서울에서 '동아시아 평화구축과 한반도 통일'이라는 주제로 제3회 글로벌피스컨벤션GPC, 지구촌평화회의을 개최했다. 당시 많은 전문가들이 통일은 비현실적이라고 주장하며 반대 의사를 내비쳤다. 통일은 먼 미래 이야기로 한국인들의 관심을 끌지 못한다는 것이었다. 그러면서 오히려 당시 최대 관심사였던 복지문제를 주제로 잡는 것이 나을 것 같다는 의견을 제시하기도 했다.

그럼에도 나는 원래 계획대로 행사를 밀고 나갔다. '널리 세상을 이롭게 한다'는 한민족의 소명을 실천하기 위해서는 먼저 통일이 선결되어야 하며, 갑자기 닥칠지 모를 통일에도 미리 대비해야 한다는 믿음이 있었기 때문이다. 세계 28개국에서 온 참석자들은 한반도의 분단이 동북아 지역과 세계에 미치는 영향에 대해 깊은 관심을 보였다. 모두 정치적 명망가, 학자, 정책 전문가, 종교지도자, NGO/비영리기구 지도자 등 다양한 이해 계층을 대표하는 분들이었다.

당시 나는 남북한 주민 모두가 공통의 비전을 바탕으로 서로가 함께 할 것을 제안했다. 화해의 차원을 넘어 궁극적인 통일로 가는 길을 찾기 위해 어떠한 비전이 요구되는지 모두가 진지하게 고민해야 할 시점에 와 있다고 강조했다. 아시아정당국제회의ICAPP 공동의장이자 GPC 공동의장을 맡고 있는 호세 데 베네시아Jose de Venecia는 "이데올로기를 배제하고 남북한 화해를 진척시킬 수 있는 창의적이고 실용적인 방법의 모색"을 촉구했다. 당시 통일교육원 원장으로 있던 조명철 박사는 참석자들에게 미래의 통일한국은 반드시 보편적 인권과 자유가 보장되어야 함을 역설했다.

2011년 12월 17일에 북한 지도자 김정일이 갑자기 사망했다. GPC 서울회의 성료 약 2주 뒤였다. 김정일 사망 이후 북한에서는 많은 일들이 일어났고, 북한의 미래에 대한 주변국들의 전망과 대북정책에도 변화가 생겼다. 남한 주민들이 북한과의 관계에 관심을 가질 수밖에 없게 되면서 통일문제는 뜨거운 사회적 담론이 되었다.

이런 현상은 하나의 기회이자 필연임을 직감한 나는 한국글로벌피스재단에 파트너들과 협력해 일반 한국인들이 통일문제에 참여할 수 있는 풀뿌리 연합체를 만들도록 했다. 그렇게 해서 탄생한 '통일을실천하는사람들'은 300여 시민, 종교, 인권단체 및 NGO들을 불러 모았다. 그리고 2만여 명이 참석하고 TV조선에서 생중계하는 가운데, 2012년 8월 여의도 한강공원에서 대대적인 발족식을 가졌다.

이념적 배경이 다른 단체들이 '통일천사'에 가입했고, 우리민족서로돕기운동이 공동으로 주관한 발족식은 외교통상부와 통일부, 데일리조선, TV조선이 후원했으며 김덕룡 민족화해협력범국민협의회 상임의장, 박세일 선진통일연합 의장, 이기택 한국NGO협회 상임고문, 영담 우리민족서로돕기운동 상임대표 등이 공동의장으로 참석한 가운데 진행됐다. 황우여 새누리당 대표 최고위원, 김문수 경기도지사, 조명철 새누리당 의원 등 저명 정치인들이 연설에 나섰고, 에니 팔레오마바에가Eni Faleomavaega 하원의원이 미국을 대표해 참석했다.

'통일천사'의 목표는 한국사회의 전 분야를 끌어안고 정치적 이념과 종교의 차이를 넘어 통일을 향한 합의의 토대를 구축하는 데 있다. 나의 아버지가 김일성 주석을 만난 이후 북한의 문은 열렸지만 당시 한국사회에는 공유하는 목표나 전략도, 명확한 국가적 비전도 없었다. 정부와 다양한 부류의 민간단체가 독자적으로 활동하는 정도의 수준이었다. 결국 상황은 북한이 이처럼 통합되지 않은 남한 단체들의 접근을 악용하는 방향으로 전개되었다. 남한 정부는 북한과 회담도 하고 원조도 했지만 결과적으로는 김정일의 선군정치와 핵개발을 사실상 지원한 꼴이 되고 말았다.

역사에서는 같은 실수를 되풀이하지 않는 것이 중요하다. 코리안드림은 북한 주민을 포함해 모든 한민족을 공통의 정체성과 운명공동체로 묶을 수 있는 비전을 제시한다. 그리고 '통일천사'는 그 위에 실질적이고도 조직적인 틀을 만들자는 것이다. 이는 그 성격과 구성 범위에서 전례가 없는 것으로, 한국사회의 모든 부분을 대표하는 조직들을 한데 모아 공통의 목표를 향해 기꺼이 협력하게 만든다. 다음 단계는 기구들 간의 통합을 확대하고 시민사회와 정부 간 협력관계를 만들어 통일을 추구하도록 하는 일이다.

코리안드림의 실현 : 새로운 나라의 건설

—

앞에서 기술한 것처럼 20세기는 주변 정세에 의해 한국인의 염원과 꿈이 좌절된 시기였다. 지정학적으로 우리의 운명이 주변 강대국의 손아귀에서 좌지우지되었다. 하지만 이런 상황이 무한정 계속될 수는 없다. 지금까지 기술해온 위험과 도전이 극복하기 어려운 난관처럼 보일지라도 그것 때문에 우리의 운명이 결정되어서는 안 될 일이다. 오늘날 한반도를 둘러싼 주변의 환경은 식민주의나 냉전의 정치적 이해관계가 지배했던 20세기와는 전혀 다르게 전개되고 있기 때문이다.

역사는 새로운 방향으로 나아가고 있다. 이제 우리 민족이 미래를 주체적으로 결정할 수 있는 시대가 되었다. 타인의 손에 쥐어졌던 민족의 운명을 되찾아 새로운 미래를 만들어나가야 한다. 나는 코리안드림에 기초한 통일한국의 건설을 통해 한반도와 동북아 지역이 직면한 모든 위험과 도전을 실질적으로 해결할 수 있다고 생각한다.

일차적으로 통일은 안보의 위협을 해결해준다. 국방 분야에 투입되던 재원은 자연스럽게 북한 지역을 개발하는 사업에 투자될 것이다. 통제할 수 없는 북한의 핵에 대한 유일한 대안이 통일이라는 점에 국제사회의 인식이 일치하고 있다는 점은 이미 앞에서 설명했다. 남은 문제는 우리 민족의 단합된 결의와 분발이다. 지금 북한은 핵을 포기할 의향이 전혀 없다. 핵은 정권의 생존을 보장해주는 보험이라고 여기기 때문에 그들에게는 국제사회의 어떠한 제재나 경고도 그리 중요하지 않다. 오로지 남북이 함께 공감할 수 있는 새로운 비전을 제시하고 경쟁의 틀을 바꾸는 것만이 의미가 있다.

이것은 남한과 6자회담 당사국들 각각에 이익이 되는 일이다. 통일국가에서는 지금 남한의 번영 위에 드리워진 무력충돌의 위험이 영구히 사라질 것이다. 방위비로 묶여 있던 돈이 보다 건설적인 목표를 위해 사용될 것이다. 북한의 선군정책도 끝나고 자원은 국가재건에 투입

될 것이다. 6자회담 당사국들과 그 밖의 다른 국가들이 현 한반도 상황에 대해 갖고 있는 관심사는 크게 볼 때 두 가지다. 바로 안보위협과 경제발전 여부이다. 통일이 되면 안보에 대한 우려가 사라지면서 더 큰 지역적 통합과 함께 경제발전의 기회가 제공된다. 그런 점에서 북한의 핵과 미사일 위협의 종식이 갖는 안보상의 전략적 가치를 검토해볼 필요가 있다.

코리안드림의 이상을 바탕으로 통일이 이루어지면 한반도에서의 핵 위험이 사라지기 때문에 일본에 대한 직접적인 위협도 일거에 해소된다. 그 결과, 일본 내 극우 민족주의자들의 영향력은 축소되고 재무장 추세도 자연스럽게 약화될 것이다. 비록 댜오위다오(중국명)/센카쿠(일본명) 열도에 대한 소유권과 과거사 청산의 문제가 남아 있지만, 이 문제에 대해서 중국과의 이해충돌은 다소 누그러진 상황에서 새로운 국면을 맞게 될 가능성이 높다.

중국 입장에서 볼 때 통일은 자국의 정책에서 골칫거리 하나를 해결하고 냉전의 마지막 잔재에서 벗어날 수 있게 해준다. 중국의 목표는 한반도를 포함한 동북아의 안정이고, 이와 동시에 미군과 적당한 거리를 유지하는 것이다. 중국의 미래에 지속적인 경제성장이 중요한 만큼 안정이 절실하다. 최근까지도 중국은 북한 정권을 지탱해주는 것이 지역 안정을 위한 가장 안전하고 확실한 방법이라고 여겼지만, 이제는 역내 다른 모든 국가들과 마찬가지로 한반도에 핵이 들어서는 것을 반대한다. 따라서 중국이 북한의 핵 포기를 설득할 수 없다는 점이 분명히 드러난 지금, 중국은 북한 핵무기의 존속과 한반도 통일 중 어느 쪽이 자국에 더 큰 위협인지 판단해야 한다.

앞에서 보았듯이 중국은 한반도 평화를 위한 최선의 방안으로 우리 정부의 통일구상을 지지하는 쪽으로 정책 변화를 모색했다. 지금도 그 입장은 변하지 않았다. 남북통일은 한반도에서의 지정학적 역동성을 급격히 바꿔놓을 것이고, 중국은 그것이 자신들에게 도움이 된다고 생각하기 때문이다. 현재 남한, 일본, 미국은 북한의 위협적 행동에 대응하기 위해 동맹관계를 유지하고 있는데, 이는 중국의 심기를 불편하게 할 뿐 아니라 오히려 과거 냉전 당시의 경계를 이어가게 하는 부정적 측면도 없지 않다. 새로운 한국 창조는 이러한 지역 환경을 바꿔놓을 것이다.

북한의 도발에 대비한 주한미군의 주둔이 더 이상 필요치 않게 되는 상황은 중국을 크게 안심시킬 것이다. 미군 철수는 북한의 비무장화와 한반도의 정치적 통합이 진행되는지 여부에 달려 있다. 주한미군 철수 문제는 미국, 남한, 중국 간에 비공식적으로 논의될 수 있으며, 통일로 가는 길을 수월하게 해줄 암묵적 양해가 가능하기도 하다. 궁극적으로 한국과 역내 국가들은 중국과 미국에 대해 나름의 관계로 균형을 맞춰나가게 될 것이다. 중요한 점은, 통일은 한국이 주도하고 외부의 영향으로부터 자유로워야 한다는 점이다.

한반도 통일은 한국이 주도할수록 성취 가능성이 높아진다. 그래야만 냉전시대에 형성된 반목의 관계가 사라지고 평화와 안정, 경제발전이라는 역내의 공통 목표를 향한 길이 열리며, 새로운 통일한국이 역내에서 주도적인 역할을 하게 될 것이다.

이것은 미국의 안보에 대한 이해와도 부합한다. 미국이 중동에서는 물론 세계 도처에서 테러와의 전쟁을 치르고 있기 때문에 미국의 관점에서는 한반도 통일이 북으로부터의 핵 확산이라는 엄청난 위협을 막을 수 있는 길이다. 러시아는 지역의 안정이라는 목표를 달성하고, 시베리아를 비롯한 극동 지역에서 경제개발을 추진할 수 있게 된다. 이처럼 안보위협의 해소와 함께 모든 국가들의 관심인 경제개발이 아무런 걸림돌 없이 진행될 수 있다.

한반도도 마찬가지다. 2014년 박근혜 전 대통령은 통일이 한국에 경제적으로 '대박'을 가져다줄 것이라고 말했다. 많은 연구들이 남한의 자본과 기술이 북한의 노동력과 풍부한 지하자원을 만나 상승효과를 볼 것이라고 예측한다. 통일한국의 경제력에 대한 골드만삭스 전망은 놀라울 정도다. 통일한국은 경제 규모에서 머지않아 독일과 일본을 능가할 것이며, 2050년에 세계경제 8위 국가가 될 것이라고 전망한다.

그럼에도 불구하고 젊은 층은 향후 수년간 자신들이 짊어지게 될 경제적 부담을 먼저 떠올린다. 2013년에 기획재정부는 10년간 연간 800억 달러, GDP의 7%가 통일비용에 들어갈 것으로 추산했다. 남한에 대한 북한의 인구 비례(2:1)는 서독에 대한 동독의 인구 비례(3:1)보다 높다. 소득격차는 더하다. 서독과 동독의 1인당 GDP(구매력 지수 기준으로 볼 때) 비율은 3:1에 불과했는데 남한과 북한은 18:1이다. 이런 이

유들 때문에 비관적인 전망이 일정 부분 힘을 얻고 있다.

그런데 통일의 경제적 비용에 대한 예측이란 것이 대부분 어림짐작이고, 상이한 가정들에 따라 수치도 천차만별이다. 러시아의 한반도 전문가이자 《북한의 실체The Real North Korea》 저자인 안드레이 란코프 Andrei Lankov는 1990년대 중반부터 서른 번 넘게 통일비용을 계산해왔는데, 결과는 최저치(2,000억 달러)와 최고치(5조 달러) 사이에 25배나 차이가 났다. 그 이유는 이들 계산치가 대체로 짐작에 기초해 산출된 것에 불과하며, 실제 비용은 경제통합을 이루기 위해 단행되는 특정한 정치적 선택에 따라 크게 달라질 수 있음을 의미한다.

독일의 통일 사례는 우리로 하여금 남북통일도 한반도뿐만 아니라 세계경제에 매우 긍정적인 효과를 기대하게 한다. 오늘날 독일은 유럽연합의 경제를 이끄는 견인차이자 배워야 할 모델로 우뚝 서 있다. 통일 당시 실시했던 동·서독의 일대일 화폐교환은 동독의 생산성에 비하면 터무니없이 높은 비율이었다. 한국은 독일의 통일로부터 배우고 베트남의 통일과 같은 다른 사례를 답습할 수도 있다. 2009년 골드만삭스 보고서에서 권구훈 애널리스트는 홍콩과 중국의 방식을 추천하며 그것이 동유럽, 베트남, 몽골의 사례보다 적합하다고 보았다. 그는 공산주의에서 민주주의로 이행한 나라 중에서 독일의 경우보다 더 효과적인 여러 다른 통일 방식을 제안했다.

통일비용에 대한 두려움은 무관심에 대한 변명에 불과하다. 검증되지 않은 수치에만 집착한다면 우리는 또다시 국제정세의 희생자로 전락할 수도 있다. 통일비용 추정치 가운데 확실한 것은 하나도 없다. 오직 분명한 사실은 남한사회의 고령인구와 감소하는 노동력, 그리고 부족한 천연자원 문제를 해결할 수 있는 자원을 북한이 보유하고 있다는 사실이다.

특히 이것은 남한의 노인인구 증가에 대비한 노동력 확충과 자원 확보에 도움이 될 것이다. 북한은 통일된 한국경제에 필수적인 성장 동력이다. 북한의 노동인구는 연령대가 낮고 대부분 일정 수준 이상의 교육을 받았으며 훈련이 잘되어 있다. 능력에 한참 못 미치는 일에 종사하고 있는 이들의 소득수준이 높아지면 소비시장 또한 크게 확대될 것이다. 이처럼 남한의 기업과 자본이 북한의 풍부한 노동력과 결합하면 생산적인 기회가 순환적으로 창출될 것이다.

남한은 현재 철광석, 아연, 구리의 대부분을 수입에 의존한다. 남한보다 월등히 많은 북한의 광물자원은 국제시장의 가격 변동으로부터 한국경제와 산업을 보호할 수 있다. 북한의 철광석 매장량은 24억~50억 톤 사이로 남한(3,200만 톤)보다 77~100배 많고, 동 광산은 남한의 83배, 아연 광산은 53배나 된다. 북한에는 또한 마그네사이트도 풍부하며, 전 세계에 알려진 매장량의 2배가 훨씬 넘는 희토류 광산을 보유하고 있는 것으로 보인다. 서울대학교 통일평화연구소의 추산에 따르면, 북한에 묻혀 있는 천연자원의 총 가치는 5조 7,500억 달러로 남한에 비해 25배 높은 것으로 나타났다. 남한의 북한자원연구소가 펴낸 2012년 보고서는 이 수치를 9조 달러 이상으로 추정했다.

북한의 노동력과 천연자원은 남한의 기술과 자본, 그리고 기업과 보완관계에 있다. 통일 이후 일정 기간이 지나면 한국경제를 압박하는 현재의 여러 가지 제약은 사라지고 성장과 발전의 새로운 추진력이 창출될 것이다. 골드만삭스 보고서는 통일한국이 독일과 일본을 제치고 2050년에 세계 8위의 경제대국이 될 것으로 전망했다. 하지만 나는 개인적으로 이 예상이 평가절하된 면이 있다고 보며, 통일한국은 세계 5위 안에 들 것이라고 확신한다.

통일한국의 경제성장은 주변국들에게도 동반성장을 안겨줄 것이다. 박근혜 전 대통령은 다보스에서 개최된 2014년 세계경제포럼에서 "통일은 동북아시아에 새로운 성장동력을 제공하며 남한을 비롯해 주변국 모두에게 대박을 안겨줄 것으로 생각한다"고 말했다. 그리고 북한 지역에 세계적인 규모의 사회간접자본이 건설될 뿐 아니라 중국과 러시아의 주변 지역에도 새로운 투자가 활발해질 것이라고 덧붙여 전망했다.

북한 정권이 더 이상 장애물이 되지 않으면서 역내 국가들에게 새로운 교역로가 열리면 모두에게 이득이 돌아간다. 중국은 북한 지도부 내의 예기치 못한 변화를 염려할 필요 없이 남한과 공동으로 국경지대를 개발할 수 있다. 러시아 또한 위험부담 없이 한반도를 관통하는 송유관을 설치할 수 있다. 제재 때문에 북한과의 교역이 매우 미미한 수준에 머물고 있는 일본 역시 무역과 투자를 위한 새로운 시장을 확보하게 될 것이다.

북한 지도부의
진퇴양난

—

북한의 현 상황은 지배층 내부에 분열이 있음을 암시한다. 아마도 당 고위간부 대부분은 북한이 궁지에 몰려 있음을 충분히 인지하고 남몰래 생존을 염려하고 있을 것이다. 이는 소련과 동유럽 공산국가들이 몰락할 때 당 관료들에게 나타났던 현상이기도 하다. 북한 지도부는 핵무장을 정권 최후의 생존 카드로 들고 있지만 실제 전쟁을 벌인다면 자신들은 물론 국가의 멸망을 불러올 것이다. 냉전시대와는 달리 러시아나 중국으로부터 도움을 받지 못할 것이기 때문이다.

북한으로선 이제 더 이상 손쓸 도리가 없다. 이들이 기댈 수 있는 최선의 희망은 북한 내부에 평화통일에 대한 진지한 논의를 유도하는 일이다. 1972년의 남북공동성명은 회담이 계속 이어질 수 있도록 상호 합의된 기본 원칙을 이미 제시하고 있다. 만에 하나 그런 대안이 마음에 들지 않는다면 공산주의에서 민주주의로 성공리에 이행한 역사적 전례를 참고할 수 있다.

유혈사태 없이 민주정부로 이행한 몽골의 경우, 공산당은 당의 명칭과 일부 정강을 수정하면서 민주주의 체제로의 이행 과정에 참여했다. 지금도 인민당이라는 이름으로 활동한다. 소련을 비롯해서 다른 공산주의 국가들에서도 대부분의 당 지도부는 공산체제에서 민주체제로의 이행을 이끌면서 살아남았다. 북한의 고위 간부들이 이런 방식에 저항한다면 전혀 다른 운명을 맞을 수 있다. 북한 정권이 전복되거나 혼란한 방식으로 이양되고 나면 그들은 UN 조사위원회 보고서에 명시된 대로 반인륜 범죄 등 다양한 죄목으로 재판을 받고 수감될 것이다. 따라서 대부분의 노동당 간부들에게 있어 생존을 위한 최선의 방법은 현 체제에서 통일국가로의 이행에 협력하는 것이다.

남한사회의 입장에서 본다면 코리안드림에 기반한 새로운 국가 건설은 한국의 문화 정체성에 대한 무관심을 일소하며 새로운 차원의 국가적 목표를 만들어내는 일이 될 것이다. 여기에는 모든 국민이 동참하는 범국가 차원의 운동이 요구된다.

민주주의 사회에선 시민의 뜻이 우선이고, 시민들의 광범위한 지지 기반 없이는 어떠한 정책도 성공을 기대하기 어렵기 때문이다.

모든 도전을
해소해줄 비전

—

오늘날 한국은 쉽지 않은 여러 도전에 맞닥뜨리고 있다. 그러나 위기는 분명 기회와 함께 찾아온다. 우리만 준비되어 있다면, 지금은 반만년 이어온 문화적 정체성과 공통의 역사에 뿌리를 둔 코리안드림이 구현되는 새로운 나라를 건설할 수 있는 절호의 기회다. 새로운 나라는 다양한 현실 과제를 해결할 뿐 아니라, 남북한은 물론이고 역내 주변국들의 염원을 충족시켜줄 것이다.

새로운 국가 건설은 북한 주민들은 물론이고 북한 지도부에게도 현재의 교착상태에서 벗어날 길을 제시한다. 남한 주민들은 한국의 문화 정체성과 역사적 특성에 근거한 명확한 국가 목표를 설정함으로써 근시안적 소비주의와 소모적인 정치적 논쟁에서 벗어날 수 있다. 한반도에 새로운 국가가 건설된다면 역내 주변국들에게도 큰 이익을 가져다줄 것이다. 안보와 안정을 위협하는 주된 요인이 제거되고 모두가 원하는 경제적 번영이 촉진될 것이기 때문이다. 요컨대 새로운 통일국가의 탄생은 모든 이의 필요를 충족시켜주는 해결책인 것이다.

그 기회는 분명 실재하지만 영원히 지속되지는 않는다. 만약 이 기회를 놓친다면 북한의 안보위협으로 인해 남한의 불안정은 더욱 커져만 가고 번영의 앞길은 가로막힐 것이다. 정보 유입, 시장의 등장은 선군정치에 의존하는 북한 지도부와 주민 사이를 갈라놓았고, 그 결과 체제 안정은 더욱 불확실해졌다. 여기에 더해 과거 우방들과의 관계에서도 고립을 자초하고 있을 뿐만 아니라 지도자로서도 미숙하고 예측 불가능한 성격의 김정은이 자포자기식 감정으로 자행할지도 모르는 전면적 무력도발의 위험천만한 상황에 직면하게 될 것이다.

남북한 주민 모두 시기를 놓치지 말고, 적극적으로 그 같은 가능성을 사전에 차단하여 원칙에 입각한 통일을 추구해야 한다. 우리에겐 상황이 유리하게 조성되기만을 한가롭게 기다릴 여유가 없다. 우리를 가공할 공포에 빠뜨리는 사태가 벌어지도록 방치하는 건 더더욱 안 될 일이다.

역사의 변곡점에 서 있는 우리는 암울했던 과거와 단절해야만 한다. 지금은 바로 한민족 스스로 운명을 결정할 수 있는 기회다. 이 기회를 잡느냐 도외시하느냐에 따라 우리의 미래가 결정될 것이다. 냉전의 마지막 잔재와 이에 따른 대결의 역학 구도를 타파함으로써 새로운 통일 한국이 출현할 수 있다. 이로써 20세기 초 외부 열강들에 의한 식민지배 경험과 지정학적 여건으로부터 민족자결과 독립을 쟁취하려던 아시아인들의 긴 투쟁의 역사도 일단락될 것이다. 세계의 중심축이 대서양에서 환태평양으로 이동하고 있다. 말하자면 문명사적 변환의 시기라고 할 수 있다. 이러한 시기에 우리 민족이 보편적인 원칙에 입각해서 통일을 실현한다면, 우리 한민족은 세계 속에서 실로 막강한 도덕적 권위를 확보하게 될 것이다. 그 같은 권위는 통일한국으로 하여금 동북아 지역 내 주변 국가를 평화롭게 연결하는 국가가 되게 할 것이다. 그리하여 통일한국이 역사적인 분쟁을 중재하고 지역의 협력을 도모하며 자유와 인권을 증진하도록 할 수 있다.

북한은 지금 불길한 모습을 보이고 있다. 북한은 현 상태로 더 이상 존속할 수 없다. 그들이 생존할 수 있는 길은 변화를 통해 평화로운 통일의 길에 동참하는 것뿐이다. 이러한 변화를 이끌어내기 위해서는 무엇보다 우리 사회를 하나로 묶고, 정치적 이해관계를 뛰어넘을 수 있는 위대한 비전을 세워야 한다.

우리 민족을 하나로 묶어 20세기의 아픈 역사를 반전시킬 수 있는 비전이 바로 홍익인간 사상에 뿌리를 둔 코리안드림이다. 홍익인간은 유럽의 종교개혁과 계몽사상 전통에 나타난 인권의 보편적 원리들을 담고 있다. 홍익인간 정신에 근거한 통일국가 건국이라는 코리안드림의 비전을 실현하게 되면 우리는 동북아시아는 물론 세계의 등불로서 빛나게 된다. 통일한반도는 아시아 대륙과 환태평양 국가들 사이에 가교 역할을 함으로써 동양과 서양을 연결하는 중심 지역으로 각광받게 될 것이기 때문이다. 우리의 소명이 불러올 문명사적 파장은 그토록 놀라운 것이다. 우리는 스스로의 노력으로 이러한 운명을 개척해가는 주역을 자임自任해야 한다. 그런데 만약 우리가 주인 되기를 포기한다면, 20세기처럼 또다시 외세가 우리의 미래를 결정하는 불행을 되풀이해서 겪게 될 것이다. 관건은 그러한 노력이 단순히 정치적·경제적 계산이 아닌 한민족으로서의 근원적 정체성을 따라야 한다는 데 있다. 다음 장에선 한국인의 정체성을 심도 있게 다뤄볼 것이다.

CHAPTER 4

통일,
역사에 길을 물어라

역사를 관통하고 있는 우리의 정체성은
아직 도달하지 못한 우리의 운명이 무엇인지 알려주고 있다.
통일은 바로 그 운명을 이루는 과정이다.
통일을 성공적으로 실현하기 위해서는 한국인의 의식
깊은 곳에 뜨겁게 잠재한, 그리고 한국인의 정체성의 본질인
그 핵심적 이상을 되살려야 한다.

나는 우리나라가 남의 것을 모방하는 나라가 되지 말고, 높고 새로운 문화의 근원이 되고 목표가 되고 모범이 되기를 원한다. 그래서 진정한 세계평화가 우리나라에서, 우리나라로 말미암아 세계에 실현되기를 원한다. 홍익 인간이라는 우리 국조 단군의 이상이 이것이라고 믿는다.

•

백범 김구

반세기가 넘는 분단 세월은 남북한의 언어와 생활풍속까지도 서로 다르게 만들어버렸다. 어떤 사람들은 그 차이가 너무 커서 이제 통일은 불가능할 것이라고 이야기한다. 가장 심각한 문제는 남북한 모두 역사에 대한 공통된 인식을 잃어가면서 하나의 민족이라는 정체성을 상실하고 있다는 점이다. 북한은 전체주의적 통치와 유물론적 이데올로기가, 남한은 물질만능주의가 각각 심각하게 민족 정체성을 훼손하고 있다.

그러나 함께 살아온 5,000년 역사에 비해 70여 년 분단 세월은 아무것도 아니다. 단군의 건국신화에 등장하는 '널리 인간을 이롭게 한다'는 홍익인간의 이념과 혹독한 고난의 역사를 통해 형성된 한민족의 정체성은 우리의 미래 운명과 분리해 생각할 수 없다. 민족의 의식 속에 깊이 뿌리박힌 홍익인간의 원칙은 우리 선조들로 하여금 고귀한 이상을 열망하고 매우 영적인 인생관을 받아들이도록 했다. 그것은 우리 스스로 먼저 이상적인 국가를 건설함으로써 인류에게 감화와 깨달음의 원천이 되는 민족이고자 하는 염원이 되었다. 우리 민족의 이러한 소망은 앞에서 인용한 김구 선생의 어록에 그대로 명시되어 있다.

역사를 관통하고 있는 우리의 정체성은 아직 도달하지 못한 우리의 운명이 무엇인지 알려주고 있다. 그와 같은 정체성은 우리로 하여금 불교, 유교, 도교, 기독교 등 다양한 종교사상을 별다른 거부감 없이 수용할 수 있게 하였다. 그리고 그 종교사상들은 한민족의 고유한 영적 의식에 조화되도록 꾸준히 가꾸어져왔고, 그런 과정을 거치는 동안 우리가 현실 속에서 우리의 운명을 개척할 수 있도록 해주는 강한 정신적 버팀목이 되었다. 통일은 바로 그 운명을 이루는 과정이다. 통일을 성공적으로 실현하기 위해서는 한국인의 의식 깊은 곳에 뜨겁게 잠재한, 그리고 한국인의 정체성의 본질인 그 핵심적 이상을 되살려야 한다. 따라서 한국인의 정체성이 형성되고, 이미 드러나 있는 우리의 역사를 제대로 이해하는 것이 매우 중요하다.

"역사를 망각한 민족에게는 미래가 없다"는 격언에도 불구하고 현재 한국사회는 안타깝게도 역사교육을 경시하고 있다. 한국인으로서의 정체성을 이어가기 위해서 역사교육은 필수다. 이 장에서는 홍익인간의 철학을 통해 역사가 요구하고 있는 한민족의 사명에 대해 언급하고, 특히 선조들이 가꾸어온 우리의 전통적인 가족문화가 이상국가를 건설하는 사회적 체계의 기초로서 어떠한 역할을 해왔는지 검토해볼 것이다.

홍익인간의
이상국가 건설의 꿈

우리 민족은 세계사에서 유례를 찾아보기 힘들 정도로 많은 외침을 받아왔고, 영토 전체가 외세에 점령당한 적도 여러 차례 있었다. 정복당한 민족은 정복한 국가에 동화되어 고유한 문화와 정체성을 상실하는 것이 일반적이다. 광대한 영토를 정복하고 대제국을 건설했다 하더라도 얼마 못 가 붕괴되며 단명한 왕조들도 허다하다. 하지만 이런 세계사의 흐름에서 유독 우리 민족만은 끊임없는 외세의 침략 속에서도 고유의 정체성을 잃지 않고 이 땅에서 수천 년의 역사를 이어왔다. 도대체 이러한 한민족의 저력은 어디에서 나오는 것인가?

나는 개인적으로 '널리 인간을 이롭게 한다'는 홍익인간의 철학에서 진정한 한민족의 저력이 나온다고 믿는다. 그 저력은 무수한 고난의 역사를 견뎌내는 동안 계몽된 국가에 대한 간절한 염원으로 우리 민족의 깊은 의식 속에 녹아들었다.

우리 민족사에 등장한 나라들은 예외 없이 고조선을 근원으로 삼아 왕조의 정통성을 주장했다. 13세기에 저술된 《삼국유사》에 따르면, 단군왕검이 고조선을 건국한 시기는 기원전 2333년으로 거슬러 올라간다. 고조선은 기원전 2세기에 중국의 한나라로부터 공격을 받아 멸망했고, 부족들 간의 치열한 다툼 끝에 기원전 1세기 후반경 고구려, 백제, 신라의 삼국시대가 시작되었다. 이들 삼국은 모두 고조선으로부터 왕조의 정통성을 찾고 있다.

　TV에서 방영해 인기를 끌었던 고구려(BC 37~AD 668)의 시조 주몽에 관한 이야기를 보면 그는 단군이 세우려고 했던 이상향을 천명하며 옛 고조선의 영토를 회복한다는 목표로 국경을 넓혀나갔다. 이와 같은 고토故土 회복의 의지는 신라(BC 57~AD 935)와 백제(BC 18~AD 660)에서도 나타난다. 백제를 건국한 온조왕은 주몽의 아들이다. 신라 역시 고구려처럼 인간을 위해 내려온 하늘의 후손이 나라를 세웠다는 이야기를 전하고 있다. 그처럼 영적인 기초 위에 세워진 나라들이 높은 영적 열망, 원리, 그리고 가치를 추구하는 것은 지극히 자연스러운 일이다. 그리하여 고구려, 백제, 신라 삼국은 선천적으로 풍부한 영성 위에 불교와 도교의 가르침을 수용하여 높은 영적 문화를 발전시키고 유교의 윤리적 덕목을 정치이념의 기준으로 삼는다.

　다른 동아시아의 주변 국가들도 종교와 윤리의 영향을 받았지만 우리처럼 모두를 통합, 발전시킨 사례는 극히 찾아보기 힘들다. 이처럼 이질적인 종교 간 융합이 가능했던 것은 홍익인간이라는 정신이 우리 민족으로 하여금 영적 진리와 정의, 그리고 올바른 통치제도를 수용하도록 만들었기 때문이다. 한민족의 근원적인 영적 의식이 낳은 홍익인간 사상은 외래 종교 전통들과의 상호 보완작용을 통해 우리의 정신문화를 깊고 폭넓게 발전시켜왔다.

　6세기에 창시된 신라의 화랑도는 삼국통일에 매우 중요한 역할을 했다. 화랑도는 명문가의 자제들을 선발해 국가를 위해 일할 인격적 지도자를 육성하는 제도다. 이 젊은이들은 명산대천을 돌아다니며 무술과 학문을 연마하고 인격을 수양했다.

승려이자 화랑의 스승인 원광법사(542~640)는 화랑도가 지켜야 할 다섯 가지 계율로 세속오계世俗五戒를 설정, 제시했다. 이 다섯 가지 계율은 사군이충事君以忠(임금에게 충성한다), 사친이효事親以孝(부모에게 효도한다), 교우이신交友以信(친구나 이웃을 대할 때 신뢰가 있어야 한다), 임전무퇴臨戰無退(전쟁에서 후퇴하지 않는다), 살생유택殺生有擇(함부로 살생하지 않는다)을 이른다. 이는 모든 화랑도가 반드시 지켜야 하는 실천윤리였다.

세속오계는 유교, 불교, 도교의 사상을 모두 아울러 우리 민족의 고유한 윤리관으로 융화된 것이다. 세속오계 각각의 특성은 국가의 지도자가 될 화랑들의 개인적인 실천윤리임과 동시에 한민족 전체가 추구하는 공동체적 윤리관을 반영하고 있다. 따라서 홍익인간의 철학을 실현하여 이상적인 국가를 건설하고자 하는 우리 민족의 근본 열망에 부응했고, 삼국통일 이후 고려시대와 조선시대를 거쳐 오늘날까지 우리민족의 고유한 전통 윤리관으로 자리매김했다.

최치원은 〈난랑비서문鸞郎碑序文〉에서 화랑도의 정신을 다음과 같이 설명한다.

나라에 현묘玄妙한 도道가 있으니, 이를 풍류風流라고 한다. 자세한 것은 선사仙史에 적혀 있는데, 실로 삼교三敎를 포함하고 백성을 교화敎化한다. 가정에서는 효孝를 하고 국가에는 충忠을 하는 것은 공자의 유교와 같고, 무위無爲의 일을 하고 불언不言의 교敎를 행하는 것은 노자의 도교道敎와 같으며, 제악諸惡을 하지 않고 제선諸善을 행하라는 것은 석가의 불교와 같다.

우리나라에 오묘한 진리가 있으니 이를 '풍류'라고 한다. 자세한 것은 선도仙道의 역사에 기록되어 있는데, 이 단어에는 세 종교의 가르침이 모두 담겨 있으며 백성들에게 깨달음을 준다. 가정에서 효도하고 국가에 충성하는 것은 공자의 유교와 같고, 위선된 행동을 하지 말고 말이 아니라 진심을 보여 가르치라는 것은 노자의 도교와 같으며, 악한 일을 하지 말고 선한 일을 하라는 것은 석가의 불교와 같다.

최치원에 따르면 우리에게는 본래 우리 민족의 정신이 있었는데, 그것은 유교, 불교, 도교의 본질적 정신과 일맥상통한다는 것이다. 화랑도 정신은 우리 민족이 본래 가지고 있던 그 정신을 체계화한 것이라고 그는 말하고 있다. 다른 말로 하면 홍익인간 이념을 낳은 우리의 본래 정신이 그러한 신앙적 전통에서 발견된 보편적 진리에 감응함으로써, 우리 민족의 정신과 정체성이 실체적으로 드러나게 된 것이 화랑도라는 뜻이었다.

그러나 통일신라는 이와 같은 우리 민족 고유의 유산과 목표를 잃어가는 과정에서 내부가 분열되기 시작했고, 왕과 귀족은 사치한 생활에 빠져들어 쇠락의 길을 걷게 된다. 이러한 시기에 새로운 리더십으로 등장한 왕건이 민족통일과 우리 민족이 추구해온 이상국가를 건설한다는 명분을 내세워 신라를 멸망시키고 고려(918~1392)를 창건했다.

불행하게도 고려는 몽골을 비롯한 외세의 침략에 끊임없이 시달렸다. 그러나 이러한 고난은 오히려 단군이 꿈꾸었던 이상국가 건설의 열망을 일깨우는 계기가 되기도 했다. 승려 일연의《삼국유사三國遺事》와 이승휴가 쓴《제왕운기帝王韻紀》는 둘 다 민족의식을 고취하고 한민족이 나아가야 할 길을 제시하기 위해 단군신화를 역사의 출발로 기술했다. 이 책들은 당시 세계 최고를 자랑하던 고려의 인쇄술에 힘입어 널리 확산되어 읽혔을 것으로 추정된다. 그러나 고려 말, 왕조의 무능과 권문세가들의 부패로 인해 이러한 민족의 근본정신은 퇴색되었고, 왕조는 결국 쇠망했다.

고려가 망하고 이성계에 의해 우리 민족의 건국신화에 담겨 있는 이상국가 건설을 향한 열망이 다시 한 번 피어올랐다. 이성계가 세운 새로운 국가의 이름은 조선이다. 국가 정체성의 뿌리가 조선임을 천명한 것이다. 조선 왕조는 건국과 함께 단군을 민족의 시조로 기리기 위해 강화도 마니산을 비롯해 전국에 사당과 신전을 세웠다.

민본주의를 표방했던 조선의 정치제도는 역대 어느 왕조보다 홍익인간의 정신을 실현하는 데 중점을 두었다. 조선의 민본주의 정치사상은 "왕은 나라보다 중요하지 않으며, 나라는 백성보다 중요하지 않다"라는 말로 정의된다. 이는 현대의 서구 민주주의가 추구하는 이상과 상당히 비슷하다. 서구 민주주의는 통치자 혹은 정부와 국민 사이에 맺어진 '사회적 계약'이다. 국민의 행복과 안녕을 통치의 목표로 설정하고, 통치자와 그가 이끄는 정부에 권력을 위임한다. 이와는 달리 조선의 민본주의는 유교적 가족윤리를 통해 새롭게 해석된다. 왕은 한 나라의 어버이가 되어 자식인 백성을 덕과 지혜와 정의로움으로 돌볼 '도덕적 의무'를 갖는다는 것이다.

조선의 제4대 임금이자 우리 역사에서 가장 존경받는 세종대왕(1418~1450)은 그러한 군주의 역할을 훌륭하게 시현示顯한 통치의 귀감이다. 표음문자인 한글의 창제는 여러 업적 중에서도 단연 뛰어나다. 그는 백성들이 쉽게 읽고 쓸 수 있는 문자체계를 개발하기 위해 수십 년간 열정을 쏟았다. 당시까지 글공부와 교육은 양반으로 대표되는 지배계층의 전유물이었다. 따라서 일반 백성들에게는 엄두도 낼 수 없는 일이었다. 중국 글자인 한자는 복잡하고 배우기도 어려웠다. 한글 창제의 의미는 양반들이 독점하고 있는 지식과 정보가 일반 백성에게 공유될 수 있도록 했을 뿐 아니라 왕이 백성들의 건의사항을 직접 들을 수 있게 되었다는 데 있다.

세종대왕은 정부 관리들과 백성을 위한 최선의 정책안을 놓고 치열하게 논의했다. 세종은 유교정치의 기틀을 마련하여 윤리적이고 도덕적인 정부를 운영했다. 조세법을 다듬어서 억울하게 세금을 더 내고 있던 백성들의 짐을 덜어주었고, 군사력 강화로 여러 차례 외교적 개가를 올리면서 국토도 확장했다. 그뿐 아니라 직접 설립하고 감독한 집현전을 통해 각 분야에서 우수한 학자들을 불러들여 학문 연구를 장려하고 과학기술의 발전도 도모했다. 학자이자 사상가인 조선의 선비들은 저술활동과 상소문 등의 글을 통해 도덕적인 원칙에 입각하여 나라를 다스릴 것을 끊임없이 왕에게 주문했다.

민본주의 정신은 비단 왕에게만 요구되는 것이 아니라 모든 정부 관리들이 갖추어야 할 가장 중요한 전통적 덕목이었다. 이런 정신의 연장선상에서 조선 말기에 일종의 사회개혁 철학으로 등장한 것이 바로 실학實學이다. 실학자들은 토지개혁을 실시하고 과학을 장려하여 기술을 발전시키는 실용적인 정책을 펼 것을 주장했다. 이는 중국 성리학의 영향을 받은 과도한 형이상학과 경직된 유교적 사회구조를 타파하고 조선 자체의 실용적인 학문을 일으켜 그것을 바탕으로 모든 백성들이 골고루 잘사는 나라를 만들기 위한 노력이었다.

대다수의 백성들이 가난에 허덕이던 조선 말, 대표적인 실학자 다산 정약용은《목민심서牧民心書》를 편찬하여 백성에 대한 관리의 책임과 의무를 이론적으로 상세하게 제시했다. 그의 또 다른 저작인《경세유표經世遺表》는 윤리적 국가경영의 청사진을 밝힌 것으로 조선 말에서 근대 초까지 정부 정책에 크게 영향을 끼쳤다.

조선 법제의 기본 틀이 되었던 정도전의《조선경국전朝鮮經國典》(1394)은 여러 차례 수정을 거쳐 성종 때인 1485년에《경국대전經國大典》으로 최종 완성되었다. 이러한 일련의 과정 자체가 조선이 추구한

민본주의적 왕도정치의 흐름을 잘 보여준다. 왕은 사사로운 감정이나 충동이 아닌 법 체제 안에서 협의를 통해 국가를 다스려야 했다. 이런 점에서 한민족은 실제적으로 15세기 초에 이미 견제와 균형의 논리를 갖춘 헌정憲政에 준하는 제도를 발전시켰다고 볼 수 있다. 왕뿐 아니라 관료들의 권력을 견제하고 백성을 위한 선한 정치를 강조했던 것이다.

서구에서는 근대 자유주의의 아버지 존 로크John Locke(1632~1704) 같은 유럽 계몽주의 사상가들이 '자유', '사회계약' 같은 사상을 통해 서구 정치철학의 길을 열었다. 뒤이어 몽테스키외Montesquieu(1689~1755)가 미국 건국 후 입헌민주제의 특징인 권력 분립에 관한 저술을 내놓았다. 놀라운 점은 조선의 이런 체계가 서구와는 무관하게 독자적으로 출현했고, 서구보다도 시기적으로 무려 3세기나 앞섰다는 것이다.

홍익인간은 우리 민족의 영적 의식을 담아내는 그릇이자 고귀한 원칙과 가치에 기반을 둔 이상적 국가 건설을 위한 항구적 비전이다. 한민족은 다양한 종교와 윤리철학에 담긴 보편적 진리를 포용하고 그것을 한국적 열망에 부합하도록 재구성했다. 또한 아시아와 유럽에서 절대 왕정이 당연시되던 시절에 이미 왕과 정부의 존립 이유가 국민의 안녕에 있다는 민본주의 철학을 발전시켰다. 그 결과 우리 선조는 조선 왕조 시기에 제한적이나마 준입헌제 형태의 정부를 구상했고, 그것을 통해 근대 자유민주주의 시장경제의 다양한 특징들을 보여주었다. 이는 일반적으로 수 세기가 지나서 미국의 탄생과 동시에 인류사에 등장했다고 알려진 것들이다.

백성을 위하고
세계를 위하는 나라

—

민본주의 전통은 조선 왕조 시대에 갑자기 나타난 것이 아니다. '백성을 위한 정치'는 한민족의 오랜 전통이다. 이를 뒷받침하는 강력한 증거로 민족사에 등장했던 주요 왕조들의 역사가 최소 500년에서 1,000년 동안 지속되었다는 사실을 들 수 있다. 동서양의 역사를 막론하고 한 왕조가 500년을 넘긴 예는 찾아보기 어렵다. 우리와 비슷한 역사를 갖고 있는 중국에서도 왕조의 평균 수명은 200~300년에 불과하다. 그렇다면 한민족의 왕조들이 그토록 오랫동안 지속될 수 있었던 이유가 무엇일까? 왕이 백성을 무시하거나 폭정을 일삼았다면 그 왕조들의 역사는 이처럼 길지 않았을 것이다. 이 점이 우리 역사의 가장 큰 특징인데, 왕과 정부 관리들이 홍익인간의 정신인 백성을 이롭게 한다는 마음자세로 정치에 임했기 때문에 가능했던 것이다.

고조선 이후 여러 왕조와 국가가 흥망을 거듭했다. 5,000년이라는 긴 역사 속에 폭군이 더러 있었던 것도 사실이다. 그러나 대부분의 왕은 백성을 위하는 정치를 했다. 그것은 홍익인간 사상이 뒷받침하고 있었기 때문이며, 다른 나라들의 사례와 비교할 때 독특한 역사라고밖에 말할 수 없다. 대부분의 왕조는 백성을 위한다는 위민爲民을 정치의 목표로 삼았고, 그러한 민본주의에 입각해 정치를 할 때 대동세계大同

世界를 이룰 수 있다고 생각했다. 대동세계는 공자가 꿈꾼 이상 세계로서 모두가 한 가족처럼 사는 세상을 뜻한다.

왕과 나라가 백성을 위하는 정치를 편다는 믿음은 백성들로 하여금 왕과 나라에 충성으로 보답하는 전통을 만든 기반이었다. 따라서 왕과 나라를 동일시했던 우리 민족은 왕과 정부의 안녕이 곧 나라의 안녕이라고 믿었다. 우리 민족의 애국심이 매우 뛰어난 이유도 그 때문인데, 이러한 정신은 외세의 침략을 받았을 때 더욱 빛을 발했다. 몽골 침략에 맞서 40년간 항쟁을 벌였던 고려 백성과 삼별초가 대표적이다. 또한 임진왜란(1592~1598)과 병자호란(1636~1637) 때 전국 각지에서 일어난 의병들이 대표적이다. 그들은 힘없는 조정을 대신해 나라를 수호하고자 분연히 일어서 외세에 대항했다. 그런 애국심이 반만년 역사를 이어오게 한 힘이었고, 홍익인간의 정신으로 이상적 국가를 건설하고자 하는 민족적 염원이 그 힘의 원천이었다.

우리 민족의 종교 또한 그와 같은 공동체 의식과 국가관에 기초하고 있다. 우리가 수용한 신앙 전통들은 모두 개인의 영적 계발보다는 사회 및 국가발전과 안녕에 초점이 맞춰졌다. 한민족의 이런 종교적 성향은 개인 윤리뿐 아니라 사회와 국가의 도덕성에 더 크게 영향을 미쳤다. 유교는 물론이고 불교도 예외가 아니었다.

한국 불교는 사회윤리를 강조하는 유교의 가르침에서 많은 부분을 수용했다. 유교의 윤리적 원칙에 상응하는 화랑도의 세속오계는 우리의 불교 전통이 갖는 특성을 잘 보여준다. 전통적 불교가 명상을 통한 개인적 깨달음에 치중하는 반면, 한국 불교는 공동체와 국가를 위한 헌신을 중시한다. 한 예로, 불교에선 살생을 금하지만 민족이 외세의 침공을 받아 위기에 처하면 승려들도 나라를 수호하고자 무기를 들고 싸웠다. 그래서 한국 불교를 '호국불교護國佛敎'라고 부른다.

이처럼 우리 민족은 유교, 불교, 도교를 적극적으로 받아들여 홍익인간 정신에 기반을 둔 독특한 영적 문화로 녹여내면서 고유의 정체성을 형성, 발전시켰다. 이것이 우리가 외부의 종교, 문화, 지식을 받아들이는 방식이다. 우리는 외부의 신앙 전통이 유입되었을 때, 우리의 본래 정신적 전통을 바탕으로 이들의 장점을 열린 자세로 수용하여 우리 자신의 영적 전통으로 만들어왔다. 이러한 방식으로 우리는 외부 문화의 유입이라는 도전을 극복하며 민족의 독특한 정체성을 확립해왔던 것이다.

한민족은 이처럼 강한 애국심을 갖고 있지만 고귀한 원칙과 가치를 열망했을 뿐 호전적 민족주의를 지향하지 않았고 전체주의를 용납하지도 않았다. 국가는 개인의 가치와 존엄을 지키고 개인은 국가에 충성으로 보답하는 '운명공동체'의 문화를 발전시켰다. 그 '운명'은 '모든 인간을 이롭게 하는' 홍익인간의 나라를 건설하는 것이다. 세계적으로 군사적 패권주의가 이제 설 곳을 잃게 된 상황에서 우리 민족의 이러한 역사는 단연 자랑할 만하다. 한민족의 역사는 세계평화를 여는 지도자로서 우리에게 도덕적 권위를 부여한다.

한민족의 역사에서 이처럼 이른 시기에 민본주의적 통치체제와 국가에 대한 애국심이 조화를 이루었다는 사실은 놀랄 만한 일이다. 이는 인권과 자유를 기치로 작동하는 현대 민주주의의 기본적 특성과 매우 닮았다. 어린 시절부터 미국에서 자란 나는 한국 역사와 미국 역사를 비교하곤 한다. 미국도 창조주에 근거를 둔 시민의 '양도할 수 없는 권리inalienable rights'를 골자로 하는 민주주의를 채택했는데, 이는 조선의 민본주의 정치철학과 유사하다. 미국 독립선언서는 정부의 목적이 시민의 자유와 권리를 보호하는 데 있음을 명백히 천명했다. 링컨 대통령은 후에 남북전쟁의 유적지가 된 게티즈버그에서 행한 연설에서 "국민의, 국민에 의한, 국민을 위한 정부만이 영원할 것"이라고 강조했다. 미국인들이 목숨 걸고 지키려 했던 보편적 이상과 가치가 근대에 와서야 생성된 반면, 한민족의 역사에서는 수천 년 전에 이미 하나의 이념으로 뿌리를 내리고 있었던 것이다.

한민족은 역사 이래 지켜온 원칙과 가치를 한 번도 내버린 적이 없다. 수없이 이어진 외세의 침략과 위협에도 불구하고 결코 무력에 의한 보복이나 정복을 시도하지 않았다. 어떤 위기상황에서도 민족 특유의 강한 애국심이 공격적인 민족주의로 변환되지 않은 것이다. 대신 우리 선조들은 개인의 가치와 존엄이 국가의 존립과 공동운명체라는 신념으로 조화로운 공존의 문화를 전승, 발전시켜왔다. 우리 역사의 그러한 흐름은 홍익인간 정신에 따라 모든 인류를 이롭게 하는 이상국가를 만들겠다는 한민족의 건국이념에 뿌리를 둔 것이다.

따라서 한반도는 서쪽으로 중국, 동쪽으로 일본, 그리고 북쪽으로 몽골과 러시아 같은 강대국들이 인접해 있지만 역사적으로는 이들 국가를 상대로 하는 외교정책이 비교적 온건했다. 나라의 지정학적 조건 때문에 주변 강대국들의 군사적 개입과 침략의 위협이 빈발했지만 그런 상황에서도 건국의 이상과 사명을 망각하지 않고 위기를 극복해온 것이다. 한민족은 오랜 역사를 가진 민족들 중에서도 독특한 특징을 지니고 있다. 과거 침략주의에 반대하는 세계사의 흐름에 따라, 한민족의 역사는 평화와 안정을 강력히 옹호하고 여타 국가들과 신뢰와 호혜적인 관계를 구축해야 한다는 당위적 차원에서 도덕적 권위를 갖게 되었다. 수난으로 점철되었던 역사가 자랑스러운 역사로 탈바꿈한 것이다.

한국과 미국은 20세기까지 역사적 연관성이 별로 없었는데도 많은 공통점을 지니고 있다. 앞서 말했듯이 두 나라는 민의를 중시하는 통치철학이 일치했다. 그 철학의 기본 개념은 국민의 행복과 권리를 위해 정부가 존재하는 것이지, 결코 정부를 위해 국민이 존재하는 것이 아니라는 것이고, 두 나라는 건국 이래 그것을 지키려고 노력해왔다.

두 나라는 권력남용을 막기 위해 국가기관들의 힘을 명확히 분립하는 체제를 발전시켰다. 더 중요한 것은, 두 나라 모두 인류를 위해 봉사하라는 신의 소명을 받들고 인간의 가치를 드높이는 고귀한 이상을 추구했다는 사실이다. 다만 다른 점이 있다면, 미국이 건국되기 수천 년 앞서 한국에서 그러한 이상이 먼저 천명되었다는 것뿐이다.

20세기 초, 우리 조상들은 이 땅에 복음을 전파하러 온 미국 선교사들을 접하고 한국과 미국이 서로 공통점이 많다는 것을 발견했다. 그들 선교사를 통해 미국의 복음주의 개신교는 100년 전에 이미 프랑스

신부들에 의해 전래된 천주교보다 대중에게 끼치는 신앙적 영향력이 훨씬 빠르게 확산돼나갔다. 대부분의 아시아 국가들은 기독교가 그들의 민족적 정체성을 위협한다는 이유로 처음부터 거부했다. 그러나 한국은 다른 아시아 국가들과 달리 왕족과 사대부들을 중심으로 기독교 사상을 쉽게 받아들였다. 우리 조상들이 이처럼 근대화 이전에 기독교 신앙체계를 큰 저항 없이 받아들인 것은, 그것이 한민족 본연의 이상과 열망에 부합했기 때문이다. 기독교 수용의 그러한 경위는 일찍이 한민족이 도교, 유교, 불교를 받아들이던 과정과 비슷한 양상이다.

박애와 이웃에 대한 봉사를 강조하는 기독교의 가르침은 한국인의 정서에 부합했다. 무엇보다 한민족이 믿어온 '하느님'에 대한 이해가 기독교의 하나님God과 잘 들어맞았다. 독생자 예수가 인류를 구원하기 위해 인간의 모습으로 세상에 왔다는 가르침은 하느님의 아들인 환웅이 인간을 돕기 위해 지상에 내려왔다는 한민족의 기원 설화와 자연스럽게 통했다. 그 결과 기독교는 서구에서 들어온 종교임에도 많은 한국인들의 영성에 더욱 힘을 실어주면서 오늘날 인구의 3분의 1이 신자가 될 정도로 크게 성장했다. 다른 아시아 국가들과는 달리 한국은 기독교를 수용함으로써 서양과 교류할 수 있었다. 스페인의 식민통치 아래에서 가톨릭 신앙을 강요당한 필리핀과는 달리 한국의 기독교 수용은 대단히 능동적이었다. 한국 기독교는 미국과 각별한 관계에 있다. 미국 선교사를 통해 개신교가 한국사회에 소개되었기 때문이다. 한국의 지정학적 위치가 동과 서를 잇는 교량 역할을 할 수 있는 데다 기독교가 주장하는 원칙과 가치들이 우리 민족의 그것과 잘 통하기 때문에 미국과의 관계가 더욱 특별할 수밖에 없다.

홍익인간은 한국이 민본주의 철학을 무한히 발전시켜나갈 수 있는 토대였다. 이 고귀한 건국의 이상을 통해 우리 민족은 진리와 계몽, 선과 미덕을 추구하는 심오한 영적 의식을 발전시켰고, 이를 바탕으로 유례를 찾아보기 힘들 만큼 열린 자세로 외래 종교를 수용했다. 종교개혁, 르네상스, 계몽주의 시대를 거치며 사회개혁이 진행됐던 유럽과는 달리 수천 년 전부터 홍익인간의 이상을 통해 개화된 인간관으로 하늘과의 관계를 인식할 수 있었던 것이다. 이러한 이유로 우리의 정치, 종교, 사회의 지향점은 인간적 존엄성을 앙양하는 철학에 기초한다. 우리 역사의 중심에는 이상사회 건설과 인류에 대한 봉사의 사명이 자리 잡고 있었다. 한민족은 이 일을 위해 특별히 선택받았다. 그리고 이 과업이 우리의 정체성을 규정하고 우리 민족에게 의미를 부여한다.

위기의 순간에
다시 찾은 민족의 꿈

—

19세기 조선 왕조는 권력의 사유화와 지배층의 부패로 인해 민란民亂의 소용돌이에 빠지면서 국운이 기울기 시작했다. 중국은 이미 서구 열강들에 의해 분할되는 상황이었고, 한반도도 열강들의 각축장이 되었다. 내부적 혼란과 세계정세는 임박한 왕조의 몰락과 혁명의 도래를 예고했다.

이런 위기와 혼란 속에서 단군사상으로 돌아가 민족의 나아갈 방향과 의미를 찾고자 하는 우리만의 새로운 종교가 나타난다. 1860년, 최제우가 서학西學에 대한 반발로 창시한 동학東學이 바로 그것이다. 최제우는 단군의 천지인天地人 사상을 기반으로 "사람이 곧 하늘이고, 하늘의 마음이 사람의 마음"이라는 인내천 사상을 전파했다. 그는 홍익인간의 세계, 다시 말해 모든 사람이 평등하게 인간으로서의 존엄한 권리를 누리며 살 수 있는 그런 이상적 세계를 지상에 실현할 것을 촉구했다.

아들인 고종을 대신해 섭정을 하던 대원군은 이 신흥종교의 급부상과 백성들의 지지를 위협으로 보았다. 특히 왕조 순환에 따라 조선 왕조는 창건 500년이 되는 해에 종말을 고할 것이라는 최제우의 예언을 문제 삼았다. 최제우는 마침내 1863년 급조된 재판을 통해 유죄 선고를 받았고 다음 해에 사형됐다. 그럼에도 불구하고 그의 가르침은 지배층의 횡포에 신음하던 농민들의 고통을 어루만져주었고, 동학은 한반도 남부 지방을 중심으로 광범위한 대중적 기반을 확보하게 된다.

최제우의 죽음 이후 조선 왕조의 몰락은 가속화했다. 그의 예언은 적중했다. 1894년 고부군수의 학정에 대항해 동학농민운동이 일어났다. 비록 고종에 대한 변치 않는 충성을 언급하긴 했지만 사실상 민란이었다. 동학이 주창하는 이상에 고무된 이 반란은 국내 지배층의 부패와 외부 열강의 위압으로부터 나라를 근본적으로 개혁하기 위한 정치·사회운동으로 발전한다.

반란의 강도와 규모에 놀란 고종은 청나라에 반란군 진압을 위한 군사 지원을 요청했고, 이는 결과적으로 일본이 조선에 개입할 수 있는 명분이 되었다. 1885년 톈진天津조약에 따라 청나라는 자국 병력이 한반도로 이동할 경우 이를 일본에 통보할 의무가 있었지만 청나라가 이를 이행하지 않았기 때문이다. 이로써 발발한 청일전쟁(1894)에서 일본이 승리를 거둔다. 그리고 1894년 동학농민군은 일본군과 조선 관군에 의해 와해되었다. 그 결과 일본은 한반도를 수중에 넣을 수 있는 유리한 입장을 확보했고, 이것이 20세기 초반의 달갑지 않은 사건들이 일어나는 배경이 되었다.

조선 제26대 왕인 고종이 1897년 대한제국을 선포하면서 조선 왕조는 역사 속으로 사라진다. 고종은 첫 번째 황제로 등극하면서 강력한 독립국가 건설을 원했지만 일본 및 러시아와 불리한 협상을 맺으면서 모든 노력은 수포로 돌아갔다.

1905년 러일전쟁에서 승리를 거둔 메이지明治 천황의 일본제국은 한반도를 감독할 일본인 고문관을 파견하고 대한제국과 강압적으로 을사늑약도 체결한다. 이로써 대한제국은 외교 주권을 빼앗겼다. 2년 뒤인 1907년 고종 황제는 네덜란드 헤이그 만국평화회의에서 일본의 아시아 침략 야욕을 알리고 한국에 대한 국제적 관심을 불러일으키고자 특사를 파견한 일로 인해 아들인 순종에게 강제로 황위를 물려주게 된다. 하지만 순종의 재위도 얼마 가지 못했다. 3년 뒤인 1910년 경술국

치로 대한제국은 역사의 뒤안길로 사라지고 일제의 한반도 통치가 시작된다. 5,000년 역사에서 처음으로 우리 민족은 독립과 주권과 국민에 대한 통제권을 모두 상실한 것이다.

일제의 식민지가 된 한국을 비롯해 동북아시아 지역 국가들에서는 독립운동이 거세게 일어났는데, 다른 곳과는 달리 한국의 독립운동은 구체제로의 회귀가 아닌 이상적 국가 건설을 목표로 했다. 그러한 이유로 한국의 독립운동은 주권 및 정치적 독립을 회복하거나 일본에 대한 복수를 다짐하는 차원이 아니라 홍익인간의 민족정신을 구현하는 나라를 건설하자는 것이었다.

1919년에 일어난 3·1독립운동은 이러한 정신을 잘 보여준다. 기독교, 불교, 천도교를 대표하는 민족지도자 33인이 종로 탑골공원에서 낭독한 독립선언문은 다음과 같이 시작된다.

우리는 여기에 우리 조선이 독립된 나라인 것과 조선사람이 자주국민인 것을 선언하노라. 이것으로써 세계 모든 나라에 알려 인류가 평등하다는 큰 뜻을 밝히며, 이것으로써 자손만대에 일러 겨레가 스스로 존재하는 마땅한 권리를 영원히 누리도록 하노라.
반만년 역사의 권위를 의지하고 이것을 선언하는 터이며, 2,000만 민중의 충성을 모아 이것을 널리 알리는 터이며, 겨레의 한결 같은 자유 발전을 위하여 이것을 주장하는 터이며, 사

람 된 양심의 발로로 말미암은 세계 개조의 큰 기운에 순응해
나가기 위하여 이것을 드러내는 터이니, 이는 하늘의 명령이
며, 시대의 대세이며, 온 인류가 더불어 같이 살아갈 권리의 정
당한 발동이므로, 하늘 아래 그 무엇도 이것을 막고 누르지 못
할 것이라.

상하이 임시정부가 대한'제국帝國'에서 대한'민국民國'으로 나라 이
름을 바꾼 이유는 독립의 목적이 '황제'의 나라가 아닌 '국민의 나라'를
수립하는 데 있었기 때문이다. 홍익인간의 정신에 기반한 국민을 위
한 정부를 구성하겠다는 결의를 분명하게 밝힌 것이다. 임시정부 수반
이자 독립운동 지도자였던 김구 선생이 1947년 발간한《백범일지》중
〈나의 소원〉이라는 글은 다음과 같은 문장으로 시작된다.

네 소원이 무엇이냐 하고 하느님이 물으시면 나는 서슴지 않
고, "내 소원은 대한 독립이요" 하고 대답할 것이다. 그다음 소
원은 무엇이냐고 하면 나는 또, "우리나라의 독립이요" 할 것이
요, 또 그다음 소원이 무엇이냐 하는 셋째 번 물음에도 나는 더
욱 소리 높여서, "나의 소원은 우리나라 대한의 완전한 자주독
립이요" 하고 대답할 것이다.

김구 선생은 독립운동을 통해 세우고자 했던 국가에 대해 대단히 구

체적이고 분명한 비전을 가지고 있었고 그것을 이루기 위해 기꺼이 목숨을 바쳤다. 그가 꿈꾼 나라는 한국 고유의 염원과 유산과 문화의 토대 위에 구축된 이상적 나라였으며, 이는 다른 이들에게 영감을 주었다. 그에게 독립은 홍익인간의 이상 실현을 의미했다. 나는 이 장 첫머리를 아래의 인용문으로 시작했지만 여기서 다시 한 번 언급하고자 한다.

나는 우리나라가 남의 것을 모방하는 나라가 되지 말고, 높고 새로운 문화의 근원이 되고 목표가 되고 모범이 되기를 원한다. 그래서 진정한 세계평화가 우리나라에서, 우리나라로 말미암아 세계에 실현되기를 원한다. 홍익인간이라는 우리 국조 단군의 이상이 이것이라고 믿는다.

민족의 운명에 끊임없이 낙관적인 견해를 견지해온 지도자로서 민족이 염원하는 이상국가 건설의 때가 도래했고, 우리는 전 역사를 통해 이 과업을 수행하는 데 필요한 자질과 인격을 함양해온 민족임을 말하려 한 것이다.

또 우리 민족의 재주와 정신과 과거의 단련이 이 사명을 달성하기에 넉넉하고, 우리 국토의 위치와 기타 지리적 조건이 그러하며, 또 1, 2차 세계대전을 치른 인류의 요구가 그러하며, 이러한 시대에 새로 나라를 고쳐 세우는 우리가 서 있는 시기가 그러하다고 믿는다. 우리 민족이 주연배우로 세계무대에 등장할 날이 눈앞에 보이지 아니하는가?

독립운동을 위해 생명을 바친 애국지사들에겐 민족자결 이상의 더 원대한 꿈이 있었고, 그것은 한민족의 건국이상에 부합하는 새로운 나라를 건설하는 것이었다. 암울한 상황에서도 희망을 잃지 않았다는 사실은 우리 민족에게 항구적인 이상과 그것을 지속시키는 꿈이 있음을 보여준다.

하지만 불행하게도 2차 세계대전이 종식되며 일본의 식민지배가 끝나자 한반도는 38선을 경계로 분단되었고, 우리의 의지와는 상관없이 빚어진 이 비극적 상황은 오늘날까지 이어지고 있다.

우리는 이제 민족 공동의 염원과 무관한 소모적인 싸움을 계속해야 할지 진지하게 고민해야 한다. 소련이 붕괴되고 냉전이 종식된 상황에서 이념 대립은 어리석은 짓이다. 남과 북 모두 고조선과 단군의 유산을 중시한다. 남한정부는 '홍익인간'을 교육이념으로 삼았고 북한은 '조선'을 국명으로 했다. 조선 뒤에 붙은 '민주주의인민공화국'은 정체政體일 뿐이다. 각기 선택한 체제는 달랐지만 5,000년을 꿈꿔온 이상국가 건설에 이바지한다는 신념은 다르지 않다. 따라서 코리안드림에 입각한 새로운 국가 건설은 얼마든지 가능하다.

단군의 건국정신은 한민족의 기원과 동시에 우리의 꿈이 되었고 민족의 정체성을 형성했다. 홍익인간은 민족의 운명을 성취하고자 하는 선천적인 영적 의식으로부터 표출된 철학이다. 그 운명은 김구 선생이 예언한 것처럼 세계에서 도덕적 권위를 갖고 새로운 국가를 창조하기 위한 미래로 연결된다. 이것은 1910년이든 1948년이든 2020년이든 이미 지나가버린 과거와는 아무 상관이 없다. 하늘이 우리에게 부여한 운명은 한민족과 한반도, 아시아와 세계를 위해 새로운 미래를 창조하라는 명령이다.

한민족의 대가족문화
발전과 유교적 뿌리

—

홍익인간의 이상을 구현하는 국가의 건설은 먼저 그에 부합하는 치적을 쌓은 지도자와 도덕성을 갖춘 시민들이 있을 때만 가능하다. 공동체의 최소 단위인 가정은 사회가 중요하다고 간주하는 가치를 함양하는 기본 토양이다. 공자는 모든 인간이 하나의 가족처럼 살아가는 '대동세계'를 이상사회로 제시했다. 가족의 화목과 가정 안에서의 질서는 사회, 국가, 세계로 확장된다. 이를 집약적으로 표현한 '수신제가치국평천하修身劑家治國平天下'는 자기를 먼저 수양하고 가정을 화목하게 이끈 후에 나라를 다스려야 능히 세상을 평화롭게 만들 수 있다는 의미다.

유교는 인의예지仁義禮智를 인간이 반드시 갖춰야 할 덕목이라고 가르친다.

- 인 : 측은지심惻隱之心, 불쌍한 것을 보면 가엾게 여기는 마음.
- 의 : 수오지심羞惡之心, 불의를 부끄러워하고 악한 것을 미워하는 마음.
- 예 : 사양지심辭讓之心, 자신을 낮추고 겸손하며 사양하고 배려하는 마음.
- 지 : 시비지심是非之心, 옳고 그름을 가릴 줄 아는 마음.

이러한 덕목을 갖춘 사람을 '군자君子'라고 했다. 지도자가 되기 위해서는 마땅히 군자가 되어야 한다. 군자로서 최상의 모범을 보여야 하는 사람이 바로 '군왕君王'이라고 불렸던 통치자다. 그리고 위의 모든 덕목을 가장 먼저 배우고 실천할 수 있는 최적의 학교가 바로 가정이다.

우리는 정작 유교가 탄생한 중국보다 이러한 유교적 가르침을 실천하는 데 더 열성적이었다. 동일한 한자 문화권에 속해 있는 우리 민족은 중국에서 나온 유교를 도덕과 윤리의 기준으로 받아들였던 것으로 보인다. 이미 삼국시대에 유교가 정치사상으로 채택되었고 유교 경전을 가르치기 위한 교육기관이 설립되었다는 사실이 이를 말해준다.

많은 학자들에 따르면 우리 민족은 공자가 태어나기 훨씬 전부터 확립된 오랜 전통이 있었기에 유교적 정서를 적극적으로 받아들일 수 있었다고 한다. 실제로 공자 자신이 당시 동이족東夷族으로 알려진 우리 민족의 문화에서 영향을 받았다는 내용이 그의 7대손 공빈孔斌의 저서 《동이열전東夷列傳》에 기록되어 있다. 여기서 유교적 관념이 공자에게서 나왔는지, 아니면 우리 고유의 전통인지를 따지는 건 그다지 중요하지 않다. 하지만 결과를 놓고 볼 때, 한국의 고유한 가정문화는 대단히 도덕적인 인간관계를 중심으로 형성되었다는 사실만은 분명하다. 이런 문화가 뿌리내릴 수 있었던 이유는 한국이 농경사회였기 때문이라고 주장하는 이들도 있지만 설득력이 떨어진다. 19세기 이전엔 대부분이 농경사회였음에도 불구하고 우리 선조들만큼 유교적 가족문화를 발전시킨 나라는 찾아볼 수 없기 때문이다. 뿐만 아니라 우리의 가족문화는 그 개념을 씨족, 사회, 국가적 차원으로 확대 해석했는데 이는 아시아에서도 독특하다.

예를 들면, 조선 왕조의 통치자들은 우리 민족의 고유한 가족문화를 장려했고, 이상적인 유교적 가족상을 국가체제와 통치철학에도 적용했다. 조선은 동방의 이상적 유교 국가임을 천명했고, 그러한 나라는 도덕적인 가족의 토대 위에 단단하게 뿌리내려야 함을 깊이 인식하고 있었다. 그 때문에 왕조는 가묘家廟를 중심으로 종법제도宗法制度를 완성하는 등 국가적 차원에서 심혈을 기울여 가족문화를 가꿔나갔다.

조선 중기부터 가묘를 중심으로 집성촌 문화가 형성되었는데, 집성촌은 100여 가구로 구성된 최소 정치 단위다. 집성촌은 또 매매가 이루어지는 경제 단위이자 가묘를 중심으로 종교적인 의례를 행하는 종교 공동체이기도 했다. 주민 모두가 혈연관계로 얽힌 집성촌에서부터 유교적 도덕 지침인 삼강오륜三綱五倫이 깊이 뿌리내리게 된다. 삼강은 정치적 목적을 위해 만들어졌고, 그래서 가부장적이고 전체주의적인 과잉 규범이라는 비판도 있지만, 공자의 본래 가르침에서 유래한 오륜은 오늘날에도 중요한 교훈이다. 오륜은 다음의 다섯 가지 인간관계의 규율을 말한다.

- 부자유친父子有親 : 부모와 자식 사이에는 친함이 있어야 한다.
- 군신유의君臣有義 : 임금과 신하 사이에는 의리가 있어야 한다.
- 부부유별夫婦有別 : 부부 사이에는 분별이 있어야 한다.
- 장유유서長幼有序 : 어른과 아이 사이에는 순서와 질서가 있어야 한다.
- 붕우유신朋友有信 : 친구 사이에는 신의가 있어야 한다.

이 다섯 가지 규율은 우리 민족이 가장 소중하게 여겨온 미덕들로 우리 문화 전반에 뿌리내렸다. 부모와 자식 간에 친함이 있어야 한다는 말은, 부모는 자녀를 사랑하고 자녀는 효孝로써 보답한다는 의미다. 임금과 신하 사이에 의義가 있어야 한다는 말은 신하의 의무가 단순히 복종하는 것이 아니라 정의와 선함을 받들어야 함을 의미한다. 부부 사이에 분별이 있어야 한다는 말은 남편과 아내로서 서로의 역할이 각각 다름을 의미한다. 나이가 많은 사람과 어린 사람 사이에 순서가 있어야 한다는 말은 가족 사이에서뿐 아니라 모든 인간관계에 적용되는 기준으로, 연장자를 대우하고 나이가 어린 사람은 애정으로 돌봐줘야 한다는 뜻이다. 또한 신의信義는 친구 사이뿐만 아니라 모든 인간관계의 기초로서 적용된다.

한 가지 덧붙이자면, 군사부일체君師父一體라는 개념은 왕과 스승과 아버지의 역할이 동일하다는 뜻이다. 이는 효의 개념을 사회로 확장해 조선이 추구했던 이상적 국가 건설을 위한 틀을 제공했다.

조선은 가정의 윤리에 모범이 될 만한 사람들을 충신과 같은 차원에서 널리 기렸다. 그래서 애국자를 위해 세워주는 충신각과 마찬가지로, 효자에게는 효자비를, 그리고 남편에 대한 지극한 사랑과 정절을 지킨 여인을 위해서는 열녀비를 세워 기념하게 했다. 효자비나 열녀비를 받은 집안은 충신각을 받는 것과 같은 정도로 가문의 영광으로 삼았다.

한국적 가족주의의 특이한 점 중 하나는 충, 효, 열烈과 같은 덕목들이 정성精誠으로 실천되었다는 점이다. 충, 효, 열은 숭고한 차원에서의 성실한 자기희생을 요구한다.

효나 열 같은 덕목은 다양한 문화적 형태를 통해 고취되었다.《심청전》이나《춘향전》같은 고전소설은 그 주인공들이 보여주는 정성이 깊은 감동과 함께 교훈적 내용을 전달한다.《심청전》은 장님인 아버지의 눈을 뜨게 하고자 자신을 용왕에게 바칠 제물로 파는 희생적인 딸의 이야기다. 심청의 지극한 효심에 감동한 용왕은 그녀를 다시 육지로 돌려보내고 심청은 마침내 왕비가 된다.《춘향전》에서 춘향은 지방 관리의 갖은 회유와 협박에도 굴하지 않고 목숨을 내놓고 정절을 지킨다. 그리고 마침내 암행어사가 되어 한양에서 내려온 이 도령을 만남으로써 의로운 행동에 대한 보상을 받는다는 이야기다.

이런 이야기들은 판소리로도 전해지고 있는데, 우리 문화는 창과 판소리를 통한 노래나 회화 속의 사실적 방법을 통해 한국적 미덕에 생명력을 불어넣는다. 한민족은 이런 이야기나 그림들을 통해 웃고 울곤 했다. 궁극적으로 한국적 미덕은 유학자들의 윤리적 가르침에 머무르지 않고 평범한 가족 안에 두루 구축되었고 민간문화를 통해 널리 선양돼온 것이다.

이러한 미덕이 갖는 도덕적 힘은 시공을 초월해 외국인들에게 깊은 인상을 남겼는데, 그중 임진왜란 당시 조선으로 귀화한 일본인 장수의 이야기가 감동적이다. 일본 장군 사야가는 3,000명의 병력을 이끌고 연전연승을 거두던 중 조선인들의 한결같은 미덕에 감동을 받고, 이런 사람들을 죽이는 것은 짐승만도 못한 짓이라고 판단하여 조선에 투항한다. 그리고 조선 병사들에게 조총 사용법을 가르쳐주고 자신도 일본군에 맞서 싸웠다. 훗날 이러한 공을 인정받아 역사에 기록되었는데, 그가 바로 김충선(1571~1642) 장군이다.

영국의 저명한 문명사학자인 아널드 토인비Arnold J. Toynbee 박사는 한국의 한 언론인을 만난 자리에서 한국의 효사상과 경로문화를 듣던 중 감동하여 눈물을 흘렸고, "만일 한국인들이 이러한 전통적 덕목을 세계에 전파한다면 세계사에 큰 기여를 할 것"이라고 했다고 전해진다. 나 역시 우리의 가족문화를 직접 체험한 외국인들로부터 이와 유사한 말을 듣는 경우가 종종 있다. 길거리에서 모르는 노인에게 젊은 이들이 존경을 표하는 모습에 깊은 인상을 받았다는 말들을 하는데, 서구에서는 이런 정신이 급속하게 사라지고 있다.

한국의 가족문화는 유교가 표방하는 이상적 가족관에 뿌리를 내리고 있지만 여기에 한민족의 정情이라는 개념이 더해지면서 우리만의 고유한 특성이 형성되었다. 충, 효, 열은 거기에 담긴 지고한 헌신과 진정성으로 인해 더 높은 차원의 개념이 되었다. 여기서 놀라운 점은 한민족이 이것을 인류의 보편적인 인성으로 간주하고 민족의 성원 모두가 그러한 이상을 구현하려고 노력했다는 사실이다. 그것은 사람을 동물과 다르게 만드는 윤리적 행동규범의 기준이라고 여긴 우리 민족에게는 자연스러운 일이었다. 간단히 말해 한민족이라고 하면 누구나 당연히 실천해야 하는 인간으로서의 도리였던 것이다.

한국의 가족문화:
명시된 민족의 꿈

———

우리의 가족주의는 고상한 열망을 가정 내의 일상적인 삶에서부터 실천하게 만듦으로써 민족의 정체성을 형성했다. 건국이상을 구현할 때도 예의범절과 사회규범을 통해 이러한 열망을 내면화했다. 먼저는 가족에 대한 사랑과 헌신을, 다음으로 집성촌 공동체와 지역사회에서의 협동심을 익혔고 그것은 국가 및 세계의 이상으로 확장되었다. 인류는 확대된 한 가족이라는 우리의 인식은 거기서 연유한다. 따라서 보편적인 공통의 열망과 원칙과 가치를 토대로 평화적인 공존을 모색하는 일은 지극히 자연스러운 현상이자 실생활에서 마땅히 수행해야 할 우리의 의무다. 이 점이 우리의 가족주의가 갖는 예외적인 특징이다. 한민족에게 가정은 하늘로부터 부여받은 운명을 감당하고 홍익인간의 이상을 품은 인격적인 시민을 양성하는 학교인 것이다.

우리는 가족이 아닌 남에게도 형, 누나, 오빠, 동생 등의 호칭을 스스럼없이 사용한다. 또한 나이 드신 분들을 아저씨나 아주머니로 부르며 존경을 표하기도 하는데, 이는 단순한 용어 사용의 문제에 한정되지 않는다. 우리는 가장 친밀한 사이인 가족을 통해 심오한 덕성을 자연스럽게 몸에 익힌다. 가정에서 성장하는 동안 모든 인간관계를 살펴볼 수 있는 시각도 갖춘다. 친한 친구에겐 '형제처럼 사랑한다'고 말하며, 학생은 교사나 후견인을 향해 '아버지 같은 분'이라고 관계를 규정한다. 이처럼 가장 친밀한 인간관계를 가족이라는 개념 안으로 끌어들여 표현한다. 그러한 일상에서 우리는 사랑으로 맺어진 깊은 유대감을 확장하여 체험하는 동시에 성실한 관계와 예의를 배우게 된다.

이러한 전통 속에서 성장한 우리 한국인은 모든 인간을 가족의 관점에서 바라본다. 이는 가족관계가 헌신적인 사랑에 기초할 때, 그 가정에서 성장한 자녀들은 자연스럽게 그런 희생적인 사랑의 시각으로 타인을 바라보게 된다는 것을 의미한다. 타인과 관계 맺는 방식이 어떠한지는 그의 가족관계를 보면 알 수 있다. 한 사회의 통상적 규범을 도외시하고 행동하는 사람은 윤리적 측면에서 강력한 비난의 대상이 된다. 이때 흔히 쏟아지는 비난이 "인간도 아니다"라는 말이다. 한민족의 기준으로 볼 때 자신의 고모부를 처형한 북한의 김정은이 바로 이런 경우에 해당한다.

동일한 원칙은 역사 이래 모든 왕조의 정치에도 적용되었는데 조선시대가 특히 그러했다. 가족이라는 관점에서 볼 때 왕은 아버지에 해당된다. 따라서 아버지로서 당연히 지켜야 할 도덕규범은 왕에게도 그대로 적용되었다. 오늘날에도 우리는 이러한 맥락에서 통치자와 정치인들을 판단한다. 정치지도자에겐 좋은 부모로서의 자질과 덕성이 요구된다. 독재나 파렴치한 부패는 용납되지 않는다. 이는 천륜天倫에 반하는 행위이기 때문이다.

현대사에서 가장 큰 규모의 민중궐기였던 4 · 19혁명과 6 · 10민주항쟁은 정권이 권력을 남용해 무고한 젊은이를 숨지게 한 사실이 폭로되면서 촉발됐고, 결국 전국적인 반정부 시위로 확산되었다. 시위대는 국가가 시민을 보호해야 할 신성한 의무를 저버렸다는 점에 분노했는데, 이는 부모가 자식을 살해하는 패륜적인 행위와 다를 바 없다고 보았기 때문이다.

우리는 한국의 가족문화가 갖는 독특하면서도 매력적인 특성을 인정해야 한다. 세속화하고 냉소적으로 변해가는 세상에서 도덕적 품성,

진실한 미덕, 지속적이며 성실한 인간관계를 중시하는 한국의 전통적 가족문화는 얄팍한 소비주의와 함께 천박한 대중문화만이 날로 무성해지는 척박한 땅에서 오아시스와 같다고 할 수 있다. 한국의 가족주의는 근본적으로 인간이라면 당연히 열망해야 할 유익한 가치와 규범을 제시하기 때문에 보편적으로 통용될 수 있는 막강한 호소력을 갖는다. 이를 증명하는 것이 전 세계로 퍼져나가고 있는 '한류'다.

한류는 유사한 문화와 종교 전통을 갖고 있는 아시아뿐 아니라 미주, 유럽, 아프리카, 중동을 비롯한 세계 도처로 빠르게 확산되고 있다. 한국에서 제작된 TV 드라마가 전 세계 안방을 점령했다. 그렇다면 이 현상을 어떻게 설명할 수 있을까? 이는 한국의 가족관계에서 볼 수 있는 높은 수준의 헌신과 정성, 희생적 사랑에 세계인이 공감하기 때문이라고 풀이할 수 있다.

세계적으로 가장 인기 있었던 한국 TV 드라마는 〈대장금〉이다. 〈대장금〉은 2003년 한국에서 첫 방영된 이후 지금까지 90여 개국에서 방영되었다. 한 가지 더 놀라운 현상은 이란과 이집트 같은 이슬람 국가뿐만 아니라 불교국가인 스리랑카에서도 〈대장금〉 시청률이 90%가 넘을 정도로 인기몰이를 했다는 사실이다. 아프리카 오지에 사는 어린이들이 〈대장금〉을 시청한 뒤 새로운 꿈을 갖고 용기를 얻었다는 이야기도 들린다. 드라마 〈대장금〉은 어린 장금이가 혹독한 고통을 이겨내고 마침내 어머니의 한을 푼다는 내용을 줄거리로 하고 있다. 그녀는 마침내 궁중의 모든 음식을 관장하고 임금의 수라상까지 책임지는 최고의 자리에 오를 뿐 아니라 궁중 의녀로서 병든 사람들을 치료하는 등 정성을 다해 헌신적으로 임무를 수행해낸다.

〈대장금〉은 가족 안에 형성된 한국인의 정신문화를 고스란히 담아내고 있다. 이 이야기는 증오와 복수가 아닌 사랑과 인내를 통해 한을 극복하고 내적으로 성숙해가는 과정을 보여주며 한국문화의 특성인 정성 어린 섬김과 치밀한 성실성을 선명하게 부각시킨다. 우리는 '지성이면 감천'이라는 말을 자주 하는데 이는 마음을 다하여 다함없는 정성을 기울이면 하늘도 깊이 감동한다는 의미다. 우리는 인간을 가족 관계의 눈으로 보기 때문에 하늘과 인간의 관계 역시 부모와 자녀의 관계라고 생각한다. 따라서 자녀인 인간이 지극한 정성으로 헌신하는 모습을 보이면 부모인 하늘의 마음도 움직일 수 있다고 보는 것이다.

〈대장금〉 제작자는 한국 시청자만을 염두에 두었기 때문에 이 드라마가 그토록 많은 세계인들에게 감동을 주리라고는 꿈에도 생각하지 못했다고 말했다. 하지만 〈대장금〉의 이야기는 지극히 한국적이면서 동시에 그것이 표상하는 도덕적 특성과 미덕은 분명 세계인의 가슴에 호소하는 보편성이 있다. 〈대장금〉 이외에도 한국 드라마는 대부분 도덕적으로 고상한 일화들을 통해 가족관계에서 나타나는 속 깊은 마음을 보여준다. 부모는 자녀의 미래를 위해 자신을 희생하고, 자식은 부모의 한을 풀고자 애쓰며 부모의 꿈을 이루기 위해 모든 노력을 다한다. 게다가 사극이나 현대물을 막론하고 한국 드라마에는 가족의 사랑 뿐 아니라 사회와 국가를 위해 윤리적이고도 애국적인 방식으로 행동하는 주인공들이 자주 등장한다.

세계적으로 큰 인기를 얻는 한국 드라마가 갖는 호소력은 특히 가족 내에서 가장 친밀한 인간관계를 그릴 때 더욱 빛난다. 한국 드라마는 우리를 인간 되게 하는 가장 근본적이고도 보편적인 특성을 자극하는데, 그 대표적인 예가 바로 희생적인 사랑과 절대적인 헌신으로 표출되는 '정성'이다.

어떠한 이기적 동기도 배제된, 남녀 간의 지순한 사랑을 그린 드라마로는 〈겨울연가〉가 손꼽힌다. 아시아에서 선풍적 인기를 얻은 〈겨울연가〉는 특히 일본의 수십만 중년 여성들을 매료시켰다. 드라마 내용이 자신의 배우자에게서 남자 주인공이 보여준 것과 같은 사랑을 갈망하던 일본 여성의 마음에 현실처럼 와닿았기 때문이다. 사실 세계 어느 곳이건 사람들은 그런 희생적 사랑을 갈망하고, 그것을 허구fiction의 세계에서나마 확인하면 즉각 정서적으로 빠져들게 된다.

가정의 가치 붕괴와 핵가족의 문제

—

미국에 살고 있는 나는 한국 여성과 결혼한 미국인 남성들로부터 감동적인 이야기를 자주 듣곤 하는데 시부모와 며느리의 관계에 관한 내용이 그 대부분이다. 잘 알려졌다시피, 미국에는 자식들이 집에서 연로한 부모를 돌보는 문화가 사라졌다. 자녀는 성인이 되면 부모 곁을 떠나야 하는데 이때부터 부모는 더 이상 자식에 대해 책임지지 않으며, 자녀들 역시 부모를 돌봐야 할 윤리적·도덕적 의무감을 갖지 않는다.

보통 미국인은 60대 중반에 은퇴하고 여생을 즐기며 산다. 그러다 더 이상 스스로를 돌볼 수 없을 때가 되면 많은 이들이 양로원을 찾고 거기서 삶을 마감한다. 이렇게 인생을 마감하는 것이 한편으로는 편안한 측면도 있겠지만 한국인들에게는 대단히 비인간적인 모습으로 비쳐질 수 있다. 양로원 시설이 아무리 훌륭하다고 할지라도 삶의 마지막 시간을 가족과 떨어져 고립된 곳에서 보낸다는 것은 당사자에게는 매우 고독하고도 슬픈 일이다. 물론 대부분의 미국인들은 양로원에서 부모를 잘 보살피도록 많은 신경을 쓴다. 하지만 인간은 육체로만 이루어진 존재가 아니라 사랑과 정서적 보호를 필요로 하는 영적인 존재다. 그래서 생의 마지막 순간이 다가올수록 가장 가까운 존재인 가족의 사랑을 그리워하게 되어 있다.

전통적 가족문화 안에서 성장한 한국 여성은 며느리로서 시부모를 돌보는 윤리적 덕성에 익숙하다고 볼 수 있다. 내가 들은 바로는 많은 미국인 부모들이 한국인 며느리에게 큰 감동을 받는다고 하는데, 그 이유가 효심으로 정성을 다해 부모를 돌보기 때문이라는 것이다. 한국인 며느리들은 결혼하면 시댁 식구를 포함해 남편을 뒷바라지하고 자녀교육을 책임지는 것을 당연한 것으로 여긴다. 얼마나 아름다운 일인가? 적어도 우리가 물려받은 가족 전통 안에서 이는 지극히 정상적인 일이다. 나는 한국의 가족문화를 '모든 인간을 이롭게 하기' 위한 하나의 방편으로 세계에 전파해야 할 우리만의 고유하고도 소중한 문화라고 생각한다.

문제는 우리 민족이 이처럼 가장 소중한 가치로 여겨왔던 가족문화가 안타깝게도 사라지고 있다는 점이다. 한국사회에서 효와 공경의 문화가 사라지고 있다. '가문家門'을 고리타분한 구시대적 유물로 보는 경향이 팽배하다. 젊은이들에게 전통적 가치의 중요성을 알려주는 교육도 제대로 이루어지지 않고 있다. 이런 풍조는 우리의 정체성을 약화시키며 결국 우리 사회의 미래까지 우려해야 할 만큼 심각한 문제다.

많은 이들이 전통 가치의 상실과 성도덕의 붕괴를 현대화의 불가피한 결과라며 혼전 성관계, 동성애, 이혼을 현대적인 생활양식의 하나로 간주하고 있는데, 과연 이런 현상이 '현대적인' 것인가? 결코 아니다. 동서양의 역사를 막론하고 모든 사회에서 언제나 발생했던 '케케묵은' 현상일 뿐이다. 로마제국이 가장 좋은 예다. 로마 집권층 가정의 윤리적 문란은 제국 내 지도부의 총체적인 부패를 불러왔다. 가정윤리를 지키기 위해서는 도덕적 노력이 선행돼야 하는데 성도덕이 문란해진다는 것은 도덕적 가치가 설 자리를 상실한다는 것을 의미한다. 세계사나 우리 역사를 보더라도 왕조가 몰락하게 된 주요 원인 중 하나가 사회분열과 혼란을 야기한 지도층의 도덕적 타락이었음을 부인할 수 없다. 성도덕의 붕괴는 사회에 대혼란을 불러오고 결국은 국가의 몰락으로 이어졌던 것이다.

　물론 다른 한편으로 새 시대는 항상 도덕성의 개혁과 함께 도래했다. 따라서 한국사회가 어떤 길로 나아가야 할지는 전적으로 우리의 선택에 달려 있다. 예정된 것은 아무것도 없다. 다만 분명한 것은 우리가 전통적인 대가족제도와 그 가치의 소멸을 자연스럽고 필연적인 과정으로 받아들이거나, 반대로 거기에 담긴 고유한 윤리적·문화적 가치를 인정하고 이에 기초해 도덕적인 사회를 만들어나갈 수도 있다는 사실이다.

　전통적으로 한국은 대가족하에서 살아왔고 그 속에서 자녀들은 다양한 관계를 통해 헌신적인 사랑의 덕성을 배웠다. 유교적 이념이 표방하는 기본적인 윤리규범은 한국의 전통적인 대가족 공동체 안에서 전혀 새로운 단계로 승화했다. 그래서 각 개인의 행동이나 타인과의 관계에서 신실함과 헌신으로 임한다는 정성이란 덕목이 고양되었다. 여기에는 가장 높은 단계의 자기희생이 요구된다. 부모를 비롯해 조부모, 숙부, 숙모 등 웃어른들과의 관계를 통해 자녀들은 자연스럽게 이러한 덕목을 익히며 자신의 정체성을 확립한다. 가족 안에서 배우는 관계의 규범은 가정을 넘어 더 넓은 사회로까지 자연스럽게 확장된다. 하지만 오늘날 '현대화', '도시화'의 풍조 속에서 그런 가족 유형은 사라져가고 있다. 이것은 대단히 유감스러운 일이다. 우리 민족의 도덕적·영적 유산을 후대에 전승할 수 있는 수단이 소멸되는 것을 의미하기 때문이다.

현재 우리 사회에는 '핵가족화'가 거침없이 진행되고 있다. 핵가족은 '부모 및 이들과 동거하는 미혼 자녀만으로 구성된 집단'으로 정의된다. 이제는 한 지붕 아래 삼대가 함께 사는 경우를 찾아보기가 매우 어렵다. 사실상 가족의 개념도 전반적으로 달라지고 있다. '핵가족화'의 진행은 여기서 멈추지 않는다. '전통적인' 핵가족이 해체되기 시작하면서 편부모 가족, 사생아, 이혼/재혼으로 인해 자기를 낳지 않은 어머니나 아버지와 사는 어린이, 부모가 다른 형제자매, 다양한 형태의 계약에 의한 동거 등 가족이라는 공동체의 개념 자체가 모호해지고 있다. 이렇게 '해체된' 가정들이 사회적·경제적·도덕적으로 심각한 결과를 초래한다는 사실을 뒤늦게 깨달은 선진국들은 대책 마련에 부심하고 있다.

과거에는 전통적으로 대가족이 감당했던 복지 부담을 오늘날에는 정부가 떠맡고 있다. 과거의 대가족 공동체에서는 전인적인 관점에서 구성원 개개인의 필요를 모두가 책임졌는데, 그 안에는 현대의 정부제도가 제공하는 물질적인 지원 외에 가족 구성원들의 영적·심리적·정서적 보살핌 등이 포함된다.

대가족제도는 여러 다양한 기능을 하지만 가장 중요한 것은 그 속에서 최상의 인성을 길러낼 수 있는 폭넓은 인간관계와 세대 간 협력의 장을 만들어낸다는 점이다. 가족 구성원들은 사랑이 충만하고 서로 존중하는 분위기에서 인간관계에 필요한 예의범절과 옳고 그름에 대한 판단 기준을 배우며 자기희생, 성실, 근면, 자기계발, 책임감 같은 미덕을 발견하고 실천한다. 대가족 속에서 자라난 각 세대의 마음속에 새겨진 이런 교훈들은 가정에서 출발하여 사회로 확장하면서 화합과 협력을 바탕으로 한 인간관계를 맺도록 해준다.

대가족과는 달리 핵가족에는 오로지 부모와 자녀만이 있을 뿐이다. 형식적으로는 두 세대가 살고 있지만 그것도 자녀가 법적 성인 연령인 18세 혹은 21세가 될 때까지만 유지되는 일시적인 상황에 지나지 않는다. 미국의 경우, 대부분의 부모는 자신들만의 삶을 위해 자녀가 성인이 되면 떨어져 살길 원한다. 자녀 입장에서도 마찬가지다. 일단 법적으로 성인이 되면 부모 간섭 없이 자기만의 삶을 살고 싶어 한다.

핵가족이 두 세대로 이루어졌다 하더라도 부모 자식 간 각각의 역할과 관계는 법적으로 제한된다. 특정 연령이 되면 부모와 자식 간의 상호 책임과 의무는 종결된다. 이상적인 가족의 개념을 근거로 한 자연적인 인간관계는 심오하고도 영원한 관계인데, 그것에 대한 우리의 가치 개념을 법이 정의하고 있으니 참으로 부자연스럽고 어색하다. 법의 속성은 가장 근원적이고 소중한 인간 가치를 결정하는 게 아니라 그것을 반영하는 것일 뿐이다. 따라서 부모 자식의 관계에 간여하는 것은 사실상 법의 월권이라고 할 수도 있다. 이런 상황에서 세대 간 단절을 의미할 정도의 세대차를 실감하게 되는 건 어쩌면 아주 당연한 일인지 모른다.

핵가족하에서는 한 자녀 혹은 두 자녀만을 낳고 맞벌이를 하는 동안은 어린이집에 자녀를 맡겨둘 수밖에 없다. 이런 환경에서는 깊고 끈끈

한 가족 간의 정서적 유대와 이를 통한 인격 함양을 기대할 수 없다. 많은 아이들이 형제자매 없이 오로지 부모와만 관계를 맺고 있다. 아이들은 애정 어린 관계 속에서 성장해야 하는데 핵가족 내에서는 그것에 한계가 있다. 성숙하고 원만한 성격을 계발하기 위해서는 아이가 부모뿐 아니라 조부모, 형제자매들과 다양한 형태의 사랑을 주고받을 수 있어야 하고, 그렇게 할 수 있는 올바른 방법도 습득해야 한다. 여기서 조부모의 사랑은 아이에게 과거의 유산을 전달하면서 일체감을 강화하는 효과를 가져오는데 이는 부모가 해줄 수 있는 범주를 넘어선다.

요즘 아이들이 어른이나 스승을 공경할 줄 모르고 학교에서 인성교육이 문제가 되고 있는 이유는 가정에서 가르쳐야 할 예의범절을 핵가족 내에서는 제대로 몸에 익힐 수 없기 때문이다. 한국의 초중등 교육 현실은 빈발하는 집단 괴롭힘, 교내 폭력, 왕따 등으로 인해 부모가 자녀를 학교에 보내기가 무섭다고 할 정도로 황폐해졌다. 교사들조차 학생들로부터 폭력을 당하고 있다. 지난날 농경시대엔 상상조차 할 수 없었던 일이다. 조부모가 없는 핵가족 내에서는 가정의 전통적 가치가 전승되기 어렵다. 아이들은 자신들의 부모가 조부모를 모시는 모습을 직접 보면서 올바른 예절과 효성을 자연스럽게 익힐 수 있다. 이는 이론으로 습득되는 것이 아니다. 조부모와 함께 살지 않을 경우, 자녀가 마음속으로 깊이 수긍할 수 있는 효와 예절을 가르치기가 매우 어렵다. 핵가족화는 조부모와 손자손녀 사이를 멀어지게 함으로써 과거와 미래의 단절을 야기한다. 이런 추세로 우리 사회가 전통과 결별하면 반만년 역사 속에서 우리 조상들이 수많은 고난과 역경을 견디며 전승한 문화유산과 고유의 정체성은 사라지게 될 것이다.

근래에 가족의 의미가 많이 퇴색한 것처럼 결혼 또한 너무 가볍게 여겨지는 경향이 있다. 오늘날은 결혼을 '두 남녀의 만남', 다시 말해 오직 두 사람만의 관계 맺음이라고 보는 견해가 대세다. 남녀 간의 낭만적인 사랑이 결혼에서 가장 중요한 요건으로 꼽히고 이러한 풍조가 문학, 드라마, 노래 등 대중문화에서 가장 바람직한 결혼으로 그려진다.

결혼은 두 사람만의 결합이 아니라 두 집안의 만남이다. 결혼한 여성에게는 남편이 생김과 동시에 시댁의 부모와 형제들이 생긴다. 마찬가지로 남성에게는 처가의 부모와 형제들이 생긴다. 이들은 두 남녀의 결혼과 그 결과인 자녀 탄생을 가장 크게 축복해줄 가족들이다. 부부는 자신의 가족 안에서 나누었던 깊은 애정을 양가의 인간관계에서 더 폭넓게 확대할 수 있다. 결혼을 오로지 두 사람만의 낭만적인 사랑이라고 여기는 사고방식은 이기적이다. 그런 심리는 다른 가족을 도외시하는 것으로 소중한 가정문화를 훼손하게 된다. 이유는 두 사람 사이에 애정이 사라지면 언제라도 갈라섬으로써 이혼율을 높이기 때문이다. 낭만적인 사랑에 매달리는 남녀는 결혼을 하든 이혼을 하든 다른 가족이 상관할 바 아니며, 자신들에게만 결정할 권리가 있다고 믿는다. 그러나 공정하게 생각해보면, 그 결정이 결과적으로 모든 가족들에게 영향을 끼칠 것이기 때문에, 이것을 서로에게 싫증 난 두 사람의 사적인 권리로 용인하는 사회 분위기를 나는 이해할 수가 없다.

양가의 식구들과 폭넓게 맺어진 애정은 모든 관계도 동시에 고려하는 책임감을 수반한다. 그 때문에 부부가 쉽게 이혼을 결정하지 못할 뿐만 아니라 두 사람 사이에 나타날 수 있는 애정의 상실감도 상쇄시키고 정서적·물리적 어려움을 극복하도록 돕는다. 내가 현대사회에서도 대가족하에서의 결혼이 절대적인 '인륜지대사人倫之大事'로서 이 사회를 더욱 건강하게 만들어갈 것이라고 믿는 이유다.

일부 연구자들의 견해에 따르면 핵가족이라는 제한된 인간관계 속에서 받는 스트레스가 대가족일 때에 비해 개인의 심리적 건강에 더 부정적인 영향을 미친다고 한다. 최근 들어 한국은 다른 선진국들을 제치고 우울증과 조울증 환자가 꾸준히 증가하고 있으며 자살률 또한 높아지고 있는데 이는 핵가족화로 초래된 이차적 후유증이라고 볼 수 있다. 대가족에 존재하는 정서적인 의지 대상이나 환경이 핵가족에는 없기 때문이다.

공자는 질서 있는 나라는 무엇보다 가족을 근본으로 삼아야 한다고 했다. 한국사회의 공적 영역에서 도덕적 부패와 관련한 스캔들이 빈발한 것은 나라의 근본 질서가 그만큼 흔들리고 있다는 방증이다. 공자가 말했듯, 국가의 질서는 가족제도의 토대 위에 세워져야 한다. 만약 국가에 부패가 만연한다면 안에서부터 윤리도덕이 무너지며 사회 전체에 비윤리·부도덕 풍조가 확산하기 때문이라는 의미다.

우리 사회의 가족 패턴이 변화하면서 심각한 경제적 문제를 야기하고, 사회에 부정적인 영향을 미칠 위험성이 커지고 있다. 가족 구성원들이 합심해서 노인들을 부양하는 전통적 대가족제도는 기본적인 사회안전망이었다. 그러나 핵가족이 확산되고 독거노인이 증가하면서 정부의 부담이 점점 가중되고 있다. 게다가 조부모가 없는 가정의 맞벌이 부부는 자녀양육을 보육시설에 의탁할 수밖에 없고, 그럴수록 정부의 보조금을 점점 더 기대하게 된다. 정부로서는 이러한 기대를 충족시키려 복지비 증액이 불가피하다. 결국 가까운 미래에 감당할 수 없는 수준으로 복지비 지출이 증가하게 된다. 이는 대부분의 서구 선진국들이 이미 직면한 심각한 사회문제다. 그래서 나라에 따라서는 정부가 약속한 대로 복지비를 지급하지 못하는 상황을 오래지 않아 맞게 될 것이고, 한국의 경우 그 타격이 특히 심할 텐데 그 이유는 다음과 같다.

핵가족은 필연적으로 자녀수의 감소를 불러오게 되는데 한국의 경우 그 정도가 특히 심하다. 2018년부터 인구가 감소하기 시작해 2050년이 되면 2014년보다 640만 명 정도가 줄어들 것이라는 2009년 통계청의 보고서대로 우리나라 인구는 매우 급격하게 줄어들고 있다. 세계자원연구소World Resources Institute 보고서에 따르면, 2050년 세계인구는 100억 명으로 늘어나지만 우리나라 인구는 1,000만 명이 줄어든 4,000만 명 정도로 예상된다. 2014년 가임여성 1명당 1.21명이던 출산율이 2018년 0.98명으로 떨어져 OECD 회원국 중 최저라는 사실이 그 심각성을 말해준다.

문제는 인구 감소가 내수시장 축소와 함께 복지비 지출이 늘어나는 상황에서 세수 기반을 약하게 하는 근본 원인이라는 것이다. 전체 인구의 감소도 문제지만, 고령인구 비율이 2050년까지 꾸준히 증가해 65세 이상이 인구의 38.2%를 차지하게 된다는 것이다. OECD 회원국의 평균 부양 노인수 예측을 보자. OECD 회원국의 근로자 100명당 평균 부양 노인수는 24명인 데 비해 2014년 현재 한국은 15명을 책임지고 있으며, 2050년이 되면 OECD 평균은 45명이 예상되는 반면, 한국의 경우는 75명으로 크게 늘어나게 된다.

핵가족 사회에서는 고령인구에 대한 사람들의 정서적·심리적 관심조차 기대하기 어렵다. 그에 따라 고독한 노인들의 삶은 심각한 사회문제가 될 수밖에 없다. 고령사회에 진입한 2017년 기준 한국의 독거노인은 133만 명으로 집계되었는데 이는 전체 노인인구의 25%가 넘는 수치다. 통계청에 따르면, 베이비붐 세대가 65세 이상 노인층에 편입되는 2020년부터 2029년까지 향후 10년 동안 노인인구는 매년 약 48만 명씩 늘어난다고 한다. 이제는 혼자 살던 노인의 시신이 수개월 후에 발견되었다는 보도가 낯설지 않을 정도다.

우리는 지금까지 경제적·도덕적·정서적 측면에서 핵가족이 안고 있는 문제점들을 분석해봤다. 한국의 대가족제도는 반만년 역사를 거쳐오면서 우리 한국인의 정체성을 형성하고 계승해온 독보적이고 소중한 문화유산임을 깨달아야 한다. 대가족제도는 우리를 한국인으로 규정하는 가장 확실한 근거다. 한류 드라마가 세계인을 감동시키고 호소력을 갖는 것에서 알 수 있듯이, 세계와 공유할 수 있는 가장 중요한 유산이 바로 대가족제도다. 우리의 가족문화에 담겨 있는 고유한 가치를 보전하고 진작시키기 위해 한층 더 노력해야 한다.

통일:
정체성 회복과 운명 성취의 기회

—

나는 고통받는 북한 동포에 대한 한국 젊은이들의 무관심 역시 핵가족화, 물질만능주의, 국가적 목표의 상실 등과 같은 한국사회의 문제들에서 야기된 도덕적 불감증의 하나라고 이해한다. 한반도 통일은 우리가 비전을 되찾아 마침내 건국의 이상을 실현하는 나라를 세우기 위한 역사적 출발이다. 그렇기 때문에 통일은 단순히 정부의 정책에만 의존하는 그런 차원의 접근으로 실현할 수 있는 문제가 아니다. 통일을 실현하기 위해서 우리는 먼저 우리의 정체성과 사명을 숙고하고 이를 바탕으로 한민족 전체가 통일운동에 참여할 수 있도록 해야 한다.

　한반도에 변화를 가져오고 이를 진척시키는 핵심은 역사가 어떻게 우리 한민족의 고유한 정체성을 형성해왔는가를 이해하는 데 있다. 우리는 역사적 선례를 살펴 미래에 우리가 나아가야 할 길이 어디에 있는가를 정확히 보아야 한다. 우리의 가장 소중한 가치를 구현한 한민족 고유의 전통적 가족모델을 더욱 가꾸어 세계가 본받고 싶어 하는 문화로 꽃피워야 한다. 이것이 바로 이번 장에서 제시한 핵심 내용이다.

우리 민족의 고유한 특성은 홍익인간 정신을 근본으로 한 건국이념에서 그 근원을 찾을 수 있다. 홍익인간의 이념은 전 역사에 걸쳐 우리의 세계관과 인생관의 형성에 깊은 영향을 미치면서 거대한 도전에 당당히 맞서게 함으로써 우리 민족만의 행복을 넘어 더 위대한 목표를 위해 살아가도록 만들었다. 독립을 위해 헌신했던 선열들에게 나라의 독립은 수준 높은 문화를 창조하여 타인에게 귀감이 되고 세계평화에 기여하는 이상적인 국가를 건설하는 궁극적인 목표를 달성하기 위한 과정이었다.

우리는 너무 쉽게 단군신화와 홍익인간의 원칙이 갖는 위대성을 간과한다. 하지만 세계 역사 어느 곳을 보아도 이에 견줄 만한 건국철학은 없다. 세계의 유명인사들이 우리의 위대한 정신을 높이 평가하는 이유도 그 때문이다. 자크 시라크Jaques Chirac 전 프랑스 대통령은 단군신화와 홍익인간에 대해 "다른 나라에서는 고난의 시기에 성인이 나왔지만 한국은 성인이 나라를 세웠다"라며 우리의 건국이념을 높이 평가했다.

지금까지 홍익인간 정신에 기초한 한민족의 의식이 역사를 통해 어떻게 광범위한 영적·윤리적 체계를 수립할 수 있었는지, 나아가 정의와 인간 존엄, 그리고 사회적 조화에 기초한 이상적인 국가의 건설을 염원했는지 살펴보았다. 하지만 그것이 아무리 고상할지라도 인간의 삶 속에서 구현되지 않고 하나의 공동체와 사회에서 사람들을 결속시키지 못한다면 원칙만으로 기대할 수 있는 건 아무것도 없다.

코리안드림은 홍익인간의 이념이 한국의 가족주의와 맺어질 때 비로소 완성된다. 홍익인간은 모든 인간을 위해 살아가는 한민족의 비전을 설정하는 동시에 글로벌 차원에서 전 인류를 위해 산다는 미덕을 표현한다. 이런 덕성을 실천하는 사람들은 먼저 가족의 품 안에서 이를 배우는데, 우리가 역사 속에서 발전시켜온 대가족제도만큼 헌신적 사랑을 추구해온 곳은 세계 어디에서도 찾아볼 수 없다. 이런 한국적 특성은 도덕적 인간관계를 도모하고 이를 다음 세대에 전달하는 가족문화와 함께 발원한 정신으로 정의된다. 건국정신은 우리에게 이상국가 건설에 대한 열망을 불어넣었고, 가족 전통은 도덕적이며 정의로운 시민을 양성했다. 이 점이 한민족의 정체성을 형성하는 핵심이자 이를 독특하게 만드는 요인이다. 통일은 70여 년간 이어진 정치적·이념적 분단의 종식만을 의미하지 않으며 5,000년 역사 속에서 우리가 준비해온 민족의 운명을 실현할 기회다. 이를 통해 우리는 한민족으로서의 정체성을 재확인하고 자부심을 가지게 된다. 이제 시대는 우리에게 가족주의를 통해서 우리 역사에 내재된 본질적인 정신과 이상을 되찾아 실질적인 변화를 위한 운동에 착수할 것을 요구하고 있다.

우리 안에서 일어나는 이 같은 운동은 자연스럽게 다른 나라에 귀감이 될 수 있다. 그에 따라 한국의 정체성은 동서 간 교량 역할을 하는 독보적 위치도 확보하게 된다. 소설 《25시》의 저자인 루마니아 작가 콘스탄틴 게오르규Constantin Gheorghiu는 후속작 《25시를 넘어 아침의 나라로Elogede la Coree》에서 "단군의 법은 결국 모든 종교나 철학의 이상적인 형태로 '최대한의 인간을 위한 최대한의 행복' 또는 모든 인류를 위한 행복과 평화다"라고 말했다.

서구 정치철학은 자유와 인권의 개념을 보편적인 원리로 발전시켰다. 특히 미국 건국의 아버지들은 창조주로부터 부여받은 '양도할 수 없는' 권리라는 개념을 그 토대로 삼았다. 다시 말해, 인간의 존엄과 가치는 어떤 체제, 어떤 국가에서도 통치자나 정부 혹은 제도로부터가 아닌 하나님으로부터 나왔다는 것이다. 홍익인간의 전통을 뿌리로 한 '인내천' 사상은 서구사상과는 별개로 우리도 인권 개념을 발전시켜왔다는 사실을 알 수 있게 한다. "사람이 곧 하늘이고 하늘의 마음이 사람의 마음"이라는 생각은 인류의 근본적인 가치를 보편적이고 절대적인 영적 진리의 기반 위에 올려놓았다.

개인주의를 소중한 가치로 여겨온 미국은 항상 사회에 대한 개인의 책임을 강조했다. 비록 개별적인 시민의 권리를 인정했다 하더라도, 이것은 오늘날의 이기적인 개인주의와는 차이가 있다. 조지 워싱턴을 위시해 미국의 대통령들은 국가의 영속을 위해 시민들 사이에 도덕적인 덕목이 필요함을 강조했고, 대가족제도 역시 개척시대뿐 아니라 20세기 초까지 대부분의 이민자 사회에서 보편적인 가족 형태였다.

그러나 2차 세계대전이 끝나면서, 특히 1960년대 반문화운동反文化運動, counter cultural movement의 등장과 함께 상황은 급변하기 시작했다. 1960년대 등장한 극단적 형태의 자기중심적 개인주의는 전통규범과 사회적 책임을 외면하면서 오로지 자기 탐닉에만 빠져들었다. 그런 사회현상은 당시 가장 대중적인 문구였던 "너 자신의 것을 하라Do your own thing"는 표현으로 요약된다. 이런 유의 이기적 개인주의는 옳고 그름에 대한 일체의 기준에 의문을 제기하면서 도덕적 혼란을 불러왔다. 만약 한국의 젊은이들이 이를 따라 한다면 그 미래는 끔찍할 것이다.

우리가 현명하게 한국의 가족문화를 보존한다면 그것은 그런 유의 이기적이고 근본 없는 태도에 대한 최상의 해결책이 될 것이다. 그뿐만 아니라 개인주의를 강조하는 서구식 사고를 보완하고 올바른 균형을 잡아줄 것이다. 동양문화는 '인간'을 독립된 개인으로서가 아니라 '관계'를 통한 존재로 이해한다. 한자로 사람을 뜻하는 '인人'은 두 사람이 서로를 지탱하는 모습을 형상화한 것이고, '인간人間'이란 단어는 '두 사람 사이의 관계'를 의미한다. 이렇듯 동양에서는 사람으로서의 역할과 책임이 관계 속에서 결정되며, 거기에서 개인의 정체성이 규정된다. 이런 인간관계는 가족에서부터 시작되며 모든 사회적 관계는 가족관계를 반영한다.

'효자 집안에 충신 난다'는 속담이 있다. 가족은 책임감 있는 시민을 양성하는 기관이자 도덕교육의 현장이다. 반면 서구의 가족문화에서는 가족을 사회나 국가와 같은 공적 영역과 연관시키는 윤리를 찾아보기 어렵다. 앞서 기술한 대로 공자는 '수신제가치국평천하'라고 했다. 천하의 일을 도모하려면 우선 자기 자신을 수양하고 가족을 화목하게 이끌어야 한다는 뜻이다. 그의 이 같은 가르침에는 많은 지혜가 담겨 있다.

나는 지금 유교적 전통이 완벽하다고 말하는 것도 아니며 과거로 돌아가야 한다고 주장하는 것도 아니다. 서구의 개인주의는 가족을 넘어 더 큰 목적을 향한 책임감과 개인의 창의성을 장려하는 긍정적인 면을 갖고 있다. 이러한 덕목들은 아시아 문화가 분명히 배워야 할 부분이다. 잘못 적용된 유교적 전통은 종종 가부장적이고 여성을 경시하는 성향도 있음을 감안하면 더욱 그렇다. 유교적 전통은 지나치게 권위적이어서 개인의 창의성을 억압하고 사회 전체의 발전을 저해한다. 동양적 문화와 전통도 이처럼 부정적 측면이 있음을 부인할 수 없다. 따라서 만약에 동양의 문화와 전통의 정수와 서구사상의 정수가 서로의 단점을 상호 보완할 수만 있다면 그 결과는 이상적인 조합이 될 것이라고 생각한다.

이런 조합은 갈등과 분열, 대립과 투쟁을 넘어 세계평화를 가능케 하는 진정한 지구촌 문화의 영적·문화적·철학적 기반을 형성한다. 그것이 앞서 인용한 대로 김구 선생이 꿈꿔온 비전이다. 그는 한민족이 세계에 기여하고 세계평화를 가져오는 데 중요한 역할을 하리라고 굳게 믿었던 것이다.

나는 우리 민족이 그 같은 역할을 통해 이 꿈을 현실로 만드는 데 기여할 수 있는 특별한 위치에 있다고 확신한다. 우리는 역사적 경험을 통해 그렇게 할 수 있는 자질과 자격을 충분히 갖췄다. 그것을 가능하게 만든 영적·도덕적 기반들도 가족문화를 통해 형성해왔다. 이 유산을 자신의 것으로 만듦으로써 우리는 비로소 한민족의 정체성을 회복하고 코리안드림을 실현할 수 있다. 나는 이를 믿고 기대한다.

코리안드림을 통해 우리는 동양과 서양을 연결하고 과거를 교훈 삼아 새로운 미래를 창조할 수 있다. 남북한 주민 모두에게 이는 새로운 출발이다. 한반도로서는 우리 민족의 의지와 상관없이 강제되었던 분쟁의 과거사를 극복할 수 있는 절호의 기회다. 우리의 정체성을 회복하고 역사와 문화가 우리에게 요구했던 운명을 인식함으로써 이제부터 북한 주민, 남한 주민이 아닌 하나의 민족으로서 미래를 향해 함께 갈 수 있을 것이다.

CHAPTER 5

대중의 힘이
통일의 길이다

민족의 운명을 결정하는 책임은
어느 한 개인이나 정부 혹은 국제사회에 떠넘길 수 없다.
한민족의 구성원 모두가 강력한 영적 · 도덕적 힘을 발휘하고
찬란한 미래를 건설하는 데 공헌할 수 있음을
자랑스럽게 생각해야 한다.
그리고 스스로 책임을 감당해야 한다.

나 혼자서는 세상을 바꿀 수 없다.
그러나 우리가 던지는 돌멩이 하나하나는
수많은 물결을 만들어낼 수 있다.

•

화자 미상

지난 장에서 나는 우리 선조들이 건국의 이상을 실현하기 위해 노력해왔던 고유한 역사를 뒤돌아보았다. 우리 민족은 인간이 하늘과 같은 가치를 지닌다는 정신에 입각한 민본주의를 실현하는 데 있어서 동북아시아에서도 선도적 위치를 지켜왔다. 일상에서 그러한 염원을 구현하기 위해 가정에 뿌리를 둔 국가체제와 도덕적 전통을 가꿔왔으며, '널리 세상을 이롭게 한다'는 홍익인간의 이상을 실현하기 위해 유용한 신앙 전통들을 받아들임으로써 하나의 민족적 의식을 형성해왔을 뿐만 아니라 포용적이고 풍요로운 영성을 지니게 되었다.

오늘날 우리는 거대한 역사적 전환점에 놓여 있다. 북한의 위협과 그로 인한 불안정성이 커짐에 따라 통일은 매우 시급한 과제가 되었다. 우리의 과제는 어떻게 평화적으로 통일을 실현할 것인가 하는 점이다. 이 책에서 내가 주장하는 것은 한반도의 통일이 우리의 정체성을 회복하고 역사적 운명을 실현할 수 있는 다시없는 기회라는 점이다.

나는 이것을 위해 민족의 단합된 지지를 이끌어낼 수 있는 비전으로서 '코리안드림'을 일관되게 설명하고 있다. 코리안드림은 단순한 추상적 개념이나 몽상적인 희망이 아니다. 모든 한국인이 광범위한 대중운동에 참여함으로써 성취할 수 있는 구체적인 계획이다. 첫 장 서두에서 인용한 칭기즈 칸의 어록, "한 사람의 꿈은 꿈에 불과하지만 모두가 함께 꿀 때 그것은 현실이 된다"라는 명언은 우리 민족에게도 뜻 깊은 교훈을 던져준다. 민족의 모든 구성원이 코리안드림에 기초한 통일운동에 동참하여 새 역사 창조에 이바지해야 한다는 점을 감안할 때 그러하다. 대중운동은 모든 사회에서, 특히 민주사회에서는 더더구나 엄청난 변화의 힘을 발휘한다. 물론 대중운동이 긍정적인 힘이냐, 부정적인 힘이냐 하는 것은 참여자들의 참여 동기와 비전에 따라 가름된다. 비전 없는 대중운동은 대개 무모한 집단행동으로 변하게 된다. 긍정적인 변화를 선도하는 이념은 진리를 바탕으로 하며, 인간의 양심이 거기에 감응하는 도덕적 권위를 갖는다. 그 결과 더 많은 사람들이 그러한 이상과 원칙에 기초한 변화를 이루어내기 위해 함께 행동하게 된다.

사회적·국가적 변화 과정에 참여하는 대중은 개인의 자발적인 참여와 주인정신으로 움직인다. 통일운동도 마찬가지다. 진정으로 통일을 원한다면 무엇보다 먼저 개개인이 스스로 동기와 열정을 가져야 한다. 전체적으로 볼 때 비록 각자의 기여가 지극히 작다고 할지라도 그 작은 것들이 모여서 근본적인 변화를 일으키는 것이다. 따라서 개인별 참여가 절대적으로 중요하다. 이 장을 시작하면서 인용한 "나 혼자서는 세상을 바꿀 수 없다. 그러나 우리가 던지는 돌멩이 하나하나는 수많은 물결을 만들어낼 수 있다"는 말이 여기에 해당된다고 볼 수 있다.

우리 민족사의 가장 결정적인 순간에 모든 한국인들은 '나는 통일과 코리안드림의 실현을 위해 어떤 물결을 일으킬 것인가'를 스스로에게 질문해보아야 한다. 나는 우리 민족의 역사에 무엇을 기여할 것인가? 우리 민족의 건국이상 실현에 나는 어떤 것을 유산으로 전할 것인가? 이와 같은 질문들 속에 민족과 조국을 위해 스스로 무엇을 할 수 있는 가에 대한 고민이 함축돼 있어야 한다. 이 장에서는 한국사는 물론 세계사에 있었던 사례들을 통해 '대중의 힘People Power'이 위대한 변화를 일으키는 데 어떤 역할을 했는지 살펴보고자 한다. 이를 통해 인간의 근본적인 소망과 원칙과 가치의 근거인 보편적 진리, 그리고 그것에 뿌리를 둔 도덕적 권위가 성공적 변화의 가장 중요한 요소임을 증명해 보려고 한다. 아울러 인터넷과 소셜미디어 그리고 스마트폰이 불러온 정보소통의 혁명이 세계적인 사회운동에 미칠 영향도 짚어보고자 한 다. 정보통신기술의 발전은 인류 역사상 그 어느 때보다 개인의 사회 참여가 광범위하게 이루어지도록 해주고 있기 때문이다.

한민족의 역사는
우리가 만든다

—

우리 민족의 역사는 치열한 대중운동으로 점철되어왔다. 40여 년이나 계속된 대몽전쟁에서 삼별초가 벌인 항쟁(1231~1273)은 민족의 고귀한 이상을 지키기 위해 충성심으로 뭉친 민초들이 있었기에 가능했다. 지방토호의 학정에 못 이겨 농민들이 자발적으로 일으킨 동학운동의 중심에는 지방 관료와 지주의 횡포에 대한 분노와 억울함뿐 아니라 홍익인간 전통에 뿌리를 둔 원칙이 자리 잡고 있었다. 모든 인간은 사회적 지위와 관계없이 천부적 가치와 영적 존엄을 지니고 태어났다는 주장이 바로 거기에 근거했다.

민족지도자 33인의 이름으로 탑골공원에서 낭독된 3·1 독립선언문에는 평등과 자유, 인간의 양심과 권리 그리고 5,000년 역사에서 우리 한민족이 지향해온 사명이 담겨 있다. 독립선언서를 작성한 학생들은 우드로 윌슨Woodrow Wilson 미국 대통령이 프랑스 베르사유 평화회의에서 제시한 민족자결주의 원칙에 영향을 받았다. 그 내용에 대한 민족적 공감이 전국적인 규모의 비폭력 시위를 불러왔던 것이다. 전국 방방곡곡에서 민중들이 일제 공권력의 가혹한 저지에도 불구하고 태극기를 흔들며 '대한독립 만세'를 외쳤다. 우리 민족의 본바탕에 이미 그러한 꿈과 이상이 담겨 있기 때문에 가능한 일이었다. 이상을 구현하고자 하는 심오한 충동은 장구한 역사와 함께 한민족의 혈맥을 통해 이어져 내려왔으며, 현대에 이르러서는 대한민국의 민주주의 발전에 도 큰 몫을 담당했다.

1987년 6월 10일 민주항쟁 전 학생운동은 전두환 군사정권과 대립했다. 학생운동의 정치적 견해는 다양했으며 일부는 매우 급진적이었다. 학생들은 전두환 대통령이 지명해서 후임자를 선출토록 하는 간접선거를 거부하고 국민이 직접선거를 통해 대통령을 선출할 수 있도록 하는 개헌을 요구했다. 그러나 이러한 학생들의 요구에 시민들은 어느 정도 공감하면서도 직접적인 참여와 적극적인 지지는 많지 않았다.

박종철 고문치사 사건은 6·10민주항쟁의 도화선이 되었다. 그는 1987년 1월 14일 공안 당국의 고문으로 사망했는데 정부는 이를 은폐하려 했다. 언론의 취재로 진실이 드러나자 많은 사람들이 거리로 쏟아져 나왔다. 이미 1장에서도 언급한 바 있지만, 민족 전체를 하나의 대가족으로 인식하며 모든 인간의 생명을 귀하게 여기는 한국인들에게 이 사건은 용납할 수 없는 일이었다. 대중의 분노는 6월 9일 연세대학교 재학생 이한열이 시위 도중 최루탄 파편에 맞아 7월 5일 사망하는 사건이 발생하면서 더욱 고조되었다.

걷잡을 수 없이 확산되어가는 민주화 요구에 굴복한 전두환 대통령은 한 발 물러나 대통령 직선제 개헌, 그리고 시민의 자유 회복을 약속했다. 이는 한국사회에 진정한 의미의 민주주의가 뿌리를 내리는 분수령이 되었다. 6·10민주항쟁은 군사독재를 종식시켰고 사회 각계각층에서 자발적인 시민운동을 태동시켰다. 이를 계기로 한국은 짧은 기간에 안정적으로 민주주의를 정착시켜왔다. 비록 초기에는 급진주의적 학생들이 시위를 주도했던 것이 사실이다. 그러나 이후 대다수 한국인들의 보다 적극적인 참여가 이루어지면서 한국사회는 안정적으로 균형이 잡혀갔다.

대중의 힘,
도덕적 권위로 사회변화 이끈다

—

2010년 12월 17일, 튀니지의 모하메드 부아지지Mohammed Bouazizi라는 청년이 노점상 허가를 받지 않았다는 이유로 판매하고 있던 청과물을 공무원에게 압수당하자 분신한 사건이 발생했다. 이를 계기로 23년간 독재정치를 해온 벤 알리Ben Ali 대통령에 반대하는 봉기가 일어났다. 부아지지는 분신 후 한 달이 채 안 된 2011년 1월 4일에 사망했고 10일 후에 결국 벤 알리 대통령이 물러났다. 이른바 '아랍의 봄'은 그렇게 시작되었다. '아랍의 봄'은 얼마 후 이집트와 예멘으로 확산되면서 무바라크Mubarak 이집트 대통령과 살레Saleh 예멘 대통령을 권좌에서 몰아냈다. 리비아에서도 시위가 내전으로 확대되면서 결국 카다피Qaddafi 대통령이 사살되고 42년 독재정치가 막을 내렸다. 시리아에서도 역시 대중의 시위에 이어 내전이 발발하고, 정부군과 반군의 공방이 지금까지 계속되고 있다.

부아지지는 과일과 채소를 팔아 어머니와 숙부, 어린 동생들을 돌보며 여동생의 대학 학비까지 대고 있었다. 가족에 대한 책임감이 강했던 그는 여러 가지 일을 시도했지만 그때마다 공무원들에 의해 좌절을 겪어야 했다. 튀니지에서 노점상을 하려면 허가를 받아야 하는지는 모르지만 한 가지 분명한 점은 공무원들이 시장 상인들을 상대로 뇌물을 요구해왔다는 사실이다. 분신하던 그날도 부아지지는 빚을 얻어 물건을 구입했는데 이를 경찰에 압수당했다. 뇌물을 주지 못했기 때문이었다. 부아지지의 분신 항거는 1987년 대한민국에서 있었던 박종철 고문치사 사건만큼이나 튀니지 국민들을 격분하게 만들었다. 부아지지는 부정과 부패의 희생양이며, 그의 불행은 벤 알리 대통령 통치하에 신음하던 다른 수많은 튀니지인들의 현실을 반영하는 것이었다.

때로는 불의한 행위가 대중의 격분을 낳는 반면, 정의로운 행동은 수많은 사람들의 의식을 깨워 대중운동을 이끌어내기도 한다. 어느 쪽이 되었건, 인간은 옳고 그름에 관한 근본적인 원칙을 인식하고 이를 추구하는 과정에서 연대를 모색했다.

지난 세기 도덕적 권위에 기초한 위대한 지도자들 가운데 대표적인 인물이 마하트마 간디Mahatma Gandhi다. 1차 세계대전이 일어나기 전, 남아프리카 인도인 사회에서 변호사로 활약하던 청년 간디는 일등칸 표를 끊고 기차에 올랐지만 백인에게 자리를 양보하지 않았다는 이유로 역무원에게 구타를 당하고 기차 밖으로 끌려 내려갔다. 이런 개인적 체험은 유색인종에게 가해지는 구조적인 불평등에 대한 그의 의식을 일깨웠다.

그는 21년 동안 남아프리카공화국에 살면서 투표권 등 인도 출신 이민자들의 권리를 박탈하려는 정부에 대항하여 싸웠다. 1906년 트란스발주 정부는 백인에게는 적용하지 않으면서 인도계 주민들에게만 요구하는 지문 등록 법안을 통과시켰다. 이에 대해 간디는 훗날 그의 상징이 된 철학이자 전략인 '공정치 못한 법률에 대한 비타협'과 '처벌 결과에 대한 비폭력적 수용'을 발전시켜 나간다.

타협을 거부하는 정부에 맞서 인도인들은 7년 동안이나 저항했다. 그 과정에서 등록을 거부하거나 등록 카드를 태워버렸다는 이유로 수천 명의 인도인이 체포되었고 수백 명이 투옥되었다. 파업을 벌이던 수천 명의 광부들도 똑같이 체포되거나 구타를 당했고, 심지어 총격을 받는 사태까지 벌어지기도 했다. 하지만 저항운동은 국제적인 지지를 촉발했고, 영국과 인도의 압력에 굴복한 남아프리카 정부는 마침내 몇 가지 양보안에 합의한다.

1914년 인도로 돌아간 간디는 이후 1948년 암살당할 때까지 남아프리카에서와 같은 방식으로 인도의 독립을 위해 투쟁했다. 그가 펼쳤던 선구적인 운동 방식의 배경에는 '사티아그라하Satyagraha'라는 영적 철학이 깊이 자리 잡고 있었다. '진리의 힘'을 의미하는 이 단어는 평화적으로 표현되는 진리의 힘이 궁극적으로 억압의 부당성과 잘못됨을 폭로할 수 있다는 확신을 함축하고 있다.

이러한 그의 접근법이 가장 극적으로 드러난 사건이 1930년의 '소금 행진Salt March'이다. 간디는 영국이 독점하고 있던 소금세에 대한 저항의 표시로 소금을 만들기 위해 구자라트주 단디 해안까지 약 400km를 행진한다. 수천 명이 동참한 이 행진은 역사상 가장 유명한 비폭력 저항의 사례 가운데 하나로 기록된다. 이 저항으로 인해 6만 명이 넘는 인도인들이 투옥되었다.

간디의 정의감은 영국의 식민통치를 종식시키는 것에만 국한되지 않았다. 그는 인도의 뿌리 깊은 신분 제도하에서 가장 낮은 계급인 '불가촉천민'의 처우 개선에 사티아그라하에 입각한 원칙과 방법을 적용했고, 이들을 '신의 아들'이라는 뜻을 가진 '하리잔Harijan'으로 불렀다. 또한 힌두교를 신봉함에도 불구하고 다양한 종교적 비전을 품었다. 1947년 인도가 독립한 후 파키스탄이 이슬람 국가로서 인도로부터 분리되었을 때에도 간디는 힌두교 신자와 무슬림 신자 간의 협력을 구축하고 여기에 기독교인까지도 포함시키고자 했지만 그의 이런 노력에 반대하던 힌두교 근본주의자가 쏜 총탄에 맞아 사망했다.

간디는 살아생전 남아프리카와 인도 당국으로부터는 물론이고 힌두교와 이슬람교를 믿었던 수많은 인도인들로부터 비난을 받았지만 오늘날 세계인의 존경을 받고 있다. '마하트마Mahatma'는 산스크리트 어로 '위대한 영혼의 소유자'라는 뜻이다. 간디는 자서전《진리와 함께 한 나의 실험 이야기The Story of My Experiment with Truth》에서 자신의 삶을 더 큰 이해를 향한 끊임없는 탐구의 여정으로 보았다. 비록 초점은 인도에 정의를 바로 세우려는 것이었지만 그의 인생을 지탱해준 근본적 원리는 모든 이들에게 적용되는 것이었다. 그는 "우리가 그것을 생각해보면 이질성과 동질성 간의 구분은 상상에 불과하며, 우리 모두는 한 가족이라는 사실을 발견하게 된다"라고 말한다.

간디는 진리에 입각한 비전 또는 꿈이 모든 사람을 자연스럽게 감동시킬 수 있는 도덕적 권위를 유발한다는 사실을 알았다. 그는 이를 다음과 같이 설명했다.

> 나는 신을 찾기 원한다. 그러고 싶기 때문이다. 그리고 다른 이들과 함께 신을 찾아야 한다. 나 혼자서는 이 일을 할 수 없다. 만약 그럴 수 있다면 당장에라도 히말라야에 올라가 그곳 굴속에서 신을 찾으려 할 것이다. 하지만 어느 누구도 홀로 신을 찾을 수 없다고 믿기에 나는 그들과 함께해야만 한다.

영원한 이상과 진리에 기초한 비전이 갖는 도덕적 힘은 모든 인간의 본성에 공감을 불러일으킨다. 간디는 이것이 모든 정치적 입장을 초월한다고 보았다. 간디와 같은 지도자들은 이러한 진리에 기반하여 많은 사람들을 움직이고 결과적으로 근본적인 사회변화를 부르는 데 성공했다.

간디는 새로운 철학이나 종교운동을 창시하는 일에는 전혀 관심이 없었다. 그는 오히려 "나는 그저 나만의 방법으로 영원한 진리를 일상의 삶과 문제에 적용하려 했을 뿐이다"라고 했다. 간디는 영원한 진리와 영적인 원리에 초점을 맞추었다는 점에서 종교지도자와는 다른 영적 지도자의 모습을 보여준다. 이 부분은 아무리 강조해도 지나치다 할 수 없다. 그의 지혜는 상당 부분 힌두교 전통에서 비롯되었지만, 자신이 의지하는 진리는 힌두 전통에만 존재하는 것이 아니라 모든 곳에 있다는 사실을 그는 이해하고 있었다. 바로 이 점이 그가 타 종교, 특별히 이슬람교도들에게 다가갈 수 있었던 이유였다.

이와는 대조적으로 세속적 종교지도자들은 오직 자신들의 신앙만을 고집하며 교세 확장에 열을 올린다. 이들에게 타 종교는 경쟁 대상이거나 심지어 적으로까지 간주되는데, 이러한 관점은 종교 간 충돌을 일으킬 수밖에 없다. 이는 영적인 원칙과 근본적인 원리가 하나님으로부터 비롯된다는 사실과 그것이 어떤 종교에도 예외일 수 없다는 사실을 부정하는 태도다. 보편적이며 영적인 원칙을 인정할 때만 우리는 모든 인류가 하나님 아래 한 가족으로 살 수 있는 평화로운 세계를 건설할 수 있다. 종파 이기주의적 종교지도자들과 달리 영적 지도자는 종교적 장벽을 초월한 비전을 볼 수 있으며, 인류 역사의 노정이 근원적이고도 영원한 이상에 보다 가까이 향하도록 인도한다.

나는 한국 언론과 인터뷰할 때마다 영적 지도자와 종교지도자 간의 차이를 강조해왔다. 나의 아버지 문선명 목사도 의심의 여지가 없는 영적 지도자다. 그분의 비전은 그가 관장하고 있는 단체를 포함해 일체의 종교적 장벽을 훌쩍 뛰어넘는다. 이 비전은 하나님으로부터 부여받은 영적 원칙에 근거하여 종교, 민족, 국적을 초월한 세계평화의 초석이다. 나는 아버지의 그런 비전을 이어받아 발전시켜 나가는 데 일생을 바치겠다고 맹세했다. 글로벌피스재단에서 내가 우선순위에 두고 있는 일 가운데 하나는 보편적인 영적 원칙에 기반하여 세계종교 간 협력을 증진하는 일이다. 이런 협력 없이 세계평화는 결코 이루어지지 않는다.

보편적인 진리에 바탕을 둔 간디의 비폭력 저항운동과 그의 포용적인 영성은 세계에 큰 영향을 끼쳤다. 남아프리카공화국 최초의 흑인 대통령이자 남아프리카 전체 국민의 투표로 선출된 첫 번째 대통령인 넬슨 만델라Nelson Mandela도 간디의 사상으로부터 영향을 받았다. 2013년 그가 사망하자 전 세계는 그를 '높은 이상을 갖고 행동으로 실천한 위대한 정치가'로 추앙했고, 남아프리카에서는 '국가의 아버지'로 존경하며, 자신들의 토속어로 '타타Tata(아버지)'라고 친근하게 부르고 있다. 미국의 시사주간지 《뉴스위크》는 만델라에 대해 "워싱턴과 링컨 대통령을 하나로 합친 역할을 했다"라고 표현했다. 그의 공식 전기 작가인 앤서니 샘슨Anthony Sampson은 1993년 "노벨 평화상 수상은 모든 인류를 위한 진리와 정의를 위해 노력한 그의 도덕적 권위를 세계가 인정한 사건"이라고 평가했다.

하지만 만델라가 언제나 그랬던 것은 아니다. 젊은 시절엔 마르크스주의의 영향을 받아 무력투쟁에 심취했고, 남아프리카공산당South

African Communist Party 비밀요원으로 활약했으며, 1961년에는 아프리카민족회의African National Congress의 비밀 군대인 '국민의 창Umkhonto we Sizwe'을 공동 창설해 남아프리카 사회기반시설을 대상으로 한 태업을 주도했다. 이로 인해 1962년 체포된 후 재판에 넘겨져 종신형을 선고받는다.

27년의 수감생활 동안 자신의 삶을 깊이 성찰한 만델라는 간디의 비타협적·비폭력적 접근방식이 조국을 변화시키고 무력분쟁을 종식시킬 가능성이 높다는 걸 깨달았다. 이와 같은 자각은 그 후 더욱 심오해져 1990년 석방될 당시에는 도덕적 권위를 기반으로 하는 근본 진리와 원칙을 확신하게 된다.

남아프리카의 극단적 인종차별 정책이며 제도인 아파르트헤이트Apartheid가 무너지고 민주적 이행으로 들어설 무렵, 백인들이 가한 고통스러운 억압에 대한 분풀이로 흑인들이 무차별적 폭력과 복수를 저지를 것이라는 실재적 위험의 가능성이 대두되었다. 이에 만델라는 데즈먼드 투투Desmond Tutu 대주교를 비롯해서 강력한 도덕성을 갖춘 리더들과 함께 화해를 설파했다. 오랜 수감생활 후에 그가 보여준 이와 같은 행보는 그에게 엄청난 도덕적 힘을 실어주었을 뿐만 아니라 아파르트헤이트 체제에서 민주주의로의 평화적 전환을 가져오는 데 결정적 역할을 했다.

그는 자서전《자유를 향한 머나먼 여정Long Walk to Freedom》에서 자신의 사상적 전향에 대해 "오랜 고독의 시간을 보내면서 내 민족의 자유를 향한 갈증이 백인과 흑인 모두의 자유를 향한 갈급함으로 변했다"
고 기술했다. 나는 우연히 만델라에 관한 감동적인 일화 하나를 들었
다. 이야기를 해준 그 사람도 방글라데시 외교관에게서 들은 일화라고
했는데 한마디로 만델라의 인품을 잘 드러내주는 내용이었다. 남아프
리카공화국 대통령으로 방글라데시를 방문한 만델라는 그곳에서 고
위 외교관들에게 적과 친구가 되는 것이 얼마나 중요한 일인지에 관해
언급했다. 이는 그가 현실정치 세계의 국가수반으로서 영적 차원의 신
념을 정치적 영역에 적용하여 커다란 영향력을 발휘했다는 것을 의미
한다. 그는 영원히 변치 않으며 모든 이들에게 적용되는 근본적인 원
칙이 있음을 깨닫고 있었던 것이다.

1994년 기독교시온주의자회의Zionist Christian Conference에서 그는 "우
리는 이 산꼭대기에서 모든 인간은 피부색과 빈부, 지식의 유무와 관
계없이 창조주의 형상대로 창조되었으며 그분의 자식이라는 점을 확
인하고 이를 선포해야 한다"라고 했다. 이런 비전은 사람들의 마음에
감동을 주어 확신을 가지고 그것을 실천하게 만든다.

노벨 평화상 수락 연설에서 만델라는 남아프리카에서 자유를 옹호
했던 사람들을 언급하면서 "그들은 사적인 이익을 도모하지 않고 독
재와 불의에 맞선 고결한 정신의 소유자들로 한 사람에게 가해진 상처
는 모두의 상처임을 깨닫고 정의와 공통의 인간적 품위를 지키기 위해
함께 투쟁한 이들이었다"고 했다. 대통령 취임 연설에서는 "그러므로
우리는 국가적 화해와 건설을 위해 그리고 새로운 세계의 탄생을 위해

함께 뭉쳐야 한다"고 강조했는데, 이는 오늘을 사는 우리에게도 고스란히 적용되는 교훈이다.

1950년대와 1960년대에 일어난 미국의 민권운동은 도덕적 권위가 영적 원칙과 가치에 기반을 둠으로써 광범위한 대중적 지지를 얻었고, 그 지지를 바탕으로 사회를 근본적으로 변화시킨 또 하나의 사례다. 민권운동의 지도적 비전은 미국 독립선언서에 나와 있는 건국 원칙과 기독교적 이상에 간디의 철학과 실천을 결합한 것이고, 그것은 궁극적으로 인종과 종교의 울타리를 넘어서자는 호소였다.

1863년 링컨 대통령의 노예해방 선언에도 불구하고, 남부의 흑인들은 여전히 이류 시민으로 취급되었다. 1876년 남부 지역 주들이 제정한 짐 크로 법Jim Crow laws에 따라 공립학교, 대중교통, 영화관, 식당 같은 공공시설에서의 흑백 격리가 공인됐으며, 연방법에 보장된 투표권도 주마다의 다양한 법률적 규제를 통해 행사 자체가 불가능했다.

이런 제도에 첫 번째 균열이 생긴 것은 1955년에 발생한 사건 때문이었다. 그것은 마치 한국의 박종철 고문치사 사건, 튀니지의 부아지지 분신과 같은 성격의 사건이라고 할 수 있다. 당시 앨라배마주 몽고메리에 살던 42세 흑인 여성 로자 파크스Rosa Parks는 흑백 격리 버스 안에서 자리를 백인에게 양보하고 흑인들에게 배정된 뒷좌석으로 옮기라는 차장의 명령을 거부했다는 이유로 체포되었다. 그녀는 이전부터 시민운동에 몸담고 있었지만 이 경우는 '양보하는 게 진절머리가 난' 일반 시민으로서 행동했을 뿐이라고 말했다.

그녀의 행동은 26세의 혈기왕성한 마틴 루터 킹 목사가 조직한 몽고메리 버스 탑승 거부운동으로 이어졌다. 몽고메리 흑인들은 그 후 1년 넘게 인종 격리가 폐지될 때까지 대중버스 탑승을 거부한다. 마침내 1956년 6월 미국 지방법원은 버스 승객 격리법을 위헌이라 판결했고, 같은 해 12월 17일 연방대법원은 그 같은 결정에 손을 들어주었다.

하지만 이 승리는 강력한 반발을 불러일으켰다. 버스에 타고 있던 흑인들을 향한 총격 사건이 발생한 것이다. 킹 목사와 랠프 애버내시 Ralph Abernathy의 교회와 집에도 폭탄이 투척됐다. 하지만 이런 폭력에도 불구하고 불평등한 법에 대한 저항은 직접적이지만 비폭력적인 방식으로 진행되었다. 이는 간디의 사상과 실천에서 영감을 얻은 것으로 킹 목사의 리더십 아래 미국 민권운동의 특징으로 자리 잡는다.

킹 목사는 그 이전엔 기독교의 "네 이웃을 사랑하라"는 계율은 개인 간의 분쟁에서만 유효하다는 믿음을 가지고 있었고, 인종과 국가가 충돌할 경우엔 보다 현실적인 접근법이 필요하다고 생각했다. 하지만 진리의 힘, 원칙의 힘이 증오와 폭력에 기대지 않고도 부당함과 싸우는 데 적용될 수 있음을 간디로부터 배워 깨닫게 된다. 그는 링컨기념관 앞에서 했던 유명한 연설에서 "다시 또다시, 우리는 육체의 힘과 영혼의 힘이 만나는 저 고귀한 정점에 이르러야 합니다"라고 역설했다.

킹 목사의 이런 투쟁 방식은 신앙과 종파를 초월해 상당수 미국인의 양심을 움직였다. 민권운동가들은 흑인들이 유권자 등록을 할 수 있도록 도왔고, 흑백 격리 시설에서 함께 연좌농성을 벌였으며 남부 도시들을 행진했다. 그들은 폭력적인 탄압을 받았지만, 폭력으로 대응하지 않았다. 미국 시민들이 이런 모습을 지켜보며 마침내 여론의 향배는 이들 쪽으로 기울기 시작했다. 1964년 킹 목사는 비폭력을 통해 인종 평등을 증진한 공로를 인정받아 노벨 평화상을 수상한다. 다음 해 앨라배마주 셀마에서 인종분리 반대시위로 킹 목사가 체포되었다는 소식이 전해지자 국제적인 차원의 지지운동이 일어나게 된다.

민권운동이 승리한 배경에는 미국 남부 주에 살고 있던 흑인들을 비롯해 광범위한 대중의 지지도 한 가지 이유였지만, 근본적인 영적 원리에 기초한 도덕적 권위와 함께 선한 양심을 가진 모든 이들이 공유하는 원칙이 있었기 때문이다. 1963년 수도 워싱턴 D.C.에서 행한 '나에게는 꿈이 있습니다' 연설에서 킹 목사는 독립선언서의 건국 원칙이 그토록 열망했던 고귀한 이상을 미국인에게 상기시켰다. 그는 "나에게는 꿈이 있습니다. 언젠가 이 나라가 일어나 그 진정한 의미를 삶의 신조로 살아가는 날이 오리라는 것입니다. 우리는 이 진리들이 분명하게 성취될 것을 믿습니다. 그 진리는 모든 인간이 평등하게 태어났다는 것입니다"라고 선언했다. 그는 남부의 흑인 동료 시민들이 부당한 차별을 당하고 있는 상황을 더 이상 외면할 수 없다며 미국인의 각성을 촉구했다. 흑인에 대한 불평등은 "모든 인간은 창조주에 의해 평등하게 창조되었고 박탈할 수 없는 권리를 가진다"는 건국정신에 위배된다는 것이었다.

2012년, 나는 민권운동의 중심지인 조지아주 애틀랜타에서 연례 글로벌피스컨벤션을 열었는데 마틴 루터 킹 목사의 딸 버니스 킹Bernice King 목사도 기조 연설자로 자리를 함께했다. 그녀는 아버지 킹 목사가 영적 지도자임을 강조하면서 지금 살아 계시다면 글로벌피스재단의 일원이 되셨을 거라고 했다. 그녀는 "저는 아버지를 민권운동 지도자로 규정짓지 않습니다. 무엇보다도 아버지는 영적 지도자셨고 하나님의 사람이었으며 민권과 인권에 영향을 준 도덕적 리더였습니다. 그리고 아버지가 하신 모든 일은 정치 이데올로기가 아닌 온전히 그만의 영적인 신념에서 나온 것입니다"라고 말했다.

사람들이 고귀한 이상을 추구하기 위해 행동하도록 고무하는 힘과 도덕적 권위는 종교, 정치, 인종을 초월하는 비전과 보편적인 영적 진리에서 나온다. 간디, 만델라 그리고 킹 목사의 업적이 그 직접적인 증명이라고 할 수 있다. 이들은 모두 사회적 처지, 민족, 종교, 인종이나 피부색 등에 대한 편향된 인식에서 벗어나 진리를 추구했다.

그렇지 않았다면 인도의 식민주의나 남아프리카공화국 또는 미국의 인종차별 정책이 갖는 불의와 기만을 폭로함으로써 수백만의 양심에 불을 지피고 20세기의 지정학적 구도를 바꾸는 업적을 일궈내지 못했을 것이다. 그들은 기본적인 인권과 자유의 개념을 절대적인 진리로 고양시키는 일에 심혈을 기울였다. 그 결과 '진정한' 도덕적 권위는 지위, 돈 또는 권력에서 나오지 않고 보편적 진리에서 나온다는 말이 진실임을 실증했다. 진리가 곧 모든 인간의 양심을 일깨우고 그것을 통해 엄청난 사회 변화를 가져온 것이다.

공산세계의 몰락,
냉전시대의 종언

—

1989년 11월 9일, 동독 시민들이 독일을 동과 서로 양분했던 베를린 장벽을 부수기 시작했고, 곧이어 서독 시민들이 동참하면서 동·서독뿐 아니라 서구 민주진영과 동구 공산진영 사이를 갈라놓은 냉전의 상징물은 해체된다. 마침내 시민들의 힘으로 억압자들을 쫓아낸 것이다. 불과 한 달 전 강경파 공산주의자인 동독 서기장 에리히 호네커Erich Honecker가 군부에 명령하여 점점 숫자가 늘어가는 시위대에 발포하도록 지시했지만, 군은 시민을 향해 총을 발사하지 않았고, 이후 1년이 채 안 돼 두 개의 독일은 다시 하나가 되었다.

베를린 장벽은 동독인의 탈출을 막기 위해 축조된 것으로 경비병은 탈출하려는 자를 그 자리에서 사살할 수 있었다. 하지만 서독의 TV와 기타 매체를 통해서 유입되는 정보는 동독인들로 하여금 보다 자유롭고 살기 좋은 곳으로 떠나고 싶은 욕구를 자극했다. 1989년 초반에는 수천 명의 동독 주민들이 민주화로 거듭난 주변국 헝가리로, 후반에는 체코슬로바키아를 통해 빠져나갔다. 이를 막기 위해 동독 수뇌부가 사방의 국경을 폐쇄했지만 탈출 행렬은 멈추지 않았다. 그리고 모든 탈출구가 봉쇄되자, 정부에 대항하는 시민들의 숫자가 늘어났다.

1989년 라이프치히에서 열린 '월요시위Monday Demonstrations'는 반정부 시위의 상징이 되었다. 800년이나 된 라이프치히 니콜라이 교회에서 시작된 소규모의 기도와 토론 모임은 32만 명이 참가하는 민주화 요구 평화행진으로 발전했다. 급기야 민주화를 요구하는 모임이 전국의 교회들로 확산하기 시작했다.

시위 참가자가 증가하자 대중의 분노에 공포심을 느낀 집권 공산당 SED은 1989년 10월 8일 호네커를 권좌에서 몰아냈다. 결국 이와 같은 시위는 집권 공산당의 권력 유지를 위한 저항 의지를 포기하게 만들었다. 정부는 50만여 명의 시민들이 참여한 11월 4일 동베를린 집회를 허가하고 일체의 여행 금지 조치를 철회했으며, 마침내 베를린 장벽이 무너지는 모습을 지켜보아야 했다.

이후 즉각적으로 내각이 총사퇴하면서 '당의 주도적 역할Leading Role of the Party'이라는 문구가 헌법에서 사라졌고, 다당제가 되면서 곧바로 자유선거가 실시되었다. SED는 마르크스 – 레닌주의를 포기하고 당 명칭을 SED – 민주사회당으로 개명한다. 공산주의 체제에서 평화적인 방식으로 민주주의로 이행한 나라들에서 볼 수 있듯, 이 과정에서 당의 협조적 역할이 중요한 요소로 작용했다. 당 지도부는 구시대적 요소를 제거하고 권력 독점을 포기했으며 새로운 민주적 정치 절차를 도입했다. 그들은 이렇게 협력하는 것이 최후까지 저항하다 수감되거나 처형당하는 것보다 자신들에게 훨씬 유리하다는 점을 간파했던 것이다.

하지만 루마니아의 독재자 니콜라에 차우셰스쿠Nicolae Ceauescu는 바로 이 점을 간과했다. 권력에 대한 미련을 끝내 버리지 못했던 그는 믿었던 군부에 아내와 함께 총살당했다. 다른 동유럽 공산당이 체제 전환 과정에서 변신에 성공한 반면 루마니아 공산당은 끝내 살아남지 못했다.

호네커 시절 동독은 매우 경직된 소련식 공산주의를 추종하면서 악명 높은 국가보안부인 일명 슈타지Stasi가 관리하는 정보원과 방대한 요원 조직을 통해 반대파를 억압했다. 그는 미하일 고르바초프가 개혁에 착수한 이후로는 소련에서 발행되는 특정 출판물의 반입을 금지하기까지 했다. 그러자 다른 곳도 아닌 당 내부에서 먼저 비판의 목소리가 나왔다. 1977년 서독의 《슈피겔Der Spiegel》지는 '독일민주주의공산당연맹'에서 보냈다고 주장하는 성명서를 게재했는데, 이 글은 익명의 중간·고위급 SED 간부들이 미래 통일을 위한 전주곡으로 민주적 개혁을 주장하는 내용을 담고 있었다.

이처럼 대중의 저항에 부딪혀 공산주의 정권이 몰락하게 된 핵심 배경에는 소련에서 일어난 변화가 한몫을 담당했다. 고르바초프는 더 이상 군사적 개입을 통해 동유럽 공산주의 정권을 지원하지 않을 것임을 분명히 했는데, 그것은 이제 서로가 살길을 찾아야 한다는 의미를 내포한 발언이었다. 뿐만 아니라 고르바초프는 이들 동유럽 공산국 지도자들이 각자 개혁을 실행해나갈 것을 촉구했다. 그가 이 같은 메시지를 가지고 동독을 방문하고 나서 불과 며칠 후 베를린 장벽이 무너졌고, 고르바초프의 메시지를 거부한 호네커는 2주도 안 돼 물러나게 된 것이다. 이에 대해 동독 지도부에 보낸 고르바초프의 발표문 가운데는 "인생은 늦은 자를 벌한다Life punishes those who come too late"는 구절이 담겨 있었다.

동유럽 공산체제 붕괴의 신호탄이 된 폴란드에는 각각 종교계와 시민사회를 대표하는 두 인물이 있었다. 그중 한 사람은 가톨릭교회 수장인 교황 요한 바오로 2세Johannes Paul II였고, 또 다른 사람은 전기공으로 자유노조연대Solidarity를 결성하고 후에 노벨 평화상을 수상하는 레흐 바웬사Lech Walesa였다.

폴란드 출신의 첫 교황 요한 바오로 2세는 동유럽 공산주의 독재체제를 무너뜨리는 데 커다란 역할을 한 것으로 평가받고 있다. 교황 지지자들만이 그렇게 생각하는 게 아니라 바웬사나 미국의 전 대통령 조지 W. 부시도 그렇게 말했다. 1981년 계엄령을 선포해 자유노조의 기능을 정지시켰던 폴란드의 군사독재자 보이치에흐 야루젤스키Wojciech Jaruzelski를 비롯해 고르바초프 같은 반대편 사람들도 교황의 그러한 공헌을 인정하고 있다.

고르바초프는 "철의 장막은 교황 요한 바오로 2세가 없었다면 붕괴되지 않았을 것이다"라고까지 말했다. 1989년 12월 바티칸에서 교황을 아내에게 소개하는 자리에서 고르바초프는 "지구상에서 최고의 도덕적 권위를 가진 인물을 소개하는 영광을 안게 되었다"라고 말한 바있다. 물론 요한 바오로 2세는 교황으로서의 영향력이 있었지만 그의 도덕적 권위는 폴란드 국민을 비롯해 전 세계 사람들에게 호소력을 가지고 있었다. 폴란드 국민에게 교황은 공산주의 체제와 대치되는 영적 원칙과 가치 기준을 대표하는 인물이었다. 요한 바오로 2세는 교황 취임 바로 다음 해인 1979년 모국을 방문했는데, 이때 공산정권은 소수의 노인과 여성들만이 그를 맞이할 것으로 예상했으나 교황이 주최한 행사에 수백만 폴란드인이 몰려들었다. 교황의 영적 진리에 관한 설교에 감명을 받은 이들은 공산주의의 선전이 거짓이었음을 깨닫게 된다.

요한 바오로 2세는 "두려워하지 마십시오"라는 말을 반복함으로써 폴란드인에게 용기를 심어주는 한편 폴란드의 역사와 위대한 전통을 상기시켰다. 공산주의가 억누르려고 애쓰는 풍성한 도덕적 교훈이 그들의 역사 속에 살아 숨 쉬고 있고, 이를 통해 자신감과 용기를 얻을 수 있음을 환기시킨 것이다. 공산체제도 가톨릭교회는 완전히 주관하지 못하고 있었다. 교황은 공산정권 지도부를 향해, 그들의 행동을 지켜볼 것이며 당은 '역사와 양심' 앞에서 책임 있는 행동을 해야 한다고 경고했다.

폴란드 출신의 《워싱턴포스트》 칼럼니스트인 앤 애플바움Anne Apple-baum은 교황이 그가 제시한 비전을 통해 공산주의 세계관에 도덕적으로 도전했다고 보았다. 그녀는 "교황이 자신의 신념을 공개적으로 당당히 표현하고 또 문화와 역사적 자료를 인용하는 그만의 독특한 방식은 문화와 역사 일체를 통제하려는 정권에게는 폭약이나 다름없었다"라고 말했다.

동유럽 공산정권에 대항해 일어난 1989년 혁명을 기록한 영국 역사학자 티머시 가튼 애시Timothy Garton Ash는 교황의 역할을 다음과 같이 요약했다. "나는 이 역사적 상황을 세 단계로 정의해본다. 즉, 폴란드 출신의 교황이 없었다면 1980년대 폴란드 자유노조연대 혁명은 없었을 것이며, 연대가 없었다면 고르바초프의 동유럽 정책에 극적인 변화는 없었을 것이고, 그러한 변화가 없었다면 1989년의 벨벳 혁명Velvet Revolution도 없었을 것이다."

폴란드의 변화에 두 번째로 영향을 미친 인물은 레흐 바웬사였다. 교황이 폴란드인들에게 희망과 변화를 향한 용기를 가져다주었다고 믿었던 레흐 바웬사는 그로부터 받은 영감을 바탕으로 1980년 자유노조연대를 설립하는데, 이는 소련 제국 치하에서 정부의 통제를 받지 않는 최초의 노조로 기록된다. 자유노조는 읽고 말하는 것은 물론이고 근로조건을 포함해 일상의 모든 면을 지시, 명령하는 일당 독재국가를 거부한 평범한 근로자들이 모여 조직한 단체였다. 놀라운 점은 정부가 이 조직의 존재를 인정하는 그단스크 협정Gdańsk Agreement에 서명했다는 사실이다.

노조는 단시간에 급속히 성장하면서 광범위한 사회운동을 전개해 나갔고, 폴란드 노동인구의 3분의 1인 1,000만 명 정도를 끌어모았다. 이를 소비에트 체제에 대한 심각한 도전으로 인식한 소련 공산당 서기장 레오니트 브레즈네프Leonid Brezhnev는 폴란드인에게 자유노조연대를 진압할 것을 명했고, 그러지 않을 경우 1968년 체코슬로바키아처럼 소련군에 의해 점령될 것이라고 위협했다. 그러자 야루젤스키는 계엄령을 선포하고 자유노조의 활동을 금지했으며 바웬사를 비롯한 지도자들을 투옥했다.

하지만 연대는 국제무역 노조단체들과 가톨릭교회의 지원을 받으며 활동을 계속해나갔고, 중앙지도부 체제 대신에 시민단체 운동으로 들어갔다. 탄압에도 불구하고 연대는 건재했고 오히려 영향력이 확대되면서 1989년, 마침내 정부는 이들과 협상할 수밖에 없는 상황에까지 몰리게 되었다. 결국 다당제 자유선거가 실시되었고 자유노조 출신 후보자들이 대부분의 의석을 차지하게 되면서 연대가 집권하는 새로운 정부가 탄생한다. 그리고 얼마 후 바웬사는 2차 세계대전 이후 폴란드 최초의 민주선거로 대통령에 당선된다.

최초의 비공산당 정부가 들어섰고 그것도 공산당이 협력해서 이룬 성과였다는 점에서 이는 소련 제국 치하에서 하나의 획기적인 진전이었다. 이런 상황에서 루마니아 차우셰스쿠 대통령은 바르샤바 조약기구 회원국들에게 군사력을 동원해 폴란드를 공산주의 체제로 되돌릴 것을 촉구했지만 고르바초프는 전임 서기장 브레즈네프와는 달리 바르샤바 조약기구 회원국들의 내정에 물리력을 동원한 간섭은 없을 것임을 분명히 했다. 그러자 폴란드에서 시작된 변화의 물결은 곧바로 헝가리, 동독, 체코슬로바키아, 불가리아, 루마니아로 번져나갔다.

민주주의 체제로 이행하는 과정에서 루마니아를 제외한 모든 나라가 그 전철을 밟았다. 그것은 시민들의 폭넓은 지지를 받으며 평화적인 방법으로 변화를 가져왔다는 의미다. 이처럼 가중되는 대중의 압력에 직면한 집권 공산정권은 마침내 항복을 선언하고 민주적 이행에 협력한다. 그리고 당 지도부는 재판이나 처벌을 받지 않았다. 비록 당의 원로 지도자 대부분이 이미 은퇴했지만 공산당은 그대로 존속했다. 단지 마르크스 – 레닌주의를 포기하고 다당제 민주체제에 새롭게 적응해나갔다.

자유를 위한 운동은 동원할 수 있는 모든 수단을 이용해 정보를 퍼뜨리고 사람들을 연결하며 지하 신문, 팩스, 교회나 극장 혹은 작업장에서의 모임 등을 통한 공개 토론과 뉴스로 공산당 일당 독재에 도전했다. 무엇보다도 이러한 운동은 근본적으로 공유할 수 있는 원칙을 토대로 개혁적 성향의 공산주의자부터 자유지상주의자들까지 다양한 정치적 성향을 가진 사람들로 광범위한 연합체를 구성했다. 공유된 원칙의 중심에는 영원한 진리 개념에 뿌리를 둔, 즉 원칙이 있는 비전을 근본으로 하는 인간 존엄과 보편적 인권사상이 자리 잡고 있다. 체코슬로바키아 반체제 연합 시민포럼Civic Forum의 리더이자 이 나라 최초의 민주적 절차로 선출된 바츨라프 하벨Václav Havel 대통령은 이를 "진리 안에서의 삶"이라고 불렀다.

몽골의 성공적
체제 전환

———

구소련의 고르바초프가 단행한 '글라스노스트Glasnost(개혁)'와 '페레스트로이카Perestroika(개방)' 정책은 단지 동유럽 공산정권의 몰락을 가져온 데서 그치지 않았다. 1924년 아시아에서 유일하게 소련의 위성국이 되었던 몽골은 소련 붕괴 이후 공산주의에서 민주주의 체제로 평화롭게 이행한 모범 사례다.

공산주의 체제 시절에 몽골은 강경한 일당 독재로 철저한 중앙계획경제를 실시했으며 마르크스주의가 교육과 언론매체를 완전히 장악했다. 1930년대 소련에서 스탈린이 자행한 숙청과 맞물려 몽골도 가혹한 압제에 시달렸다. 소비에트의 억압적인 체제에서 많은 몽골 귀족층과 지식인, 군장교, 승려들이 총살당했고 사원 300여 곳이 파괴되었다. 1930년부터 1952년까지 몽골인민공화국 수상을 역임한 허를러깅 처이발상Khorloogiin Choibalsan은 '몽골의 스탈린'으로 알려진 인물이다. 일부 통계에 따르면, 많게는 몽골 전체 인구의 10~15%에 이르는 10여 만 명이 그의 재임기간에 죽임을 당했는데, 이것은 비율적으로 러시아에서 스탈린이 숙청한 사람보다 훨씬 많다.

1989~1990년 공산주의 국가 몽골의 상황은 어찌 보면 평화로운 체제 이행과는 거리가 먼 나라로 보였을지 모른다. 의회민주주의 전통도 없었고 연간 1인당 국민소득이 1,700달러도 못 되는, 사회주의 국가 중에서도 최빈국에 속했기 때문이다. 1980년대 중반, 몽골 정부는 고르바초프의 개혁 노선을 따라 몇 가지 경제개혁을 단행했지만 민주화 운동에 앞장섰던 청년들은 그 정도에 만족할 수 없었다. 그들 가운데 한 사람이 전 몽골 대통령이자 나와는 절친한 사이인 차히아긴 엘베그도르지Tsakhiagiin Elbegdorj이다. 그는 모스크바 유학 시절 글라스노스트

가 더 큰 표현의 자유를 허용한다는 사실에 깊은 인상을 받았다. 동유럽에서 일어난 극적인 변화를 접한 엘베그도르지와 12명의 동료들은 몽골민주연합MDU 결성을 발표하고 일당 독재체제에 대항하는 첫 시위를 벌였다. 그리고 정부와 당에 다당제 대의제 시스템의 도입과 세계인권선언의 실행을 요구했다. 이들의 시위는 평화적인 방법으로 진행되었는데, 이것이 독재정권을 성공적으로 변화시킬 수 있는 유일한 길임을 알고 있었기 때문이다. 1990년 1월 수도 울란바토르 시위에 참여한 사람은 수천 명이었으나 같은 해 4월에는 그 수가 4만 명으로 늘었다. 정부가 시위대에게 무력을 사용할 것이라는 소문이 돌면서 더 많은 몽골인들이 이들을 지지하고 나섰다.

대중의 압박이 거세지자 정치국 소속 당원 전원이 사임하면서 조직은 와해되고 몽골민주연합은 집권당인 몽골인민혁명당MPRP과 협상을 벌인 끝에 마침내 공산당 일당 독재체제의 종식에 합의한다. 그리고 1990년 7월 29일, 몽골 최초의 복수정당 자유선거가 실시됐고 몽골인민혁명당이 승리를 거둔다. 승리한 혁명당은 민주적 원칙을 준수했고 1992년 새로운 헌법을 통과시켰다. 그리고 1996년 총선에서 패하자 자연스럽게 야당이 되었다. 공산주의 종식 이후로 몽골은 일곱 차례의 총선과 여섯 번의 대선을 치렀지만 정권은 매번 평화적으로 이양되었고, 심지어 혁명당과 다른 당의 연정聯政이 실현되기도 했다.

몽골은 전체주의 통치하의 가난한 나라에서 원활하게 기능하는 민주주의 체제로 성공적으로 전환한 매우 드문 예다. 현재 몽골의 시장

경제는 성장가도를 달리고 있으며 풍부한 천연자원 덕분에 높은 잠재력을 지니고 있다. 하지만 지나온 과정이 결코 순탄하지만은 않았다. 소련의 원조가 중단된 후부터는 경제적으로 극심한 고통을 겪어야 했는데, 1990년대 초반엔 군인들에게조차 식량을 지급할 수 없어 자체 조달하도록 명령했을 정도로 사정이 급박했다. 하지만 몽골인들은 힘든 시기를 꿋꿋이 견디며 소중하게 얻은 민주주의를 지키기 위해 인권과 자유에 기초한 사회를 구축해나갔다.

엘베그도르지 대통령은 2013년 평양 김일성대학에서 행한 연설에서 몽골이 체제의 기반으로 삼고 있는 원칙을 강조했다. 그는 자유에 대한 열망을 "영원한 힘"이라면서 "몽골은 인권과 자유를 존중하며 법에 의한 통치를 지지하고 열린 정책을 추구하며 표현의 자유, 집회·결사의 자유, 자신의 선택에 의한 삶을 누릴 권리 등 기본적인 인권을 소중히 여기고 있다"라고 강조했다.

우리와 같은 지정학적 권역에 속한 아시아 국가인 몽골의 예는 북한의 상황에 많은 시사점을 던져준다. 전체주의 공산 독재체제에서 가난에 시달리다 민주체제로 이행하는 데 성공한 후 경제가 빠르게 성장하고 있기 때문이다. 몽골은 러시아와 중국이라는, 핵으로 무장한 초강대국들과 지리적으로 인접해 있음에도 자국의 안보를 핵무기에 의존하지 않고 있다. 엘베그도르지 대통령이 평양 방문 시 강조한 것도 바로 이런 교훈이었다.

정권이 불안하고 미래가 불확실할수록 북한 지도부와 당 간부들은 중대한 도전에 직면하게 될 것이다. 그런 점에서 몽골의 예는 북한 지도부에 평화적 체제 전환의 가능성을 전망하게 한다. 몽골 공산당이 전체주의를 탈피하고 민주화를 진행했던 과정이나, 동유럽의 지도자들이 민주화와 시장경제로의 전환에 협조함으로써 생존에 성공했던 것은 중요한 교훈이다. 생존에 성공하지 못한 유일한 정권은 루마니아뿐이다. 북한의 지도자들은 이러한 교훈을 무시해서는 안 된다.

1989년의 동유럽과 현재의 북한 상황은 공통점이 많다. 소련이 동유럽 공산정권을 더 이상 지원하지 않으면서 변화가 시작됐다. 소련이 몰락한 후 중국만이 북한의 유일한 지원국으로 남게 된다. 하지만 오늘날 중국은 무조건적인 시혜로써 북한에 대한 지원을 하지 않는다. 중국은 북한 지도부가 동북아시아 지역의 안정을 해치지 않고 성취 가능한 범위 내에서 중국의 이해관계에 보다 근접할 수 있기를 바란다는 점을 분명히 하고 있다.

마지막으로 북한 지도부는 주민들에 대한 통제력이 시간이 갈수록 약해진다는 사실을 명확히 인식할 필요가 있다. 김일성 체제 시절을 떠올리면서 소위 '신주체사상'으로 주민을 선동한다고 해도 참담한 현실은 달라지지 않을 것이다. 이미 3장에서 언급했듯이 북한의 식량 배급체제는 거의 무너졌으며, 외부세계로부터의 정보 유입은 북한 정권을 그대로 두지 않을 것이다.

이미 북한 주민과 세계는 공히 북한의 실상에 대해 그 어느 때보다더 잘 파악하고 있다. 시대는 달라졌다. 이런 상황 속에서 김정은은 자신의 행위 때문이기도 하지만 김일성이나 김정일과 달리 주민으로부터 존경을 받지 못하고 있다. 그는 더 이상 지도자가 아니다. 영도자를 떠받들어야 한다고 세뇌 받아온 북한 주민들에게조차도 신뢰할 수 없는, 미숙하고 도덕적으로 타락한 인물일 뿐이다.

북한을 이끌고 있는 지도부는 바로 지금이 진실과 마주할 때임을 깨달아야 한다. 변화는 불가피하며 생각보다 이른 시기에 찾아올 것이다. 그들 앞에는 역사가 주는 교훈이 놓여 있고, 과거 주민들의 시야를 가렸던 선전의 안개가 걷히면서 현실은 더욱 선명하게 드러나고 있다. 북한 정권은 지체 없이 살길을 모색해야 한다. 북한 지도부는 끝까지 강경노선을 고집함으로써 침몰하는 배와 같은 운명을 맞이할 것인가? 아니면 통일된 국가를 건설하여 세계를 이끌 준비를 갖춤으로써 역사의 마지막 장을 한민족의 빛나는 성취로 기록할 것인가?

과학기술의 발전과 '시민세력' 형성

—

1989년 동유럽 '벨벳' 혁명에서 활동가들은 복사기를 이용해 정보를 전달하고 시위를 알렸다. 같은 해 중국에서는 천안문 광장에 모인 학생들이 팩스를 이용해 그곳에서 일어나고 있는 상황을 세계로 전송했다. 그런데 지금은 인터넷, 스마트폰, 소셜미디어의 부상으로 과거와는 비교도 할 수 없을 만큼 혁명적인 정보전달 체계가 갖추어졌다.

튀니지 청년 모하메드 부아지지의 분신 장면은 당시 주변에 있던 사람들이 자신의 휴대전화에 담아 유튜브에 올렸다. 튀니지는 북아프리카 지역에서 인터넷 기반 시설이 가장 잘돼 있는 나라로 인구의 3분의 1이 인터넷을 이용한다. 부아지지의 분신 소식은 전국으로 빠르게 확산되었고, 튀니지에 재스민 혁명Jasmine Revolution을 점화시킨 기폭제가 되었다. 이는 다시 소셜미디어를 통해 중동 전역에 불어닥친 '아랍의 봄'으로 이어졌다.

부아지지의 장례식에 이어 벌어진 대규모 시위 역시 휴대전화와 인터넷을 통해 확산되었다. 튀니지는 정부의 인터넷 검열이 매우 심한 나라로 시위 기간 중 약 한 달 동안 인터넷 사이트와 유튜브 접속이 차단됐다. 하지만 IT 기술이 뛰어난 젊은 활동가들은 이러한 장애물을 우회하는 인터넷 접속 경로를 통해 정보와 동영상을 계속 유포했고, 여기에 소셜미디어가 대중의 힘을 동원하면서 시위에 대한 관심과 참여는 계속 커져갔다. 결국 1월 14일 벤 알리 대통령은 해외로 도피한다.

튀니지의 상황은 이집트에서도 즉각 감지되었다. 청년 사업가 칼레드 사이드Khaled Said가 이집트 경찰의 무자비한 구타로 사망하는 사건이 일어났다. 이와 유사한 일들은 이전부터 공공연히 있어왔는데도 경찰이 문책받는 일은 거의 없었다. 그런데 누군가가 구타당해 사망한 후 시체 안치소로 옮겨진 사이드의 시신을 휴대전화로 찍었고, 이 사진은 구글의 중동, 북아프리카 마케팅 매니저로 일하던 와엘 고님Wael Ghonim의 손에 들어간다. 이처럼 부당한 조치에 아무도 책임지지 않는 다는 사실을 확인한 그는 침묵할 수 없었다. 그는 마침내 "우리는 모두 칼레드 사이드입니다"라는 페이스북 페이지를 만들고 사진을 올려 사이드의 죽음을 알렸다. 이 페이지의 방문자는 빠르게 늘어나 불과 3개월 만에 25만 명이 접속하면서 해당 페이지는 카이로 타흐리르 광장에서의 첫 번째 대규모 반정부 시위를 조직하는 핵심 자료로 활용되었다. 근 30년 동안 권력을 잡고 있던 독재자 호스니 무바라크Hosni Mubarak가 드디어 대통령직에서 물러났다. 대통령 퇴진을 불러온 18일 동안의 시위는 책임감 있는 한 개인이 소셜미디어를 통해 공무원의 부당한 처사를 알림으로써 촉발된 것이다.

시위 과정에서 소셜미디어는 정보를 전파하고 시위를 조율하는 데 핵심적 역할을 했다. 당시 한 활동가는 "우리는 페이스북을 이용해 시위 일정을 정하고 트위터로 조율하며 유튜브로 세계에 알린다"는 메시지를 트위터에 올리기도 했다. 정부가 페이스북과 트위터를 차단하고 인터넷 접속을 제한하려 했지만 젊은 컴퓨터 마니아들은 국제적 지지에 힘입어 즉시 새로운 정보의 소통망을 만들어냈던 것이다.

이집트는 인구의 절반이 25세 이하인 젊은 나라로, 전체 인구 가운데 400만 명(인구의 5%)이 페이스북 이용자(상황이 무르익으면 시위에 가담할 준비가 된 자들을 포함한 숫자)다. 시위 장면을 담은 동영상은 입소문을 타고 전 세계로 퍼져나갔고, 시위 마지막 주에는 트위터에 올라온 이집트 관련 댓글이 하루 만에 2,300개에서 23만 개로 급상승했다.

　소셜미디어의 힘을 입증할 수 있는 또 하나의 대표적 사례로 미얀마가 있다. 아직 소셜미디어가 없던 1988년, 수만 명의 불교 승려와 학생, 일반 시민들이 랑군 거리로 쏟아져 나와 군사독재 정권에 항거하며 인권과 민주주의를 요구하는 시위를 벌였지만 군인들의 총격으로 무참히 진압되고 말았다. 이 잔혹한 사건은 일부 전통적인 언론을 통해 세계에 알려졌지만 정보의 내용이 부실했고, 외부로 유출되기까지 많은 시간이 소요되어 사람들의 호응이 일시에 모이지 않았다.

　2007년, 동일한 사태가 재현되었는데 과거와 현저히 달랐다. 휴대전화를 소지한 다수의 시위대가 현장을 촬영해 실시간으로 인터넷에 영상을 올린 것이다. 미얀마의 인터넷 이용자 수는 전체 가구의 1%에 불과하고 튀니지나 이집트보다 훨씬 강력한 정부의 통제를 받고 있었지만 진취적이고 용기 있는 미얀마 시민들은 블로그나 이메일, 휴대전화 사진과 동영상으로 시시각각 들어오는 소식을 외부세계에 알릴 수 있는 방법을 찾아냈다.

　소식이 알려지면서 온라인에는 탄원의 글들이 올라왔다. 여기에 지지자들이 동참했고, 대중은 다른 나라 정부에도 입장을 밝히라고 압박하기 시작했다. 단 10일 만에 미얀마 시위대를 지지하는 페이스북 그룹의 참여 인원이 11만 명으로 늘어났는데, 그 후에도 지지자들은 계속 증가하고 있다. 이 새로운 시위의 목표는 정부 당국의 항복을 받아내는 것이 아니라 지속적인 압박을 통해 세계의 눈이 이들의 일거수일

투족을 지켜보고 있음을 깨닫게 만드는 데 있었다.

이것이 가능했던 건 모바일 기술과 함께 인터넷과 소셜미디어 덕분이다. 현대의 모바일 기술은 정보전달 방식은 물론이고 언론과 정보통신의 구조를 혁명적으로 바꿔놓았다. 19세기에서 20세기까지 언론은 신문, 잡지, 라디오, TV 등과 같은 대형 매체를 통해 대중에게 정보를 전달했다. 여기에는 전달할 소식을 취사선택하는 일명 '게이트키퍼 gatekeepers'가 별도로 존재한다. 민주주의 사회에서 그러한 기능은 언론사가 담당했지만 전체주의 국가에서는 정부가 수행했다. 이들이 정보를 독점 통제하면서 선전물을 쏟아냈기 때문에 국민들로선 그 내용의 진위 여부를 독자적으로 입증하거나 판단할 방법이 없었다.

하지만 소셜미디어의 출현은 이 모든 것을 바꿔놓았다. 이제는 휴대전화가 있는 사람은 누구나 독자적인 뉴스 제공자가 되어 동영상과 사진, 사건 내용을 인터넷을 통해 세계 각지로 보낼 수 있다. 그래서 과거에는 나와 상관없는 일로 여겼을지 모르는 사회문제나 먼 나라의 소식을 나와 직결된 문제, 바로 내 이웃의 이야기로 받아들이게 된다. 신기술로 인해 사람들은 세계 도처의 다양한 출처로부터 직접 정보를 입수할 수 있게 되었고, 게이트키퍼를 비켜갈 수도 있게 되었다. 페이스북, 트위터, 유튜브, 그 외 블로그 같은 수많은 소셜 네트워킹 사이트를 통해 언제 어디서든 실시간 뉴스 전파와 정보 소통이 가능하다.

이러한 새로운 미디어의 발전은 전통적으로 매체 중심이었던 서구의 비즈니스 모델에 강한 충격이 되었다. 미국의 대표적 일간지의 하나인《워싱턴포스트》조차 아마존 창업자 제프 베조스Jeffrey Bezos에게 매각된 배경에는 디지털 매직을 통해 이익을 회복할 수 있을 것이라는 기대가 작용했을 정도다. 이러한 변화가 전 세계의 독재 정권에 미치는 영향은 가히 혁명적이다. 첨단기술은 불의를 폭로하고 사회변혁을 가져오는 데 예전에는 상상할 수 없었던 가능성을 열어놓았다. 전체주의 정권이 자국민을 상대로 현실을 포장하고 세뇌시키기 위해선 정보를 완전히 독점하고 있어야 하지만 그것은 불가능한 일이다. 동유럽의 변화가 일어날 수 있었던 원인이 바로 교황의 메시지와 서독의 텔레비전 방송, 다양한 인쇄물 등이 유입되며 정보 독점력을 상실했기 때문이다.

독재체제는 외부세계에서 유입되는 정보로부터 국민들을 격리시켜, 검열되지 않은 내용은 서로 간에 소통되지 못하게 차단함으로써 통치세력의 권력 남용을 국민들이 알지 못하게 한다. 그러나 소셜미디어와 모바일 기술은 정보의 독점구조를 무너뜨려 독재정권의 권력유지 기반을 서서히 무력화하게 된다.

구글의 마케팅 매니저 와엘 고님은 칼레드를 위해 페이스북 사이트를 구축한 후 이렇게 말했다. "우리는 이집트 경찰의 비리를 폭로하고자 한다. 독재자가 가장 두려워하는 것은 자신의 비리가 국민들에게 알려지는 것이다." 2007년 미얀마의 상황도 같았다. 미얀마 정부는 군부가 시위 군중을 무력으로 제압하는 모습을 현장에서 사실대로 보도하는 것을 통제할 수 없었고, 외부세계로 전파된 그 정보는 반정부 운동에 대한 열렬한 지지를 불러왔다.

억압적 정권이 정보에 대한 독점력을 잃는 순간, 권력을 떠받치던 중요한 한 축이 사라지면서 더 이상 통제가 불가능한 힘과 사상 앞에 취약함이 그대로 노출된다. 무력해진 정권은 국민들이 어떤 정보를 입수할지 전전긍긍하는데, 이 시점에서 경제의 현대화를 향한 주요 기술로 소셜미디어를 수용하고 새로운 사상을 과감히 받아들일 것인지, 아니면 소셜미디어를 거부하고 경제적으로 낙후된 채로 남을 것인지를 고민해야 한다.

튀니지와 이집트는 아랍 세계에서도 인터넷 이용이 가장 활발한 곳이다. 이들 정부는 소셜미디어가 정부의 부정과 불법을 폭로하는 도구로 사용되자 이를 차단하려 했지만 결국 실패했다. 그곳에는 이미 정부의 차단벽을 우회하는 방법을 알고 있는, 스마트 기기에 익숙한 청년들이 수없이 존재했던 것이다. 한편으로 정부의 인터넷 차단은 국가경제는 물론이고 국정운영에 실질적인 피해를 가져왔다. 페이스북이 차단되자 영업에 타격을 받는 기업인들의 항의가 이어졌고, 심지어 정부의 국정운영도 차질을 빚는 결과를 낳았다. 인터넷으로 연결된 세계에서 비즈니스, 금융, 정부의 사회 인프라는 소셜미디어와 상호 연계되고 이에 의존할 수밖에 없다. 정부가 이들 매체를 이용한 국민의 요구를 가로막는다면 이집트 사태에서 보았듯 국가체제 전반이 와해된다.

북한체제를 흔드는
정보통신혁명

—

북한은 권력 기반이 위협받지 않는 정도에서 신기술을 통한 이득을 챙기려 하고 있다. 2004년에 휴대전화를 금지하려고 시도했지만 실패하고, 2008년부터 이집트 통신회사 오라스콤Orascom이 설립한 고려링크라는 모바일 통신망을 운영한다. 자료에 따르면, 2020년 기준 북한의 휴대전화 가입자 수는 452만 명을 상회하지만 해외로 연결되지는 않는다. 북한 당국은 승인을 받은 개인들, 주로 공무원이나 학자들을 연결하는 인트라넷도 개설했지만 이 역시 인터넷 접속은 불가능하다.

'아랍의 봄'은 북한 지도부의 신경을 극도로 자극했다. 그래서 중국에서 넘어오는 불법 휴대전화를 단속했고, 2011년 6월부터 10개월간 대학을 폐쇄하고 학생들을 농장과 공장으로 보냈다. 공식적인 이유는 다음 해 김일성 탄생 100주년을 준비하기 위해서였다고 하지만 대부분의 관측통은 학생들이 모여 '아랍의 봄'을 토론할 가능성을 차단하려는 의도로 보았다.

북한을 비롯한 압제 정권은 정보의 자유가 갖는 힘을 염려하는데, 그것은 궁극적으로 진리의 힘에 대한 두려움이라고 볼 수 있다. 이런 정권에게 오늘날의 새로운 정보통신기술은 마치 모든 것을 휩쓸어가는 홍수와 다름없다. 즉각적으로 요새의 지반이 쓸려가지 않는다 하더라도 시간이 가면서 지반이 침식된다.

소셜미디어와 모바일 기술은 대규모 이슈에 대해 즉각적이고도 개인적인 방식으로 그 진실을 알리고 불법을 폭로하는 힘을 갖고 있다. '아랍의 봄'과 미얀마 민중항쟁에서 보았듯이, 인간의 얼굴을 한 소셜미디어 모바일 기술은 세계 도처의 개인들을 연결하고 이들의 참여를 이끌어낸다. 거대 담론이나 추상적인 이슈를 개인의 관점으로 전환시키는 소셜미디어를 통해 통일을 자신과는 무관한 일로 여기는 남한 주민들에게도 변화를 가져올 수 있다. 소셜미디어의 기능을 통해 역사는 방대하게 축적된 지식이 아니라 지금 '나'의 삶과 직결된 문제가 된다.

선조와 조부모, 우리의 부모가 살아온 삶과 체험으로 이야기될 때 역사는 각 개인과 깊은 연관을 맺으며, 동시에 사적인 차원의 문제가 된다. 역사는 또한 이를 공유하는 공동체의 정체성에 관한 이야기다. 따라서 각자가 한민족의 구성원으로서 통일이라는 역사의 한 장을 완성할 주인공임을 깨닫게 한다.

우리나라는 세계 최고의 인터넷 강국으로 소셜미디어의 힘을 활용할 수 있는 최적의 조건을 갖추었다. 오늘날 온라인을 이용하는 사람은 주체적으로 자신만의 정보와 사회관계, 참여 영역을 갖고 있다. 이러한 입장에서 의욕적이며 나름의 이상을 가진 사람이라면 누구라도 사회에 긍정적인 영향을 미치고 이를 추동할 수 있다.

조디 윌리엄스Jody Williams는 이것이 가능함을 보여준 또 하나의 놀라운 사례다. 그녀는 1992년 미국 버몬트주에 있는 자신의 집에서 독자적으로 국제지뢰금지운동ICBL을 설립하고 운영해나갔다. 그녀는 인터넷을 이용해 UN, 국가 정부, 국제적십자사와 함께 6개의 NGO로 시작해서 5년 만에 60개국에 1,000개로 구성된 NGO 네트워크를 결성했다. 1997년 노르웨이 수도 오슬로에서 국제지뢰금지조약이 조인되었고, 그녀는 ICBL과 함께 노벨 평화상을 수상했다.

북한이 인터넷을 차단하더라도 국경을 넘나드는 정보의 흐름까지 막는 일은 불가능하다. 최근의 일화가 보여주듯 북한 정권은 '불가능한' 상황에 처해 있다. 한미관계를 연구하는 미국 존스홉킨스대 국제관계대학원이 발표한 '북한의 휴대전화 이용 보고서'에 따르면, 평양 김책공대에 재학 중인 몇몇 학생들이 고려링크를 이용해 축구 클럽을 조직했다. 그러자 당국은 휴대전화 서비스 이용을 더욱 제한하는 조치를 내놓았는데 아마도 이런 이유 때문인 것으로 추정된다. 여기에서 휴대전화를 이용해 축구 클럽을 만들 수 있다면 축구 외에 다른 것도 얼마든지 조직할 수 있을 것이다. 북한 정권의 불안정성과 함께 만약 문이 열렸을 때 정보소통의 거대한 파도를 막을 수 없다는 사실을 잘 보여준다.

이 책의 2장에서 탈북자들이 남한사회에 적응하는 과정에서 겪는 고충과 어려움을 기술한 바 있다. 그런 와중에도 일부 탈북자들은 북한사회의 개방을 위해 적극적인 활동을 펼치고 있다. 이들은 다양한 미디어 매체를 이용해 북한 관련 정보를 수집하고 이를 다시 북한 주민들에게 알리는 일을 한다. 서울에는 이런 활동을 하는 단체가 다수 있으며, 이들은 북한 내부의 비밀 정보원으로부터 그곳의 일상에 관한 정보를 얻고 있다. 농부, 공장 근로자, 교사를 비롯해 일부 중간간부급 당원도 포함된 정보원들은 중국 접경 지역에서 암암리에 널리 판매되는 중국산 휴대전화를 이용해 국제 신호를 받을 수 있다.

'데일리엔케이Daily NK'는 이들 중 가장 큰 북한 전문 인터넷 뉴스 사이트로 한국어를 비롯해 중국어, 일본어, 영어로 서비스를 제공하고 있다. 그 외에도 '좋은벗들'이 발행하는 〈오늘의 북한 소식〉, 오사카 아시아프레스 인터내셔널이 발행하는 〈임진강매거진〉 등이 있다. 이들이 제공하는 기사는 북한에 대한 소식을 제법 상세하고 신속하게 전달하고 있다. 은둔의 왕국 북한의 실상을 낱낱이 밝히며 식량공급, 시장 상황, 이에 대한 정부 대응, 통화通貨, 에너지 등에 관한 내용뿐 아니라 북한 주민들의 사적 이야기도 함께 다룬다.

이 정보의 대부분은 특히 라디오를 통해 북한으로 다시 전송된다. 멜라니 커크패트릭Melanie Kirkpatrick의 저서 《북한에서의 탈출Escape from North Korea》을 보면, 중국 무역상들이 북한에서 해외방송 청취가 가능하고 숨기기도 쉬운 소형 라디오를 3달러 정도에 팔고 있다고 기술한 대목이 나온다. 북한 주민들은 이런 라디오로 서울에 본부를 두고 탈북자들이 운영하는 '자유북한방송Free North Korea Radio', '열린북한방송Open Radio for North Korea', '자유조선방송Radio Free Chosun' 등에서 송출하는 방송을 비롯해 '미국의 소리Voice of America', '자유아시아방송Radio Free Asia'을 청취할 수 있다. 2008년 인터미디어 연구소InterMedia Institute의 조사에 따르면, 북한 주민의 57%가 라디오를 소유하고 있는 것으로 나타났다. 비디오나 CD플레이어를 갖고 있는 사람들은 그보다 훨씬 적지만, 시장에서는 중국에서 복사된 남한 드라마의 해적판CD가 활발하게 거래되고 있다고 한다.

NK지식인연대North Korea Intellectuals Solidarity는 대학 학위 소지자나 전문직에 종사한 탈북자들로 구성된 단체다. 이들은 은밀한 방법을 통해 북한 동포와의 접촉을 시도하고자 2008년 모임을 결성했다. 북한의 정부 관리, 학자, 전문가 등과 접촉하여 그들이 모르는 북한 내부 실상과 외부 소식을 알리는 일을 한다. 멜라니 커크패트릭에 따르면, 이러한 정보에는 '혁명의 역사와 이를 낳게 한 민중운동'이 포함된다고 한다. 이들은 공정한 사법제도 같은 민주주의를 지탱하는 제도에 대해서도 논한다. 이러한 정보를 입수한 사람들은 잠재적인 오피니언 리더로서 북한에 변화가 일어나면 그것을 가속화하는 데 핵심적 역할을 하게 될 것이다. 이제 김정은 정권은 북한으로의 정보 유입과 확산을 더는 막을 수 없다는 사실을 깨달아야 한다. 차단을 시도할수록 정보는 더욱 빠르게 퍼져나갈 것이다.

이러한 사실들은 김정은 체제에 종말의 시기가 다가오고 있다는 것을 의미한다. 그러나 북한체제의 종말이 임박하다고 해서 그것이 곧 평화적인 체제로의 전환 또는 우리 민족 본래의 건국정신에 입각한 새로운 국가가 건설되는 것을 의미하지 않는다. 그렇기 때문에 우리 민족 모두는 통일이 긴급한 현안임을 인식하고, 주인정신으로 분명한 목표를 마음속에 그려야 한다. 코리안드림의 주인이 되는 것이야말로 우리가 선택해야 할 유일한 길이다.

"당신이 바꿀 수 있다"

———

동유럽, 남아프리카, 몽골, 미국 남부 주에서 일어난 세기적 전환은 박해를 무릅쓴 대중이 힘을 합쳐 변화를 요구했기에 가능했다. 이들 운동에 힘을 실어준 것은 참가자의 숫자만이 아니라 사람들의 양심을 움직인 지도적 비전이었고, 그 비전은 한결같이 영원한 진리와 영적 원칙에 뿌리를 둔 것이었다. 감화된 마음은 근본 도덕과 진리를 침해하는 부당함과 불의를 폭로 또는 거부하게 했다. 다른 말로 하면, 얼마나 많은 사람이 참여하는가의 여부는 메시지와 대의명분에 있는 것이지 다른 그 무엇도 아니다. 대중의 힘은 어떤 과정이나 단순한 변화 그 자체보다는 목적과 이유가 가지고 있는 도덕적 정당성에서 나온다. 그렇기 때문에 모든 사람들을 하나로 묶을 수 있는 꿈이 필요한 것이다. 그 꿈이 바로 우리의 역사 속에 뿌리를 두고 있는 코리안드림이다. 이 꿈은 통일을 위한 분명한 길을 제시할 뿐만 아니라, 세계 앞에 한국이 어떤 역할을 해야 할지도 가르쳐주고 있다.

우리는 이 장에서 한국의 민주화 운동이나 아랍 혁명, 동유럽 벨벳 혁명의 사례를 통해 불의한 사건들이 대중적 저항을 촉발하는 계기가 되었음을 알았다. 그뿐만 아니라 위대한 지도자들이 어떻게 근본적·영적 진리를 토대로 도덕적 권위를 갖춘 비전과 메시지를 전파하여 사람들의 양심을 움직였는지도 확인했다. 마하트마 간디, 넬슨 만델라, 마틴 루터 킹 목사, 교황 요한 바오로 2세가 바로 그러한 지도자들이다. 그들의 공통점은 영적인 지도자들이었다는 점이다. 그들은 편협한 신앙적 전통이나 형식을 뛰어넘는 영적 원칙들, 그것과 공유될 수 있는 가치들을 인류의 보편적 정신에 호소했다.

지금 우리는 거대한 역사적 변혁의 시점에 서 있다. 그러나 변혁은 정부만의 몫이 아니다. 한민족의 운명은 민족 전체의 통일된 지지가 있어야 실현될 수 있다. 남한과 북한 그리고 해외동포 모두가 동참해야 한다. 민족 전체의 광범위한 관심과 지지가 없으면 우리의 이상은 실현될 수 없는 꿈에 불과하다.

우리의 궁극적인 희망은 분단된 남과 북이 하나가 되는 것 이상의 새로운 통일국가를 건설하는 일이다. 나는 한민족으로서 우리의 근원적 이상과 고유한 특성과 정체성이 반영된 그런 나라를 상상하면서, 그 나라는 세계의 모범이 될 운명을 타고났다고 생각한다.

커뮤니케이션 혁명으로 인해 우리는 코리안드림을 주체적 입장에서 가슴에 품고 이제 전 세계 어디에 있는 어떤 사람이건 우리와 뜻을 같이한다면 연대할 수 있게 되었다. 이는 상상할 수 없이 큰 사회적 영향력을 행사할 수 있는 도구를 갖게 되었음을 의미한다. 이미 언급한 바와 같이 이러한 기술의 진보에 따른 영향은 북한도 예외가 아니다. 따라서 북한의 변화는 불가피하다. 한반도 전체에도 변화는 곧 찾아온다. 다만 어떻게, 그리고 어떤 모습으로 변화할 것인가가 문제일 뿐이다. 남북 모두가 합의한 목적을 중심으로 한 평화적 과정이 될지, 대결적이며 무력적 과정이 될지의 여부만 과제로 남아 있는 것이다. 따라서 나는 왜 우리가 통일의 궁극적 목적이 무엇인지를 우선 생각해야 하는지, 그리고 모든 민족이 지지하고 성원할 수 있는 비전을 개발해야 하는 이유가 무엇인지에 대해 앞서 1장에서 분명하게 설명했다. 그것이 평화로운 통일을 이룰 수 있는 해법이라고 확신하기 때문이다.

이것이 내가 새로운 통일국가의 비전으로서 코리안드림을 정의하고 그것을 제시하기 위해 많은 시간을 할애했던 이유다. 그러나 이 희망은 한 개인이나 일부의 것이 아닌 남북한 모든 이들의 것이 되어야 한다. 그래야만 우리 조상들이 역사를 통해 이루고자 했던 꿈, 바로 민족공동체 구성원 모두의 희망을 되살릴 수 있기 때문이다.

민족의 운명을 결정하는 책임은 어느 한 개인이나 정부 혹은 국제사회에 떠넘길 수 없다. 한민족의 구성원 모두가 강력한 영적·도덕적 힘을 발휘하고 찬란한 미래를 건설하는 데 공헌할 수 있음을 자랑스럽게 생각해야 한다. 그리고 스스로 책임을 감당해야 한다.

이 장을 시작하며 나는 "나 혼자서는 세상을 바꿀 수 없다. 그러나 우리가 던지는 돌멩이 하나하나는 수많은 물결을 만들어낼 수 있다"는 구절을 인용했다. 우리는 비록 혼자서 세상을 바꿀 수 없지만, '하나씩의 물결'은 얼마든지 만들 수 있다. 이 물결이 모이면 쓰나미가 되어 세상을 변화시킬 수 있는 것이다. 따라서 변화는 우리 자신으로부터 시작된다. 이 점을 명심해야 한다. 오늘날 사회 참여의 기회는 늘어나고 있다. 다음 장에서는 이를 좀 더 자세히 살펴보도록 하겠다.

시민 참여의 21세기: 시민단체와 NGO의 역할

세계 곳곳에서 새로운 현상으로 대두하고 있는
시민단체와 NGO의 지속적 등장으로 인해 시민들은 개인적으로
더 큰 목적을 위해 서로의 힘을 하나로 모을 수 있게 되었다.
시민단체와 NGO는 개인들이 효과적으로
타인을 위한 삶을 살 수 있도록 해준다.

프랑스는 먼저 정부가 나서고 영국은 지방 실력자가
주도한다. 하지만 이곳 미국엔 시민단체가 있다.
나는 이들이 많은 사람의 노력을 이끌어낼 수 있는
공통의 목표를 제안하고, 자발적으로 그것을 추구하게
만드는 놀라운 기술에 감탄하곤 했다.

•

알렉시스 드 토크빌

통일 과정에는 정치나 정부 간 협상보다 훨씬 많은 것이 요구된다. 최
근의 역사는 정부 대 정부의 거래가 얼마나 쉽사리 교착상태에 빠질
수 있는지, 그리고 본래 취지와 전혀 다른 방향으로 흘러갈 수 있는지
보여준다. 햇볕정책은 북한의 점진적 변화를 유도할 수 있다는 부푼
희망으로 추진되었다. 하지만 기대했던 변화는 나타나지 않았고, 북한
은 남한으로부터 지원만 챙겼다.

　분단민족을 하나로 통합하기 위해서는 핵심적인 정치·경제 사안들
을 조율한 토대 위에 거대한 사회문화적 전환을 불러와야 한다. 통일
을 성공적으로 달성하기 위해서 폭넓은 대중운동이 요구되는 이유다.
통일이 성공하려면 먼저 대중이 폭넓게 통일운동에 참여해야 한다. 우
리는 지금 역사적인 기회를 맞고 있다. 우리가 이 기회를 지혜롭게 이
용하면 우리 스스로의 역량으로 미래를 결정할 수 있다. 우리는 민족

의 운명에 대해 책임을 공유하고, 공통의 목표를 향해 힘을 모아가야 한다. 우리 모두가 참여하여 함께 행동하면 변화를 일으킬 수 있다. 빠른 시일 안에 통일을 성공적으로 실현하기 위해서는 우리 모두가 하나 된 마음으로 정부와 협조하며 통일운동에 앞장서야 한다.

민족 구성원 개개인이 그 같은 책임을 사명으로 받아들인다면 누구나 참여하여 변화를 만들어낼 수 있는 활동들이 우리 주변에 무궁무진하다. 여기서 시민단체와 NGO의 역할이 더없이 강조된다. 현재 종교계를 비롯해 전문 분야로 구성된 다양한 배경의 단체들이 속속 등장하고 있다. 이들은 한국사회의 다양한 성향을 대표하면서 식량과 의료, 교육, 인권에 대한 인도적 차원의 지원을 포함해 여러 분야의 구체적인 북한 관련 문제에 초점을 맞춰 활동한다. 그만큼 통일문제에 관심 있는 사람이라면 누구나 자연스럽게 참여할 수 있는 기회가 확대되고 있다. "어떻게 하면 되는가?"라고 묻는다면 답변은 간단하다. 자신의 재능과 전문성을 활용할 수 있는 단체에 가입하거나, 아직 개척되지 않은 새로운 영역을 찾아 도전하는 것도 생각해볼 수 있다.

사회 전반에 실질적인 활동을 촉발할 수 있는 광범위한 협력 구조는 통일을 준비하는 과정에서 꼭 필요한 기반이다. 이들 비영리 민간 부문은 또한 민관 협력체로 자연스럽게 발전하는 길을 열 수도 있다. 민관 협력은 단순히 정부 정책에 대한 국민의 지지를 이끌어내는 차원을 넘어선다. 정부는 비영리기구와의 적극적인 연대를 통해 통일이 갖는 보다 다양한 사회적·문화적인 면을 고려하면서 궁극적으로 인적 교류를 확대해야 한다. 그것이 통일의 기회를 넓혀가는 길이다.

서울은 평양을 상대로 한 교섭에서 언제나 냉전시대 같은 사상적 대립으로 빠져드는 회담을 거북스러워한다. 시민단체는 이런 한계를 뛰어넘어 정치적 상황으로부터 비교적 자유로운 활동이 가능하다. 현재 한국사회에는 비정치적인 통일 방식을 지향하는 시민단체들이 늘어가고 있는 추세다. 이들에게는 두 정치체제 간의 화해 여부에 앞서 같은 인간이고 같은 민족이기에 북한 주민들을 지원하는 일이 중요한 것이다. 이를 이루기 위해 우리 사회의 시민단체들은 서로 간에 긴밀히 협조하면서 정부 정책과 보조를 맞춰가야 한다.

내 선친이 김일성 주석과 회담을 한 이후에 남북한 교류의 문이 열렸다. 하지만 당시 북한문제를 놓고 정부와 민간 부문 참여자들의 협력 조정을 위한 적절한 전략이 부재했다. 당시 우리에게는 정부 정책과 민간사업을 결집시킬 수 있는 국가적 비전이 없었기 때문이다. 그 결과 당시 정부가 새롭게 추진했던 햇볕정책이 통일정책으로서 실효를 거두지 못했고 민간교류도 한계를 드러내기에 이르렀다.

우리는 그와 같은 과거의 실수를 되풀이해선 안 된다. 그 당시에 우리가 공유했어야 할 비전을 이제 나는 코리안드림에서 발견할 수 있다고 믿는다. 통일을 위한 실천적 활동을 펼치려면 그 비전과 함께 다양한 민간 영역의 이해관계를 조정하면서 상호협력을 통해 정부 정책에도 자연스럽게 부합될 수 있도록 하는 매개체가 반드시 필요하다.

그것이 바로 내가 '통일을실천하는사람들AKU'을 창설한 이유다.

AKU는 통일문제와 관련된 주요 단체들과 그 구성원들을 결집시키기 위한 포괄적인 시민단체다. AKU를 중심으로 해서 하나로 연합한다면 우리는 과거에 저질렀던 실수를 반복하지 않을 것이다.

시민단체의 부상과
신앙의 중요성

시민사회단체는 단순한 정부의 보조 기구가 아니라 건강하고 역동적인 민주주의의 근간이다. 이들은 사회적으로 중요한 목표를 성취할 수 있도록 시민들의 생각을 고양하고 에너지를 응집시켜서 각자의 공동체와 지역사회, 그리고 국가에 공헌하도록 만든다. 이를 통해 원칙은 실천으로 이어진다.

NGO Non-Governmental Organization라는 현대적 용어를 사용하게 된 것은 UN 창설 이후다. 하지만 흔히 시민단체를 통해 표현되는 시민사회의 중요성은 단어가 의미하는 대로 오랫동안 자유사회의 필수 요소로 간주되어왔다. 프랑스의 정치철학자 알렉시스 드 토크빌 Alexis De Tocqueville은 《미국의 민주주의 Democracy in America》라는 그의 저서에서 자발적 단체가 갖는 중요성을 잘 설명하고 있다. 이 시민단체가 미국인들의 보편적인 삶의 특징이자 19세기 초 건강한 민주주의의 성장에 중요한 기반이었다는 것을 발견했다. 자발적인 단체는 사회에 안정을 가져다주고, 시민들이 공적 생활에 적극적으로 참여하도록 이끌었으며, 타인을 위해 봉사하는 습관을 길러주었다.

토크빌은 프랑스 혁명을 연구하면서 혁명 이전의 시민단체 활동에 대해 조사했다. 그가 확인한 바로는 시민단체를 설립하려 할 때마다 예외 없이 억압이 가해졌는데, 그 때문에 정작 혁명이 일어나고서는 중재나 조정 역할을 할 수 있는 사회기관을 찾아볼 수 없었다. 그 결과, 혁명의 의미는 사라지고 타도하고자 했던 구체제의 전체주의적 특징은 고스란히 또 다른 극단주의적 통치체제로 모습만 바뀐 채 다시 가혹한 공포정치를 불러왔다. 토크빌은 안정적이고 정의로우며 역동적인 민주주의의 특징은 시민단체의 존재라고 결론지었다.

시민단체는 대부분 근본적이고도 도덕적인 원칙에 따라 도덕적 목적을 가지고 행동하려는 사람들에 의해서 만들어진다. 설립 동기는 대개 신앙에서 비롯되며, 사회의 불의에 맞서거나 타인의 필요를 충족시킬 것을 촉구한다. 그래서 시민단체는 근대 자유사회에서 삶의 한 특징이 되었다. 19세기 영국에서는 시민단체가 우후죽순처럼 늘면서 산업화로 위기에 처한 많은 사람들을 구제했다.

산업혁명으로 인구가 폭발적으로 늘어남에 따라 농촌에서 할 일이 없어진 사람들이 일자리를 찾아 낯설고 거대한 산업도시로 몰려들었다. 이런 곳에서 가난한 사람들의 생활조건은 그야말로 절망적이었다. 위생은 엉망이었고 장티푸스, 콜레라 같은 전염병이 수시로 발생했으며 범죄가 만연했다. 이에 도시 빈민들이 물질적으로나 정신적으로 필요로 하는 것을 지원하고 그들이 처한 열악한 상황에 대한 대중의 관심을 이끌어내기 위해 여러 단체가 설립되었는데, 설립자 대부분이 '네 이웃을 사랑하라'는 복음의 말씀을 실천한 기독교인들이었다. 구세군이 좋은 사례다. 감리교 목사였던 윌리엄 부스William Booth와 그의 아내 캐서린 부스Catherine Booth가 1865년 런던에서 창설한 구세군은 오늘날까지 세계 도처에서 그 정신을 이어가고 있다.

5장에서 기술했듯이 대중의 힘이 불러온 극적인 사회변혁은 다양한 유형의 시민단체가 시민들의 에너지를 공통의 비전에 접목시킴으로써 가능했다. 미국 민권운동을 비롯해 폴란드와 동독의 체제 변환에선 기독교가 중심이 되었다. 미국의 경우 운동을 이끈 지도자의 대부분이 흑인 목사였는데, 이들이 담임하던 교회는 자연스럽게 구휼활동이나 흑인 지역사회의 구심점 역할을 했다. 비록 기독교가 중심에 있긴 했지만 이 운동은 기독교를 넘어 보편적인 도덕적·영적 원칙에 호소했다.

동유럽도 마찬가지였다. 루터파 목사들과 교회 공동체는 공산체제에 저항하는 데 핵심적 역할을 했지만 다양한 종교적·정치적 견해를 가진 사람들과 더불어 상식에 따라 활동했다. 가톨릭이 중요한 역할을 한 폴란드도 사정은 마찬가지였다. 교회가 적극적으로 반정부 운동을 펼치지는 않았지만 시민사회를 대표하면서 정부의 끈질긴 압박과 통제에도 꿋꿋이 버텨냈다. 그 결과 가톨릭교회는 성직자가 직접 참여하지 않고서도 반체제 단체들이 모여 토론하고 계획을 세우는 공간으로 자리 잡았다.

교회는 공산주의 사상의 대안으로서 도덕적 원칙과 사회적 비전을 제공했다. 이는 폴란드 자유노조연대와 같은 유형의 시민단체를 탄생시켰다. 이는 폴란드 국민이 공산당의 통제를 받지 않고 공적 분야에서 활동할 수 있는 기회였기 때문에 수 주일 만에 수백만 명이 노조에 가입할 정도로 엄청난 호응을 얻었다. 공산당은 이러한 운동을 체계적으로 억압하려 했다.

체코에서는 공산당 통치에 반대하는 사람들이 스스로를 시민포럼이라고 했다. 시민포럼은 일체의 정치사상을 지양했다. 그리고 정치 영역을 넘어 보편적이고 도덕적인 원칙에 입각한 인권과 자유의 토대 위에 시민사회를 회복할 것을 주장했다. 폴란드인들이 만남의 장소로 교회를 이용했다면, 체코인과 슬로바키아인들은 정부가 절대로 굴복시킬 수 없는 분야 가운데 하나인 예술계 현장에서 회합의 공간을 찾았다.

많은 예에서 확인되듯이 추진력과 영감을 제공한 주체들은 대부분 종교인들이었다. 이는 신앙이 타인을 위하여 살도록 인도한다는 점에서 볼 때 당연하다고 할 수 있다. 중국에서 '비밀 탈주로Underground Railroad'를 마련하여 탈북자들을 돕고 있는 동포들 또한 자신들의 신앙에 이끌려 자원한 경우가 많다. 탈북자들은 인생에서 한 번도 경험해 본 적 없는 애정 어린 보살핌을, 그것도 일면식도 없는 사람들로부터 받고 있다는 점에 어리둥절하고 혼란스러워한다. 대가를 바라지 않는 이타적인 사랑은 단지 인류가 한 가족이라는 이유만으로 어려움에 처한 사람들에게 다가가도록 만든다. 이와 같이 신앙은 강력한 추진력을 제공하지만, 타 종교나 사상을 배제하지 않고 좋은 목적을 위해 함께 일하도록 만드는 것은 공통된 희망과 비전이다.

5장에서 국민의 힘에 대해 소개했던 리더들, 즉 간디, 루터 킹, 만델라의 위대한 도덕적 권위는 그들이 평생 추구하고 지켜왔던 근본적인 원칙과 가치에서 연유한다. 그들은 분파주의적 허식을 배격하고 인류의 보편적인 열망에 부응하기 위해 일생 동안 고난의 길을 걸었다.

　북한 관련 활동을 벌이고 있는 남한 내 여러 NGO와 시민단체 가운데는 불교, 가톨릭, 개신교 단체들이 있다. 종교를 기반으로 하는 단체들이 북한 구호에 중요한 역할을 담당하는 것은 당연한 일이지만 서로 간의 공조가 반드시 필요하다. 나는 글로벌피스재단을 통해 그러한 공조를 이루어내려고 노력해왔다. 종교를 초월하여 공통의 비전을 바탕으로 한 협력적 시민활동이야말로 원칙 있는 사회로의 전환에 필수 불가결한 요소이며, 한반도 통일에 강력한 힘이 되어줄 것이기 때문이다.

　북한에서 활발한 구호활동을 펼치고 있는 대한불교 조계종은 2011년에 초종교 차원에서 북한 방문을 추진했다. 2010년 북한의 연평도 포격 사건 이후에 남북 양측은 매우 적대적인 관계였다. 그러나 팔만대장경 제작 1,000년을 기념하는 행사를 위해 남북 정부가 조계종의 이북 성지 순례를 허락했다. 조계종은 이 기회를 활용하여 타 종교에 초종교 행진을 제안했으며 나도 그 행사에 초청되었다. 이는 북한의 도발 이후 가장 의미 있는 첫 남북교류였으며, 언론도 이를 중요하게 보도했다.

　서양의 세속적인 지식인과 언론인들은 종교를 고리타분하게 여기며 경시한다. 그러나 사실은 세계 인구의 대다수가 깊은 신앙심을 갖고 있다. 퓨 포럼Pew Forum은 2012년 12월에 다음과 같은 내용을 발표했다.

　세계적으로 10명 중 8명 이상이 종교를 갖고 있다고 응답했다. 퓨 리서치Pew Research 연구소가 230개 국가를 대상으로 한 인구 동향 조사에서는 2010년에 세계 69억 인구 중 84%에 해당하는 58억 명이 종교단체에 가입한 것으로 나타났다.

때론 종교가 갈등의 요인이 되기도 하지만, 신앙은 수십억 사람들에게 삶의 의미이자 도덕적 기준이 되고 있다. 세계에서 가장 중요한 사회적·문화적 변화를 가져온 운동들은 한결같이 신앙인들에 의해 촉발되었다. 신앙인들이 서로 반목하며 상대방을 경쟁자로 보는 대신에 함께 일하게 되는 때를 가정해보라. 그때 비로소 인류의 보편적인 원리와 가치를 구현하는 근본적인 사회 변화가 올 것이다. 그렇게 되면 세계의 금융과 자원이 정체성에 의한 갈등 같은 골치 아픈 문제를 벗어나 지역과 국경을 넘어 활용되면서 인류 대다수의 복지가 크게 개선될 것이다. 초종교 활동은 서로의 신앙을 인정하느냐 못 하느냐의 문제에 국한되지 않고 각자의 신앙을 유지하면서도 세계의 현실적인 문제들을 함께 해결하기 위한 것이다.

근대화, 세계화, 그리고 시민단체

최근 들어 나타난 가장 인상적인 현상 가운데 하나는 세계적인 시민사회의 부상과 함께, 도움이 필요한 곳이라면 장소에 구애받지 않고 어느 곳이든 달려갈 자세가 되어 있는 자원봉사자들이 늘고 있다는 것이다. 이렇게 된 데에는 정보기술의 발전에 힘입은 바가 매우 크다. 서울이나 뉴욕에서 아침식사를 하는 동안 수천 마일 떨어진 곳에서 재난으로 고통받는 사람들의 참상을 마치 눈앞에서 보는 것처럼 실시간으로 접할 수 있다.

그 결과 오늘날에는 천재天災나 인재人災 가릴 것 없이 국제적으로 이에 대응하게 된다. 2004년 22만 5,000여 명의 목숨을 앗아간 인도양 쓰나미, 2010년 아이티 대지진, 2011년 일본을 강타해 후쿠시마 원자로의 공포를 일으켰던 대지진과 쓰나미, 2013년 초 필리핀을 휩쓴 태풍 하이옌, 아프리카에 정기적으로 찾아오는 남수단과 사헬Sahel 지역의 기근 등 모든 재해에 지구촌이 함께 대응하는 모습을 보여주었다. 이때 민간기구들의 역할이 정부의 지원을 능가했다. 돈 에벌리Don Eberly가 자신의 저서 《지구 시민사회의 부상The Rise of Global Civil Society》에서 지적한 것처럼, 인도양 쓰나미 사태가 발생했을 때 미국 정부가 제공한 상당 규모의 원조도 해외에서 민간기구와 개인들이 모금하여 송금한 수준에는 미치지 못했다.

국제적십자사, 옥스팜Oxfam, 월드비전World Vision 같은 민간 구호기관들은 재난이 발생하면 세계적인 연락망을 가동하고 각국 정부와 공동으로 구조활동을 조율한다. 여기에 수백만 명의 개인 봉사자와 기부자는 말할 것도 없고 수천 개에 이르는 소규모 NGO도 각자의 전문 영역에서 힘을 보탠다.

"시민이 만들어가는 국가, 지역사회"라는 부제를 단 자신의 책에서

에벌리는 이와 같은 현상을 최근 수십 년 사이에 세계적으로 늘어나고 있는 시민단체의 영향력이 그만큼 커지고 있다는 실증이라고 보았다. 그는 책에서 21세기에는 시민사회단체들이 대외원조와 봉사를 제공하는 데 있어서 훨씬 더 민감하고 혁신적인 방법으로 전통적인 정부의 역할을 대체할 것이라고 예견했다.

NGO들은 일시적인 재해 구조 외에 지속성이 요구되는 문제에도 적극적이다. 식량, 주택, 보건, 빈곤, 교육, 환경 및 개발 과정에서 파생되는 총체적 문제 등이 그 주요 대상이다. 현재 국제적으로 활동하고 있는 2만여 개의 NGO들은 규모 면에서 상당할 뿐 아니라 토대도 건실한 것으로 알려져 있다. 세계적인 네트워크를 갖지 않고 순수하게 국내에서만 활동하는 NGO 수는 이와는 비교가 안 될 정도로 많다. 미국에만 150만 개의 NGO가 있으며, 인도는 330만 개에 이른다. 시민단체 활동에 호의적이지 않은 러시아에도 50만 개가 넘는 NGO가 등록되어 있다. 이들 대부분은 자신의 관심 분야에서 의미 있는 일을 찾는 소수의 시민들에 의해 운영되고 있다.

많은 NGO들이 지역사회에서 정부의 손길이 미치지 못하는 문제들을 다룬다. 그들은 즉각적인 결과보다는 공동체의 주인의식을 함양하면서 장기적으로 실질적인 개발을 이끌어내는 활동도 많이 한다. 바람직한 현상이다. 그중 가장 성공적인 활동은 지역사회와 공조하여 지역 지도부가 실질적이고 지속 가능한 발전을 이끌도록 한다는 것이다.

지리적 거리 때문에 직접적인 영향을 주기에 한계가 있는 곳에서 시행하는 다양한 프로젝트는 보다 널리 파급될 수 있는 개발 모델이 된다. 정부는 대규모 재난이 발생할 때 적극적으로 구호활동을 펼치지만, 장기적인 인도주의 활동은 종종 대상 국가의 정치적 상황에 좌우되기 마련인데, NGO는 특정 목표를 달성하기 위해 그와 관련된 활동에 집중한다. NGO는 정치적 제약에서 자유롭다. 그 결과 그들이 주로 다루는 인도주의적·도덕적 이슈에 대해 장기적인 관점에서 일관된 접근과 활동을 벌일 수 있다.

일부 NGO는 일반적으로 정부도 생각하지 못할 만큼 사회적인 혁신을 선도할 목적으로 조직된다. 무하마드 유누스Muhammad Yunus가 창설한 그라민 은행Grameen Bank이 대표적이다. 1970년대 후반에 방글라데시 치타공대학 경제학 교수로 재직하고 있던 유누스는 학생들에게 가르치는 내용이 대학 주변의 가난한 시골마을 사람들의 삶과 전혀 관련이 없음을 깨달았다. 그는 소액이지만 신용대출이 가능하다면 성장 잠재력이 있는 사회의 빈곤 탈출이 가능할 것으로 생각했다.

그는 학생들에게 농촌마을에 신용을 제공할 방도를 알아보도록 했고, 그 결과 마이크로크레딧microcredit(소액 신용대출)이라는 개념이 탄생했다. 마이크로크레딧은 현재 전 세계 개발도상국에서 가난한 농민들에게 기업가 정신을 장려하는 수단으로 이용되고 있다. 유누스는 마을 공동체를 개발하는 방식과 무담보 대출을 연계시켰다. 그라민 은행은 이를 위해 개인이 아닌 소규모 그룹에 대출해주고 그룹 내에서 상부상조로 사업을 해서 융자금을 상환토록 했다. 이 공로로 유누스 박사와 그라민 은행은 노벨 평화상을 공동 수상했다.

시민단체와 NGO들은 대중이 다양한 공적·사회적 문제에 참여하여 의미 있는 역할을 하도록 만드는 데 혁신적인 노력을 기울이고 있다. 정보통신기술의 혁명처럼 이 또한 불과 20~30년 사이에 벌어진 현상이다. 에벌리는 "시민사회는… 고립된 개인들을 포용해 사적 혹은 지역의 협소한 이익을 넘어 더 큰 사회조직 속으로 편입시킨다"라고 말했다. 그는 아마도 정부의 활동보다도 더 큰 영역에서 그 조직이 운영될 수 있다는 뜻을 전하고자 이 말을 했을 것이다.

한국 시민단체들의 활동이 일반 국민들의 생활에서 차지하는 비중도 점차 커지고 있다. 시민단체들은 실천적인 활동을 통해 한반도 통일 과정에서 핵심적인 역할을 할 것이다. 정부는 시민들과 그들이 지닌 역동적인 힘의 도움 없이는 이 일을 성공적으로 해나갈 수가 없다. 그러나 역사가 짧은 한국의 시민단체들은 더 많은 개발이 필요하다. 나는 오래전에 사회단체와 NGO의 역할이 세계적으로 점점 더 중요해질 것이라는 사실을 깨닫고 2001년 초에 서비스포피스Service For Peace, SFP를 설립했다. 이 단체는 선진국의 젊은이들이 개발도상국이나 자국의 지역사회에서 자원봉사를 통해 평화를 실현하는 것을 목적으로 한다.

한국인의 해외 자원봉사는 비교적 최근에 시작되었다. SFP는 정부가 나서서 자원봉사를 장려하기 이전부터 대중에게 그 가치를 홍보하고 권유하는 역할을 했다. 한국자원봉사협의회 이사단체로서 다른 NGO들의 활동을 지원하고 한국 내 자원봉사에 대한 인식을 개선하는 데 기여해온 것이다. SFP는 대학생들이 신체적 장애가 있는 아이들과 함께할 수 있는 재미있는 놀이 등을 통해 자원봉사를 쉽게 실천할 수 있는 장을 마련하기도 했다. 처음에는 자녀들이 자원봉사보다는 공부에 더 전념하기를 바랐던 부모들도 나중에는 함께 참여했다. 기업들에게는 자원봉사의 가치와 함께 기업의 사회적인 책임을 일깨웠다.

시민사회는 통일 과정에서도 남북한 정부 사이에서 중립적인 동반자로서 중요한 역할을 할 것이다. 양측 정부가 입장 차를 보이는 지점에서 각 개인을 '넓은 사회적 그물망'으로 '엮어' 그것으로 필요한 부분을 채워줄 것이다. 알렉시스 드 토크빌의 언급처럼, 이들의 존재는 평화로운 통일 과정을 밟아갈 수 있게 만드는 사회적인 안전망이 된다. 가장 중요한 것은 이 단체들의 신앙과 인류애가 정치나 사상의 차이를 떠나 우리로 하여금 우리가 같은 인간이요, 같은 정체성을 가진 한민족이라는 인식을 공유하게 만든다는 사실이다. 그렇게 해서 우리는 우리 공동체가 운명적으로 하나라는 사실을 깨닫게 되는 것이다.

글로벌피스재단의 평화운동 : 올라이츠빌리지와 인성 · 창의성 교육

—

나는 2009년에 글로벌피스재단GPF을 설립했다. GPF는 '하나님 아래 한 가족'이라는 비전 아래 사회혁신과 가치를 중심으로 한 평화실현을 추구한다. 우리의 목적은 이 비전을 실생활에서 실행 가능한 사례들로 만들어냄으로써 궁극적으로는 인류가 직면하고 있는 어려움들을 근본적으로 해결하자는 것이다. 사회변혁의 실질적인 사례를 통해 얻은 교훈을 설명하기 위해서 나는 특별히 저개발 국가에서 올라이츠 빌리지All Lights Village, ALV 또는 올라이츠 프로젝트와 인성·창의성 교육Character and Creativity Initiative, CCI(GPF 인성교육의 한 분야)을 진행하여 거둔 성과를 소개하고자 한다. 이 둘은 GPF가 중점적으로 수행하고 있는 활동이다.

올라이츠는 아프리카와 아시아에서 아직 전기가 공급되지 않는 마을의 가정에 태양광 전등을 제공하는 프로젝트다. 가정에서 사용할 수 있는 소형 전등을 제공하고 마을에 따라서는 더 큰 용량의 가로등도 설치해준다. 이것은 가난한 가정의 연료비 부담을 덜어줄 뿐 아니라 등유를 태우는 과정에서 발생하는 그을음으로부터 눈과 폐의 건강도 지켜준다.

이 프로젝트가 제공하는 것은 단순히 물리적인 '밝음'만이 아니다. 주민들에게 그것은 삶을 변화시키는 '희망의 빛'이다. 아이들은 일몰 후에도 공부를 할 수 있게 되었고, 등유를 살 돈으로 책과 학용품을 구입할 수 있다. 이는 평등한 교육기회를 조성함으로써 빈곤의 대물림에서 벗어날 수 있는 가능성을 높여준다.

아프리카 케냐의 몰로 지역 마을은 태양광 가로등 설치 후 마을의 치안이 현저하게 좋아졌다. 가로등 덕분에 야간 범죄가 대폭 줄어든 거리에서 주민들이 안심하고 이동할 수 있게 된 것이다. 주민들은 늘어난 활동 가능 시간을 활용하여 자체적으로 공동체의 문제 해결과 발전을 위한 모임을 갖기 시작했다.

첫 시험 대상 국가였던 필리핀에는 이제 20곳 이상의 마을에 올라이츠빌리지가 조성되었다. 올라이츠 프로젝트는 태양광 전등 공급 외에도 저렴하고 간단한 식수 여과장치, 연소 잔류물이 거의 발생하지 않는 조리용 스토브 등 적정 기술을 활용한 생활개선 운동도 전개했다. 현지 주민들과 상의하여 지렁이 사육 등 마을 주민들이 스스로 꾸려가는 소규모의 공동 수익사업도 진행 중이다. 주민들이 이러한 일에 스스로 자부심을 느끼면서 삶을 대하는 태도가 변하고 공동체 의식도 형성되었다. 이에 여러 곳에서 도움의 손길이 이어졌다. 필리핀 물소센터에서는 올라이츠가 추천하는 가정에 물소를 무상 임대해주겠다고 제안했다. 누에바에시하주 야네라 마을의 경우에는 해비타트Habitat에서 저렴한 장기 융자를 해주어 2013년 11월부터 주민들 스스로 협동조합을 꾸려 물소 축사를 갖춘 80채의 주택을 건축했다.

태양광 전등은 밤을 밝혔을 뿐인데, 그 빛은 마을 사람들의 생각과 생활태도를 바꿔놓았고, 그들 스스로 새로운 가능성을 열도록 했다. 올라이츠빌리지 프로젝트는 한국의 새마을운동과 밀접하다. 새마을운동의 성공 열쇠는 농촌 지역사회가 자발적으로 마을 공동체의 변화를 이뤄나가도록 한 것이었다. 주민들이 자신의 삶과 지역사회에 대해 주인정신을 갖는 것이 물질적 혜택을 받는 것보다 더 중요하다. 야네라 마을의 주민대표 롤라 베로 씨는 "주민들은 한 번도 만난 적이 없는 다른 나라 사람들이 자신들을 도와준다는 사실에 고마움을 느낀다. 이제 모든 주민이 서로를 돕고자 하는 정신을 배워 마을의 공동사업에도 자발적으로 동참한다. 언젠가는 우리 마을도 세상을 위해 베풀 수 있는 날이 오기를 꿈꾼다"라고 말한다. 실로 감동적인 언급이다.

세계를 여행하며 강연할 때마다 나는 반세기 만에 빈곤국을 탈피한 한국의 발전 경험을 통해 배울 점을 찾으라고 개발도상국들을 향해 강조한다. 한국은 가장 극심한 빈곤국에서 어떻게 발전해왔는가를 모범적으로 보여준다. 물론, 우리 국민들이 열심히 일해온 결과이기도 하지만 빈곤과의 치열한 싸움에서 배워야 할 중요한 교훈이 있다. 가장 중요한 것은 주인의식을 갖고 '빈곤의 사고방식'으로부터 탈피해야 한다는 것이다. 그러면 자립심과 자존심이 고양되고 자연스럽게 남보다 뛰어나고자 하는 욕구가 생겨난다.

올라이츠빌리지 프로젝트는 아시아 지역의 경우 필리핀, 인도네시아, 말레이시아, 네팔, 몽골에서, 아프리카의 경우에는 케냐와 나이지리아, 남미에서는 콜롬비아 등지에서 진행되었다. 이 활동은 많은 단체로부터 가난한 농촌 지역을 변화시키기 위한 효과적인 방안으로 인정받고 있다. 2013년에는 국경없는공학자회EWB와 첨단융합기술연구소로부터 적정 기술의 활용과 농촌 지역의 삶 개선에 기여한 가장 모범적인 실천 사례로 뽑혔다.

2013년 2월 한국 GPF는 국내외 통일운동에 기여한 점과 국제적으로 올라이츠빌리지 프로젝트를 진행해 국위를 선양한 공로를 인정받아 정부로부터 유공 표창장을 수상했다. 시상식에서 고흥길 특임장관은 "사회봉사 활동의 범위를 놓고 볼 때 시민단체의 역량을 넘어서는 업적이며 대한민국의 국가 위상을 높이는 데 크게 일조했다"라고 수상자 선정 사유를 밝혔다. 이 프로젝트는 언제라도 북한 주민들에게 다가갈 준비가 되어 있으며, 현재 평안북도 정주 지역을 일단 시범 대상지역으로 설정하고 사업을 논의하고 있다.

올라이츠빌리지 프로젝트는 해외 자원봉사 활동을 위한 다양한 기회를 제공하고 있다. 태양광 전등 구매와 배송을 후원하는 한국 기업들은 자사 직원들에게 기기가 설치될 마을에서 자원봉사를 하도록 장려한다. 자원봉사자들은 현지 주민들과 함께 마을회관 건립과 같은 작업에 투입된다. 한국 대학생들로 구성된 글로벌 품앗이 활동은 필리핀, 네팔, 몽골, 케냐에서 다양한 봉사활동을 펴고 있다.

여기에서 현지 주민은 물론이고 자원봉사자들도 모두 변화를 경험한다. 주민들은 단순히 전등과 새 건물을 얻는 것이 아니라 생산성과 안전성 교육을 통해 현재의 상태를 바꿔나갈 수 있는 기회를 갖게 되고, 봉사자들과의 접촉을 통해 자신들이 세상으로부터 고립되지 않았음을 인식한다. 세상에 자신을 한 가족처럼 도와주려는 사람들이 있음을 알고 꿈과 희망을 갖게 된다. 자원봉사자 입장에서는 전혀 새로운 문화와 현지 주민들의 소박한 생활을 체험하는 기회가 된다. 인간을 보는 시야가 한국을 넘어 다른 세상의 사람들로까지 확장된다.

이를 계기로 인생관이 달라졌다는 소감 발표가 끊이지 않는다. 현재 가진 것에 만족하고 감사하는 마음이 생기는 것은 물론이거니와 그렇지 못한 사람들에 대한 책임감을 통해 성숙해지는 자신을 발견한다. 직접적인 접촉을 통한 인간관계는 단순히 구호물자를 제공하는 것과는 근본적인 차이가 있다. 여기서는 주는 사람과 받는 사람 모두가 '인류 한 가족'의 세계를 이루어가는 동반자다. 야네라 마을의 주민들이 자신의 삶을 변화시키기 위해 열심히 일하는 것은 물론이고 "언젠가는 우리 마을도 세상을 위해 베풀 수 있는 날이 오기를 꿈꾼다"고 할 때, 이것은 얼마나 아름다운 꿈인가?

고립된 농촌마을이 스스로 삶을 바꿀 수 있는 기회를 얻어 가난에서 탈피하는 것은 신흥국을 변혁해나가는 데 중요한 요소가 될 것이다. 이들 나라의 또 다른 핵심 현안은 젊은이들의 미래다. 이런 신흥국들은 청년을 위한 일자리 창출을 하지 못하는 경우가 많다. 인구 증가 속도가 일자리 창출 추이를 추월하기 때문이다. 청년층이 국가의 미래라는 점에서 안타까운 일이다. 이들을 이끄는 가치, 인격, 지역사회에 대한 책임감 등이 국가의 미래를 결정하는 데 매우 중요하다. 수십 년간 서구의 원조를 받은 많은 나라들은 원조를 받는 '대가'가 감당할 수 없을 만큼 엄청나다는 것을 알게 된다. 원조물자와 함께 들어오는 세속적·진보적 가치들이 전통적으로 유지해온 깊은 신앙심을 해치기 때문이다. 더구나 탐욕스러운 월스트리트 금융가의 도덕적 타락에 따른 미국발 금융위기와 전 세계의 경기침체는 이전에 지배적이었던 서구적 개발 모델에 대한 근본적인 회의를 양산했다. 따라서 그들은 전통문화의 가치가 이기적 개인주의에 훼손당하지 않는 새로운 접근방식을 받아들이고자 한다.

뿐만 아니라 경제발전이 전체 개발계획에서 빙산의 일각임을 인식하는 경향이 증가하고 있다. 성공하기 위해서는 사회적·정치적 안정의 기틀이 만들어져야 한다. 교육받지 못하고 소외된 청년층이 많다면 그러한 기틀을 만드는 데 큰 어려움이 따를 것이다. 결론적으로 도덕적 품성과 고결함을 갖춘 청년들이 기업가 정신과 지도력을 갖춘다면 그것이 신흥국의 성공적인 변화에 가장 핵심적인 요소로 작용하게 될 것이다.

심사숙고 끝에 나는 이 문제들을 해결하기 위한 일을 시작했다. 케냐에서 처음으로 인성·창의성 교육에 착수한 것이다. 2007년 케냐에서는 대통령 선거에 후보를 내보냈던 두 부족들 간에 대선 직후 폭력사태가 발생했다. 그로 인해 1,200명 이상이 사망했고 25만 명이 집을 잃었다. 폭도들은 비양심적이고 선동적인 정치인들로부터 사주를 받은 청년들이었다. 나는 2008년에 나이로비에서 글로벌피스페스티벌을 개최하여, 최악의 폭동이 휩쓸고 간 이곳에 평화와 화합의 초석인 '하나님 아래 한 가족'의 진리를 설파했다. 대선 후보자 중 한 사람이었던 오딩가Odinga 총리는 이 대회에서 케냐 국민들에게 민주주의의 원칙과 전통에 따라 행동해줄 것을 촉구했다. 인성교육은 케냐 청년들의 생활문화와 삶의 태도를 바꿔나가는 장기적인 운동으로 자리 잡았다. 이 운동은 케냐 교육부, 국가공식홍보대행법인 브랜드케냐Brand Kenya, 케냐고등학교장협의회를 비롯한 교육단체와 공동으로 실시하고 있다.

인성교육은 인성과 창의성이 공동체 내부의 인간관계를 표현한다는 인식에서 출발한다. 가족 간의 관계가 특정한 원칙과 도덕적 가치의 표현이자, 동시에 가족문화를 만들어낸다. 학교 공동체에서의 관계 또한 마찬가지다. 이러한 인식을 기반으로 인성교육은 교실 안에서 지식 전달에 초점을 맞추는 기존의 방식에서 벗어나 학교 공동체 생활에서의 전인교육을 강조한다.

인성교육을 도입한 학교는 교장, 관리자, 대표교사와 학생, 체육교사로 구성된 위원회를 조직한다. 학부모와 지역사회 대표, 기업인, 종교 지도자 등 외부 인사들도 참여시킨다. 인적 구성이 마무리되면 위원회는 정직, 성실, 공공성 같은 특정 가치를 학교생활에서 실천할 수 있는 방법을 고안한다. 지역사회 대표들은 학교가 보다 넓은 사회 공동체의 하나로 인식될 수 있도록 하고, 학생들이 참여할 수 있는 봉사활동의 종류를 찾아내는 데 힘을 보탠다.

이 방법은 학교 구성원들과 지역사회에 책임의식과 자주성을 일깨운다. 체험을 통해 개별적으로 권한이 부여되고, 이를 통해 창의와 상상력의 에너지가 분출된다. 한 여학교의 사례가 이를 증명해준다. 이 학교에서는 하급생에게 상급생 '엄마'를 배정하고 '엄마'는 자신이 맡은 학생 '딸'을 위해 재학 기간 내내 후견인의 역할을 수행한다. 물론이 '엄마'에게도 자신을 지도해주는 또 다른 상급생 '엄마'가 있다. 이로써 학년은 다르지만 서로가 일종의 혈연적 가족으로 연결된다. 다시한 번 주목해야 할 부분은 바로 '관계'다. 이 인간관계는 가족 모델에 기반하고 도덕적 인성은 이러한 '관계의 틀' 속에서 형성된다.

2013년 8월 민간 연구소인 케냐공공정책분석연구회KIPPRA가 펴낸 보고서를 통해 이 방식의 성과가 입증되었다. 보고서는 2년간 인성교육을 시범적으로 운영한 6개 학교의 경우 다른 6개 대조군 학교들에 비해 해당 기간에 폭력, 집단 따돌림, 약물남용과 같이 징계 사유에 해당되는 문제들이 줄어들었다고 밝혔다. 프로그램의 일차적 목표는 아니었지만 학업 성취 역시 개선되었다.

인성교육이 학교문화에 끼친 영향은 교사와 학생을 상대로 한 설문조사에서도 구체적인 수치로 나타났다. 교사들은 높은 직무만족도를 보였고, 학생들은 자신감을 체험했으며, 교직원과 학생 간 교류나 지원도 늘어났다. 이 보고서는 학생들의 성공적인 인생 준비를 위해 학교는 학생, 관리자, 교사, 부모, 주변 지역사회와 협조를 통해 실력과 윤리적인 소양을 함께 키울 수 있도록 해주어야 한다고 결론지었다. 그러면서 도덕적인 원칙 위에 문화 혁신을 이룩하기 위해 교과과정에서 통합된 국가관 교육을 주문했다.

보고서는 "이것(국가관)은 우리가 누구인지, 무엇을 위해 사는지, 케냐와 세계를 위해 공헌하는 사람들이라는 것을 말해준다"고 했다. 그리고 최종적인 결론은 인성교육이 케냐 전국으로 확대되어야 한다는 것이었다. 이를 위한 계획을 이미 교육부와 국가인성창의성위원회가 공동으로 수립 중이다. 인성교육이 제시한 지역사회와의 연계는 순조롭게 확장되는 추세를 보이고 있다. 시범학교는 다른 지역 학교들에게 중심 역할을 하면서 인성교육이 정착될 수 있도록 조언을 해주게 된다. 일단 이것이 관행화하면 조언을 받은 학교들은 다른 희망 학교에 조언자가 된다. 대학 역시 재학생들이 현지 고등학교 학생들의 후견인이 됨으로써 자연스럽게 동참할 수 있다.

이 방식이 성공을 거두면서 케냐 교육부의 학교 평가방식이 달라졌다. 지금은 '전인적全人的 아동' 교육의 일부로 학과목 이외의 평가를 별도로 시행하고 있다. 야콥 카이메니Jacob Kaimenyi 케냐 교육부 차관은 KIPPRA 보고서를 발표하는 자리에서 "학교는 학업성취도만을 근거로 순위를 매겨서는 안 되며, 여기에는 재능 개발, 창의성 함양, 다른 학생들을 이롭게 하는 바람직한 인성 형성 같은 요소들도 평가 항목에 들어갈 것이다"라고 말했다.

이 운동의 영향력은 UN으로부터도 인정받아 2013년 10월 GPF 케냐가 '케냐 청소년들에게 봉사문화를 뿌리내리게 한 탁월한 노고'에 대한 공로로 상을 받기도 했다. 상패에는 인성교육뿐만 아니라 올라이츠빌리지 활동도 함께 언급되었다. 케냐의 인성교육에 깊은 인상을 받은 나이지리아와 우간다도 이 교육방식을 채택했다. 아시아에서는 인도네시아, 말레이시아, 몽골, 네팔, 필리핀, 그리고 남미에서는 파라과이와 브라질에서 운영되고 있다.

나는 신흥개발국에서 시험적인 사회개발 유형으로 올라이츠빌리지 운동과 인성교육을 시작했다. 하나는 농촌마을의 빈곤을 극복하기 위한 것이고, 다른 하나는 개발국의 청년들을 책임 있는 시민으로 양성하기 위한 것이다. 결과는 성공적이다. 빈곤문제와 현대화 과정의 역기능을 모두 극복하고 국가변혁의 성공을 기약하기 위해서는 두 가지가 다 필수 요건이다.

국가발전에 유일무이한 묘책은 없다. 많은 요소들이 함께 작용해야 한다. 나는 고유한 정신적 유산을 가진 신앙인의 한 사람으로서 인류의 번영을 위한 기반은 위대한 종교들이 역사를 통해 보여줘온 영적 원칙과 도덕적 가치라고 확신한다. 이러한 원칙과 가치들이 가족과 지역 공동체에서, 그리고 정치사회적으로는 각 정파들 내부의 인간관계를 통해 실질적으로 표출되는 것이다.

올라이츠빌리지 운동과 인성교육은 단순한 추상적 개념이 아니라 원칙과 가치를 실천에 옮겨 실질적인 변화를 일으킨 사회운동이다. 사실, 원칙과 가치는 물질적 발전을 이루는 데에도 근본적인 토대가 된다. 기술이 발전한 자유로운 사회에서도 그것을 유지하기 위해서는 정직, 주도성, 책임의식을 가진 시민을 길러내야 하기 때문이다. 사회변혁과 관련한 이 모든 사상과 경험들이 파라과이에서 하나로 모아져 국가적 차원에서 변화를 유도하는 계기가 됐다.

국가변혁을 위한 사회기반들 :
파라과이

—

나는 한국과 파라과이가 서로 밀접하게 연결될 운명을 가졌다고 본다. 이런 내 주장이 한국 사람들에게 다소 생소할 수 있겠지만 그 이유를 지금부터 설명하고자 한다.

2014년 6월, 한국의 일성건설이 파라과이의 도로 건설을 수주해 착공식을 가졌다. 파라과이 경쟁업체들과 겨뤄 단독 국제 입찰자로 계약을 체결했다. 일성건설의 수주는 앞으로 지속될 양국 협력의 중요한 족적으로 남을 것이다. 착공식을 계기로 GPF 파라과이 지부는 한국 측의 은행 대표단과 장관급 전 공직자들, 그리고 파라과이 측의 중앙은행장 및 재계 인사들이 참석한 가운데 한-파 좌담회를 마련하고 파라과이 사회기반시설의 종합적인 개발계획을 논의했다.

나는 취재를 위해 현지에 특파된 한국의 주요 경제신문 기자들에게 한국과 파라과이 사이에 시작되는 동반자 관계가 왜 두 나라 모두에게 중요한지 잘 분석해달라고 요청했다. 양국의 지도자들이 만나고 일성건설이 공사를 수주했다는 피상적인 사실보다 더 중요한 이야기가 있었기 때문이다. 불과 몇 년 전만 해도 파라과이는 퇴보하고 있었고 정권은 부패했으며 민주주의는 취약한 국가였다. 공사대금을 지불한다는 보장이 없는 그런 나라에 위험을 감수하며 투자할 외국인은 없었다. 그랬던 파라과이가 이 정도 단계까지 발전한 것은 바로 우리의 공헌이 있었기 때문이라는 사실이 중요한 것이다.

나는 2008년에 처음 이 나라를 방문했을 때 이미 파라과이와 그 국민들에게 깊은 유대감을 느꼈다. 남미 대륙의 중앙부에 위치한 파라과이는 한국과는 지구 정반대편에 위치해 있다. 묘하게도 국토의 모양까지 비슷하다. 나는 이 나라가 국가적인 변혁을 달성하면서 지역적 '허브'로서 남미 전역을 새롭게 태어나게 하는 '자궁'의 역할을 할 것으로 전망한다.

파라과이는 많은 측면에서 아직 백지상태 같은 신흥 민주주의 국가다. 정치제도와 사회적 관습이 체계와 형태를 잡아가고 있는 중이다. 그래서 오히려 올바른 원칙과 가치를 기반으로 잘 정비된 민주주의를 정립하고 모든 국민들이 그 혜택을 받게 되면 진취적인 자유시장 사회를 유지해나갈 수 있는 가능성이 충분하다. 파라과이 국민들은 전통적인 가치를 중시하고 지금도 토착 원주민들과 균형을 이루어 공존하기 위해 많은 노력을 기울인다. 토착 언어인 과라니어도 잘 보존되어 인구의 약 90%가 사용하고 있다.

내가 파과라이를 처음 방문했던 2008년에는 그 어떤 가능성도 보이지 않았다. 1989년에 35년 동안 이어진 알프레도 스트로에스네르 Alfredo Stroessner 장군의 독재정치로부터 겨우 벗어났다. 나의 친구인 후안 카를로스 와스모시 Juan Carlos Wasmosy가 1992년 처음으로 민선 대통령에 당선됐지만 명목만 민주주의일 뿐 부패인식지수, 글로벌 경쟁력

지수, 사법권 독립 지표에서 바닥에 가까운 수준이었다.

남미 대부분의 나라가 그렇듯이, 파라과이도 소수의 지배층이 부의 대부분을 장악하고 있다. 부자와 나머지 국민 사이의 소득격차가 여전히 크다. '독점가'들은 국가 전체의 이익보다 자신들의 이익을 위해 정치체제를 이용하며 법에 대한 신뢰 역시 매우 취약하다. 그 결과 부패가 만연하고 국가경제는 소수에게 휘둘려 중산층이 없는 상태였다.

내가 그곳을 방문한 때는 미국 정부가 시민들에게 파라과이 여행을 자제하도록 권고한 무렵이었다. 범죄조직과 결탁한 과격집단이 우리와 관련이 있는 땅을 불법 점거한 후 관리자를 납치했을 뿐만 아니라 일부 정치인들이 그들을 지원하기까지 했다. 처음엔 문제를 해결할 수 있는 방법이 없어 보였다. 나는 당시 대통령 니카노르 두아르테 프루토스Nicanor Duarte Frutos를 만났다. 부패한 급진파 정치인과 기업인이 결탁하여 토지 소유권을 몰수하도록 대통령에게 압력을 가하고 있는 상황이었다. 본질적으로 외국인의 사유재산을 '도둑질'해가는 전형적인 방식이었다.

토지 몰수를 압박하는 국내 세력 때문에 니카노르 대통령이 정략적인 편법을 쓸 것이라는 데 의심의 여지가 없었다. 원칙적인 문제는 전혀 고려되지 않았다. 그런 대통령과 이 문제를 놓고 두 시간가량 설전을 벌였다. 나는 그에게 이런 식의 몰수는 파라과이의 미래에 엄청난 손실을 가져다주게 될 것이라 강조하고 그 이유를 하나하나 설명했다. 첫째, 착취해간 땅을 가난한 농부들에게 나눠준들 국가경제나 세계경제와의 연결점이 없기 때문에 빈곤문제를 해결할 수 없다. 행여 그들이 자영농이 되거나 더 나은 삶을 원할지라도 지금 같은 상황에서는 삶의 구조적인 모순을 벗어날 수 있는 기회가 없기 때문이다. 그들에게 필요한 것은 경제적 성장을 이뤄나가는 가운데 직업을 갖는 것이다. 둘째, 소유권을 무시한 채 땅을 몰수하는 것은 국제사회에 나쁜 인식을 심어주게 된다. 파라과이는 빈곤문제를 해결하기 위해 직업을 창출할 수 있는 외국인의 직접투자가 필요하다. 하지만 사유재산이 보호받을 수 없다는 사실을 알게 되면 어떤 외국인도 이 나라에 투자하지 않을 것이다. 나는 그가 눈앞의 이익을 위해 당장은 땅을 차지할 수 있겠지만 장기적으로는 국가와 국제사회에 손해를 끼치게 될 것이라고 역설했다. 결과적으로 파라과이는 세계경제로부터 고립을 면치 못하게 된다는 것이었다.

나는 원칙과 가치의 기반 위에 세운 민주사회의 순기능에 대해 설명했다. "영적인 원리와 가치는 인간이 만든 기구로부터 나오는 것이 아니라 하나님으로부터 부여받은 것이다. 그것은 추상적인 개념이 아니라 세상에서 실제로 구현되는 것이다. 그러한 사실을 간과한다면 이 나라는 그 대가를 톡톡히 치르게 될 것이다. 내 말을 받아들이면 파라과이와 국민들의 더 나은 미래가 열릴 것이다."

마침내 니카노르 대통령은 나의 제안을 받아들이고 모든 것을 제자리로 돌려놨다. 그는 나로 인해 자신의 생각을 많이 바꿀 수밖에 없었다고 털어놓았다. 당시 미국 대통령이었던 조지 W. 부시의 형인 닐 부시_{Neil Bush}가 그 자리에 함께 있었다. 회의를 마치고 나와서 닐 부시는 이제까지 이런 토론은 본 적이 없다면서 니카노르 대통령을 이해시킨 나를 '진정한 변혁가'라고 했다.

나는 파라과이의 가능성을 봤고, 그 잠재력을 실현하기 위해서는 정치적·사회적으로 안정된 기반이 필요하다고 생각했다. 나는 정치적·사회적 안정이라는 것은 인간의 근원적 열망, 원칙 및 가치에서 출발한다고 생각하기에 그 중요성을 적극 알리기로 마음먹고 애써 시간을 내어 파라과이 국회의원과 정부 관료들을 만났다. 그리고 왜 인간의 권력이나 제도가 아니라 하나님을 인권과 자유의 유일한 원천으로 인정해야 하는지에 대해 간곡하게 이야기했다. "우리가 신의 주권을 인정하지 않을 때, 독재적인 통치자나 제도가 신의 자리를 꿰차고 시민에게 부여할 권리와 자유를 일일이 통제하기 시작할 것이다. 통치자가 마음먹기에 따라 우리의 양도할 수 없는 권리가 박탈당할 수도 있다."

나는 중남미 지역 국가와 미국의 발전 과정이 아주 다른 이유가 전적으로 우연은 아니라는 점을 강조했다. 기회가 넘치는 신대륙에서 새롭게 시작하자는 꿈을 안고 많은 사람들이 대서양 횡단을 감행했다. 하지만 수 세기가 흐르는 과정에서, 남미와 북미의 역사는 판이하게 전개되었다. 남미와 북미 이민자들은 대부분 기독교인이고 유럽계라는 공통점에도 불구하고 실제로는 질적·양적으로 다른 결과를 만든 것이다.

근본적인 원인은 그들이 각각 이어받은 역사적 유산의 차이에 있다.

CHAPTER 6

∾

북미 지역은 영국이 남긴 입헌정치의 유산 덕분에 민주주의의 기틀을 마련했고, 영국인의 '기본권'에 대한 인식을 바탕으로 발전해왔다. 반면, 중남미 지역은 이베리아반도에서 전파된 봉건 성향의 정치적·종교적 관습에 크게 영향을 받았다. 이베리아반도는 현재도 여전히 구舊유럽의 요새이자 승계 지역이라고 할 수 있다.

르네상스와 16세기 유럽의 종교개혁 바람으로 영국이 겪었던 개혁과 변화를 향한 충동이 스페인과 포르투갈에는 없었다. 이러한 차이는 북미와 남미 두 지역의 역사와 발전, 그리고 유럽계 선조로부터 독립하기 위한 거국적 혁명에도 당연히 큰 영향을 끼쳤다.

19세기에 들어서면서는 남미 국가들도 혁명을 통해 북미의 정치적 연합과 유사한 지역 연정체제를 수립하려고 부단히 노력했지만 모두 수포로 돌아갔다. 중남미는 결국 다수의 자치민족 국가들로 분열되었고, 이들 중남미 국가들은 이베리아반도의 오래된 제도와 전통의 영향권에서 벗어나지 못했다. 이러한 역사적 유산과의 갈등은 지금도 중남미에 실재하는데, 소수의 엘리트들이 정치·사회·종교·경제계를 좌지우지하고 있기 때문이다. 이로 인해 사회적 불만이 팽배해졌다. 그런 분위기 속에 극단적 이상인 공산주의가 침투했고 해방신학이 생겨나 뿌리를 내렸다.

2008년부터 현재까지 파라과이의 모든 전·현직 대통령을 비롯해서 많은 정부 관료, 재계 및 사회 지도자들과의 연이은 만남에서 나는 이렇게 반복해서 강조했다. "파라과이라는 민주국가가 국민의 안녕을 위해 작동하고 기업들이 자유시장체제에서 최대한 많은 기회를 누릴 수 있도록, 파라과이는 보편적 원칙과 가치에 부응해야 한다." 보편적 원칙과 가치의 중요성, 이것이 바로 미국 역사가 전해주는 교훈이다.

나는 2010년에 정책연구 기관인 IDPPS Instituto de Desarrollo del Pensamiento Patria Sonada 를 설립했다. IDPPS의 목적은 파라과이가 장차 나아갈 방향에 대해 장기적인 청사진을 제시하고 이를 실행에 옮기도록 하는 것이다. 이 조직을 경륜 있고 존경받는 지도자들로 구성하는 것이 중요했다. 대법원 판사를 지낸 호세 알타미라노 Jose Altamirano 박사의 리더십 아래 정부 장관, 연방대법원 판사, 퇴역 장군 출신의 청렴하고 무결한 지도자들이 IDPPS에 합류했다. 모두 내가 설파한 원칙과 가치의 토대 위에서 파라과이를 변모시키자는 대의에 적극 동참하는 사람들이었다. IDPPS의 설립으로 중요한 첫 단추는 꿰어졌다고 생각한다.

많은 중남미 국가는 통치체제의 연속성 취약이라는 고질적인 문제와 함께 부패, 범죄 및 열악한 공공교육 등 숱한 사회문제를 안고 있다. 파라과이도 마찬가지였다. 파라과이가 민주국가로 제대로 기능하기 위해서는 이러한 문제를 반드시 해결해야 한다. 파라과이에서는 정부 정책이나 심지어 국가적 계획조차도 정권이 교체될 때마다 예측할 수 없을 정도로 바뀌기 일쑤다. 정치인들은 대체적으로 근시안적인 접근에만 몰두한다. 이러한 접근방식은 전통적으로 정책적 공감대가 부재한 국가에서 정치적 불확실성을 야기하고, 불확실성은 결국 국민적 위기감을 고조시킨다. 과거 파라과이가 그런 상황이었다.

IDPPS는 파라과이가 변화무쌍한 정치적 풍랑에 휩쓸리지 않고 성장할 수 있도록 장기적인 비전을 제시했다. 정부가 일관된 정책의 실행으로 정치적 안정성을 높이도록 하기 위해서였다. 정권이 바뀌어도 정책의 일관성을 유지하여 국가변혁의 토대인 정치적 안정을 한 단계 높일 수 있도록 한 것이다.

앞서 2009년에는 GPF 파라과이 지부가 설립되었다. GPF 파라과이 지부는 지금도 파라과이의 사회적 안정에 영향을 미치는 여러 사안들을 해결하고 있다. 또한 이 나라의 정치·사회 지도자들에게 올바른 행정에 필요한 내용을 교육하는 활동을 했다. 기본 원칙과 가치에 의한 변화에 대해 교육했고, 이 원칙과 가치로 고양되는 인권과 자유의 원천이 바로 하나님이라는 점을 일깨웠다. GPF는 이 밖에도 다양한 사회적 활동을 통해 이러한 원칙을 실천해오고 있다. 인성교육, 청년 봉사활동, 사회복지사업 부문뿐만 아니라 가정과 어린이를 위한 활동영역을 개발하는 진취적이고 역동적인 여성 분과도 있다.

파라과이 교육부와의 협력으로 운영되는 인성교육 프로젝트를 통해 윤리적 책임에 대한 국가적인 기준과 사회참여 문화가 파라과이 젊은이들 사이에 확산하면서 사회적 안정성이 점차 개선되어갔다. 이와 같은 변화에 깊은 인상을 받은 파라과이 교육부는 학생뿐 아니라 교사, 교수, 교육계 지도자 및 정부 부처 직원들도 이를 체험하도록 장려했다.

IDPPS와 GPF는 파라과이의 정치적·사회적 안정성을 높였을 뿐 아니라 국가변혁의 발판도 마련하고 있다. 2010년에는 파라과이 사회의 모든 지도층 인사와 중남미 국가의 여러 전직 대통령들이 결집한 가운데 파라과이 정부와 공동으로 수도 아순시온에서 국제회의를 개최한 바 있다. 이 회의에서 파라과이가 앞으로 나아가야 할 방향과 지켜야 할 원칙 및 가치를 천명하는 '아순시온 선언문Asuncion Declaration'이 채택되었다.

전직 중남미 대통령 및 관계자들은 2012년 라틴아메리카프레지덴셜미션LAPM이라는 단체를 결성했다. LAPM은 현재 11명의 중남미 전·현직 대통령이 회원으로 활동 중이다. 이들은 원칙과 가치에 각자의 훌륭한 경험을 접목하여 파라과이와 기타 중남미 국가들의 발전에 기여하고 있다. 이러한 지도자들의 도움과 함께 파라과이에서 부각되고 있는 활동들은 전 남미 지역 발전을 위한 좋은 사례가 될 수 있을 것이다. 파라과이를 선례로 삼아 중남미 국가들을 정치적·사회적으로 변모시켜 북미와 남미 간의 격차를 줄일 수 있기 때문이다.

신흥 개도국에 만연한 부패는 안정적이고 지속 가능한 민주주의와 자유시장 구현에 가장 큰 걸림돌이다. 파라과이도 예외가 아니다. 파라과이에서 가장 소외되고 빈곤한 지역은 파라과이강 서쪽에 위치한 차코Chaco 지역인데, 그 안에 위치한 알토파라과이Alto Paraguay주는 나라에서 가장 넓은데도 인구는 가장 적고 가장 가난한 주로 분류된다.

알토파라과이는 과거 부패한 정치인과 사업가로 구성된 마피아류

집단의 통치를 받았다. 지역 관료들은 아순시온의 중앙정부에서 오는 자금을 빼돌려 측근들과 나눠 갖기 일쑤였고, 결국 알토파라과이는 기간시설이라고는 찾아볼 수 없는 미개발, 경제 마비 상태로 방치되었다. 정치적·사회적으로도 불안정했다. 일자리가 부족했고 포장도로, 전기, 상수도 및 하수처리 시설은 아예 전무했다. 당연히 극렬한 폭력조직들이 우후죽순처럼 생겨났다.

IDPPS는 차코 지역의 알토파라과이 개발을 위한 계획을 세웠다. 2009년을 기점으로 GPF는 푸에르토카사도Puerto Casado 마을 주민을 위한 사회복지사업을 활발히 전개하기 시작했다. 초기에는 의료, 교육, 주택 부문에서 기본적인 지원을 했고, 그 후에는 양어장, 채소농장, 제빵사업을 포함해 지역주민들 스스로 지속 가능한 공동사업을 할 수 있도록 후원하며 범위를 확대해나갔다. 덕분에 지역주민들은 일자리가 생겼고, 경제적 수입을 올리면서 점차 기업가적 사고방식을 깨달아가게 되었다. 이렇게 경제적 문제가 차츰 해결되어가자 폭력조직체들의 영향력도 줄어들기 시작했다.

IDPPS는 푸에르토카사도에서 과거에는 부패한 지역 정치인과 사업가의 주머니를 채웠을 뿐인 중앙정부의 지원금이 지역 공동체에 들어가도록 만들기 위해 효율적이고 책임 있는 행정체계를 구축하도록 도왔다. 개혁의 파급력은 점차 커져 2012년에는 모두가 놀랄 일이 벌어졌다. GPF에서 사회문제 담당 이사를 역임했던 여성 지도자 말레네 오캄포스Marlene Ocampos가 알토파라과이 주지사 선거에 출마해 당선된 것이다. 알토파라과이주에서 여러 해 동안 진행된 GPF 사회활동을 해왔던 오캄포스 주지사는 지역 토박이로 지역사회에서 존경받는 지도자였지만, 그 누구도 그녀가 부패한 정치 기득권 체제에 맞서서 선거에 이길 것이라고는 예상하지 못했다. 모두들 다른 경쟁자가 표를 매수해서 당선될 것이고, 지역 예산을 가로채는 행태는 계속될 것이라고 생각했다. 오캄포스 후보가 선거에서 '깜짝 승리'했을 때 가장 크게 충격 받은 사람은 아마도 패배한 그 기성 정치인이 아니었을까 싶다.

오캄포스 주지사의 당선은 주민들의 힘이 만들어낸 작은 혁명이었다. 그녀의 헌신적인 활동은 주민들로부터 전폭적인 지지를 이끌어내며 돈 선거의 위력을 눌렀다. 모든 지역주민들이 그동안 발로 뛰어온 그녀를 알고 있었다. 오캄포스 주지사는 지역 공동체를 위해 활동하면서 알토파라과이주의 거의 모든 가구를 일일이 방문했고, 그 결과 지역주민 모두가 그녀야말로 주민들의 삶을 개선해줄 수 있는 확고한 의지와 신념을 지닌 지도자로 믿게 된 것이다.

주지사가 되었지만 그녀의 업무 방식은 달라지지 않았다. 홍수로 주민들이 큰 피해를 입자, 중앙정부로부터 구호 지원을 조금이라도 더 많이 받기 위해 적극적으로 뛰었다. 결국 지원은 늘어났다. 그녀는 긴급구호 자금에 자비를 털어 보태기도 했다. 주 행정에 대한 경험이 전무했지만 많은 경험과 지식이 축적된 IDPPS의 조언과 지원으로 업무를 처리해나갔다. IDPPS는 효과적이고 혁신적인 행정 절차를 통해 부패한 뒷거래가 이루어지지 못하도록 예방하는 일을 도왔다.

CHAPTER 6

파라과이에서 이러한 시도는 사실상 급진적인 변화다. 따라서 국가 전체에 크나큰 파장을 일으켰다. 파라과이의 언론들은 차코 지역의 소식을 중요 뉴스로 다루면서 이러한 변화가 파라과이의 미래에 어떤 의미를 갖는지 등에 대해 집중 조명했다. 그 파장은 국경을 넘어서 우루과이와 아르헨티나에까지 미쳤고, 이들 국가에서 관련 논의가 시작되었다. 일성건설 프로젝트 착공식에서 만난 한 주지사는 오캄포스 주지사가 알토파라과이에서 했던 것처럼 자신의 주에서도 같은 일을 하고 싶다며 GPF의 도움을 나에게 요청하기도 했다.

알토파라과이에서 일어난 일은 국가변혁에 필요한 새로운 리더십의 선례가 될 수 있다. 오캄포스 주지사는 문제나 재난 발생 시 항상 현장을 지키며 주민들이 필요한 도움을 반드시 받을 수 있도록 조치하고 있다. 당시 오라시오 카르테스Horacio Cartes 대통령(2013~2018년)은 오캄포스 주지사의 후견인 역할을 자처하면서 그녀의 리더십에 대한 지지 의사를 분명히 밝혔다. 그리고 다른 주지사들에게도 '사람과 함께 하는 리더십'을 강력히 촉구했다.

IDPPS는 오캄포스 주지사가 성공적으로 주정부를 운영할 수 있도록 계속해서 돕고 있다. 2014년 6월 IDPPS 이사회는 앞으로의 운영 방향에 대해 논의하는 시간을 가졌다. 이사회 구성원 중 한 사람인 정치학자 베르나르디노 카노 라딜Bernardino Cano Radil 박사는 알토파라과이에서 우리가 만들어낸 성과가 파라과이의 정치 생태계에 '균열'을 가져왔다고 말했다. 그러면서 정치적 반발이 있을 테니 변화를 지속하려면 파라과이 지도층의 강력한 지지를 확보해야 한다고 강조했다.

파라과이의 일부 지도층, 특히 사업가들은 내가 하는 일이 무엇인지, 또 그 일이 파라과이에 왜 중요한지 이해하지 못했다. 그들은 내가 파라과이의 잠재력에 대해서 말로만 떠들 뿐 투자는 한 푼도 하지 않았다고 비난했다. 내가 2014년 6월에 파라과이를 방문했을 때, 와스모시 전 대통령이 주선한 사적인 식사 자리에 유력한 재계 인사들도 함께 초대되었다. 그 자리에서 2008년 이후에 진행해온 나의 활동과 함께 파라과이에 대한 비전을 설명했다. 나는 파라과이 국민이 아님에도 불구하고 매년 IDPPS와 GPF를 통해 많은 활동을 하면서 외국인 투자 유치에 필요한 정치적·사회적 안정의 기틀을 닦아오고 있음을 언급하고, 파라과이를 이끌어가는 지도층이 앞장서서 자신들의 조국을 발전시키기 위해 투자하는 모습을 보여주어야 하지 않겠느냐고 반문했다.

"내가 후원한 활동들은 국가적 위험을 감소시키는 데 일조했다. IDPPS는 국가 번영을 위해 일관되고 예측 가능한 장기 계획을 수립하여 정치적인 불확실성을 타개해나가고 있고, GPF는 사회의 안정에 도움이 될 수 있는 시급한 활동들을 추진해왔다. 특히 오캄포스 전 이사의 당선 이후에는 알토파라과이주 전반에 깊게 뿌리박힌 부패문제에 맞서 싸워왔다."

나는 계속해서 다음과 같이 역설했다. "이러한 노력의 결과로 정치적·사회적 위험이 줄어든다면, 파라과이의 국가적 위험 역시 감소할 것이다. 이는 파라과이에 대한 투자를 늘리는 데 도움이 된다. 하지만 작은 내수시장 규모나 농업 위주의 산업구조를 고려했을 때, 파라과이가 단독으로 대규모 투자를 유치하기란 힘들다. 하지만 만약에 파라과이가 이웃 국가와의 우호적인 무역협정과 더불어 중남미 시장 전체에 접근할 수 있는 외국인 직접투자의 '허브'가 된다면, 파라과이의 국가 가치는 기하급수적으로 상승하게 된다. 지리적으로 남미 대륙의 한가운데 위치한 이점을 활용해 중남미의 싱가포르, 스위스 또는 두바이가 될 수 있다." 나의 이런 설명에 와스모시 전 대통령을 비롯하여 기업가들은 그 가능성에 크게 고무되었다.

이러한 기회를 잡기 위한 열쇠는 바로 투자자의 확신이다. 파라과이의 정치적·사회적 안정성이 개선되었고 재정상태 또한 호전되었으나, 여전히 투자 등급에는 못 미친다. 그래서 나는 사모펀드PEF 조성을 제안했다. 기간시설을 건설하고 현대적인 경제체제를 지원하기 위해서다. 그 자리에 있던 재계 인사들에게 펀드를 후원해줄 것을 촉구했다. 파라과이의 유력한 기업인들이 투자 위험을 감수할 준비가 안 돼 있는데, 어떻게 외국인 투자자가 파라과이의 미래에 대해 확신하기를 기대할 수 있겠느냐고 물었다. 집권층이 파라과이의 미래에 확고한 의지를 보이면 잠재적인 외국인 투자자들은 이를 강력한 투자 신호로 받아들일 것이라는 뜻이었다.

국가 개발 프로젝트를 위한 사모펀드는 그들에게 새로운 개념이다. 펀드는 개인에게 더 큰 위험이 따르기는 해도 국부國富의 규모를 키우기 때문에 훨씬 더 큰 잠재 이익을 볼 수 있다. 당시 그 자리에 동석한 사람들은 모두 자기 주관이 분명한 실용주의자들이었다. 그런 사람들이 내 말에 공감하며 실현 가능하다고 판단했다. 일단 투자자의 신뢰를 얻으면 외국인 직접투자의 문이 열린다. 더구나 중남미의 정중앙에 위치한 파라과이는 지정학적 이점을 활용하는 '허브' 전략에 따라 중추적인 국가로 성장할 것이다.

남미 인구는 대략 4억 명으로 북미와 비슷한 수준이다. 북미에서는 미국과 캐나다를 비롯한 다른 여러 나라가 제시하는 조건들을 검토하여 가장 이익이 큰 곳에 기업체를 설립한다. 남미에서도 물론 그런 방법이 통용될 것이고, 파라과이는 많은 특혜를 제공할 것이다. 허브 전략만 제대로 이행된다면 파라과이는 전통적으로 해오던 농업 분야 외에도 제조와 유통 및 서비스 같은 다른 산업에서 많은 기회를 누릴 수 있다.

파라과이는 일자리를 갈망하는 젊은 인력이 많고 노동비용도 저렴해 제조업에 적합한 국가다. 게다가 풍부한 수자원을 이용한 수력발전으로 전력을 수출하는 국가라 에너지 비용도 저렴하다. 국토 위치의 지정학적 이점 덕분에 교통시설만 확충된다면 유통 허브로서 매력적인 국가다. 대서양과 태평양을 연결하는 대륙횡단 고속도로 개발사업인 바이오세아닉하이웨이Bi-Oceanic Highway가 파라과이를 통과한다. 그렇기 때문에 나는 한국의 기간시설 전문가를 파라과이로 초빙하여 사모펀드를 조성하는 데 주도적 역할을 하고 있다.

파라과이는 지역 내 주요한 교역 파트너를 가지고 있다. 중남미 국가의 경제통합이 가속화할수록 금융·법률 서비스에 대한 수요는 증가할 것이다. 파라과이는 법인세와 소득세율이 남미에서 가장 낮다. 법 규정은 생산업이나 농업을 막론하고 어느 직종에서든 사업을 하고자 하는 외국인에게 호의적이며 규제가 없다. 국가적 차원에서 진행되는 파라과이의 변모는 경제 분야만이 아니라 다방면에서 중남미 지역 전체에 엄청난 반향을 불러올 것이다. 다수의 중남미 국가들은 한때 우고 차베스Hugo Chavez 베네수엘라 대통령의 국가 통제주의적 사회주의에 매혹되었다. 아르헨티나도 민주적 자유를 제한하면 어떨까 고려한 때가 있었다. 전통적으로 정치적 독립성이 강한 파라과이는 이런 추세와는 반대로 남미공동시장Mercosur 협약국 중에서 유일하게 차베스 대통령에게 반기를 들었다. 파라과이는 민주헌법의 기본 원칙에 따라 인권을 수호하며 번영하는 자유시장 국가로 거듭나면서 중남미의 암울한 퇴행 기류를 저지할 강력한 해결사 역할을 하게 될 것이다.

파라과이가 허브 전략을 실행하기 위해서는 강력한 조력자가 필요하다. 파라과이는 이제 기존의 농업 중심 국가에서 시야를 확대하여 현대적 산업국가로 발돋움해야 하는데도 파라과이의 많은 정치인과 기업인의 사고는 아직도 농업경제의 틀 안에 갇혀 있다. 한 세기도 안 되는 짧은 기간에 가난한 농경국가에서 선진 첨단기술의 산업국가로 변모한 한국의 획기적인 성장 경험은 파라과이에 모범이 될 만하다.

한국과 파라과이는 협력을 통해 상승효과를 볼 수 있기 때문에 나는 두 국가의 연계를 줄곧 추진해왔다. 한국은 내수시장이 한계치에 도달해 이제 새로운 시장이 필요한데, 아시아 지역에서는 중국과 일본 사이에 끼어 치열한 경쟁구도에 몰리고 있는 상황이다. 파라과이는 한국의 중남미 시장 진출을 위한 교두보 역할을 할 수 있다. 한국의 기간시설 산업은 세계적인 수준이지만 그 능력이 충분히 활용되지 못하고 있는데, 파라과이는 허브 전략의 기반으로 기간시설이 필요하다. 한국이 파라과이로부터 목재, 철광석, 망간 등 부족한 천연자원을 공급받을 수 있다는 점도 양국 경제의 상승효과를 기대할 수 있는 요소다.

한국은 파라과이가 필요로 하는 모든 개발 노하우를 갖춘 국가다. 사실상 기술과 경험의 불모지에서 완전히 새로운 산업을 일으켰고, 새마을운동 같은 지역사회개발 운동도 성공했다. 파라과이는 허브 전략을 통해 남미 국가와 무역이 증대하고 경제가 성장하고 있다. 그에 따라 남미 대륙 시장도 성장하면서 파라과이 경제에 투자한 한국 기업들의 수익도 증대되고 있다. 무엇보다도 중요한 사실은 현재 한국이 저개발 국가들의 경제 개발을 돕는 일에 큰 관심을 나타내고 있다는 것이다. 정부 및 민간에 속한 한국 기업들이 파라과이에서 얻은 경험은 장차 북한 개발에 귀중한 자산이 될 것이다. 파라과이에서 습득한 경험을 북한에 적용하면 한국의 통일 과정은 분명 독일 통일보다 나은 결과를 가져올 것이다.

원래 파라과이는 남미에서 가장 문제가 많은 나라 중 하나로, 비즈니스 기피국이었다. 북한은 경제가 마비된 국가이며 정치·사회·경제적으로 세계 최악이다. 따라서 파라과이가 발전과 안정을 위해 사회적 영역에서 추진했던 여러 정책들을 통일 후 북한을 재건하기 위한 프로세스에도 적용할 수 있을 것이다. 통일 후에 북한을 발전시키기 위해 이와 같은 내용들을 종합, 추진하는 데 최선의 노력을 기울여야 할 것이다.

2008년에 내가 니카노르 당시 대통령과 처음 회동한 이후에 파라과이는 상당한 발전을 이루어냈다. 국가적 운명의 역사적인 기로에 서 있었던 파라과이는 이제 미래를 향한 올바른 궤도에 올라서 원칙과 가치에 뿌리를 둔 현대적 민주국가이자 번영하는 산업사회로 발돋움하고 있다.

한국의 시민단체,
세계의 NGO

—

한국에서는 박근혜 대통령이 재임 중 통일에 대한 새로운 관점을 제시하며 그것이 가져다줄 경제적 기회를 강조했다. 투자금융업계는 평화적 통일에 대한 구상을 제시한 드레스덴 선언과 통일이 경제적 '대박'을 가져다줄 것이라고 내다본 2014년 대통령 신년연설을 계기로 통일 분위기에 고무되어 있었다. 《파이낸셜 타임스》의 보도(2014년 6월 1일)에 따르면, 두 개의 통일 관련 투자펀드에 자금이 유입되고 있는 것으로 나타났다.

2014년 4월과 5월 두 달 동안 양 펀드에 적립된 금액은 총 3,500만 달러(약 432억 원)였다. 금액으로는 적어 보일 수 있지만 이 기간에 35억 달러(약 4조 3,000억 원)가 한국의 다른 투자펀드에서 빠져나간 것과 대조적이다. 가장 큰 수익을 올린 것은 신영자산운용이 운영하는 펀드로 건설, 농업, 공익사업 등 높은 수익이 예상되는 통일 관련 기업들에 투자했다. 해당 펀드는 2013년 3월 개시 후 6.8%의 투자수익률ROI을 기록했는데,《파이낸셜 타임스》에 따르면 이는 국내 동종 투자펀드의 거의 2배에 해당되는 수치였다. 허남권 신영자산운용 최고투자책임자CIO는 당시 "대부분의 대형 자산 소유자들은 현재 통일이 남한과 북한 모두에게 필요한 것으로 보고 있다"라고 말했다. 이 펀드는 통일에 대한 한국인들의 기대를 나타내는 지표로서도 중요하다. 이러한 펀드가 한국 사람들의 태도 변화를 대변한다. 통일을 더 이상 먼 미래의 일이라고 미뤄둘 수 없다고 생각하게 되었음을 의미한다.

하지만 그 금액이 수백억이 아닌 수조가 되더라도 북한을 변화시키는 열쇠가 될 수는 없다. 정치·사회·경제 모든 분야를 통합한 통일 이후의 전략을 포함한다면 보다 높은 성장을 가져오게 될 것이다. 이것이 파라과이가 우리에게 주는 교훈이다. 투자는 시작 단계가 아니라 최종적인 것이어야 한다. 그리고 투자는 전체 그림의 일부일 뿐이다. 성공적인 경제 성장을 이루기 위해선 사회적·정치적 안정의 기반을 먼저 이루어야 한다. 그것이 IDPPS 싱크탱크, GPF 사회활동, CCI 같은 프로그램을 통해 우리의 활동이 순조롭게 기능하는 자유시장민주주의가 태동될 수 있는 틀을 만들어야 하는 이유다.

한국의 시민단체들과 재외 한국인들이 북한을 위한 활동에 핵심 역할을 해야 할 것이다. 아직 가야 할 길이 멀지만 이미 중요한 기여를 해나가고 있다. 1990년대 중반, 북한 대기근 당시 한국의 NGO 단체들이 북측과 직접 접촉을 시작했다. 물론 그때의 접촉은 남북 정부 간의 관계 변화에 영향을 받아 이루어진 측면이 있다. 하지만 정부 간 대화가 단절되었을 때조차도 우리민족서로돕기운동과 (사)좋은벗들 같은 단체를 통해 일정 수준의 접촉은 지속되었다. 상당수 NGO 단체들이 북한 관리들과의 협업을 통해 다년간 실무 경험을 쌓았으며, 일부 북한 주민들과의 직접적인 접촉을 통해 북한 내부의 생활, 일, 사회조건 등에 관한 방대한 정보를 입수하기도 했다.

한국 NGO들은 남북한 관계에서 정부 간 접촉만으로는 불가능했을 의미 있는 역할을 수행해왔다. 이러한 사실은 〈자선에서 동반자 관계로 : 남한 NGO의 북한 관련 참여활동〉이라는 제목으로 발표된 아시아재단Asia Foundation의 한 논문에서 확인된다. 이 논문은 통일을 향한 운동에 NGO의 역할과 미래의 잠재력에 대해 정리했다.

NGO 참여는 남북 주민 간 화해를 향한 첫 단계를 대표한다. 남북 간의 엄청난 경제적 격차를 고려해볼 때, 북한 내 인도주의와 개발 요구를 해결하는 데 있어서뿐만 아니라, 이보다 더 중요하게는 화해와 통일의 기반이 될 다양한 유형의 인간적 접

촉을 하는 데 있어 NGO 참여는 계속해서 핵심적 역할을 담당
하게 될 것이다.

논문에서는 또한 NGO를 단지 정부 정책을 실현하기 위한 도구로서
가 아니라 북한과의 접촉에 필요하면서도 독립적인 동반자로 대할 것
을 제안하고 있다. NGO가 이 역할을 수행하는 데 가장 중요한 것은 단
체끼리의 효율적인 협력이다. 각자의 이익을 중심으로 뿔뿔이 흩어지
면 안 되고 근본적인 원칙과 가치를 기반으로 하는 공동의 목표를 위
해 함께 일해나가야 한다. 이것이 내가 설립한 단체가 '통일을실천하
는사람들'에 주도적으로 참여하는 이유다. '통일천사'라는 약칭으로도
불리는 이 단체는 다양한 단체 간의 활동을 조정하는 역할을 한다. 여
기에는 통일 과정에 필요한 중요 분야의 시민단체와 관련 기업들, 종
교단체 및 교육기관이 동참한다. 다양한 분야에서 각기 다른 관점을
갖고 있지만 코리안드림의 비전을 공유하며 함께 일한다.

현재 통일운동을 하고 있는 시민단체들의 한 가지 특징은 정치권 밖
에서 활동한다는 것이다. 정치적인 사안과는 무관하게 같은 한민족의
입장에서 북한 주민들을 생각한다. 이는 과거 통일을 외치던 한국의
시민단체들이 종종 고도의 정치색을 드러냈던 시절과는 대비된다. 최
완규 전 북한대학원대학교 총장은 이런 변화를 목격하며, "통일을 논
의하면서 보수와 진보라는 이분법적 이념의 틀을 주장하는 것은 시대
착오일 뿐 아니라 시대에 역행하는 것"이라고 말했다.

NGO들이 북한과 교류해오는 동안, 다양한 전문 분야에서 통일과 관련한 연구도 늘어나고 있다. 이러한 분위기에 힘입어 통일을 준비해야 한다고 느끼는 국민들이 한층 더 늘어나고 있다. 《주간조선》에 보도된 기사(2014년 4월 7일)는 북한대학원의 강좌에 법률, 재무, 언론, 의료, 공공행정, 공무, 기업경제 연구 분야 출신들이 수업을 듣고 있다고 전했다. 동국대학교 북한학과 고유환 교수는 《주간조선》 기자와의 대담에서 "지금은 통일문제가 정부 안에서 처리되고 결정되는 것이 아니라 대학을 포함한 민간 영역을 통해 지속적으로 개발되어야 한다는 분위기가 지배적"이라고 말했다. 이것은 매우 중요한 관점의 지적이다. 한국 GPF는 정치적인 상황의 변화에 관계없이 통일 이후의 북한 개발을 위한 장기 계획을 세우기 위해 지구촌평화연구소와 한반도미래전략연구원을 설립했다. 이들 연구소에서는 기존의 학자나 정책 전문가들과는 다른 방향의 새로운 접근방식을 모색하고 있다.

코리안드림의 실질적 추진은 한민족의 건국이상인 홍익인간의 정신을 바탕으로 한 통일 과정에 남북한 주민들의 지지를 이끌어내는 것을 의미한다. 글로벌피스재단은 이 목표를 향해 활동하고 있다. 대중으로 하여금 통일문제에 관심을 갖도록 유도하기 위해 펼치고 있는 1,000원의 기적 모금운동, 통일 아이디어 공모전, 통일기부서약 등이 바로 그런 활동들이다. 북한 금강산 지역에서 연탄보일러 공장을 짓고 난방 및 취사용 연탄보일러를 공급했던 서비스포피스의 활동은 NGO가 북한 주민들과 함께 성취할 수 있는 일들이 무엇인지 알려준다.

700명이 넘는 한국의 자원봉사자들은 남북 공동 봉사 기간에 북한 주민들과 함께 음식을 나누며 문화공연도 즐겼다. 연탄보일러 공장을 지을 때는 남한에서 생산된 보일러 부품을 현지에서 북한 노동자의 손으로 조립하는 방식을 채택함으로써 고용창출 효과도 가져왔다. 더구나 남북한 측에서 각자 구입하기 쉬운 자재를 모아서 공동의 노동력으로 농촌 살림 주택을 건설했다는 사실은 미래 북한 농촌 개발의 좋은 선례가 될 것이다. 남북 주민들은 이처럼 공동의 목적을 향해 협력하는 과정에서 마음을 열고 서로에 대해 가졌던 부정적인 선입견에서 벗어나는 경험을 했다.

2007년 서비스포피스는 북한 관리들에게 북측 자원봉사자들이 남측 자원봉사 프로그램과의 교환 형식으로 남측에 와서 봉사활동을 하도록 하자고 제안했다. 북한은 원칙적으로 이를 받아들였으나 정치 상황이 바뀌면서 실현되지는 못했다. 그럼에도 불구하고 이를 통해 북한 관료집단 내부에도 상당한 정도의 개방적 분위기가 형성되었음을 확인할 수 있었다.

한국 GPF는 탈북자들이 빠르게 변화하는 한국사회에 잘 적응할 수 있게 지원하는 활동을 하고 있다. 한국 GPF가 시작한 프로젝트의 하나는 탈북자 한 사람과 남한의 한 가정을 연결시켜 탈북자들에게 실질적인 지원을 하는 것이다. 이런 시범활동이 토대가 되어 앞으로는 북한 주민들의 각 가정을 우리 사회의 두 가정에 연결시켜 서로 돕게 함으로써 시민들이 통일 준비에 자연스럽게 동참할 수 있도록 할 것이다.

원칙과 가치를 지키는 시민운동 :
코리안드림의 실현

—

세계 곳곳에서 새로운 현상으로 대두하고 있는 시민단체와 NGO의 지속적 등장으로 인해 시민들은 개인적으로 더 큰 목적을 위해 서로의 힘을 하나로 모을 수 있게 되었다. 시민단체와 NGO는 개인들이 효과적으로 타인을 위한 삶을 살 수 있도록 해준다.

오늘날 시민단체들은 국가권력 구조에서 소위 '5부部'라고 일컬어지기도 한다. 이는 시민사회가 대중의 삶에 미치는 영향력이 커지고 있다는 뜻이다. 지금까지 언론은 '4부'라 불렸다. 민주주의 국가에서 언론은 3개의 헌법기관인 입법·행정·사법부에 이어 국정운영에 중요한 역할을 하고 있다는 뜻이다. 현재는 소셜미디어가 가진 막강한 힘을 통해 전통적인 언론이 가졌던 영향력이 보다 광범위한 시민들의 네트워크로 옮겨가고 있다.

사회 각 분야에서 NGO의 활동들이 영향을 미치고 있지만 힘을 한 곳에 모을 경우 더 큰 파급효과를 가져온다. 이는 파라과이에서 우리가 경험한 것으로 알 수 있다. 글로벌피스재단과 IDPPS 그리고 파트너들의 다양한 활동이 국가적인 변화를 위한 거대한 계획으로 수렴됐다. 이 과정에서 정치·경제·사회의 유력한 지도자들은 원칙과 가치에 대한 논의가 현실과 유리된 탁상공론이 아니라 구체적 실행이 가능한 것임을 확인했다. 실제로 불가능하다고 여겨졌던 일들이 알토파라과이에서 일어났다. 알토파라과이가 처음부터 퇴보와 부패의 운명을 타고난 것은 아니다. 바른 원칙과 가치를 바탕으로 한 올바른 선택을 통해, 영원히 지속될 것만 같았던 부패의 고리를 끊어내고 주민에게 봉사하는 투명하고 효율적인 정부가 들어설 수 있었다.

파라과이에서 얻은 경험은 장차 북한의 변화를 이끌어내는 과정에서 겪어야 할 어려움을 극복하는 데 활용할 수 있다. 실제로 사회 각 분야의 수많은 시민단체 연합체인 '통일천사'의 구성원들은 향후 북한에 영향을 미칠 다양한 활동을 벌이고 있다. 이 연합체는 정부의 손길이 미치지 않는 영역에서도 운영이 가능하기 때문에 자연스럽게 정부 동반자로서 민관 협조체계를 형성할 수 있다. 뿐만 아니라 정치적·사회적으로 폭넓은 영역을 모두 아우르기 때문에 사회적 합의를 도출하는 역할도 가능하다. 이러한 NGO와 시민연합의 조화로운 협업은 북한의 변화를 유도하는 데 반드시 필요하다. 토크빌은 200여 년 전 신생국 미국에서 시민들의 자발적인 노력이 가져온 사회적 전환을 목격하고 시민단체의 커다란 가능성을 제대로 이해할 수 있었다고 한다. 그와 같은 활력소가 통일한국을 이루는 데 긴요하다.

대한민국 국민은 '통일천사'들을 통해 명확한 공동의 목표를 달성할 수 있다. 그 목표는 단순히 분단된 남북을 합치는 것만이 아니라 역사적 유산과 정체성을 바탕으로 우리를 하나 되게 하는 것이다. 따라서 통일운동은 조상으로부터 물려받은 홍익인간의 이상에 나타난 영적 원칙과 윤리적 가치에서 영감을 얻어 실천돼야 한다. 그것이 바로 코리안드림의 본질이다.

코리안드림은 한반도의 통일을 이루는 것만이 아니다. 전 인류를 이롭게 한다는 홍익인간의 이상을 구현하는 것이다. 세계무대에서 이러한 이상을 추구하는 것이 한민족의 운명이다. 다음 장에서는 '하나님 아래 인류 한 가족' 비전을 보다 널리 알리기 위해 글로벌 사회에서 한국이 수행해야 할 역할과 한민족에게 부여된 섭리적 사명을 기술한다.

코리안드림에서
하나님 아래 한 가족으로

코리안드림은 오늘날 크게 상처 입은 우리의 정체성을
치료할 수 있는 처방전, 한반도의 통일뿐 아니라
한민족이 '하나님 아래 한 가족'의 비전으로
세계가 존경하는 도덕적 지도자가 되는
고귀한 미래를 앞당기는 촉매제가 될 것이다.

때를 만난 사상은
침략하는 군대보다 강하다.

•

빅토르 위고

20세기는 우리의 역사를 분열과 싸움으로 몰아넣었지만, 이제 우리는 우리 민족을 모두 하나로 만들어 새로운 미래를 창조할 수 있는 비전으로 새 출발을 해야 한다. 지난 세기에 강요된 정황으로부터 벗어나 새로운 출발을 하기 위해서는 무엇보다 우리 자신이 운명의 주인이 되어야만 한다. 그렇다면 그 운명이란 무엇인가? 나는 지금껏 이 책의 각 장에서 다양하게 이 질문에 답해왔다. 이 책의 첫 장에서 살펴보았듯이 미래에 대한 해답은 바로 우리의 과거 속에 있다.

이 책이 쓰이기 전까지 통일을 논의하면서 역사가 주요한 주제로 다뤄진 적은 거의 없어 보인다. 한반도의 정황과 우리 민족의 처지는 참으로 안타까운 상태 그대로다. 작금의 대한민국은 방향타도 나침반도 없이 광대한 바다 위에서 표류하는 배에 비유할 수 있다. 출발 지점도 모르는데 목적지를 어떻게 알 수 있겠는가? 왜 우리는 처음부터 이런 항해를 하게 된 것일까? 어떻게 해서 우리는 여기까지 왔으며, 어디로 가고 있는가? 이러한 질문들은 통일이 왜 필요한가에 대한 궁금증을 풀기 위해 내가 과거로 눈을 돌린 이유다.

우리는 5,000년 전 고대 문명에서부터 이어져온 고유한 역사를 지니고 있다. 대부분의 다른 고대 문명들이 영토를 확장하고 정복과 복속을 통해 부를 늘리려 했던 반면, 한민족은 역사 이래 줄곧 현대사회의 정서와 사고로서도 공명되는 고귀한 이상의 실현을 열망해왔다. 따라서 고대에는 혁명적 사상이라 할 수 있는 홍익인간을 지금 실현함으로써 민족의 운명과 목표를 발견하고 통일조국을 회복해 세계에 빛나는 모범 국가를 건설해야 한다. 이를 통해 우리 민족만의 특성과 사상들을 오늘날에 재현해낸다면 우리는 다시 한 번 인류 역사에서 특별한 존재로 기록될 것이다.

조국의 미래를 놓고 격렬한 논쟁이 벌어지던 1947년, 독립운동가 김구 선생은 그의 책에서 "나는 우리나라가 남을 모방하는 나라가 되지 말고, 높고 새로운 문화의 근원이 되고 목표가 되고 모범이 되기를 원한다"라고 말했다. 내가 지금까지 기술한 코리안드림에는 그러한 선생의 소망이 담겨 있다.

코리안드림은 한반도의 통일을 넘어 '모든 인간을 널리 이롭게 한다'는 홍익인간의 이상을 완수하는 보다 원대한 목적을 향해 내딛는 첫걸음이다. 따라서 이 장에서는 한국인의 운명을 탐색하고자 한다. 이상을 구체적으로 성취하기 위해 우리 민족이 21세기 한반도를 넘어 동북아와 전 세계가 직면한 가장 심각한 문제들을 해결하고 중요한 역할을 수행하기 위해 어떤 준비를 해야 하는지 살펴볼 것이다. 한국인들이 자신의 정체성에 대해 무관심한 현실에서 이러한 성찰은 한국이 새로운 국가 건설의 성공적인 완성은 물론, 세계적인 지도국으로서의 역할을 다하기 위해서도 반드시 필요하다.

정체성 위기에
직면한 한국인

—

이미 국가의 기능이 마비된 북한사회와 북한 주민들의 운명에 대해서는 새삼 언급할 필요가 없다. 그렇다면 한국은 어떤가? 반백 년이 조금 넘는 짧은 기간에 전쟁의 잿더미 속에서 기적적인 성장을 통해 선진국가로 발돋움한 대한민국을 향해 세계는 아낌없는 찬사를 보내고 있다. 그러나 한강의 기적은 엄청난 대가를 지불하고 이루어진 것이었다. 그럴듯한 성공은 그것을 가능하게 했던 한국인의 정체성을 상실하게 하는 결과를 가져왔다. 우리 고유의 전통이 장래에 미칠 사회적·문화적·정치적·경제적 효과 등은 도외시되었고, 결국 그 전통은 급속한 근대화와 함께 빠르게 사라져갔다.

개발과 함께 이 땅에 들어온 서구식 문화 규범은 문화적 충격이었고, 특히 한국의 대가족문화에 심각한 타격을 안겨주었다는 점은 4장에서 심도 있게 다룬 바 있다. 대가족 내에서의 다양한 관계는 한국인의 고유한 특성인 정情과 한恨을 태동시켰고, 여기에서 나온 '우리'라는 개념은 더 큰 선善을 갈망케 했다. 그러나 핵가족화, 학벌지상주의와 출세만능주의, 물질적 욕망은 이처럼 고귀했던 정신을 퇴색시켰고 개인주의가 만연한 사회를 만들었다.

2014년 4월 16일, 단원고 학생 250명을 포함해 총 304명의 목숨을 앗아간 세월호 침몰사건은 우리 국민에게 커다란 상처와 충격을 안겨주었다. 납득할 수 없는 사고 원인과 정부의 무능한 대응에 온 나라가 분노했다. 세월호 참사는 전 국민이 일그러진 대한민국의 자화상과 그대로 마주하게 했으며 스스로 반성하는 시간을 갖게 했다.

한국인으로서의 자부심은 여지없이 무너졌고, 그동안 묵과돼왔던 한국사회의 근원적 문제들이 적나라하게 드러났다. 과연 우리는 어떤 민족이고 어디로 향하고 있는가? 이렇게 행동하는 국민들이 어떻게 위대한 나라를 건설할 수 있단 말인가? 현대화를 위해 치러야 할 대가가 이토록 크단 말인가? 수많은 의문들은 보다 근본적인 하나의 회의懷疑로 모아졌다. 진정 우리는 영혼과 인간성을 상실하고 있단 말인가?

배가 침몰해가는 상황에서 인명구조에 너무나 허술했고 그 결과는 참담했다. 이 사건을 통해 한국사회는 다른 사람의 목숨에 개의치 않는 최악의 행동을 실시간으로 목격했다. 배는 침몰하지 않을 수 있었고, 사고가 난 후 대부분의 승객은 구조될 수도 있었다. 그러나 배는 침몰했고 어린 학생들은 거의 모두 수장됐다.

배가 침몰하고 있는 상황에서도 선장과 승무원은 승객들에게 비상탈출을 지시하지 않았다. 선실에 있는 승객, 특히 단원고 학생들에게 객실 안에 그대로 있으라는 안내방송만 내보냈다. 결국 304명이 사망하는 참사가 벌어졌다. 구조선이 도착했을 때 가장 먼저 구조된 자들은 바로 선장과 승무원들이었다. 선장이 구조될 때까지도 승객들에겐 어떤 탈출 명령조차 내려지지 않았다.

해양경찰과 해군 함정이 현장에 있었지만 그나마 대부분의 구조활동은 근처에서 조업 중이거나 항해 중이던 어선과 상선들에 의해 이루어졌다. 사고 직후 정부의 형편없는 대응은 국민들의 분노를 샀다. 정부를 비롯한 관련 기관의 공식 발표문은 희생자들에 대한 애도보다는 국민과 여론의 비판을 피하고 정부 대책의 정당성을 밝히는 데 급급한 모습을 보였기 때문이다.

세월호를 소유한 청해진해운과 그 소유주 유병언의 행동은 물질적 탐욕이 어디까지 갈 수 있는지를 적나라하게 보여주었다. 이들은 더 많은 승객을 태우기 위해 노후한 배에 객실을 추가로 만들었다. 불법 개조로 선박은 불안정해졌고, 한국선급이 평형수를 늘리고 화물을 줄여야 한다는 조건으로 안전인증서를 발부했지만 회사는 이 조건들을 상습적으로 무시했다.

화물운송이 주된 수익원이었기 때문이다. 허용치보다 2~3배 많은 화물을 선적하는 경우가 비일비재했고, 화물을 추가로 싣기 위해 평형수를 빼내기도 했는데 이는 선박의 불안전성을 더욱 가중시켰다. 이와 같은 회사의 고의적 위법행위는 마침내 이익을 위해 승객의 생명을 담보로 하는 상황에까지 이르게 된 것이다. 사건의 여파는 쉽게 가라앉지 않았고 충격은 오래갔다. 국민들은 대한민국이 도대체 어떻게 이 지경까지 오게 되었는지 묻고 또 물을 수밖에 없었다.

유례가 없는 대한민국의 경제성장은 전쟁의 폐허 속에서 나라를 일으켜 세운 세대의 정신에서 비롯된 것이다. 여러 경우를 통해 볼 때 오늘날 한국은 더 큰 목적을 위해 희생하고자 했던 부모세대의 문화를 상실했을 뿐만 아니라, 너무나 안타깝게도 한국인의 정체성을 형성하고 역사를 견인해온 한민족의 원대한 비전으로부터 단절되었다. 이제 이 점을 심각하게 고민해야 한다. 나를 비롯해 많은 사람들이 국제사회에서 한국의 더 큰 리더십을 기대하고 있다는 사실도 염두에 두어야 한다. 그리고 이를 위해 어떤 준비를 해야 할지 스스로에게 질문해야 한다. 통일을 위해 무엇을 준비해야 하는가? 이러한 고민과 질문은 정치나 경제가 아니라 한국인의 품성과 정신에 관한 것이어야 한다. 새로운 도전에 응전하고 미래의 방향을 찾기 위해 한국은 과거를 돌아보아야 한다. 우리가 가진 풍부한 영적 유산에서 오랜 고난 속에 형성된 한국인의 정체성을 재발견할 때 비로소 우리의 운명에 대해 분명하게 이해할 수 있다.

지금이 바로 한국이 나아갈 방향을 확실하게 가늠할 수 있는 결정적 순간임을 우리는 과거에 대한 성찰을 통해 인지하게 될 것이다. 우리는 조상들이 이루고자 했던 꿈을 실현해 홍익인간의 이상에 부합하는 새로운 국가를 건설할 수도 있고, 이와는 반대로 소비주의가 가져다주는 이기적인 만족과 안락의 늪에 빠져 천박하고 물질적이며 영혼을 상실한 사회로 후퇴할 수도 있다. 전자의 길을 따른다면 역사의 변혁은 물론이고 민족의 건국 비전에 따라 한반도와 세계를 변혁시킬 일련의 사건을 기대할 수 있다. 그러나 후자의 길을 선택하고 계속해서 현재의 삶에 안주한다면 우리가 이룩한 성공은 눈앞에서 사라지고, 머지않아 대한민국은 안보·경제·사회·문화 등 모든 면에서 심각한 문제에 직면하게 될 것이다.

나는 지금까지 이 책에서 이런 역사적 결정의 순간에 우리 민족을 인도해줄 미래 비전을 여러 차례 설명해왔다. 그 비전이 다름 아닌 코리안드림이다. 코리안드림은 오늘날 크게 상처 입은 우리의 정체성을 치료할 수 있는 처방전, 한반도의 통일뿐 아니라 한민족이 '하나님 아래 한 가족'의 비전으로 세계가 존경하는 지도자가 되는 고귀한 미래를 앞당기는 촉매제가 될 것이다.

코리안드림의
당위성

—

나는 이 책을 통해서 한국인이 어디쯤 서 있는지에 관해 명확한 그림을 그려보려 했다. 우리가 마주할 위대한 기회뿐 아니라 그것을 잡기 위해 분연히 일어나 맞서 싸워야 할 도전들도 개괄해보았다. 그리고 우리의 미래를 열어줄 열쇠는 바로 코리안드림임을 설명했다.

첫 장에서 한국과 미국의 건국, 몽골제국 칭기즈 칸의 역사를 예로 들어 세계를 변화시키는 비전의 힘을 기술했다. 그런 다음 코리안드림의 비전을 소개하고, 이것을 구성하는 주요 영역들을 개괄적으로 살펴봤다. 국가개조는 비전과 원칙 그리고 가치에 뿌리를 두고 있다. 우리의 정체성을 형성한 것이 무엇인지 설명하기 위해 특히 단군정신에 주목한 것은 우리 민족과 국가의 뿌리가 바로 단군정신에 기초하고 있기 때문이다. 다시 말해 코리안드림은 한국과 한국인은 '모든 인간을 이롭게 하기 위해 살아야 한다'는 홍익인간의 가르침과 거기에 담긴 우리 민족의 건국정신에 바탕을 두고 있다.

코리안드림은 한민족의 역사적 체험을 통해 형성되어왔다. 홍익인간을 중심으로 고난의 역사를 극복하기 위해 겪은 투쟁의 과정은 우리 민족에게 깊은 영적 깨달음을 가져다주었고, 삶의 각 분야에 지대한 영향을 미쳤다.

홍익인간의 이상과 우리의 영적 의식은 한국의 대가족에서 가장 심오하면서도 실천적인 방식으로 나타났으며, 원칙과 가치가 심정 깊은 곳으로부터 표현되고 삶의 본보기가 되는 연장자의 모습을 통해서 다음 세대로 이어져나갔다.

이것이 코리안드림의 요체다. 홍익인간의 건국이념은 고난의 역사, 그리고 이타적인 생활습관과 깊은 심정적 유대감을 길러준 대가족문화를 통해 한민족의 정체성이 되었다. 우리의 대가족문화는 덕성을 갖춘 개별적 인간을 양성하고 미덕이 가득한 가정을 구축하며 역사를 거치면서 도덕적인 국가의 바탕이 되어왔다. 그것은 바로 민족과 세계를 향한 비전을 염원하는 도덕적 지도자들을 낳은 토양이었다.

코리안드림은 한반도 통일을 이룩하는 비전에만 그치지 않는다. 모든 인류를 위한 사상으로서 국가를 넘어 세계로 확장되기 때문이다. 나는 홍익인간의 사상 위에서 한민족이 '하나님 아래 한 가족'을 실현함으로써 세계적인 지도 국가가 되어줄 것을 촉구하며 첫 장을 마쳤다.

2장에서는 자주·독립·통일국가를 이루지 못하고 20세기를 지나온 한민족의 고통을 기술했다. 먼저 일제 식민지배로 인한 막대한 인적 희생을, 다음으로 한반도의 이념분쟁과 한국전쟁으로 치러야 했던 희생을 강조했다. 인적 희생은 이산가족과 북한 주민들이 겪고 있는 고통을 통해 지금도 계속되고 있다. 나의 가족 또한 북한에 살고 있는 친척들로 인해 이런 역사와 긴밀하게 연결되어 있다.

나의 아버지는 평생 동안 한반도 통일과 새로운 국가를 창조하는 일에 진력했다. 그는 북한의 흥남 노무자수용소에 투옥되었다가 전쟁 중 UN군에 의해 자유의 몸이 되었다. 그리고 1991년 김일성 주석과의 역사적인 만남을 통해 북한 개방에 선구적 역할을 했다. 이는 아버지의 가장 큰 유업 중 하나로 나는 기억한다. 오늘날 그 사명은 나의 일부가 되었다. 아버지가 못다 이루신 민족의 운명을 실현하기 위해 내가 나선 것이다.

미국에 살고 있지만 조국과의 인연을 소중히 여기는 나는 민족의 앞날을 위해 무엇이든 공헌하고자 하는 사람 중 하나다. 이런 심정으로 나는 우리 젊은이들이 민족의 앞날에 무관심한 것을 우려하고 있다. 통일은 정부에게 모든 것을 일임하면 끝나버리는 단순한 정치·경제만의 문제가 아니다. 분단상황이 지속될수록 북한 주민의 삶은 더욱더 피폐해질 것이다. 이들은 남이 아니라 동일한 문화와 유산을 공유하고 있는 우리의 형제들이다. 이들의 비참한 처지를 해결하는 것이 대한민국 국민과 동포들의 도덕적 의무이며, 이는 코리안드림을 구현함으로써 가능하다고 나는 확신한다.

3장에서 통일을 위협하는 지정학적 상황과 안보 및 경제적 관점에서 여러 도전들을 살펴보았는데, 그것들의 이면에는 중대한 기회가 있음도 확인했다. 특히 지정학적 상황이 급격하게 변했음을 실감할 수 있었다. 이제 냉전의 정황을 기준으로 남북을 따로 떼어서 보아야 할 이유가 없어졌다. 한반도 분단을 가져온 냉전시대의 지정학적 구조는 소련이 붕괴하면서 해체되었기 때문이다. 따라서 우리는 새로운 사고와 접근법이 요구되는 시점을 맞고 있다.

북한은 경제적·군사적 후원자가 사라졌는데도 개방과 개혁을 철저히 거부한 결과, 이제 사실상 국가로서의 존립이 불가능해진 위기상황을 맞고 있다. 그 때문에 김정일은 정권의 생존을 위해 핵무기 개발 카드를 꺼내들었다. 소련이 무너지면서 중국이 북한의 유일한 원조국으로 나서고 있지만 냉전시대와는 다른 변화가 감지된다. 중국의 관심은 경제성장과 지역의 안정이다. 지금 중국은 국제사회의 지도자 자리를 놓고 경쟁 중이다. 북한은 경제적으로 중국에 의존하고 있는 상황임에도 불구하고 자신들의 후원자를 자극하는 정책들을 밀어붙이고 있다. 김정은은 그의 아버지 김정일과 마찬가지로 중국의 반대에도 불구하고 핵개발에 집착한다. 결국 의미 있는 경제개혁의 기회를 놓쳐버리고

만 셈이다.

북한은 역내 경제발전의 장애물로 전락했고 중국의 골칫거리가 되었다. 사실상 경제와 안보 분야에 대한 중국의 이해관계는 북한보다 남한에 훨씬 더 근접해 있다. 실제로 중국에게 한국은 가장 중요한 교역 상대국 중 하나다. 동북아시아의 판도가 이렇듯 극적으로 변하고 있다는 건 우리에게 새로운 기회가 펼쳐지고 있음을 의미한다. 진지하게 생각해보면 이제 통일은 먼 미래의 꿈이 아닌 실현 가능한 현실로 다가오고 있다는 믿음이 점차 확고해진다. 북한 정권의 예측 불가능성과 불안정성이 증폭됨에 따라 통일은 불가피해졌다. 우리는 이 기회를 잡아야 한다.

북한의 핵무기 개발은 동북아시아 지역의 안보에 중대한 위협이 되고 있으며 전 세계에 핵 확산 위험도 증대시키고 있다. 더 심각한 문제는 국제적 고립을 자초하고 있는 어리고 경험 없는 지도자의 손에 핵 버튼이 쥐어져 있다는 것이다. 김정은의 폭력성과 잔인성은 그가 자신의 고모부를 처형한 방식에서 이미 여실히 드러났다. 이 사건을 통해 김정은은 지도자로서의 됨됨이가 자신의 아버지 김정일만도 훨씬 못하다는 사실을 알 수 있다.

김정일도 자신의 아버지 김일성보다 못했었다. 북한의 세습정권이 연장될수록 통치자의 무능력과 국가 기능의 마비 추세가 가속화하고 있다는 뜻이다. 따라서 북한이 야기하는 모든 문제의 유일하고 최종적인 해결책은 통일이라는 점에 대해 많은 전문가들의 의견이 일치한다.

앞서 3장에서 집중적으로 언급했지만 장기적인 관점에서 볼 때 통일이 가져다줄 이익은 생각보다 훨씬 클 것이다. 그럼에도 불구하고 통일의 실익은 그동안 너무 과소평가되어왔다. 북한은 한국이 필요로 하는 풍부한 노동력과 천연자원을 갖고 있는 데다 한계에 도달한 한국의 내수시장에도 거대한 새 시장을 제공할 것이다. 남북한 동반성장의 잠재력은 완전히 새로운 차원에서 괄목할 만한 성장을 가져올 수 있을 것이다. 세계적인 투자회사 골드만삭스는 통일한반도의 경제가 세계 8위로 도약할 수 있을 것으로 예측했다. 이와 함께 통일 후에는 북한이 더 이상 교역과 수송, 투자에 걸림돌이 되지 않기 때문에 동북아 지역의 경제도 탄력을 받을 것으로 예상된다. 우리가 이 같은 잠재적 기회를 최대한 효율적으로 활용하기 위해서는 한민족의 정체성을 반영하고 건국이상에 부합하는 원칙과 가치에 입각해 행동해야 한다.

4장을 통해 나는 코리안드림과 정체성을 구성하는 핵심 요소들을 살펴보고, 분단 70여 년은 장구한 5,000년 역사에 비하면 지극히 짧은 시간이라는 사실을 강조한 바 있다. 문제는 우리가 역사를 망각하고 있다는 사실이다. 북한은 전체주의와 주체사상이, 남한은 소비문화의 물질만능주의가 한민족의 정체성을 약화시키고 있다. 따라서 이 같은 현실에서 가장 시급한 민족적 과제는 정체성의 회복이다.

나는 1장에서 한민족의 건국과 역사의 중요성을 다루었다. 우리 민족의 기원을 말해주는 '홍익인간'은 우리 민족을 특별하게 만드는 고유한 이념이다. 홍익인간 이념이 한민족의 역사 속에서 어떻게 영적 의식을 형성하는 원칙과 가치의 기준이 되었고, 한민족으로 하여금 어떻게 고난의 역사를 극복하도록 이끌어왔는지 이해할 수 있었다.

홍익인간 이념은 불교, 유교, 기독교 등의 위대한 종교와 윤리적 전통을 우리 문화의 일부분으로 융화시켰다. 한민족은 외래 전통과 가르침을 모방하지 않았고 스스로의 고유한 관점으로 해석하여 우리의 전통과 사상에 부합하도록 주체적으로 발전시켰다. 그런 발전과정에서 형성된 문화적 특징은 정치와 사회에도 그대로 적용되었다. 한국인은 외래 철학과 문화가 지닌 통찰력을 수용해 이를 고유의 문화적 유산으로 승화시켰던 것이다. 조선이 왕권을 제한하고 백성에게 일정한 권리와 자유를 보장하며 초기 형태의 권력 분립이 가미된 준입헌군주제를 발전시킬 수 있었던 것도 바로 이런 맥락에서 가능했다. 19세기 동학운동은 홍익인간 사상에서 비롯된 '사람이 곧 하늘'이라는 인내천 사상을 창시했는데, 이는 위대한 사회적·정치적 함의가 담긴 우리 민족 고유의 심오한 영적 통찰이었다.

홍익인간은 20세기에 들어와서도 민족이 직면했던 역경과 고난을 극복하는 데 강력한 힘이 되어주었다. 1919년 3·1독립운동에서 민족 대표 33인이 서명한 독립선언문은 우리 민족의 이상으로 홍익인간을 천명했다. 앞에서 언급한 것처럼 이들 독립운동가들은 홍익인간의 근본정신에 따라 나라의 독립만이 아닌 세계의 등불이 되는 그런 국가를 간절히 소망했던 것이다. 이는 대한민국 건국 시기 지도자들의 신념이기도 했다. 이들은 홍익인간이 이끄는 통일된 나라를 꿈꿨고 홍익인간을 공식적인 학교교육의 토대로 삼았다. 이러한 사례들은 우리 역사를 관통하는 일관된 민족정신이 홍익인간이었음을 증명한다. 독립운동에 헌신해온 애국지사들은 단군의 건국이념을 통일조국의 운영 원칙으로 삼았다. 다시 한 번 통일의 가능성이 대두되고 있는 지금, 한국인은 홍익인간 이념의 원칙을 되살려 우리의 정체성을 회복할 수 있는 연결고리로 삼아야 한다.

홍익인간이 추구하는 타인을 위한 삶의 미덕을 가정에서 몸에 익히고 이를 다음 세대로 전승하는 역할은 한민족만의 고유 전통인 대가족제도의 몫이다. 우리의 대가족제도는 가족문화 전통이 남아 있는 다른 문화권에서도 찾아보기 힘든 독특한 제도다. 이것이 4장 후반부의 주제였다. 우리의 대가족 안에서는 사돈이나 먼 친척이라 할지라도 모든 관계마다 고유한 호칭이 있을 뿐만 아니라, 그 각각은 특별한 의미와 가치를 지니며 역할과 책임을 구분하고 있다.

그런 가족 안에서 자녀는 조부모, 부모, 삼촌, 이모, 고모, 사촌 등과 정을 나누고 촘촘한 관계망을 통해 보호받으며 성장한다. 그들은 이런 환경에서 사랑하는 사람들과의 관계에 수반되기 마련인 책임감과 도덕적 미덕을 배우게 되는 것이다. 윤리적 사회의 초석인 이 전통은 세대를 통해 면면히 전승돼왔다. 앞에서도 언급한 것처럼 가정은 미래의 시민을 양성하는 윤리교육의 장이며, 가족 간의 유대를 바탕으로 도덕적 자질을 계발하는 도량이다.

역사의 고비마다 적용되어온 홍익인간의 사상과 전통적 대가족 안에서 함양된 미덕은 코리안드림의 핵심이다. 코리안드림은 가정 안에서 육성되고 사회로 확장되어 모든 한국인이 꿈꿀 때 현실이 되며, 종내에는 국가를 변화시킬 수 있다. 코리안드림의 현실화는 정치인, 공직자, 자본가나 비즈니스 리더에게만 해당되는 것이 아니라 모든 한국인이 동참해야 하는 과업인 것이다.

코리안드림은 민족으로서의 기원과 공통의 정체성에 호소함으로써 분단으로 인해 고착된 남북한의 이념 갈등을 뛰어넘는 비전이다. 우리는 정치체제로서의 통합이 아니라 헤어졌던 한 가족이 공통된 문화와 유산의 토양 위에서 다시 만나는 그러한 통일을 이룩해야 한다.

5장에서는 대중의 힘이 가져온 극적인 정치적·사회적 변화의 많은 사례들을 기술했다. 권력을 독점하고 국정을 전횡했던 독재정권도 결연한 대중운동 앞에서 무너졌다. 우리는 대중운동이 승리를 거둔 '아랍의 봄'과 동유럽의 평화 혁명, 남아프리카공화국의 아파르트헤이트의 철폐를 목격했다. 나는 이러한 외국의 사례만이 아니라 전두환 독재정권하에서 1987년 민주화항쟁을 통해 개헌을 이끌어냈던 한국의 예도 언급했다.

우리는 위에서 열거한 운동들을 폭도들의 폭동과 구별하여 이해해야 한다. 독재정권에 항거한 시민운동은 뚜렷한 목적을 가진 대중의 자발적인 참여였으며, 인권과 자유를 지지하는 영적 원칙과 도덕적 가치 위에서 불의에 맞선 운동이었다. 이러한 운동은 제도적인 국가안보 기구도 무력하게 만드는 강력한 힘을 지니고 있었다. 그런 도덕적 권위는 때로 간디, 마틴 루터 킹, 넬슨 만델라 같은 탁월한 지도자에게 집중 발견되며, 동유럽 민주화운동에서처럼 생각과 뜻을 같이하는 일단의 도덕적 지도자들 사이에 광범위하게 퍼져 있기도 하다. 이 지도자들의 공통된 특징은 그들의 도덕적 권위가 정치와 종교의 차이를 초월해 각계각층의 사람들이 호응하는 보편적 원칙과 가치를 지키려 한 데서 비롯되었다는 사실이다.

내가 발견한 대중운동의 또 다른 특징은 대중운동이 혁명적인 정보통신기술의 강력한 힘을 활용하고 있다는 사실이다. 사람들은 소셜미디어를 통해 거의 실시간으로 정보를 올리고 공유한다. 특정 집단이 독점하던 언론의 힘은 이제 인터넷이 가능한 스마트폰을 소유한 사람들의 손으로 들어갔다.

인터넷 세상에서 정보의 유통은 언제 어디서나 가능하기 때문에 과거 독재자들이 즐겨 사용했던 정보의 일방적 통제란 불가능하다. 바야흐로 우리는 세계적인 운동을 통해 고귀한 이상을 실현할 수 있는 더없이 좋은 시대에 살고 있는 것이다. 대중의 힘이 원칙 있는 목적을 향해 결집될 때 사회적·정치적 변화가 일어날 수 있음을 나는 증명하고 싶었다. 이것이 바로 6장에서 시민들의 관심을 불러일으키고 동원할 수 있는 시민단체와 NGO의 역할을 소개한 이유이기도 하다. 시민단체는 민주주의를 융성케 하는 핵심으로서 시민들로 하여금 사회발전에 기여하고 국가라는 공동체의 미래 설계에 동참하도록 하는 매개체 역할을 다해야 한다.

남북의 통일 과정에서도 정부 대표만이 아닌 남북한 주민 모두의 적극적인 참여가 요구되는데, 자신의 정부만이 아니라 다른 정부와도 관계를 맺어야 한다. 시민단체와 NGO는 이를 실현할 수 있는 최선의 수단이다. 시민단체는 정부의 손길이 미치지 못하는 지역이나 문제에 관여할 수 있다. 따라서 시민단체와 정부의 협력은 대단히 중요하다.

시민단체의 활동범위는 상상 이상으로 넓다. 다양한 분야에서 이들의 노력이 공통의 비전과 원칙 그리고 가치와 하나 될 때 새로운 국가 건설의 토대가 마련된다. GPF를 중심으로 파라과이에서 시작한 활동들은 좋은 선례가 되고 있으며, 그것은 지금껏 이 책에서 언급한 모든 요소들이 국가적 변환을 가져오기 위해 어떻게 실천되었는지를 보여준다.

나는 파라과이에서 활동을 시작하면서 정치·사회·재계 지도자들에게 인권과 자유를 수호하는 근본 원리와 가치의 중요성을 강조하고 북미와 남미가 전혀 다른 길을 걷게 된 역사적 이유도 설명했다. 원칙과 가치가 문화의 차이를 가져오고, 나아가 한 국가의 가능성까지 결정할 수 있다는 사실을 인식해야 한다는 요지였다. 원칙과 가치야말로 정상적으로 기능하는 자유시장과 민주주의의 토대라는 내 평소의 신념을 피력한 것이다.

그리고 IDPPS 정책연구소와 GPF 파라과이 지부를 설립했고, 파라과이의 장기 발전계획 수립과 다양한 사회활동을 통해 내가 말한 원칙과 가치를 실천에 옮김으로써 정치적·사회적 안정을 구축하도록 했다. 파라과이 GPF는 지도자 교육, 인성교육, 공동체 개발운동 등을 통해 사회적 변화의 가능성을 보여줌으로써 NGO의 역량을 확실히 각인시켰다. 마침내 파라과이 경제를 활성화할 수 있는 해외로부터의 투자가 가능해졌다. 이는 처음부터 원칙과 가치를 중심으로 하는 국정운영 계획에 따라 수행한 모든 작업의 결과였다. 이로써 파라과이의 경제발전은 물론 정치적·사회적 안정의 토대가 마련됨으로써 세계경제로의 진입 또한 가능하게 되었다. 나는 세 가지 이유에서 한국과 파라과이 간 긴밀한 협력을 도모해오고 있다.

첫 번째 이유는 파라과이가 저개발 후진성에서 탈피해 세계경제에 참여할 수 있도록 도와줌으로써 한국의 공공기관과 민간기구의 입장에서는 국가개조의 다양한 측면을 참고할 수 있기 때문이다. 여기서 얻은 교훈들을 다시 북한사회에 적용함으로써 궁극적으로 북한경제를 일으켜 세울 수 있다.

두 번째는 파라과이 발전에 일조함으로써 한국은 신흥 개도국의 발전과 미래 방향에 영향을 주는 국제적인 지도국으로서의 위상을 확보할 수 있을 것이기 때문이다. 이 사업을 통해 한국이 더 많은 중남미 시장과 자원을 확보할 수 있도록 하는 것이 내가 이 사업을 추진하는 마지막 이유다.

파라과이를 중심으로 진행하는 모든 작업은 북한을 변화시키기 위한 사전준비 과정이자 앞으로 통일한국이 가야 할 방향이라고 나는 자신 있게 주장한다. 한국인들이 코리안드림을 마음에 새기고 이를 실천하기 위해 힘을 모은다면 우리는 새로운 통일국가의 탄생을 기대할 수 있다. 이제 막 시작된 한국과 라틴아메리카의 관계에서 분명히 드러나듯, 한민족이 하나로 통일된 국가로서의 한국은 경제적으로는 물론, 특히 도덕적으로 국제적인 리더십을 발휘할 수 있을 것이다. 나아가 새롭게 태어난 통일한국은 비로소 '하나님 아래 한 가족'의 비전을 선도하는 진정한 자격을 갖추게 될 것이다.

대전환의 시대,
21세기의 역사적 도전

—

위기의 순간마다 이를 극복한 인간은 발전을 이룩해왔으며 도전을 외면한 문명은 해체되고 붕괴되었다. 20세기는 처음엔 식민지 열강들 간의 투쟁으로, 이후로는 파시즘Fascism과 공산주의로 대표되는 전체주의의 준동으로 인류 역사상 가장 폭력적이고 잔인한 시기였다고 역사가는 기술하고 있다.

소련의 붕괴로 냉전이 종식되면서 20세기의 쓰라린 경험이 다시는 반복되지 않으리라는 기대와 희망이 있었다. 역사의 한 페이지를 넘겨 맞은 새 천년이 번영과 항구적인 평화를 약속하는 새로운 국제질서를 도출해낼 것으로 보였다. 그러나 기대와는 달리 평화는 오지 않았으며, 21세기는 20세기보다 더 풀기 어려운 새로운 형태의 도전들을 인류 앞에 던져놓았다.

2001년 9월 11일, 이슬람 과격주의자들이 두 대의 비행기를 몰고 뉴욕의 세계무역센터로 돌진했을 때 새 천년은 사람들이 희망했던 것과는 전혀 다른 방향으로 흘러갈 것임을 예고했다. 9·11 사태에 대한 대응으로 테러와의 전쟁이 시작되었고, 이로써 무슬림과 기독교 간의 세계적인 종교 충돌이라는 실질적인 위험을 전 세계가 실감하게 되었다. 새뮤얼 헌팅턴Samuel Huntington은 자신의 저서 《문명의 충돌 The Clash of Civilizations and the Remaking of World Order》을 통해 종교에서 정체성을 찾는 문화는 서로 경쟁하며 자주 폭력적 결과를 낳을 것이라고 예견한 바 있는데, 바로 그 예견이 현실이 되었던 것이다.

테러와의 전쟁은 아프가니스탄과 이라크에 대한 미국의 군사적 개입을 불러왔고, 그동안 막대한 인명과 재산상의 피해가 발생했음에도 두 지역에서는 여전히 위협과 불안이 계속되고 있다. 이러한 일련의 과정이 미국인들에게 전쟁 피로감을 불러일으키자 오바마 정부는 유일의 강대국임에도 불구하고 세계 경찰국가로서의 역할에서 한 발짝 물러났다. 이러한 힘의 공백을 틈타 지역 열강들이 등장하기 시작했다. 러시아 푸틴 대통령은 모험주의를 감행, 러시아계 주민을 보호한다는 빌미로 크림반도를 복속시킨 데 이어 우크라이나를 위협하고 있다. 중국은 미국을 자극하지 않으면서 나름의 계산을 하고 있는 반면, 동아시아에서는 북한의 위협으로 인해 역내 국가들이 경쟁적으로 군사력을 증강하고 있는데, 이 때문에 지난날의 역사적 긴장관계가 되풀이될 위험성이 높아지고 있다.

미국 금융기관들에서 촉발되어 세계불황의 원인이 된 2007~2008년 금융위기 이후 서구 국가들의 경제 리더십 역시 세계로부터 의심받고 있다. 침체와 저성장의 끝이 보이지 않는 가운데 미국과 유럽의 경제는 아직도 완전히 회복되지 못했으며 과중한 부채로 이중고를 겪고 있다. 미 재무부에 따르면, 미국의 부채는 2019년 기준 23조 800억 달러에 달하는 것으로 알려져 있다. 높은 부채 비율과 함께 고령인구 증가로 서구 선진국이 포괄적 사회복지 프로그램을 계속 유지하기는 힘들 전망이다.

동시에 1960년대 서구사회의 진보적 사회혁명에서 비롯된 문화 유형의 변질은 도심 지역을 중심으로 광범위하고도 무차별적인 가족해체 현상을 야기했고, 사회와 인종, 소수민족, 종교 간 갈등을 심화시키고 있다. 선진국 내부의 이 같은 부정적인 경제·사회적 상황으로 인해 국제적인 힘의 균형도 깨지고 있다. 개도국과 저개발국은 더는 서구를 자신들의 개발 모델로 보지 않고 있으며, 당연시되었던 서구의 우월성은 이제 내부갈등과 모순으로 퇴색되어가고 있다.

남반구 국가들은 선진국보다는 이러한 도전의 영향을 상대적으로 덜 받았다. 그리고 그 국가들 대부분은 서구가 고령사회로 가고 있는 것과는 대조적으로 젊은 층이 많다. 냉전 이후 대부분의 분쟁이 제3세계에서 일어나고 있다는 점을 감안할 때, 이들이 정치·경제·사회적으로 집단행동을 할 경우 세계에 미칠 영향은 대단히 클 것이다. 따라서 글로벌사우스Global South라 불리는 남반구 개발도상국들 상당수가 서구식 유형에서 벗어나 국가정책을 새롭게 구상하고 있음은 반가운 일이 아닐 수 없다. 이들은 앞으로 세계의 평화와 번영을 위한 핵심 역할을 할 것으로 보이며, 누군가 이들을 지도할 수 있다면 21세기에 지속적인 영향력을 세계에 행사하게 될 것이다.

냉전 이후의 세계질서가 이전과는 전혀 다르다는 점에 주목해야 한다. 과거 공산주의와 민주주의의 대결은 단지 미국과 소련이라는 두 강대국 간의 힘겨루기에 가까웠고, 나머지 세계는 이들의 이념전쟁에 종속되어 있는 형국이었다. 따라서 미소 간 경쟁은 국제무대에 일정 수준의 지정학적 질서를 만들어주었고 약소국이나 비국가활동세력Non-state actor들의 활동을 제한하는 효과도 있었다.

미소 간 양극체제가 끝나고 냉전시대의 지정학적·이념적 제약이 사라지자 그 틈을 타고 새로운 이익집단과 파벌이 등장함으로써 과거 어느 때보다 극심하게 인류를 적대적 관계로 분열시켰다. 이제 세계적 질서를 부여할 지리적 기반의 동맹이나 비중 있는 이념체제 같은 것은 더 이상 존재할 수 없게 되었다. 더구나 교통과 정보통신의 급속한 발달로 인해 분쟁은 공간적 제한으로부터 자유로워졌고, 폭력이나 테러의 위협은 상시적인 불안요소로 잠복해 있다. 이슬라믹스테이트Islamic State, IS 같은 신흥 테러집단이 첨단기술을 이용해 시리아와 이라크는 물론이고 서구 도시까지 위협할 가능성이 높아지고 있는 현실이다.

오늘날 국가는 국경선으로 구분된다. 그러나 본질적인 정체성의 분열 양상은 민족, 특히 종파를 중심으로 확산하고 있다. 현재 이라크와 시리아에서 볼 수 있듯이 그 분열은 국경도 초월한다. 서구 국가를 포함해 세계 각지에서 모여든 무슬림 극단주의자들은 자발적으로 보스니아, 체첸, 아프가니스탄, 이라크 등지에서 싸우고 있다. 국적이 아니라 종교로 정체성을 확인하기 때문에 정체성을 기반으로 한 갈등은 진화가 불가능한 산불처럼 빠르게 번져나간다. 이것이야말로 미래세계를 결정할 21세기의 최대 도전인 것이다.

민족 간, 종교 간 갈등이 보복전의 양상을 띠고 다시 고개를 들고 있다. 공산통치 시절의 유고슬라비아는 다양한 민족과 종교집단이 조화를 이루어 살아왔다. 하지만 공산주의 체제가 막을 내린 후 이 나라는 여러 국가로 분열되었고, 결국 민족 간 대량학살 전쟁을 치러야 했다. 세르비아, 크로아티아, 보스니아, 코소보계 알바니아인들 간의 전쟁은 인종청소라고 할 정도의 대규모 민간인 학살을 초래했다. 주지하다시피 종교적 배타성을 통해 굳어진 민족적·문화적 정체성은 기존의 갈등을 더욱 악화시키고 강도를 더해간다.

가장 우려되는 현상은 어떤 폭력의 명분을 위해 종교를 이용하려는 경향이다. 극단적인 정치적 구호를 부르짖는 광신적 종교집단은 왜곡된 정체성에 함몰되기 쉽다. 그처럼 종교의 교리를 왜곡하여 이해하는 현상은 당장 현실적으로 겪고 있는 국제적인 갈등의 불씨가 된다. 중동의 상황이 특히 위험한 이유다. 국가분열의 위기에 놓인 시리아와 이라크에서의 무력충돌은 종파 갈등으로 인해 마치 그 불씨에 기름을 부은 듯 거침없는 불길로 타올랐다. 시리아에서 활동하고 있는 호전적 이슬람 집단들 가운데 가장 극단적인 IS는 이라크에 이르기까지 점령 지역을 확장했다. 이들은 이라크와 시리아의 국경을 없애고 자신들이 왜곡 해석하는 이슬람 율법에 따라 통치하는 이슬람 칼리프 국가 Islamic Caliphate의 건설을 시도하고 있다.

IS는 알카에다와 마찬가지로 유럽과 미국 등 선진국에서 태어난 젊은 무슬림들을 모집해 자신들의 전쟁터에 내보낸다. 그들은 무기와 폭발물로 실전훈련을 받은 후 이슬람 영토를 건설하기 위해 폭력을 사용하는 것조차 성스러운 의무라는 확신을 안고 싸우다 다시 서방의 고향으로 돌아간다. 결과적으로 중동에서 벌어지고 있는 사태는 그곳에서만 끝나는 것이 아니라 서구세계에서도 재현되고 있다. 앞서 언급했듯이 비약적인 교통 및 통신기술의 발전은 제2의 9·11 사태가 발생할 가능성을 한층 높이고 있다.

같은 이슬람임에도 시아파Shiah와 수니파Sunni 간 충돌이 시리아와 이라크에서 벌어졌고, 이 충돌은 수니파의 사우디아라비아를 비롯한 걸프 지역과 시아파의 이란이 충돌하는 국제전으로 비약할 위험성이 있다. 수니파 왕가와 이집트 군부 통치자들도 대중의 지지를 받고 있는 무슬림형제단Muslim Brotherhood과 그 외 유사 단체들로부터 압박을 받고 있다. 국민의 대부분이 유대인인 이스라엘의 경우도 상시적 위험에 놓여 있다. 주변 무슬림 국가들의 적개심과 이란의 핵무기 보유 가능성이라는 매우 현실적인 위협에 직면해 있기 때문이다.

동북아시아에서 상시적인 위협 요인이 되고 있는 북한은 중동 지역의 갈등을 더욱 불길하게 만드는 존재다. 북한은 돈만 준다면 보유하고 있는 핵기술과 군사기술을 얼마든지 넘겨줄 것이기 때문이다. 북한은 과거 시리아와 이란에 탄도미사일 기술을 전수했고(출처: 미국 의회조사국 CRS — 이란 – 북한 – 시리아 탄도미사일과 핵 협력, 2014년 4월 14일), 2007년 9월 이스라엘 공군에 의해 파괴된 시리아의 알키바르Al-Kibar 원자력발전소 건설에도 참여한 바 있다. 이란이나 비국가활동세력 같은 곳으로 북한의 핵기술이 넘어갈 경우 지역의 불안감은 더욱 높아질 수밖에 없다.

정체성에 기반을 둔 갈등, 그로 인해 상존하는 충돌의 가능성은 21세기 인류가 안고 있는 최대의 도전이다. 지구상 어느 한 곳도 정체성 충돌에서 예외인 곳이 없다. 국경의 구분도 없이 서로가 서로를 적대적인 관계로 만들며 암세포처럼 번져나가 점점 더 분열이 심화되고, 폭력에는 또 다른 폭력으로 대응함으로써 증오와 복수의 악순환이 되풀이된다. 이처럼 전 세계에 걸쳐 심각한 문제들을 야기하는 종족·민족·종교적 정체성의 갈등은 사실상 기본적으로는 국지적인 현상이라고도 할 수 있다. 반면 종교 간 정체성의 갈등은 이미 중동 전체를 뒤흔들고 있으며, 현대사에서 한 번도 경험하지 못한 규모와 강도로 세계를 혼란에 빠뜨릴 수 있는 위험성을 안고 있다. 믿음과 신앙, 나아가 진리에 대한 곡해는 돌이키기 힘든 광신으로 치닫는다. 과격한 종교 근본주의가 인류에게 최대의 위협이 되는 이유가 바로 여기에 있다.

따라서 악순환하는 폭력의 고리를 끊을 수 있는 유일한 방법은 다름 아닌 보편적 진리에 근거한 영적 비전과 가르침이라는 사실을 우리는 분명히 깨달아야 한다. 비록 20세기가 유례없는 갈등의 시기였지만 국가적 차원이나 세계적 차원에서 사회적·정치적 변화를 위한 운동은 괄목할 만큼 성장했다. 5장에서 살펴보았듯이 지난 세기를 거쳐 오는 동안 기본적인 인권이나 자유와 같은 사상에 대한 세계인의 인식이 어느 때보다도 고양되었다. 이러한 현상은 사회의 편견을 타파하고 보편적인 비전을 제시한 지도자들이 보여준 희생의 결과였다. 미국의 인종차별과 남아프리카공화국의 인종분리주의, 그리고 인도를 비롯해 세계 각국의 식민지배를 종식시키고 민족자결주의를 부상시킬 수 있었던 것은 모두 이들의 위대한 리더십 덕분이다.

오늘날에도 이러한 리더십은 정체성 갈등으로 초래되는 부정적인 영향을 극복하기 위해 필수적 요건이다. 누구보다도 먼저 종교지도자들로 하여금 자신의 신앙 전통 안에서의 옹색한 이익에 대한 집착에서 벗어나 인류를 위한 선_善이 무엇인지 찾게 만들 것이기 때문이다. 그때 비로소 종교는 사람들에게 신앙의 동기를 부여하여 분열을 치유하고 갈등을 해소하며, 도덕적인 사회를 건설하도록 이끌어주는 강력한 역할을 하게 될 것이다.

나는 이것을 영적 리더십이라 부른다. 영적 리더십은 인류 공통의 열망과 염원, 원칙과 가치 아래 신앙과 출신 배경이 다른 모든 사람들을 하나의 심정적 공동체 안으로 들어오게 할 수 있는데, 이는 오늘날 지구촌 도처에서 빈발하고 있는 종교적 신념의 극단적 표출과 정치화를 막는 힘이 될 수 있다.

영적 리더십 vs. 종교적 리더십 : 종교와 종파의 차이를 넘다

—

교리를 왜곡해 정치적으로 해석하는 급진적 종교는 전 세계의 위대한 종교 전통을 직접적으로 위협한다. 정체성에 뿌리를 둔 이러한 갈등은 중동에서처럼 충돌을 일으키고 박해와 테러를 자행함으로써 다른 종교까지 과격하게 만들 소지가 있다. 나아가 이는 서구사회의 평화와 안정을 위협할 뿐 아니라 핵물질이 극단주의 단체 또는 국가의 수중에 들어갈 위험성마저 높인다. 종교를 핑계로 폭력을 정당화하려는 급진주의는 그것에 대항해 이들의 주장이 거짓임을 일깨우는 영적 지도자들에 의해 극복될 수 있다. 폭력은 세상의 근원적인 진리, 모든 영적 전통이 표방하는 근본적 원리와 가치를 거역하는 일임을 알게 해야 한다.

이를 위해 종교지도자들 스스로 자신이 속해 있는 특정 교파의 울타리에서 벗어나 전 인류의 안녕을 염원해야 한다. 이것만이 왜곡된 교리에 사로잡혀 영적 목적이 아닌 정치적 목적을 위해 신앙을 유린하는 급진적 요인을 제거하는 유일한 방법이다. 종교적 급진주의자와는 반대로 참된 신앙인은 이 시대에 진정한 평화의 일꾼이 되기를 열망하며, 각 종교 창시자가 가르쳤고 모든 신앙인이 공유하는 보편적 진리에 따라 그 가치를 구현하고자 노력하고 있다. 이것이 바로 내가 영적 지도자와 종교지도자를 구분 짓는 기준이다. 영적 지도자는 전통적인 종교지도자의 역할을 넘어 창조주 하나님을 섬기고 전 인류에 봉사하는 사람이다.

5장에서 나는 20세기에 사회적·정치적 변화를 몰고 온 위대한 운동의 몇 가지 사례를 통해 열망과 원칙과 가치에서 영감을 얻은 대중의 힘에 대해 기술했다. 그런 영감은 인도의 간디, 미국의 마틴 루터 킹, 남아프리카의 넬슨 만델라처럼 탁월한 도덕적 권위를 가진 영적 지도자에게서 주로 발견된다. 이들은 하나같이 인류 공통의 양심에 호소하는 보편적인 진리를 열망했던 사람들로서 세계 각지의 공동체를 움직여 거대한 사회변화를 가져오게 했다. 그리고 그 변화는 인도의 독립과 미국의 흑인 인권 회복, 남아프리카의 인종분리 정책의 종식을 가져다 주었다.

그들은 편협한 정체성과 개인적 야심에 얽매이지 않았다. 간디는 그가 평생 믿어왔던 힌두교를 초월했으며 그 대가로 극단주의 힌두교 청년이 쏜 총탄에 맞아 사망했다. 킹 목사는 흑인이나 침례교 목사로서가 아니라 더 큰 사회를 위해 외쳤다. 넬슨 만델라는 청년 시절의 과격했던 정치적 견해를 초월하여 흑인과 백인 모두를 포용했다. 그는 자서전에서 "내 민족의 자유를 향한 갈구가 백인과 흑인 모두의 자유를 향한 갈망이 되었다"라고 고백했다.

　이들은 민족적·종교적·인종적 배경을 초월하여 인류가 실현해야 할 보편적 진리를 극대화함으로써 도덕적 권위를 갖게 된 것이다. 이들이 전한 메시지는 다양한 사람들의 개별적 배경과 무관하게 모든 사람의 양심에 반향을 일으켰다. 다시 말해, 그들은 특정 집단의 이익을 위해서가 아니라 우리 모두의 이익을 위해 헌신했던 것이다. 오늘날 세계가 필요로 하는 지도자의 모습은 바로 이러해야 한다. 민족적·종교적·인종적 편견을 벗어버리고 남자든 여자든 우리 모두는 '하나님 아래 한 가족'이라는 영원한 진리의 옹호자, 평화의 일꾼이 되어야 하는 것이다.

　2012년 미국 조지아주 애틀랜타에서 열린 글로벌피스컨벤션에 참석한 마틴 루터 킹 목사의 딸 버니스 킹은 자신의 아버지가 민권운동가이기 이전에 탁월한 영적 지도자였다면서, 아버지의 가르침은 그가 속한 침례교는 물론 인종도, 정치도 초월한 것이었다고 강조했다. 간디도 마찬가지였다. 일부 추종자들의 끈질긴 요구에도 불구하고 새로운 철학이나 종교운동에는 관심이 없었던 그는 자신의 가르침과 삶을 '영적 진리를 일상에 적용하려는 시도'라고 보았다. 간디에게 새로운 종교운동의 시작은 그러한 시도에 방해가 될 뿐 아니라 그 자신이 극복하고자 했던 사회분열을 조장하는 것이었다.

　킹 목사와 간디는 종교지도자와 영적 지도자가 어떻게 다른지 잘 보여준다. 종교지도자는 자신이 속한 종파나 종교적 전통 안에서 활동하며 교권과 기존의 체제를 보전하고 성장시키는 일에 우선적 가치를 둔다. 그러나 이는 종교체제의 존속을 위해서라면 도덕관에 대해서조차도 적당히 타협하는 것이 영적 진리나 가치를 지키는 것보다도 중요하게 여기게 될 위험성이 있다. 로마 가톨릭교회가 수십 년간 아동 성추행 사실을 부인하고 관련 성직자들을 공개하지 않은 것도 이런 맥락으로 이해할 수 있다.

상당수 종교의 지도자와 제도는 자신들의 교리와 전통만이 진리와 구원에 이르는 길이라고 주장한다. 하지만 종교를 공부하는 내가 볼 때, 소위 종교 교리와 전통이라는 것은 종교 창시자 사후에 이를 제도화하려 했던 제자들, 즉 직업적 종교 전문가들이 만든 것일 뿐이다. 그러나 주류 종교 창시자들의 실제 가르침을 검토해보면 모든 종교는 영적인 믿음에서 서로 통한다는 사실을 발견할 수 있는데, 이는 참으로 신비스러운 일이 아닐 수 없다.

실제로 어떤 종교도 진리를 독점할 수 없다. 진리는 보편적인 것이라는 사실이 이를 추구하는 모든 주류 종교에서 아주 자연스럽게 발견된다. 이렇게 말하는 이유는 다양한 종교가 지니고 있는 나름의 장점과 미덕을 폄하하려는 게 아니라 신앙의 목적이 신앙인들을 공통의 영적 목표에 동참시키기 위함이라는 사실을 강조하기 위해서다. 세계의 모든 종교가 각각 자신의 교리와 신조를 탈피하고 영적인 목표를 추구할 때 비로소 인류가 공통으로 염원하는 진리와 가치를 공유할 수 있게 된다는 것이 나의 주장이다. 종교 혹은 종파적 교리에 대한 믿음과 진리를 혼동하는 것은 하나님을 닮아 타인을 위한 실천적 삶을 통해 진정한 평화와 조화의 세계를 실현하려는 많은 사람들의 노력을 어렵게 만들고 있다.

창조주로서의 하나님은 모든 신앙 전통의 창시와 발전의 배후에 내재한 영감 그 자체이기 때문에 어느 특정 종교가 독점할 수 없다고 나는 확신한다. 이런 나의 생각은 우리 집안의 독특한 종교적 유산에서 비롯되었다. 나의 아버지는 모든 종교를 존중했고, 각 종교는 저마다 하늘로부터 부여받은 사명이 있다고 믿었다. 또한 종교의 차이는 그것이 탄생한 지역의 역사와 문화적 차이일 뿐 근본적으로는 하나님의 영감에 의해 등장한 것이라고 가르쳤다. 나의 아버지는 자서전에서 모든 종교가 평화적 이상세계를 열망하고 있음을 흐르는 강의 이미지에 비유했다.

강물은 흘러드는 샛강의 물줄기를 내치지 않고 모두 받아들입니다. 그 많은 샛강을 다 끌어안고 같은 물줄기가 되어 바다로 향합니다. 세상 사람들은 이 간단한 원리를 모릅니다. 강물을 찾아 흘러드는 샛강들이 이 세상의 수많은 종교와 종파입니다. 샘이 솟아올라 흐르기 시작한 근본은 서로 다르지만 찾아가는 곳은 같습니다. 평화가 넘치는 이상세계를 찾아가는 겁니다. 종교 사이에 가로막힌 담을 헐지 않고는 절대로 이 땅에 평화가 찾아오지 않습니다.

문선명, 《평화를 사랑하는 세계인으로》, p.275

CHAPTER 7

∾

아버지는 이러한 확신을 갖고 평화를 위한 공통의 목적 아래 종교 간 화합과 통합을 이루기 위해 많은 노력을 기울였다. 9·11 사태 직후 인 2001년 10월 20일, '하나님의 뜻으로 본 세계평화의 길'이라는 주 제로 한 연설에서 세계평화의 실현을 위한 종교의 역할에 대해 자신의 생각을 명확히 밝혔다. 아버지는 이 연설을 "세계평화는 하나님 본연 의 이상이다"라는 말로 시작했고, "종교인들이 화합하고 협력하지 않 는 한 세계평화는 기대할 수 없다"고 토로했다.

아버지는 종교지도자를 가리켜 '사람들을 평화로 인도하는 안내자' 라고 했다. 종교지도자는 영적 지도자여야 한다는 의미였다. 그리고 계속해서 다음과 같이 주장했다.

만약 종교가 편협한 교파주의만을 강조하고 하나님과 우주에 대한 사랑을 가르치지 않는다면 우리는 전쟁의 공포에서 결코 자유로울 수 없다. 현재의 글로벌 위기에 직면해서 종교지도자 들은 참사랑을 실천하고 겸손하게 하나님의 뜻을 따르며 종교 간 울타리를 넘어 손에 손을 잡고 함께 걸어나가야 한다.

나의 아버지는 '종교의 내적 힘'을 통해 신앙은 개인과 사회와 국가 를 변화시킬 수 있는 능력이 있음을 알고 있었다. 신앙은 "우리 마음을 감동시켜 평화로운 사람으로 거듭나게" 하기 때문이라고 했다. 이어 "신앙은 그 속에서 자기 조절을 할 수 있는 능력을 배양하며, 우리 안에 있는 역사적 증오와 억울함을 극복하게 해준다. 이는 진정한 평화와 안정이 솟아나는 뿌리"라고 주장했다. 그리고 다음과 같이 결론을 내렸다. "만일 종교가 서로에게 사랑을 표시하고 협력하고 봉사한다면, 그리하여 특정한 교리나 의례나 문화적 배경보다 평화라는 더 높은 이상을 우선한다면, 세계는 극적으로 변할 것이다."

나의 아버지는 진정한 영적 지도자다. 비록 대부분의 사람들이 나의 아버지를 한 종교의 창시자로 알고 있지만 그의 생각과 가장 큰 목적은 자서전《평화를 사랑하는 세계인으로》에 함축되어 있다. 나의 아버지는 수많은 집회에서 식구들에게 인류를 위해서라면 기꺼이 교회 조직을 희생할 것이라고 밝힌 바 있다. 당신은 전 생애를 통해 자신의 영적인 소명을 잊지 않았지만, 아버지를 따랐던 상당수의 직업적 종교지도자들은 조직과 재산을 키우는 데 전념했다. 창립자의 말씀집에도 기록되어 있는 영적인 가르침과 비전이 세속적인 기반을 지키는 일에만 급급한 지도자들에 의해서 어떻게 한쪽 구석으로 밀쳐질 수 있는지 나는 직접 목격했다. 이들은 영적인 힘이 정치권력이나 재산으로부터가 아니라 영원한 진리를 대변하는 도덕적 권위에서 나온다는 사실을 알지 못했던 것이다.

나는 이러한 경험과 관찰을 통해 모든 교파와 종교에는 나름의 갈등이 있다고 보게 되었다. 비전을 위한 진리에 충실하려는 사람과 종교의 제도적 유산을 지키려는 자들 사이에 팽팽한 긴장이 숨어 있게 마련이다. 오늘날처럼 정체성의 차이에서 비롯된 갈등이 인류의 존재 자

CHAPTER 7

체를 위협하는 세계에서는 신앙인이 창시자의 가르침에 충실함으로써 이기심을 넘어 숭고한 평화의 중재자가 되어야 하는 것은 도덕적인 명령이다.

따라서 우리는 진리를 사랑하는 신앙인으로서 하나님께서 모든 종교를 통해 역사하신다는 사실을 인식하고 상대방의 신념을 존중할 필요가 있다. 우리의 특정한 신념체계를 타인에게 강요함으로써 인류 가족을 분열시키는 행위를 해서는 안 된다. 우리는 힘을 합쳐 평화로운 이상세계를 구현할 수 있는 실천적 방안을 함께 찾아내야 한다. 비록 우리가 고통의 시기를 살고 있다고 해도, 이는 신앙인들이 금세기에는 진정한 평화의 중재자가 되어 인류를 정체성 때문에 빚어지는 갈등에서 벗어날 수 있게 하는 기회이기도 하다.

앞서 언급한 바와 같이, 정체성에 따른 갈등은 21세기의 커다란 도전이다. 우리를 하나의 인류로 묶어줄 강력한 영적 비전이 요구되는 이유가 거기에 있다. 그 비전은 '하나님 아래 한 가족'이다. 나는 전 세계에 이 비전을 전파하기 위해 GPF를 설립했다. 우리가 사명으로 삼고 있는 3대 주요 영역은 초종교, 가정, 그리고 봉사다. GPF는 국제 NGO 평화단체로서 오래된 초교파 운동들과는 전혀 다른 새로운 초종교의 장을 만드는 데 앞장서왔다. 우리의 목표는 단순히 대화나 이해의 증진보다는 보편적 염원, 그리고 진리와 가치에 관한 공동실천의 장을 마련하고 여기에서 다양한 종교의 신앙인들이 함께 모여 세계평화와 공영을 위해 협력할 수 있는 기본 틀을 형성하는 것이다.

그래서 GPF는 주로 영적인 지도자들을 중심으로 활동해왔다. 우리의 이러한 활동방식은 정체성에 따른 갈등이 공동체와 사회와 국가를 분열시킨 지역에서 특히 엄청난 반향을 불러왔다. 현지의 많은 종교지도자들은 일상적으로 자행되는 살인과 테러를 목격하면서 교리의 차이에 대한 논쟁이 무의미하다는 사실을 깨닫게 되었다. 환경이 행동을 유발한다. 그들은 GPF 활동에 동참함으로써 자국민을 평화로 인도할 수 있는 영적 지도자의 길을 선택했다.

간단히 말해 편협한 종교지도자는 사람을 종교에 따라 구별함으로써 종교를 경쟁과 갈등의 자리에 놓이게 한다. 정체성에 기반을 둔 갈등이 심각해지고 극렬한 충돌도 종교별 정체성의 아집에서 비롯되고 있는 시대에 배타적인 종교적 우월성은 문제를 해결하는 것이 아니라 그 문제 자체가 되어버린다. 이와는 대조적으로 영적 지도자는 보편적 진리에 호소함으로써 종교 간 갈등과 분열의 벽을 넘는다. 20세기의 위대한 변화는 인간의 양심을 깨우는 진리를 강조한 영적 지도자들이 있었기에 가능했다. 21세기의 심각한 도전인 정체성에 기반을 둔 갈등도 그러한 지도자들의 등장으로 해결될 것이다.

종교, 민족, 부족 등의 단위로 분열되고 있는 세계에서 무엇보다 영적 비전이 시급히 요청된다. '하나님 아래 한 가족'은 바로 그런 비전을 제공한다. 편견과 사심 없이 마음속 깊이 이 비전을 받아들인다면 보편적인 영적 진리가 거대한 사회적 변화를 가져오고 항구적 평화세계를 구축할 수 있다는 깨달음에 이를 수 있다. 내가 제시한 20세기의 여러 예처럼 결국 진정한 평화는 정치적·사회적·외교적 수단만으로는 이룩될 수 없다. 문제의 핵심은 보편적 원칙과 가치에 기초한 영적·도덕적 각성이 우리 삶에 반영되어야 한다는 사실이다.

'하나님 아래 한 가족' 안에서 성취되는 코리안드림

—

한민족이 고유의 정체성과 운명을 되찾는다면 장구한 역사와 문화를 자랑하는 한국은 21세기 영적 지도 국가로서의 역할을 넉넉히 해낼 수 있을 것이다. 나는 이미 앞에서 역사의 큰 시련들을 견뎌내기 위해 한국인들이 '한'이라는 고유 정서를 바탕으로 어떻게 심오한 영적 의식을 간직하고 가꾸어왔는지 기술한 바 있다. 이제 우리는 이러한 의식을 바탕으로 진정한 가정을 복구하고 새로운 국가 창조와 영속적 평화세계를 구축할 수 있는 비전을 선양해야만 한다. 그렇게 될 때 우리의 건국이상은 자연스럽게 우리를 인도할 것이다.

홍익인간의 이상은 끊임없이 우리 민족이 인류에 봉사하도록 이끌어왔고, 이러한 사실은 3·1독립운동의 정신을 담은 독립선언문에도 잘 나타나 있다. 독립운동가들은 민족의 안위를 넘어 세계가 본받을 만한 모범으로서의 이상국가를 건설하고자 했다. 김구 선생은 "진정한 세계평화가 우리나라에서, 우리나라로 말미암아 세계에 실현되기를 원한다. 세계평화는 바로 우리 국조 단군의 이상이었던 홍익인간을 실현함으로써 이루어진다"라고 말했다.

한국의 이러한 역사적 경험은 개발도상국들에게 직접적인 호소력을 갖는다. 그들 가운데 일부가 한국의 경험과 유사한 도전을 이미 상당 부분 극복한 선례가 있다는 사실이 이를 뒷받침한다. 거의 한 세기에 걸쳐 한국은 식민주의의 폭력으로 국가 정체성을 상실했고, 그에 따른 민족적 굴욕을 경험했으며, 타의에 의해 분단된 조국에서 이산의 아픔을 견디며 살아왔다. 그러나 우리가 이 모든 시련과 고통을 극복한 경험을 바탕으로 더 나은 미래를 창조한다면 다른 나라에 영감을 주는 도덕적 권위를 틀림없이 확보하게 될 것이다.

한국전쟁으로 한반도는 만신창이가 되었고, 거의 모든 시설이 파괴되었다. 그럼에도 불구하고 이후 성취한 '한강의 기적'은 무엇이든 할 수 있다는 사실을 입증하는 근거다. 이러한 한국의 경험은 오늘날 지역파벌, 민족분규, 내전으로 신음하고 있는 개발도상국들의 발전에 영향을 줄 수 있다. 다시 말해 우리 민족은 서구의 많은 나라와는 달리 오늘날 개도국들이 안고 있는 실질적인 도전을 이해하고 도울 수 있는 준비가 역사를 통해 축적돼 있다는 것이다. 한국이 다음의 발전 단계로서 통일을 달성하고 새로운 국가를 건설한다면 개도국들에게 원칙 있는 국가개조의 뛰어난 모범상을 제시하게 될 것이다.

저개발 국가의 산업발전과 경제성장의 측면에서 볼 때, 한국의 발전

과정은 민관협력을 골자로 하는 포괄적 계획만 있다면 어느 나라건 성공할 수 있음을 보여주는 사례다. 내가 아는 한 한국의 발전과정은 세계사에서도 유례를 찾아볼 수 없다. 한국전쟁이 끝난 뒤인 1954년, 남한의 1인당 GDP는 70달러로 세계 최빈국이었다. 그러나 당시 한국보다 앞서 있던 많은 나라들은 같은 기간에 경제가 정체의 늪에 빠져 있었던 반면, 한국은 세계에서 가장 빠른 성장을 기록했다. 2019년 1인당 GDP가 3만 1,430달러로 1954년에 비해 무려 450배 증가한 것이다.

이처럼 놀라운 발전은 전후 세대의 근면함에 기인했다. 이들은 온갖 희생을 감수하며 자신들의 조국을 전 세계가 부러워하는 나라로 만들었다. 부모세대가 피와 땀으로 이룩한 성장의 열매를 먹고 자라는 지금 세대는 그러한 헌신적 희생을 결코 잊어서는 안 된다. 이렇게 놀라운 성취 덕분에 한국은 지금 개도국들에 꿈과 희망을 주는 위치에 올라서 있다. 대국민 교육과 함께 공동체 개발사업을 벌였던 새마을운동을 통해 경제성장과 사회변화를 선도했다는 사실은 특별히 강조해야 할 부분이다. 개도국들이 직면하게 될 사회적·경제적 도전이 무엇이건 간에 한국인은 이를 모두 겪었고 극복해냈다. 그러나 세계 지도 국가로서의 역할을 감당하려면 우리가 큰 뜻을 품고 적극적으로 신흥 개도국들과의 관계 맺기에 나서야 한다.

문화적으로 볼 때 신흥국들은 서구사회보다는 한국사회와 그 모습이 비슷하다. 한국처럼 이들 사회의 기본적인 문화도 전통적인 대가족 제도에 기반을 둔다. 이들은 지금 서구식 산업화와 근대화의 결과로 전통문화가 심각하게 훼손되고 있다는 사실을 깨닫고 있다. 서구식 유형은 신흥국들이 가장 소중히 여겨온 고유한 전통과 가족관계를 악화시키는 사회적·문화적 행동양식도 함께 유입시켰지만 이제는 상황이 달라졌다. 세계 금융위기와 그로 인한 경기침체로 서구의 영향력이 약해지면서 점점 더 많은 국가들이 서구식 발전 유형을 비판적인 시각으로 바라보게 된 것이다. 신흥국들은 전통적으로 미국식 자본주의의 자랑이었던 도덕적·윤리적 가치가 2007~2008년에 세계 금융위기를 촉발시킨 정치적 술책과 단기 이익 앞에서 무참히 무너지는 모습을 지켜보았다. 그리고 극단적인 개인주의를 부추기는 방탕한 물질주의와 놀고 즐기는 유흥문화의 폐해도 목격했다. 대가족이 해체되었고 한때 대가족이 제공했던 상호부조의 관계망이 정부의 복지 프로그램으로 대체되었다. 그러나 이러한 현상과 조치는 어려움에 처한 사람들은 물론이고 일반 시민들의 덕성에도 부정적인 영향을 미쳤다. 뿐만 아니라 마침내 신흥국들은 파산 상태가 된 서구사회의 사회적·경제적 불안정과 대격변을 지켜보게 되었다.

　개도국들은 냉정한 평가를 통해 자국의 문화적 가치를 보전하고 전통적인 사회적 관계망을 파괴하지 않으면서도 번영을 꾀할 수 있는 다른 개발방식을 찾고 있다. 우리가 홍익인간의 민족적 정체성을 되찾는다면 이들은 서구보다도 한국에 대해 더 많은 친밀감을 갖게 될 것이다. 한국의 대가족은 덕성을 갖춘 시민을 양성하는 데 필요한 안정적이고 윤리적인 사회의 토대가 되고 돈독한 유대관계를 촉진한다. 이것이 바로 내가 우리 가족문화의 중요성을 강조하는 이유다.

우리는 현대화를 명분으로 서구문화의 압박을 불가피한 것으로 받아들여선 안 된다. 김구 선생의 희망처럼 반드시 우리만의 방식을 적극적으로 개척해나가야 한다. 나는 우리가 우리 민족의 역사로 눈을 돌린다면 반드시 그렇게 할 수 있다고 확신한다.

우리는 '하나님 아래 한 가족'이라는 진리에 근거하여 하늘로부터 부여받은 위대한 임무를 역사적으로 체득해온 한민족만의 고유한 영성靈性을 통해 완수할 준비가 되어 있다. '하나님 아래 한 가족'은 인간을 향한 하나님의 목적에서 기원한 보편적인 영적 진리로서 정체성에 기반한 모든 갈등을 치유하고 제거할 것이다. 여러 번 강조했듯이, 모든 자유사회의 토대이자 근본인 '양도할 수 없는' 권리와 자유에 대한 인식은 그러한 권리와 자유가 사람의 권력이 아닌 창조주로부터 유래했다는 자각에서 나온다. 이것이야말로 정체성에 기반을 둔 갈등을 해결해주는 커다란 지혜이자 인간을 새롭게 이해하는 지름길이다.

이런 자각이 있었기에 5,000년 역사 내내 우리 민족은 종교에 대한 관용적 태도를 견지해오면서 그 속에서 진리를 발견하고, 이를 우리 고유의 문화 속에 녹여 발전시킬 수 있었다. 마찬가지로 미국은 보편적이며 영적인 원칙과 가치의 터 위에 나라를 세웠으며, 양심의 중요성을 인식함으로써 인권과 자유, 특히 종교의 자유를 위해 싸웠다. 무엇보다도 이러한 사실을 통해 인류가 창조주 안에서 공통의 유산을 공유하고 있다는 근본적인 진리를 깨닫게 된다. 결국 이 신성한 깨달음은 '하나님 아래 한 가족'으로 살아가야 한다는 자각을 의미한다.

　이 책을 통해 설명하고 있는 코리안드림은 한마디로 한국이 한반도 통일 이후를 바라보고 혼돈스러운 세상에 항구적인 평화를 가져다주는 세계적 지도자를 대망待望하도록 고무한다. 나는 오늘날 한국의 리더십이 세계평화를 위한 강력한 힘이 될 수 있다고 믿는다. 그 이유는 우리의 역사와 정체성이 세계적인 차원에서 '하나님 아래 한 가족'의 꿈을 실행할 수 있는 자격을 부여하기 때문이다. 이제 한국은 세계의 지도 국가가 되기를 소망하면서 세계의 발전을 위해 의미 있는 기여를 해야 한다. 이것이 내가 다수의 국내외 활동을 통해 추진하고 장려하는 목표다. 한국이 이런 지도력을 발휘할 수 있는 근거는 과연 어디에 있는가?

　나는 파라과이에 한국의 개발 경험을 전수하고 한국의 기업들을 소개하여 이 나라의 발전에 기여하고자 노력하고 있다. 이는 파라과이라는 새로운 시장에서 허브 전략을 통해 라틴아메리카의 넓은 시장을 개척한다는 경제적 목표 이상의 의미를 담고 있다. 한국은 이를 통해 중요한 지도국으로서의 역할을 부여받을 것이며, 파라과이뿐만 아니라 더 많은 지역에 지속 가능한 개발과 정치적·사회적 전환 및 경제발전에 필요한 다양한 요소들을 널리 제공할 수 있을 것이다. 이런 국가적·지역적 전환 사례는 세계 다른 지역에서도 반복적으로 활용될 수 있다.

　파라과이에서 그랬던 것처럼 나는 다른 주요 지역에서도 GPF와 또 다른 활동을 통해 정치적·사회적 안정을 위한 기반을 만들고 있다. 동아프리카의 케냐, 서아프리카의 나이지리아, 동남아시아의 말레이시아와 인도네시아, 필리핀 등의 나라들도 파라과이와 라틴아메리카에서 구상했던 것과 동일한 방식으로 국가적·지역적 전환과 허브 전략 개발의 구심점이 될 수 있다. 다른 어떤 나라보다도 통일한국은 동북아시아에 변화를 몰고 올 원동력이 될 것이다.

국가개조가 단지 경제개발만을 통해 시작되는 것은 아니다. 파라과이의 예에서 분명히 밝혔듯이 경제발전은 시작이 아니라 최종적인 결과로서 성취되는 것이다. 국가개조는 정치적·사회적 안정의 토대 위에 이루어지고, 안정성은 다시 근본이 되는 원칙과 가치에 대한 헌신과 실천이 전제되어야 한다. 안정적인 토대를 구축하기 위해서 어려운 도전과 맞서 싸워야 하며 실질적인 활동을 통해 이러한 원칙과 가치를 실천해야 한다. 실제로 GPF는 파라과이에서 가장 큰 병폐 중 하나인 정부와 재계에 만연했던 부패에 맞서 싸웠다.

GPF는 '하나님 아래 한 가족'의 비전에 기초한 활동을 세계 여러 지역에서 전개하며 정체성 때문에 빚어지는 갈등을 해결하고 있다. 케냐에서 2007년 대통령 선거가 끝난 후 부족 간의 폭력사태가 일어났을 때 일이다. GPF는 케냐 정부에 '하나님 아래 한 가족'의 명제에 기초해 사태를 수습하고 국가적 통합을 유지할 것을 강력히 요청했다. GPF는 향후에 발발할지도 모를 폭력을 예방하기 위해 리프트밸리Rift Valley의 여러 단체들과 힘을 모아 부족 간 상호협력 체제를 구축했다. 필리핀 남부 민다나오섬에서는 수년간 종교갈등이 끊이지 않았던 무슬림과 기독교 공동체 사이에서 중재 역할을 하기도 했다.

나이지리아에서는 과격 무슬림 테러집단인 보코하람Boko Haram의 반란이 오랫동안 이어지고 있다. 보코하람은 이슬람의 율법인 샤리아Sharia를 문자 그대로 해석하여 나이지리아 전체에 강압적으로 적용하려고 한다. 이들은 수많은 마을과 공공기관을 공격했는데, 기독교인이 주된 공격 목표다. 2014년 상반기에만 75곳의 기독교인 마을이 공격당해 1,600여 명이 살해됐다. 나이지리아는 기독교인과 무슬림의 인구 분포가 비슷한 국가로, 전국적인 종교갈등으로 인한 불안이 재앙을 초래할 수 있다.

GPF는 2013년 11월, 나이지리아의 수도 아부자Abuja에서 지도자 회의를 개최했다. 이 자리에서 굿럭 조너선Goodluck Jonathan 대통령은 "이번 회의의 주제인 '하나님 아래 한 가족'은 과격주의자들이 지금 전 세계의 많은 지역에서 신의 이름으로 폭력을 자행하고 있는 현실을 고려할 때 그 내용은 물론이거니와 시기적으로도 매우 적절한 명제다"라고 말했다.

회의가 끝난 후, 여러 기독교 교파의 유력한 성직자들과 무슬림 지도자, 그리고 부족장들은 한목소리로 종교갈등에 반대하는 행진에 참여했다. 참석한 모든 사람들이 '하나님 아래 한 가족'의 비전을 처음 들었지만, 그들 모두 "이 비전은 우리나라에 반드시 필요한 것"이라고 한목소리로 말했다. 이들은 이 명제가 종교분열을 극복하는 열쇠임을 깨달았으며, 각 지방의 여러 마을에서 기독교인과 무슬림이 서로 협력해야 한다는 것을 교육하기 위해 '하나님 아래 한 가족' 풀뿌리 운동을 시작했다.

'하나님 아래 한 가족'의 명제는 보편적 원칙과 가치를 따르려는 사람들의 심정에 호응한다. 무슬림 신자이며 나이지리아 부통령 부인인 하지야 아미나 삼보Hajiya Amina Sambo는 여성과 청소년을 지원하는 사회사업을 활발히 펼치고 있다. GPF 나이지리아 지부의 후원자이기도 한 그녀는 2013년 말레이시아에서 개최된 글로벌피스컨벤션에서 만났을 때 나에게 "하나님 아래 한 가족'의 비전은 하나님의 말씀이며, 당신은 하나님의 말씀을 전파하는 사람이라는 점에 자부심을 가져야 한다"라고 말했다

모든 참석자가 그녀의 말에 동의했다. 브라질 하나님의 성회 총본산 the Association of the Assemblies of God Churches, CONAMAD 본부 교회의 영구직 회장인 비숍 마누엘 페레이라Bishop Manuel Ferreira 목사는 나에게, 이 명제는 하나님께서 주신 사명이 분명하다며 자신이 이를 지키고 계속 실천해나가겠다고 했다. 회의 참석차 우간다, 과테말라, 캄보디아 등지에서 온 지도자들은 '하나님 아래 한 가족'의 비전에서 영감을 받았다면서 GPF 세계본부의 공식 승인 절차가 끝나기도 전에 자국에 지부를 설립할 정도로 열성을 보였다.

'하나님 아래 한 가족'은 세계를 향한 비전이지만 사회를 이루는 최소 단위이자 그 축소판이라 할 수 있는 가정에서부터 먼저 구현되어야 한다. 이 비전은 숨을 쉬듯 자연스럽게 가정문화의 한 부분으로 자리

잠을 때까지 가족의 삶을 통해 실천됨으로써 구현된다. 세대를 통해 이런 문화를 가꾸고 꽃피울 수 있는 터전으로 가정보다 더 적합한 공간이 따로 있을 수 없다. 따라서 가정을 통해서 희생적인 사랑에 기초한 전통적인 대가족의 그물망은 전 세계로 퍼져나가게 될 것이다. 한국의 역사와 한국사회에는 이러한 가족들의 사례가 무수히 많다.

한국의 가정문화보다 '하나님 아래 한 가족'의 꿈을 구현하기에 더 적절한 제도는 없다. 한국의 가정문화와 제도 안에는 '모든 인간을 이롭게 한다'는 건국이념이 그대로 들어 있고, 또 '한'과 '정'을 통해 독자적 방식으로 수용한 유교적 이상이 담겨 있기 때문이다. 이러한 유산을 통해 한국인은 가정에서부터 시작하여 사회, 국가, 세계로 확장되어 표현되는 가정문화의 위력에 대해 각별하게 이해한다.

'하나님 아래 한 가족'의 명제가 끊임없이 반복되는 전쟁의 악순환 속에서 인류 가족을 희생시키는 정체성 갈등의 해결책이라면, '인간을 널리 이롭게 한다'는 홍익인간의 정신을 건국이념으로 갖고 있는 우리 민족의 운명은 이 명제와 완벽하게 일치한다. 모든 인류를 '이롭게' 할 수 있는 우리가 궁극적으로 평화로운 세계를 비로소 건설할 수 있기 때문이다.

한반도 통일은 통일된 국가적 틀 안에서 한민족을 하나로 뭉쳐 살게 할 뿐 아니라, 인류에게는 해결이 불가능하다고 여겨지는 어떠한 상황에서도 평화와 화해가 가능하다는 인식에 확신을 더해줄 것이며, 한국인들에겐 정체성에 기반을 둔 갈등과 정면으로 맞설 수 있는 독보적인 도덕적 권위를 부여해줄 것이다.

한반도 통일을 통해 우리는 이념적·사회적·정치적 분단을 완전히 극복할 뿐 아니라, 그 과정에서 아시아 식민주의와 냉전의 완전한 종식을 확인하게 될 것이다. 개도국들은 역사적으로 한국과 비슷한 고난의 역사를 경험했고, 이제는 발전을 위해 비슷한 도전에 직면해 있다. 한국은 그 개도국들이 뒤따를 수 있는 길을 선구적으로 개척해왔다. 그리하여 우리 민족과 역사는 개도국에게는 발전을 위한 영감을 안겨줄 것이며, 이는 다시 21세기 세계사의 여정을 비춰주는 하나의 등불이 될 것이다.

우리 앞에 놓인 도전

—

지금 한국은 역사적인 갈림길에 서 있다. 언제 다시 터질지 모르는 전쟁의 가능성을 안고 있는 지금의 분단상황을 받아들이고 그대로 살아갈 것인가? 아니면 운명을 자각해 통일조국을 창조하고, 나아가 '모든 인류를 이롭게 하기' 위한 길을 선택할 것인가? 독자가 한국인이거나 한국을 돕는 일에 관심이 있는 사람이건 간에 그 마음을 결정하는 데 이 책이 도움이 되었을 것이다. 어떤 선택을 할 것인지에 대한 나의 답은 분명하며, 독자들도 마찬가지일 것이라고 믿는다.

진정 우리가 가야 할 길은 우리의 운명을 받아들이고 홍익인간 이념에 기초한 새로운 국가를 만드는 일이다. 이 외에 다른 길은 없다. 오늘날 변화하고 있는 세계의 역학관계를 고려해볼 때, 우리 민족은 건국정신에 부합할 뿐 아니라 20세기 내내 선조들이 그토록 갈망했으나 이루지 못했던 통일된 독립 주권국가를 마침내 실현할 수 있는 절호의 기회를 맞았다. 통일은 비극적인 냉전과 식민주의에 종언을 고하고 한민족의 향후 역사와 세계사에 새로운 페이지를 장식할 것이다. 그 주인공은 바로 '하나님 아래 한 가족'의 비전을 통해 세계평화의 막을 열 한국의 리더십이다.

오늘날 세계의 중심축은 대서양을 사이에 둔 유럽 – 미주 대륙에서 아시아 – 태평양 지역으로 이동하고 있다. 5,000년 역사를 자랑하는 한국은 전통문화와 첨단기술, 선진경제가 조화를 이루는 문명국인 데다 우리 문화의 근원에는 인간을 소중하게 여기는 홍익인간의 보편적 이상이 뿌리내리고 있다. 서양은 겨우 200여 년 전에야 비로소 인권과 자유는 하나님으로부터 나왔다는 현대적 사상을 미국 독립선언서에 담아 표현했다. 한국은 지정학적으로나 역사적으로나 중국과는 오랜 이웃이고, 미국과는 비슷한 건국이념으로 인해 특별한 관계를 맺고 있다. 따라서 한국은 자연스럽게 동양과 서양, 특히 중국과 미국 사이에서 중재자 역할을 할 수 있다.

세계 판도가 대서양에서 환태평양 중심으로 옮겨오면서 국제질서가 새롭게 재편되고 있다. 서구식 발전방식이 영향력을 잃어가면서 많은 나라들이 새로운 대안을 찾아 나선다. 통일이 되면 한국은 이처럼 변화하는 환경에서 세계의 지도적 위치를 차지할 것이며, 한국식 발전 유형이 가장 의미 있는 대안으로 각광받게 될 것이다. 한국은 단기간에 기록적으로 성장했을 뿐만 아니라 여느 선진국들과는 달리 개도국과 유사한 역사와 경험을 공유하고 있기 때문이다. 한국은 해당 국가의 문화적 유산을 보전하는 건전한 정치적·사회적 토대 위에 변화의 방향과 경제발전의 균형을 통한 국가개조의 모범상을 제공할 것이다.

신흥 개도국은 미래의 세계무대에 핵심 세력으로 등장할 것이다. 이들 앞엔 엄청난 도전과 그만큼의 기회가 동시에 놓여 있다. 이들 국가에 올바르고 뛰어난 리더십이 중요한 이유가 여기에 있다. 그러나 현실적으로 이들 나라에는 빈곤과 만연한 부패, 정체성에 기반한 갈등에 이르기까지 시급히 해결해야 할 문제가 산적해 있다. 이러한 문제들의 해법은 무엇인가?

답은 간명하다. 앞의 두 가지 문제, 바로 빈곤과 부패는 현재 파라과이에서 진행되고 있는 국가개조 방식으로 해결할 수 있다. 통일 후 이 모델은 북한 상황에 맞게 세밀한 수정을 거쳐 새로운 통일국가의 청사진이 될 것이다. 개발계획보다 더 중요한 것은 정치적·사회적 안정이며, 이는 보편적 열망과 원칙과 가치를 주창하고 실행함으로써 성취된다. 이러한 실천기반을 마련한 후 법적인 장치에 근거하여 경제개발에 착수해야 온전하고 구체적인 번영의 길이 열릴 수 있다.

앞에서 나는 21세기 지구촌 최대의 위험은 정체성에 기반한 갈등임을 지적하고 이에 대한 대응방안을 상세히 언급했다. 진정한 평화는 경제적·정치적·외교적 노력만으로는 실현되지 않는다. 따라서 궁극적인 해결책은 '하나님 아래 인류 한 가족'의 비전이다. 이 비전은 인류 공통의 염원과 원칙 그리고 가치에 뿌리를 둔 영적인 진리 안에 존재하며, 바로 인류의 양심을 움직여 용서와 화해와 평화, 그리고 이를 가능케 하는 힘이기 때문이다.

지금은 결단의 순간이다. 우리는 제반 환경이 민족의 운을 융성케 하는 역사의 변곡점에 와 있다. 20세기와 달리 한반도와 동북아시아, 그리고 세계의 미래가 우리 손에 달려 있다. 과감하게 이 기회를 잡아 미래를 준비한다면 우리는 해낼 수 있다. 우리에게 코리안드림은 미래로 가는 유일한 길이며, '하나님 아래 한 가족'의 비전은 항구적 평화세계를 구축하기 위한 범지구적 사명이다. 물론 선택은 독자의 몫이다. 다만 상투적일지도 모를 말이지만 "그대로 밀고 나가자"고 강조하고 싶다.

'하나님 아래 한 가족'을 자연스럽게 말할 수 있는 주체는 바로 한국인이다. 우리는 깊은 영적 의식으로 고난의 역사를 극복해오면서 홍익인간이라는 이상의 실현을 준비해왔고, 한恨과 정情의 고유한 대가족문화를 가꾸어 꽃피운 민족이기 때문이다. 우리의 운명은 건국이념에 부합하는 국가를 건설하고 '널리 인간을 이롭게' 하는 데 있다. 빅토르 위고Victor Hugo는 "때를 만난 사상은 침략하는 군대보다 강하다"라는 말을 남겼다. 지금이 그런 시대이고, 그 사상은 바로 '하나님 아래 인류 한 가족'의 비전에 명시된 코리안드림이다.

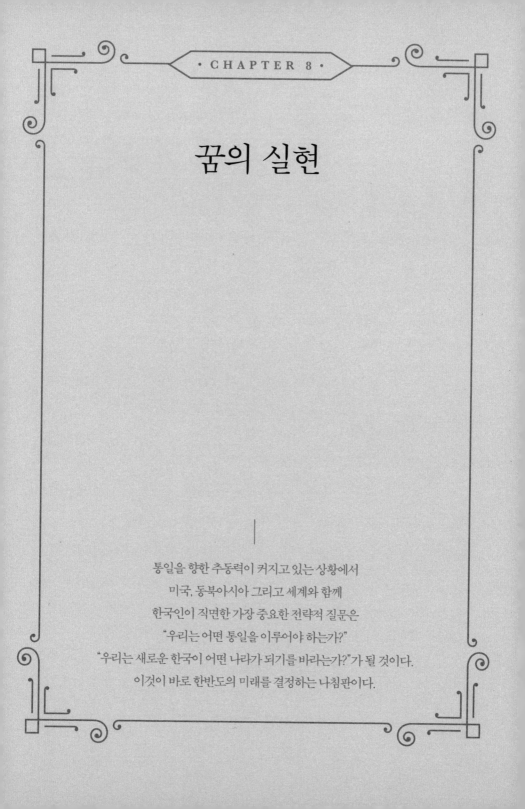

CHAPTER 8

꿈의 실현

통일을 향한 추동력이 커지고 있는 상황에서
미국, 동북아시아 그리고 세계와 함께
한국인이 직면한 가장 중요한 전략적 질문은
"우리는 어떤 통일을 이루어야 하는가?"
"우리는 새로운 한국이 어떤 나라가 되기를 바라는가?"가 될 것이다.
이것이 바로 한반도의 미래를 결정하는 나침판이다.

어떤 일이든

그것이 이루어지기 전까지는

항상 불가능해 보인다.

•

넬슨 만델라

이 센테니얼 에디션(3·1운동 100주년 기념판)을 쓰고 있는 지금, 한반도
는 다시금 불안정성이 증대해가고 있다. 2018년 초에 드라마틱하게
마련되었던 평화통일의 기회마저도 지난 70여 년간 우리 모두에게 너
무나 익숙해진 남북관계로 회귀해버렸다. 현재 우리 정부는 전략적 비
전이나 동맹국들과의 조율도 없이 과거를 연상케 하는 기회주의적 관
여정책을 계속하고 있으며, 북한은 미사일 프로그램을 재개하고 위협
과 협상 사이를 오가는 냉온 양면의 외교전략을 이어나가고 있다. 이와
같은 교착상태에서 과연 우리는 어떻게 통일을 진전시킬 수 있을까?

그러나 나는 우리가 3·1독립운동 100주년을 맞은 2019년에 큰 진
전을 이루었다는 것도 잘 알고 있다. 2019년 한 해 동안 '통일을실천하
는사람들AKU'의 소속 단체 회원들은 1919년에 일어난 3·1독립운동의
정신을 되살리기 위해 부지런히 활동했으며, 우리 조상들의 가슴에 불

꿈의 실현

∞

을 지폈던 그 비전을 실현하고자 헌신적인 노력을 기울여왔다.

코리안드림이라는 이 비전은 모든 한국인의 오랜 열망이자 운명이다. 우리의 DNA에 녹아 있는 이 비전은 가장 힘겨운 역사의 순간들을 헤쳐 나갈 수 있게 우리를 이끌어주며, 우리로 하여금 더 나은 자신을 추구하도록 끊임없이 자극하고 있다. 오늘날 이 비전은 현재의 어둠 속에서 우리가 나아갈 길을 밝혀줄 빛이다.

나는 모든 한국인들이 '세계를 이롭게 해야 하는 섭리적 사명'이 우리 민족에게 있음을 깨닫게 하기 위해 《코리안드림》을 썼다. 이 책은 고유한 홍익인간 사상을 뿌리로 해서 우리 민족의 꿈을 명확하게 설명한 교재이며, 이 책을 통해 한국인이 주도하는 세계적인 시민운동을 뒷받침하는 데 필요한 구상들을 고취시키고 또 체계화하고자 했다.

이 센테니얼 에디션은 우리 조상들의 행적과 용기를 기릴 뿐만 아니라 실천을 촉구하기 위한 것으로, 새로운 시각으로 미래를 내다보며, 코리안드림에 담긴 이상과 원칙들을 구현하고, 3·1독립운동 당시에 표출된 민족의 오랜 열망을 반영해 한반도에 통일된 새로운 국가를 건설할 것을 촉구하는 호소이다.

이 장에서 나는 먼저 2017년 이후 한반도의 변화된 정세와 그 의미를 지정학적 측면에서 분석할 것이며, 그다음 코리안드림의 접근방식이 어떻게 적용되어 한국과 전 세계에 지대한 영향을 미치고 있는지 요약해서 설명할 것이다.

불확실한
미래를 헤쳐가다

—

지난 2년간 한반도를 둘러싸고 일어난 일들로 인해 불확실성과 위험성은 더욱 증대되고 있으며, 이는 우리를 더 시급하게 만들고 있다. 많은 한국인들은 전쟁의 발발 가능성을 믿지 않는다. 한반도에 살고 있는 사람들 대부분이 북한이 과거에 보여준 위협-위기-대화-양보의 악순환에 익숙하기 때문이다. 그러나 2017년에 일어난 일들은 그 모든 것을 바꿔놓았다.

김정은의 핵실험과 미사일 실험으로 인해 전 세계가 하나 되어 그의 정권을 상대로 강력한 제재를 시행한 것이다. 트럼프 행정부에서 한반도는 미국이 세계에서 최우선적으로 신경 써야 하는 지역이 되었다. 미국은 북한을 상대로 혹독한 제재를 가하는 한편, 전 세계가 그 제재에 동참토록 했으며, 심지어 북한의 전통적인 우방인 중국과 러시아까지도 제재에 동참시켰다. 비록 짧은 기간이었지만 이는 2차 세계대전 종전 이후 한반도의 역학관계를 지배해온 냉전체제로부터 탈피한 최초의 사례다. 그와 동시에 미국은 시리아에 대한 공습을 감행함으로써 북한을 상대로 가공할 수준의 군사적 위협을 보여주며 제재를 한층 더 강화했다. 미국은 북한의 과거 우방들까지 포함한 전 세계 모든 국가의 전폭적인 지원을 등에 업고 이처럼 공격적인 행동에 나섬으로써 김정은을 더욱 고립시키고 궁지로 몰았다.

이 모든 것은 한반도에 중대한 변화를 몰고 올 수 있는 '퍼펙트 스톰'으로, 올바른 전략적 비전만 있다면 한반도의 분단문제를 평화적으로 해결할 수 있는 절호의 기회이기도 했다. 2017년 말 서울에서 열린 원코리아국제포럼International Forum for One Korea에서 나는 근시안적인 정책들에 대해 경고했으며, 한반도에 항구적 평화를 정착시킬 '제3의 길', 즉 한민족의 건국정신에 기반한 풀뿌리 시민운동이 주도하는 평화적인 통일의 길을 제안했다. 그리고 나는 한국과 국제사회가 이제까지의 접근방식을 수정해 이 같은 목표를 지지해줄 것을 촉구했다.

그러나 잠깐 찾아왔던 이 절호의 기회는 곧 무산되어 사라지고 말았다. 극히 위험한 상황에서 빠져나올 방법을 모색하던 김정은은 자신과 적극적인 파트너가 되고자 하는 문재인 대통령을 만났다. 김대중, 노무현 대통령의 정치적 유산을 이어받은 문재인 대통령은 자연스레 북한의 교섭 제의를 '햇볕정책 2.0'을 재추진할 좋은 기회로 보았다. 국내적으로는 자신과 여당의 정치적 자본을 축적하고, 국제적으로는 평화중재자로서 명성을 떨칠 수 있을 것으로 본 것이다.

문재인 대통령의 '평화 구상'에 따라 사상 유례가 없는 북한 지도자와 미국 대통령 간의 정상회담이 열렸으며, 그것은 대북관계에서 남한을 굳건히 지지해온 미국의 오랜 외교적 전례를 깬 사건이 되고 말았다. 또한 미국과 남한이 개별적으로 북한과의 관계를 모색함으로 인해 한미일 삼각동맹에 균열을 초래했다. 결과적으로 김정은에 대한 강력한 압박이 느슨해졌으며, 김정은은 이 기회를 틈타 중국과의 관계를 복원하고 러시아와도 소원했던 관계를 일신하는 계기를 만드는 데 성공했다.

이 같은 상황 속에서, 나는 2018년 말 워싱턴 D.C.에서 지난 1년 반 동안 전개된 놀랍고 혼돈스러운 사건들에 대한 문제를 다루고자 한반도 통일을 위한 국제포럼을 긴급히 개최했다. 동아시아와 미국, 유럽의 많은 정치 전문가들과 학자들 그리고 전직 관료들이 이 포럼에 참석했다. 나는 기존의 미국 전략을 분석하면서, 협소하게 비핵화에만 집중하는 것은 문제를 해결하기는커녕 오히려 더 많은 문제를 야기하게 될 것이라고 경고했다.

CVID의 문제점

—

싱가포르 북미정상회담과 그에 따른 북미관계 변화의 가장 큰 문제는 우방인 남한은 물론, 북한과의 관계를 어렵게 하는 다른 많은 문제들을 무시한 채 순진하게도 협상을 통해 북한의 '완전하고Complete, 검증 가능하며Verifiable, 돌이킬 수 없는 핵 폐기Irreversible Dismantlement', 즉 CVID를 이끌어낼 수 있으리라고 전제한 것이다. 북한의 핵 프로그램 해체의 대가로 미국은 피폐해진 북한경제를 지원하고 그를 통해 김정은 정권의 안전과 생존을 보장해주려고 했다. 그렇게 된다면 결과적으로 이는 오늘날 세계에서 가장 악독한 독재정권을 지지하는 행위가 되며 무엇보다도 한반도의 영구 분단을 초래하게 된다.

비록 북한이 의미가 애매하면서도 광범위하게 작성된 합의문들에 서명하긴 했지만, 대부분의 한국인들은 김정은이 그 합의를 존중할 의사가 없다고 믿는다. 미국은 북한에게 핵 프로그램은 단순히 서방세계의 공격에 대비한 보험증서 이상의 의미를 갖는다는 사실을 간과했다. 김정은에게 핵 프로그램은 적대적인 세계에 맞서가며 이뤄낸 그의 가장 큰 업적이다. 외세의 영향을 두려워하지 않고 대담하게 자주독립을 실현해나가고 있다는 증거일 뿐 아니라 개인적·국가적 긍지의 원천이기도 하다. 심지어 많은 탈북자들까지도 북한이 핵보유국이라는 사실에 자부심을 느꼈다는 것을 인정할 정도다.

남한과 달리 북한은 엄청난 국가 자원의 손실과 전 세계 거의 모든 국가들과의 외교관계 손상을 감수해가며 개발한 핵 프로그램 외에는 달리 내세울 만한 업적이 없다. 20세기 내내 외국 열강들에게 운명이 좌지우지되어온 한국인들의 입장에선 독립된 자주국가 실현에 대한 욕구가 더없이 강력하며, 따라서 설사 그것이 김정은 같은 독재자에 의해 실현됐다 해도 그런 높은 평가를 받을 수 있는 것이다.

그럼에도 불구하고 싱가포르 북미정상회담 직후 북한은 몇 가지 양보 조치를 취했다. 이미 한물간 핵실험 장소 하나를 폐쇄하고, 미군들의 유해를 돌려보내주고, 미사일 시험과 여타 도발 행위들을 중단한 것이다. 서방세계는 이런 양보 조치들을 북미관계의 큰 성과로 보고 환영했다. 트럼프 행정부는 이런 상황 변화를 트럼프 대통령과 김정은 간에 형성된 '선의'로 보았고, 협상을 통해 북한의 비핵화에 이를 수 있으리라고 계속해서 믿었다. 그러면서도 트럼프 행정부는 북한에 대한 제재는 계속될 것이며, 북한이 합의사항들을 준수하기 전에는 제재를 완화할 이유가 없다고 대중에게 확언했다.

전략적 비전의 부재와
역내 협력의 약화

—

심지어 싱가포르 북미정상회담 이전부터 미국이 동북아시아 역내에서 취한 행동들은 대북 제재가 느슨해지는 일련의 사건들을 야기했다. 정상회담 일정이 발표되자 중국의 시진핑 주석은 김정은이 정권을 잡은 이후로 처음 그를 중국으로 초대했다. 아이러니하게도 싱가포르 정상회담이 당시 악화돼가던 북한과 중국의 관계를 복원해주는 촉매제가 된 것이다. 같은 맥락에서 러시아 역시 그 뒤를 이어 세르게이 라브로프Sergey Lavrov 외무장관을 평양으로 급파했다.

이후 중국과 러시아가 북한에 대한 제재 약속을 어긴 것을 보면, 우리는 그 당시 중국 및 러시아와의 만남에서 어떤 얘기가 오갔는지 능히 추정해볼 수 있다. 미국이 북한과 쌍무회담을 갖고자 원했던 것이 결국 북한을 협상 테이블로 끌어들인 전방위적 압박을 오히려 누그러뜨리는 효과를 냈다. 만일 미국이 대북문제에 있어서 북한을 직접 상대하지 않았다면, 중국과 러시아는 아마 적대적인 자세를 유지하면서 주의 깊게 사태를 관망했을 것이다.

문재인 대통령은 트럼프 대통령과 김정은의 만남을 주선했으며, 자신의 정책을 실현할 길이 열리게 된 초기 성과에 만족했음이 틀림없다. 그는 북한을 대신해 국제 제재를 완화하는 일에 초점을 두면서 싱가포르 정상회담 성명에 대해 재빠른 후속 행동을 취했다. 2018년 9월 26일에 열린 UN 총회에서 그는 "이제 국제사회가 북한의 새로운 선택과 노력에 화답할 차례입니다"라고 주장했다. 그는 또 그해 10월 19일, 유럽 각국 정상들이 함께한 자리에서 북한에 대한 제재를 완화해줄 것을 요청했으며, 심지어 김정은을 대신해 프란치스코 교황 Pope Francis 같은 저명한 지도자들과 김정은의 만남을 주선하려고까지 했다.

문 대통령의 접근방식은 미국과 별개로 독자적인 노선을 걷는 것이었다. 그래서 양국 간에 긴밀한 조율은 없었으며, 당연히 역내 우방들을 하나로 묶는 전반적인 가이드라인도 부재했다. 이처럼 양국이 제 갈 길을 가면서, 2차 세계대전이 끝나고 냉전이 시작될 때 필요에 의해 만들어진 한미일 간의 취약한 삼각동맹에 깊은 균열이 일어났다. 평화 계획들 덕분에 세계 공산주의나 북한의 임박한 위협이 사라지자, 한미일 3국은 각자의 국익을 위해 움직이면서 삼각동맹을 약화시켰다. 결국 모두가 김정은의 손에 놀아난 꼴이 된 것이다.

남한의 정책은 북한과 더 많은 협력을 추구하는 쪽으로 발전했다. 문재인 행정부는 '제재의 완화', 남북한과 미국 간의 '종전선언'에 정책의 초점을 맞췄고, 이는 미국과 일본의 우려를 자아냈다. 2018년 9월 평양을 방문해 능라도 경기장에서 행한 연설에서 문 대통령은 자신과 김정은이 "공동번영과 자주통일의 미래를 앞당기자고" 약속했다고 선언했다. 또한 그는 그 선언이 "우리 민족의 운명은 우리 스스로 결정한다는 민족자주의 원칙"에 따라 남북이 다른 나라들의 간섭을 받지 않고 추진되는 것이라고 했다. 이는 얼핏 보면 바람직한 민족자결의 표명으로 보일 수도 있다. 그러나 남한을 우방인 미국과 일본으로부터 분리시키는 것은 북한의 오랜 지정학적 목표다.

우리가 분명히 하고 넘어가야 할 것은, 김정은과 북한을 지배하는 엘리트들은 지금까지 대를 이어온 독재자들이며, 이들은 김정은의 조부이자 '영원한 수령'인 김일성의 꿈, 즉 북한과 그들의 이념에 의해 지배되는 통일한반도에 대한 꿈을 포기하지 않았다는 것이다. 그 꿈이 과연 실현될 수 있겠냐고 비웃는 사람들도 있겠지만, 우리는 한국전쟁을 일으킨 장본인이 바로 김정은의 조부인 김일성이란 사실을 잊어서는 안 된다. 통일은 남북한 모두가 늘 공언해온 국가 목표이지만, 북한의 입장에서는 지난 수십 년간 남한의 좌파 노조 세력들과 손을 잡고 준비해온 과업이다.

북한은 자신들이 가진 핵무기의 힘을 바탕으로 남한의 경제력을 최대한 활용할 수 있는 통일한국에 대해 더 큰 전략적 관점을 갖고 있다. 그리고 그들은 자신들이 힘으로 취할 수 없는 것들은 지정학적 책략들과 양극화한 남한 내 이념갈등을 이용함으로써 취하려 할 것이다. 2017년부터 2019년까지 최근에 일어난 북핵위기를 더 큰 맥락에서 보면, 북한의 통일 야욕에 대해 전 세계가 경각심을 가져야 할 정도로 북한의 전략이 어떻게 가시화하고 있는지, 보다 선명한 그림이 보일 것이다.

주지하다시피 북한은 한국전쟁의 공식적인 종결을 추구하고 있다. 그렇게 되면 미국은 한반도에서 군대를 철수하라는 압력에 직면하게 될 텐데, 이는 문재인 정부가 바로 지금 이 순간에도 노력하고 있는 일이기도 하다. 또한 북한은 가뜩이나 취약한 한미일 간의 동북아시아 동맹을 무너뜨리기 위해 민족자주라는 미명 아래 남한 내 진보적인 좌익들 사이에 반미와 반일 감정을 부추기려 할 것이며, 그렇게 해서 자신들이 꿈꾸는 새로운 국가 건설의 기회를 잡으려 할 것이다.

이런 것들이 여전히 북한의 목표라는 증거들은 위성사진 분석 결과 북한이 싱가포르 합의를 노골적으로 어겨가며 핵과 미사일 개발을 계속하고 있다는 데서 찾을 수 있었다. 그리고 이는 많은 한국인과 회의론자들이 일찍부터 두려워해온 상황이 일어났다는 것을 확인시켜주었다. 싱가포르 정상회담으로 인해 북한에 대한 제재가 느슨해지고 남북한 간에 바람직하지 않은 협력 분위기가 높아짐으로써, 한미일 삼각동맹을 위협하고 북한의 핵 야욕을 꺾으려는 이 동맹의 의지를 약화시키리라는 두려움이 현실이 된 것이다. 2018년과 2019년에 일어난 일들을 객관적으로 평가하자면, 김정은은 분명히 잠재적 재난상황을 개인적인 승리로 탈바꿈시키는 데 성공했다.

새로운 전략적
틀의 필요성

이 같은 우려들 때문에 나는 미국 측을 향해 코리안드림이라는 패러다임을 토대로 통일이라는 궁극적인 목표를 명확히 세운 뒤 한국에 대한 새로운 전략적 틀을 짤 것을 촉구했다. 그렇게 함으로써 한반도의 통일을 지지하는 국제적 협력체제가 구축되고 동북아시아 역내의 우방들, 특히 한국과 일본의 긴밀한 협조가 이루어지게 될 것이다. 덧붙여 나는 그 같은 정부 차원의 노력들을 보완하기 위해 한국의 시민사회운동과 국제적 차원의 대중 지원도 필요하다는 점을 분명히 했다.

2018년 말 워싱턴 D.C.에서 열린 원코리아국제포럼에서 행한 나의 기조연설은 코리안드림이 실현된 통일한반도를 지지하는 한인단체 및 개인들의 풀뿌리 네트워크인 '미주통일연대Alliance for Korea United-USA'를 창설하는 동기가 되었다. 그 연설의 주안점은 폭넓은 지지를 받았으며, 한국문제에 대한 전혀 새로운 접근방식으로 《뉴스위크》지 논설로 소개되기도 했다.

워싱턴 D.C.에서 열린 그 포럼이 끝난 지 채 3개월도 안 돼 트럼프 대통령과 김정은은 베트남 수도 하노이에서 두 번째 정상회담을 가졌다. 하노이 정상회담의 목표는 싱가포르에서의 첫 정상회담 이후 별 진전이 없었던 비핵화 문제를 해결해보자는 것이었다. 이전 정상회담에 대한 낙관론을 감안할 때, 미국과 국제사회의 많은 사람들은 '빅딜'이 됐든 '스몰딜'이 됐든 뭔가 합의사항이 나올 거라 예측했다.

하노이에서 회담이 시작되기도 전에 나는 《신동아》와의 인터뷰에서, 그 정상회담은 결국 '노 딜'로 끝날 것이라고 예측했다. 나는 완전하고 검증 가능한 핵 폐기 문제를 협상하려는 미국 행정부의 맹목적인 시도는 결코 긍정적인 결과를 이끌어내지 못하리라는 것을 알고 있었다. 핵 프로그램이 북한에서 어떤 의미를 갖는지에 대해 미국이 너무 순진하게 이해하고 있었기 때문이다. 무엇보다 중요한 것은 그 협상 결과로 인해 가장 큰 영향을 받게 될 당사자인 대한민국과 그 국민이 협상에서 빠져 있다는 것이다. 하노이에서 협상이 한창 진행 중이던 2월 28일, 나는 서울에서 열린 2019 글로벌피스컨벤션에서 기조연설을 했다. 그런데 내 연설이 끝난 직후에 나온 뉴스 기사들은 내 예측이 맞았음을 확인시켜주었다. 트럼프 대통령이 하노이 협상 테이블에서 갑자기 일어나 나가버렸고, 그렇게 정상회담은 예정보다 일찍 끝나버린 것이다.

당시 나는 미국이 비핵화를 위한 편협한 쌍무적 접근방식을 바꿔야 한다는 점을 한 번 더 강조했다. 미국은 2차 세계대전 직후 유럽에 대한 마셜 플랜이나 일본에 대한 맥아더의 재건계획이 그랬던 것처럼, 얻으려는 결과에 대한 명확한 비전이 제시되는 포괄적인 전략적 틀을 세워야만 한다. 또한 미국은 편협하게 규정된 CVID의 목표가 어떻게든 달성될 수 있을 거라는 잘못된 전제와 함께 북한이 선의로 협상에 나설 준비가 되어 있다는 망상을 버려야 한다. 그런 일들이 절대 일어나지 않으리라는 것은 역사가 증명해준다. 그리고 늘 예상치 못한 결과들이 나타날 수 있다는 것도 염두에 두어야 한다.

만일 미국이 비핵화의 대가로 사실상 김정은 정권의 생존을 보장해준다면, 그것은 민주적 자치정부의 수호자이자 기본 인권 및 자유의 수호자라는 미국의 도덕적 권위를 손상시키는 아주 위험한 새 외교정책의 선례를 만드는 것이다. 이 같은 미국의 유산은 2차 세계대전과 걸프전 등을 통해 많은 생명과 재산을 바치면서 지켜온 것인데, 미국이 이처럼 근시안적인 외교 성과를 위해 유서 깊은 원칙과 가치들을 저버린다면 그 소중한 유산을 스스로 훼손하는 꼴이 될 것이다. 게다가 가장 중요한 사실은, 그렇게 할 경우 미국은 한반도의 영구적인 분단을 인정하고 보증하게 되며, 그것은 조국의 궁극적인 통일을 바라는 한국인들의 열망을 거스르는 일이 될 것이다. 또한 미국이 한 독재자와 무자비하고 부패한 그의 정권을 달래기 위해 새로운 통일국가를 건설하겠다는 주권국 국민의 의지를 꺾어버리는 또 다른 최초의 사건이 될 것이다.

한반도 위기를 해결하기 위해서는 한국과 미국 그리고 그 외 다른 국가들이 현재의 접근방식을 반드시 재조정해야 한다. 문재인 대통령과 김정은의 정상회담 이후 남북한 모두가 통일이 목표라는 것을 이미 공언했으므로, 나는 미국이 비핵화를 비롯한 모든 한반도 문제를 통일이라는 더 큰 맥락에서 폭넓게 봐야 한다고 확신한다. 전 세계적인 지지를 확보하고 역내의 전략적 비전과 협력을 이끌어내기 위해서는 미국의 리더십이 필수적이다. 그리고 한국의 통일은 한반도 비핵화를 이뤄내고 역내 안정과 경제적 번영을 이끌어내기 위해 꼭 필요한 전략적 단계가 될 것이다.

통일을 향한 추동력이 커지고 있는 상황에서 미국, 동북아시아 그리고 세계와 함께 한국인이 직면한 가장 중요한 전략적 질문은 "우리는 어떤 통일을 이루어야 하는가?", "우리는 새로운 한국이 어떤 나라가 되기를 바라는가?"가 될 것이다. 이것이 바로 한반도의 미래를 결정하는 나침반이다.

코리안드림의
접근방식

—

나는 이 책을 통해 새로운 한국은 어떠한 국가상이며, 어떻게 실현해 갈 것인지에 대해 명확하면서도 포괄적인 전략적 틀을 적극적으로 제시해왔다.

첫째, 한국인들은 통일에 대해 '널리 인간을 이롭게 하라'는 홍익인간의 건국이념에 토대를 둔 이상적인 국가를 건설할 기회로 이해해야한다. 그것이 코리안드림 패러다임의 기본적인 논지다. 그렇게 함으로써 이 비전은 해방 후 한국인들에게 이식되어 아직까지 남북한에 상존하는 냉전 패러다임과 더불어, 남한 내부의 극단적인 이념 대립의 분열상황을 극복하는 데 도전해나갈 것이다.

이 비전은 반만년간 쌓아온 우리의 공통된 전통과 역사적·문화적유산을 우리 모두에게 상기시켜준다. 우리가 격동의 세월 속에서도 한민족으로서 말로 형언할 수 없는 어려움을 극복할 수 있게 해준 바로그 유산이다. 요컨대 70여 년 분단의 세월이 반만년에 걸친 우리의 공통된 유산을 재규정할 수는 없다. 따라서 분열과 갈등의 덫에서 벗어나 인류의 평화와 번영에 이바지하는 새롭고도 모범적인 국가를 건설하는 것이야말로 우리 한국인들의 거부할 수 없는 운명인 것이다.

홍익인간의 이상과 거기에 담긴 원칙들은 지난날 한국인의 정체성을 정립했으며, 현재의 혼란과 격변 속에서 우리나라와 겨레에게 의미와 목적을 제공할 수 있다. 그것은 20세기 내내 '자유롭고 독립적인 통일국가'를 건설하기 위한 추진력이 되어주었고, 금세기에도 반드시 그목표를 달성하는 데 중심 역할을 해줄 것이다.

의미심장하게도 1919년 3·1독립운동 지도자들은 이와 같은 비전의 중요성을 잘 알고 있었다. 홍익인간은 단순히 일본의 식민지배로부터 해방되는 것을 넘어, 숭고한 원칙들에 근거하여 전 세계에 모범이 될 이상적인 국가를 세우겠다는 염원을 독립운동에 심어줬다. 이는 당시 가장 영향력 있는 기독교 목사들 중 한 사람이었으며 나의 종증조부이신 문윤국 목사를 비롯한 다양한 종교지도자와 시민운동 지도자들이 작성한 기미독립선언서에 뚜렷이 나타나 있다.

우리의 지도자들이 기미독립선언서에서 한국인과 일본인 모두에게 '과거의 잘못을 바로잡고 진심 어린 이해와 공감을 토대로 새로운 단계의 우정을 맺을 것'을 촉구하고 있다는 것은 놀라운 일이 아닐 수 없다. 그들은 한국인들에게 증오와 원한을 넘어 품위를 지키며 미래의 적이 되지 않도록 감정을 자제할 것을 촉구했을 뿐 아니라, 한일관계를 식민지 지배자와 피지배자의 관계에서 서로 힘을 합쳐 아시아의 평화를 증진하는 동반자 관계로 나아가자는 희망적인 비전을 제시했다. 오늘날 한국 독립운동의 예는 높은 이상을 가진 통일한국으로 나아가자는 코리안드림 운동의 길잡이요, 촉매제 역할을 할 것이다.

둘째, 코리안드림 접근방식은 한국문화와 역사에 깊이 뿌리내린 원칙들을 근거로 삼고 있다. 그 원칙들은 모든 한국인이 공감할 수 있는 철학적·도덕적 틀을 제공하며 해방 이후의 이념적 분열도 초월한다. 이는 흘러간 과거에 대한 향수에 호소하자는 게 아니다. 그런 것과는 아주 거리가 멀다. 홍익인간의 이상과 거기에 담긴 원칙들은 지난날 한국인의 정체성을 형성했을 뿐 아니라, 지금까지도 계속해서 한국인들에게 의미와 목적을 제공하고 있다.

홍익인간의 원칙들 중 하나는 각 개인의 존엄성과 책임이 하늘과 연계되어 있다는 것이다. 본질적으로 가장 기본적인 인간의 권리와 자유는 창조주가 우리에게 부여했다는 것이다. 이런 원칙이 한국의 건국이념들 중 하나로 표현되어 있다는 것은 대단히 의미심장한 일이다. 인권과 합법적인 통치의 근거가 되는 이 같은 이상은 서구에서 세워진 것이 아니라 한국의 전통과 뿌리를 같이하는 보편적인 이상이다. 이런 맥락에서 우리는 새로운 한국은 이와 같은 이상에 기초해야 하며, 그래서 현재의 남북한 모두 근본적인 개혁이 필요하다고 주장하는 것이다.

셋째, 코리안드림 접근방식은 각계각층의 모든 한국인들이 적극적으로 동참하여 우리가 원하는 유형의 통일과 새로운 국가에 대해 폭넓은 이해와 공감대를 형성할 것을 요구한다. 새로운 통일한국의 미래는 정치지도자들만이 일방적으로 결정해서는 안 된다. 학자들과 정책 전문가들, 종교지도자들, 법률가와 인권 전문가들, 경제 전문가들, 기업가들은 물론 일반 시민들의 적극적인 참여가 필수적이다. 무엇보다도 이 모든 과정은 시민사회운동을 통해 결집된 대중의 힘으로 추진되어야 한다.

넷째, 한국이 주도하는 통일 과정에는 국제적인 지원이 반드시 따라야 한다. 우선 세계 곳곳에 자리 잡은 한인사회들이 자연스레 그 같은 지원을 해줄 수 있을 것이다. 미국, 일본, 중국, 영국 등 주요 국가들에 깊이 뿌리내린 한인사회들은 이미 '통일천사AKU' 운동에 적극 참여하면서 코리안드림을 지원하고 있다. 그 외에 국제적인 정책 전문가들과 싱크탱크들이 각자 자신들의 국가에서 필요한 정책을 수립하는 데 중요한 분석작업과 함께 관점을 제공해주고 있다. 즉 점점 더 많은 정책 수립가들과 학자들, 기관들의 네트워크가 통일한국이라는 최종 목표를 성취하는 데 필수적인 지원을 아끼지 않으며 공감대 형성에도 일조하고 있다.

다섯째, 코리안드림 접근방식은 음악, 예술, 엔터테인먼트, 스포츠 등을 통한 문화의 힘을 활용해 통일한국에 대한 인식의 전환과 지지를 이끌어내고 있다. 한국에서는 K-POP 아티스트들이 자신의 음악과 인기를 이용해 코리안드림을 널리 알리고 있으며, 그 결과 예전에는 통일에 대해 관심이 거의 없거나 전혀 없었던 한국 젊은이들의 마음을 움직이고 있다. 국제적으로는 음악과 한류의 힘을 통해 전 세계인들에게 원케이글로벌캠페인One K Global Campaign에 대한 인식과 영향을 확산하고 있다.

그리고 마지막으로, 한국인들이 걸어온 노정은 전 세계 사람들의 소망에 큰 울림을 준다. 우리가 남과 북의 모든 한국인들이 고국이라 부를 수 있고 홍익인간의 사상에 깃든 기본적인 가치들이 그대로 계승되는 새로운 국가를 건설한다면, 세계에서 벌어지고 있는 정체성에 기초한 갈등과 이념갈등 등을 해결하는 획기적인 모델이 될 수 있다. 대부분의 개발도상국들은 식민지배와 분단에서 벗어나고 지독한 가난에서 비약적인 발전을 이룩한 한국의 경험에 공감하고 있으며, 자국의 미래에 대한 희망적인 모델로 보고 있다. 기본적으로 한국의 통일은 성장과 번영의 새로운 모델을 찾고 있는 개발도상국들에게 영감을 줄 뿐 아니라 세계평화에도 이바지할 수 있다.

모든 사람을 위한
비전이 되는 운동

—

통일을 위한 코리안드림 패러다임은 그저 관념이 아니다. 남북한의 역사에서 통일한국을 위해 결성된 최대 규모의 시민 중심 연합체를 움직이는 강력한 비전이다. 2012년 300개의 회원단체들로 결성된 AKU는 2019년에 이르러 회원단체 수가 1,000개에 육박할 정도로 커지면서, 한국인들이 적극적으로 동참하고 하나 되어 코리안드림을 실현해나가는 탁월한 플랫폼이 되었다. 이제 코리안드림 접근방식은 각국의 한인사회로 그 기반을 확장하여 전 세계적인 AKU 운동의 성공을 위한 토대가 되었다.

AKU는 통일의 길을 개척하며 새로운 역사를 써오고 있다. 불과 10년 전만 해도 통일은 우리 사회 시민의 삶에서 뒷전에 밀려 있었다. 그러나 우리는 통일의 필요성과 이점에 관한 흐름을 바꾸기 시작했다. 우리가 여론을 무관심에서 기대로 바꾸고 있다. 한때 통일은 불가능하다고 믿었던 사람들이 이제는 통일이 상상했던 것보다 가까워졌다는 사실을 믿기 시작했다. 코리안드림을 추구하는 모든 사람과 협력자들이 각자 주변 사람들에게 영향을 끼치기 시작한 것이다. 오랜 시간 꾸준히 노력한 덕분에 통일에 대한 일반 시민들의 마음자세가 전반적으로 변화하고 있다.

《코리안드림》이 한국에서 처음 발간된 2014년 이후 우리나라 대통령 후보들은 모두 통일을 지지하는 입장을 취했다. 어떤 이들은 통일을 국가적 최우선 순위에 둔 사람이 박근혜 전 대통령이었다고 잘못 알고 있지만, 실은 박 대통령의 '드레스덴 선언'이 나오기 몇 년 전부터 이 일을 시작한 건 바로 '우리 국민들'이었다. 우리 앞에는 여전히 많은 도전과제가 쌓여 있지만, 앞으로도 계속해서 코리안드림 비전을 명확히 하고 일반 시민들에게 통일의 과정에 동참할 것을 호소하면 더 많은 한국인과 외국인들까지도 통일을 위해 참여할 것이다.

우리는 최근 몇 년 사이에 통일한국에 대한 여론을 바꿔놓은 것이 정부도 아니고 고차원적 계획들도 아니라는 것을 분명히 알아야 한다. 우리의 실천과 노력이 결국 '이 세계에서 우리가 보고 싶은 변화'를 이끌어내는 데 결정적인 영향을 미쳤다는 것을 깨달아야 한다. 우리는 더 이상 외세가 우리의 운명을 좌지우지한다는 생각에 갇혀 있어서는 안 된다. 우리의 현실을 변혁시킬 힘과 책임은 바로 우리 시민들에게 있다는 것을 알아야 한다.

2차 세계대전 종전과 함께 광복을 맞은 지 74년이 되던 2019년 8월 15일, 2만여 명의 코리안드림 활동가들이 일산 킨텍스 컨벤션센터에서 열린 '통일실천 축제한마당'에 참여했다. 내가 알기로 그 당시 킨텍스 컨벤션 홀을 가득 메운 2만여 명은 AKU 활동가들의 일부에 지나지 않았지만, 그들의 뜨거운 참여 열기는 대한민국의 여론을 극적으로 바꿔놓는 계기가 되었다. 운집한 참석자들 앞에서 나는 8·15 광복 기념일 행사가 일본과의 뼈아픈 지난 역사에만 집중되어서는 안 된다고 말했다. 오히려 우리는 앞서간 많은 한국인들이 1919년이나 1945년에 간절히 원했지만 이루지 못한 미래를 건설하기 위해 과거로부터 교훈을 얻어야 한다. 나는 코리안드림이야말로 한국인들이 또다시 상황의 희생양이 되지 않고 우리의 미래를 결정하게 하는 힘을 줄 수 있다고 강조했다.

150만 퇴직 경찰을 대표하는 대한민국 재향경우회는 그 행사를 공동주최한 단체들 중 하나였다. 재향경우회장은 그날 환영사에서 이렇게 말했다. "우리 대한민국 경찰은 임시정부 수립 이후 100년간 우리나라를 안전하게 지키겠다는 맹세를 해왔습니다. 또한 우리는 통일한국의 새로운 시대에 대비하기 위해 함께 일할 준비가 되어 있습니다."

그의 말은 우리도 모두 그럴 것이라는 나의 믿음을 대변한다. 우리는 코리안드림을 실현하기 위해 쏟은 100년이라는 세월의 실체다. 우리 핏속에는 조상들의 희망과 꿈이 흐르고 있는 것이다. 가능한 모든 수단을 동원해 100년의 노력이 결실을 맺도록 하는 것은 이제 우리에게 달려 있다. 고등학생이든 100만 명을 거느린 조직의 지도자든, 우리 모두는 통일한국을 건설하는 데 일조할 수 있다.

3·1운동이 시작된 배경을 좀 더 자세히 들여다보면, 오늘날 우리가 펼치고 있는 운동과 일치한다는 것을 분명히 알 수 있다. 기미독립선언서에 표명된 정신에서 깊은 영감을 얻은 감리교 목사들, 불교 승려들, 대학생들 그리고 일반 시민들은 각자 코리안드림의 주인으로서

자신의 신도들, 제자들, 친구들, 그리고 가족들과 그 꿈을 공유했다. 한 번에 한 사람씩, 세계 전역의 한국인들이 오랫동안 간직했던 새로운 공화국에 대한 희망을 이루기 위해 봉기한 것이다. 그리고 세상을 밝히는 빛이 되고자 하는 자신들의 열망을 실현해줄 새로운 공화국에 대한 희망은 '만세'라는 한마디 말로 표현됐다.

한국사회를 대표하는 2만여 명의 실로 다양한 활동가들이 두 손을 들어올린 채 통일에 대한 염원을 담은 노래를 함께 부르며 통일실천 축제한마당을 마무리했다.

우리의 소원은 통일
꿈에도 소원은 통일
이 정성 다해서 통일
통일을 이루자
이 겨레 살리는 통일
이 나라 찾는데 통일
통일이여 어서 오라!
통일이여 오라!

이 노랫말은 새로운 내일을 건설하고자 하는 희망 속에 과거와 현재를 연결하는 갈망을 표현하고 있다. 나는 8월 15일에 이 노래를 함께 부른 사람들이 나날이 성장하는 우리 운동의 선구자라는 것을 잘 알고 있다. 그들의 마음속에 불붙은 이 비전과 정신은 계속 퍼져나갈 것이며, 주변 사람들에게 영향을 주어 이 운동에 동참하게 만들 것이다. 나는 그날 행사에 참여한 모든 사람에게, 한반도는 물론 전 세계에 있는 모든 한국인에게 코리안드림을 전파할 것을 역설했다.

국제적인 지원을
이끌어내다

—

1919년에 3·1독립운동을 이끈 지도자들과 2차 세계대전이 끝날 무렵 독립적이며 자유로운 통일한국을 수립하려 했던 사람들은 국제적인 지원이 얼마나 중요한지 잘 알고 있었다. 세계 각지에 흩어져 살던 재외동포들은 국제적인 이해 당사자들, 특히 미국과 중국과 러시아의 지원을 이끌어내기 위해 현지에 각종 협회를 설립했다.

1차 세계대전 말기에는 우드로 윌슨Woodrow Wilson 미국 대통령을 만나 그가 주창한 14개 조항의 평화 원칙을 적용해 한국의 민족자결권을 인정해줄 것을 설득하기 위해 대표단이 프랑스 베르사유로 파견되기도 했다. 그러나 그 당시 열강들은 한국 대표단의 독립성을 인정해주지 않았다. 여러 면에서 한국의 노력을 지지해주는 국제적인 공조가 부족했고, 그 결과 한반도에 분단의 씨앗이 뿌려지게 되었다.

우리는 현재 북한이 남한과 미국, 중국, 러시아, 그리고 일본 사이의 불협화음을 자신들에게 유리하게 이용하는 것을 목격하고 있다. 이는 과거 해방 전후의 상황과 같다. 한국인들이 당시처럼 우방들을 하나로 묶는 비전과 종합적인 전략을 제시하지 못하는 상황에서 열강들이 개입한다면 잘못된 역사를 되풀이하게 되어 위기가 고착될 것이다.

나는 한국이 주도하는 통일방식을 적극 지지하지만, 그렇다고 해서 미국의 리더십이 가진 중요성을 과소평가하지도 않는다. 사실 통일 과정을 유도하고 촉진하는 데 미국의 역할은 필수적이다. 우리는 조지 H. W. 부시 미국 대통령이 독일 통일을 위해 취한 접근방식으로부터 좋은 교훈을 얻을 수 있다. 부시 대통령은 동독과 바르샤바 조약기구 내의 국가들에서 일어난 시민들의 민주화운동을 조용히 지원했지만, 미국이 선도하지는 않았다. 그 결과 좀 더 공격적으로 반응할 수도 있었던 구소련을 공개적으로 자극하지 않았다.

만일 오늘날 미국이 그와 비슷한 접근방식을 택해 남북관계 발전에 직접 개입하지 않으면서 한국 주도의 통일을 지원한다면, 미국은 역내의 평화와 발전을 유도하는 촉진자가 될 것이다. 또한 미국은 다른 국가들도 비슷한 접근방식을 취하도록 독려하기 위해 미국이 가진 세계적 영향력을 활용해야 한다.

게다가 만일 미국이 2차 세계대전 종식 후 유럽의 부흥을 위해 실시한 마셜 플랜과 일본의 재건계획처럼 통일한반도 실현을 전략적으로 뒷받침한다면, 미국의 원조와 보호는 국가와 지역에서의 변화가 국민들의 자유의지로써 발현될 수 있도록 계속해서 결정적인 도움을 줄 것이다. 2차 세계대전 이후 유럽과 일본에 대한 미국의 전략적 투자는 오늘날 미국과 전 세계 경제의 번영이라는 큰 이익을 돌려주었다. 통일한국이 가진 엄청난 잠재력과 극도로 역동적인 동북아시아 지역의 중심에 한국이 위치했다는 점을 감안할 때, 나는 남북통일을 위해 초기투자를 할 경우 2차 세계대전 이후 시대의 결실과 같거나 아니면 그것을 상회하는 배당금을 받을 것이라고 믿는다.

'원케이글로벌캠페인'은 통일에 대한 이 같은 접근방식을 국제사회에 호소하는 데 없어서는 안 될 요소가 되었다. 이 캠페인은 헤리티지재단the Heritage Foundation, 동서연구소the East-West Institute, 국제전략문제연구소CSIS 같은 세계적인 싱크탱크들과 협력관계를 맺어 많은 전문가와 정책 입안자들 그리고 시민사회 지도자들이 참여하는 각종 포럼과 컨퍼런스를 주관하고 있다. 한반도 통일의 전망, 시민사회가 주도하는 노력의 중요성, 그리고 한국 주도의 통일 노력을 지원하는 국제사회의 역할 등을 탐구한다.

이 같은 모임들은 한반도 통일에 대한 논의의 방향을 바꾸는 한편, 몽골이나 인도 같은 6자회담 비당사국들의 기여와 시민사회의 중요성에 대한 관심을 불러일으키는 데 큰 역할을 하고 있다. 무엇보다도 이모임들은 비전 중심의 미래 지향적이며 장기적인 관점에서 시급한 문제들을 해결해주는 소중한 플랫폼 역할을 하며, 원칙에 입각한 통일과 국가자결권, 새로운 국제관계의 모델을 가리키고 있다.

미국과 영국 그리고 일본 등지에 살고 있는 많은 한인들이 지금 AKU의 대의에 동참해 한반도 통일과 코리안드림을 지지하고 있다. 미주통일연대는 오랜 세월 이어져온 한미 간의 연대뿐만 아니라 3·1 독립운동과 재미동포들 사이의 중요하고 역사적인 연대에 의지해 통일한국을 위한 강력한 지지를 이끌어내고, 한국과 미국의 동반자 관계를 강화하고 있으며, 또 한인들과 미국인들 사이에 돈독한 우정을 다지고 있다.

일본 AKU는 재일동포사회와 함께 특히 과거의 원한을 극복하는 미래 지향적인 접근방식으로 각종 인권문제와 복잡한 한일관계를 해결하려 애쓰고 있다. 영국에서는 탈북자들이 많이 살고 있는 뉴몰든New Malden 지역의 다양한 한인사회가 코리안드림에서 힘을 얻어 한인 공동체에서부터 남북 간의 분열을 치유하는 효과적인 모델을 만들기 위해 열정적으로 활동하고 있다.

우리는 우간다나 필리핀, 탄자니아, 아일랜드 등 일부를 언급했지만 예상치도 못한 국가들에서 한반도 통일에 대한 깊은 관심과 후원을 발견했다. 홍익인간의 건국이념을 반영하는 국가를 건설하려는 한국인들의 이야기는 우리만의 것이 아니라 대부분의 국가와 국민들의 이야기다. 나는 세계 여러 나라를 방문하면서 모든 국가에는 시대를 초월한 꿈이 있고, 그 꿈은 국민들을 하나로 묶어 그것을 실현하기 위해 함께 노력하게 만든다는 것을 알게 되었다.

내가 2018년 우간다에서 개최된 글로벌피스리더십컨퍼런스에서 연설을 했을 때, 요웨리 무세베니Yoweri Museveni 우간다 대통령은 식민지 시대를 뛰어넘는 새로운 시대를 열고 유서 깊은 가치들을 토대로 지속 가능한 사회경제 시스템들을 개발하자는 나의 메시지에 깊은 공감을 표해주었다. 비전과 가치에 기반한 국가변혁이라는 메시지는 비단 우간다에만 국한되지 않는다. 비전과 가치에 기반한 국가변혁은 한국의 통일문제에도 가장 우선시되어야 한다. 나는 글로벌하게 개최하는 모든 포럼에서 이 이슈를 계속해서 제기해왔다. 이제 한반도 통일문제는 이러한 관점에서 정책 입안자와 전문가뿐 아니라 세계 각지의 지도자들과 사람들 사이에서 매우 적절한 이슈로 부각되고 있다.

한국인들이 오랫동안 지속되어온 냉전의 흔적인 분단문제를 해결하고 세계에 봉사하려는 소망으로 하나 되어 일어설 때, 우리는 모두에게 희망의 등불이 될 수 있다. 그 등불은 정체성에 기반한 이념적·종교적 갈등을 모두 해소하여, 다음 세대에게 평화와 번영의 미래를 안겨줄 것이라는 확신으로 빛날 것이다. 이 모든 것은 단지 꿈이 아니라 실현 가능한 일이다. 오직 코리안드림의 주인들이 필요할 뿐이다.

음악과 문화의 힘

—

AKU 운동에 참여하는 개개인들은 각자 이 운동에 자신만의 독특한 기여를 하고 있는데, 이는 모든 AKU 활동가들이 주인의식을 갖고 있다는 것을 입증해주는 것이다. 통일한국을 만들기 위한 이 운동은 코리안드림을 세계 각지에 사는 한인들의 생활 속에 새롭고 창의적인 방법으로 녹아들게 만드는 회원들의 활약으로 추진되고 있다.

'원케이글로벌캠페인One K Global Campaign'은 AKU 운동이 점차 확대되는 데 지대하게 기여하고 있다. 시민이 주도하는 AKU 운동은 한국뿐만 아니라 세계에 미치고 있는 K-POP의 폭넓은 영향력을 접목시키면서 전 세계적인 캠페인으로 발전하기 시작했다.

한국의 대중음악가들은 오랫동안 미국시장에 접근하기 힘들었지만 2012년경에 이르러 여러 K-POP 스타들에게 충성스런 어린 팬덤이 형성되기 시작했다. 그리고 2019년, 방탄소년단이 미국 '빌보드 200' 차트 정상에 오르면서 K-POP 스타들의 인기는 미국의 각 가정까지 파고들었다. 미국 젊은이들이 K-POP 스타와 그들의 노래에 열광하는 것을 보면, 미국 역사에서 인기 있는 음악가들이 전쟁 종식 등 특정 대의를 위해 자신의 재능을 활용했던 시대가 생각난다. 스스로 자신의 영향력을 느꼈는지 어땠는지는 모르겠지만, 미국의 대중가수들과 작곡가들은 베트남전의 종식에 지대한 영향을 미쳤다. 음악의 힘을 통해 반전 정서를 전달함으로써 그들은 자신이 믿는 대의에 대중의 강력한 지지를 모을 수 있었으며, 그 결과 전쟁의 종식에 기여할 수 있었던 것이다.

그 같은 역사에서 교훈을 얻어 우리는 '원케이글로벌캠페인'을 시작했으며, 한국 엔터테인먼트 업계에서 유명한 가수, 작곡가, 작사가, 프로듀서 등의 인기를 활용했다. 그들과 코리안드림을 공유하자 많은 사람들이 고무되어 자신의 재능을 의미 있는 일에 활용하고자 했다. 그리고 음악과 예술과 문화를 통해 코리안드림을 널리 알리려는 이 같은 노력에 점점 더 많은 스타가 동참하고 있다. 전 세계적으로 K-POP 열풍을 불러일으킨 방탄소년단과 싸이 같은 유명 아티스트 외에도 EXO, 샤이니, 씨엔블루, 아스트로 같은 인기 있는 남자 아이돌 그룹과 모모랜드, 레드벨벳, AOA 같은 여자 아이돌 그룹, 그리고 양파, 김조한, 하성운 같은 솔로 가수들이 그런 아티스트들이다. 작곡가 김형석과 작사가 김이나는 팀을 이뤄 이미 두 차례나 통일한국을 염원하는 노래들을 만들어냈다.

첫 번째 통일의 노래인 〈원드림 원코리아One Dream One Korea〉는 아주 창의적인 공동작업으로 시작되었다. 2015년 10월 서울 상암 월드컵경기장에서 개최된 '원케이콘서트One K Concert'에서 30명이 넘는 K-POP 아티스트가 4만여 명의 젊은 관객들 앞에서 그 노래를 불렀으며, 이 모습은 SBS 텔레비전으로 전국에 방송됐다. 이후 이 노래는 통일을 주제로 한 노래들이 주를 이루는 완전히 새로운 장르의 K-POP을 만들어냈다. 그리고 몇 년 뒤인 2018년 남북정상회담 판문점 환송행사 때 이 노래가 불리며 〈원드림 원코리아〉는 전 세계적으로 잘 알려지게 된다.

'원케이 글로벌 캠페인'은 한국 내에서 상당한 반향을 일으킨 뒤 빠른 속도로 해외로 퍼져나가 한국계 호주 아티스트인 임다미, 필리핀 출신의 유튜브 스타 사브리나Sabrina와 젠디Zendee 등 세계적인 유명 가수와 작곡가, 프로듀서들이 이 캠페인에 동참하게 된다. 이렇게 2015년 서울 상암 월드컵경기장에서 시작한 '원케이콘서트'는 2017년 필리핀에서 열린 데 이어 2019년에는 대한민국 민의의 전당인 국회의사당 잔디마당에서 열려 전 세계에 방송되었고, 한반도 통일과 세계평화의 메시지로 수백만 명의 마음을 울렸다.

필리핀에서 열린 '원케이콘서트'는 특별한 의미를 지닌다. '한류'와 젊은 뮤지션들, 그리고 아시아 전역의 젊은 팬들을 서로 연결해, 그들로 하여금 한국문화를 접하고 통일의 대의에 동참하도록 했기 때문이다. 그들의 노래는 저 멀리 브라질과 케냐를 비롯해 전 세계 수백만 K-POP 팬들에게 다가갔으며, 그들 역시 한반도의 평화적 통일을 적극 지지했다. 필리핀에서는 '원케이콘서트'에 참석한 만여 명의 다국적 K-POP 팬들이 "원드림, 원코리아, 원월드One Dream, One Korea, One World"를 외치는 감동적인 일도 벌어졌다.

이처럼 여러 가지 면에서 볼 때, 한반도 통일에 대한 전 세계적인 지지는 한국이 세계평화에 얼마나 중추적인 역할을 하고 있는지 확인시켜준다. 그것은 그래미상을 5회나 수상한 음악 프로듀서 분야의 거장 지미 잼Jimmy Jam과 테리 루이스Terry Lewis가 뉴욕의 UN 본부 총회장에서 열린 '국제청년지도자총회International Young Leaders Assembly'에서 행한 연설에 잘 나타난다. "한국의 통일은 인류가 서로의 차이점에도 불구하고 하나가 될 수 있으며, 더 나아가 세계평화를 이룰 수 있다는 희망을 보여줍니다. 그리고 이것이야말로 모든 사람이 지지할 수 있는 일입니다."

우리의 통일운동은 음악 외에 다큐멘터리 분야에도 영향을 끼쳐, 한국의 주요 지상파 방송국인 MBC와 SBS가 코리안드림과 관련된 다큐멘터리를 방송했다. 또한 한국미술협회는 남북한 예술가들의 작품을 소개하는 데 중점을 두어 대한민국미술축전을 코리안드림에 대한 사람들의 인식을 높이는 플랫폼으로 활용하기도 했다. 그리고 모두 언급하기 힘들 만큼 많은 프로젝트와 활동들이 있지만 벽화나 예술품, 노래, 봉사활동, 교육 및 창업 프로그램, 문화관광 같은 것들이 바로 일반 시민들이 코리안드림을 생활 속에서 실천하고 있는 예들이다.

행동 개시 요구

—

2019년은 한국인들에게 아주 중요한 해였다. 3·1독립운동 100주년이자 일본의 식민지배로부터 해방된 지 74년이 되는 해였다. 나는 지금 우리가 3·1독립운동이나 해방처럼 가능성과 희망으로 가득 찬 역사적인 전환점의 문턱에 서 있다고 믿는다. 오늘날 코리안드림이 이루어질 가능성은 거의 손으로 만질 수 있을 만큼 가까이 다가와 있다.

100년 전 우리 조상들은 기미독립선언서를 쓰면서 그 안에 코리안드림을 담았다. 그분들이 표현한 꿈은 3·1독립운동이라는 대중운동 속에 그대로 드러났으며, 한반도는 물론이고 전 세계에 흩어져 살던 한인들까지도 거리로 나와 항거하고 독립운동에 나서게 만들었다. 그로부터 20년 넘는 세월이 흐른 뒤 해방이 되면서 또다시 좋은 기회가 찾아왔다. 그러나 우리는 민족의 운명을 스스로 결정짓지 못했고, 결국 지난 70여 년간 치열한 이념갈등에 빠지게 되었다.

비록 100년이 흘렀지만 우리는 대가족문화의 미덕에 그 꿈을 담아 상부상조하고 전체를 위해 살아야 할 운명이라는 가치체계를 자손들에게 심어주면서 코리안드림을 간직해왔다. 홍익인간의 정신은 그렇게 우리의 가족 안에 생생히 살아 있다. 따라서 우리는 언제든 코리안드림의 주인이 되어 일어설 준비가 되어 있는 것이다. 이제 남은 건 우리 안에 내재된 코리안드림의 불씨를 되살리는 일뿐이다.

각자가 주인의식을 갖고 행동하기만 한다면 그 꿈은 당장이라도 이루어질 수 있다. 지금 우리 앞에 1919년 또는 1945년과 비슷한 기회가 왔다. 하지만 지금 우리에게는 AKU 주도하에 남북한의 한국인은 물론 세계 각지에 흩어져 살고 있는 한인들까지 힘을 합치는 강력한 운동이 있다. 그리고 국제사회도 코리안드림의 실현을 도울 준비가 되어 있다.

반드시 우리 한국인들이 주도해야 한다. 우리는 분열을 조장하는 허식들과 우리를 갈라놓는 외세의 입김을 차단하고 공통의 정체성을 되찾아야 한다. 지난 70여 년간 지속되어온 분단상황에도 한국인은 모두

한 가족이요, 한 민족이라는 사실을 부정할 수 없다. 우리는 건국 이래 추구해온 하나의 열망과 하나의 정체성을 공유하고 있다.

역사학도인 나는 국민들이 숭고한 대의를 중심으로 뭉쳤을 때 변화를 일으키는 힘이 있다는 것을 잘 안다. 한국인의 경우에는 정말 그렇다. 한국 역사에서 일어난 중요한 변화들은 모두 국민이 주도했다. 20세기 최초의 비폭력 시민저항운동을 전개한 원동력은 바로 한국 '국민의 힘'이었다. 전쟁의 폐허 속에서 나라를 가난에서 건지고 경제 기적을 이룬 것도 하나 된 국민의 힘이었고, 정부를 압박해 군사독재를 무너뜨리고 진정한 현대적 공화국을 만든 것도 국민의 힘이었다. 공통의 목표 아래 하나로 뭉치면 그 어떤 고난도 이겨내고 그 어떤 장애물도 극복해내는 게 한국 국민이다.

이 책 서두에서 나는 꿈이 가진 힘에 대해 칭기즈 칸이 했던 심오한 말을 인용했다. 많은 사람들이 같은 꿈을 공유하고 같은 비전을 품으면 세상을 변화시킬 수 있다. 한반도에는 아직 해결해야 할 힘겨운 도전이 산적했고, 그중 일부는 극복 불가능해 보이지만, 나는 지금 우리가 모든 것을 변화시킬 수 있는 중요한 변곡점에 서 있다고 확신한다. 감당하기 어려운 차이와 장애물들을 극복하기 위해 가장 필요한 것은 모든 것을 포용하는 큰 비전이다. 그리고 최고의 이상들을 실현할 나라, 통일한국으로 이끄는 비전이 바로 코리안드림인 것이다.

우리 모두 지난 비극의 굴레를 벗어나 한국인의 열망과 가치가 반영된 국가를 건설하는 과업에 동참할 것을 결의하자. 그렇게 함으로써 우리는 식민지주의를 깨끗이 청산하고 냉전의 마지막 흔적을 지우며 민족자결과 더불어 우리나라와 동북아 지역과 세계의 발전을 이루는 새로운 시대를 여는 국가변혁의 새로운 모델을 창조하자.

3·1독립운동의 정신을 이어받은 코리안드림 운동은 우리 시대의 새로운 독립운동이 될 것이다. 이 장의 서두에서 인용한 넬슨 만델라의 말, "어떤 일이든 그것이 이루어지기 전까지는 항상 불가능해 보인다"는 말처럼 나는 이제 모든 한국인에게 세계 각지에 있는 우리의 친구들, 지지자들과 함께 우리 조상들과 똑같은 결의를 가지고 이 숭고한 이상을 실현하는 주인이 되어주기를 진심으로 요청한다. 우리 조상들이 직면했던 그때의 현실과는 달리, 오늘날 우리는 홍익인간 사상에 입각한 국가 모델을 창조해야 하는 우리 민족의 운명을 완성할 수 있다. 이 역사적인 운동에 모두 동참하여 널리 인류를 이롭게 할 통일한국을 건설하는 코리안드림을 함께 실현하자.

저자 소개

문현진 의장은 홍익인간의 이상을 중심으로 한 통일운동을 이끌고 있다. 그는 국내외를 막론하고 모든 전문가가 남북통일은 불가능하다고 보았던 2010년에 '코리안드림' 구상을 발표했다. 이 구상은 '통일을실천하는사람들 AKU'을 선봉으로 전 세계적인 운동을 불러일으켰다. AKU는 남북통일을 위해 힘쓰는 단체 가운데 가장 큰 민간조직으로서, 수천 명의 시민과 연대하여 공통의 역사와 열망에 기반한 평화통일을 위해 자발적인 활동의 장을 마련한다. 현재 AKU에는 1,000개 이상의 NGO 단체가 소속되어 있으며, 해외동포들과도 연대하기 위해 미국, 일본, 영국에 지부를 두고 있다.

문 의장은 4대에 걸쳐 한국의 독립과 발전에 지대한 역할을 한 집안에서 태어났다. 18세 때인 1988년, 서울 올림픽에 한국 국가대표 경마선수 가운데 최연소 기수로 참가했다. 4년 후인 1992년, 스페인 바로셀로나 올림픽에도 한 번 더 국가대표로 출전해 청와대로부터 국가에 봉사했음을 인정받았다.

선수활동을 마친 후에는 저명한 역사학자인 케네스 T. 잭슨Kenneth T.

Jackson 교수의 지도하에 컬럼비아대학교 역사학과를 우수한 성적으로 졸업하며 한국전쟁 시기에 관한 졸업논문을 썼다. 이어서 하버드대 경영대학원 MBA에서 학위를 받았고, 그 외 미국 통일신학대학원 종교교육학 석사, 브라질 우니 안항게라대학 명예박사, 선문대 명예박사 학위가 있다.

문 의장은 삶의 대부분을 선친이신 고故 문선명 총재와 함께 한국의 경제 발전과 전 세계 인도주의적 사업에 공헌하는 국제적 기반을 구축하는 데 헌신했다. 1991년, 문선명 총재는 역사를 바꾸는 북한 방문을 통해 김일성 주석과 회담한 최초의 민간인으로 기록되었다. 이 역사적인 회담은 이산가족 상봉의 길을 열었을 뿐만 아니라, 남북 경제교류와 관광사업이 시작될 수 있도록 했다.

선친이 국제사회에 북한의 문을 연 지 10년이 되던 지난 2001년, 문 의장은 전 세계 낙후된 지역에 자원봉사자들을 보내 지속 가능한 지역사회 개발 프로그램을 운영한다는 계획으로 국제 비영리 단체인 '서비스포피스SFP'를 설립했다. 이는 남북한 주민들이 참여하는 공동 프로젝트 추진을 위해 북한 입국이 허락된 최초의 자원봉사단체로서 UN 경제사회이사회로부터 특별협의지위를 획득했다.

또한 문현진 의장은 전 세계에 리더십 개발과 인도주의적 활동가로 잘 알려져 있다. 깊은 신앙심과 뚜렷한 신념을 가진 문 의장은 평화를 실현하는 가장 중요한 요소로 인류 보편적인 영적인 원리와 가치를 바탕으로 한 도덕적이고 혁신적인 리더십을 꼽는다. 이러한 신념을 토대로 그는 30년 이상 세계 평화를 위해 노력하고 국가변혁의 청사진을 제시하며, 가정문화의 중요성을 강조하는 한편, 종교적 극단주의를 포함해 정체성에 기반한 갈등을 해소하는 활동을 꾸준히 해왔다. 새천년에 들어서며 그는 선친과 함께 '천주평화연합UPF'을 통해 국가와 종교를 초월한 평화운동을 펼쳤다. 보편적인 원리와 공통의 가치를 수용하는 지도자들과 세계적인 네트워크를 형성하고, 인류가 직면하고 있는 심각한 난제들을 다룰 평화대사들과의 협업이 이러한 활동에 속한다.

2009년, 문현진 의장은 '글로벌피스재단GPF'을 설립했고 현재 세계의장으로 활동하고 있다. GPF는 UN 경제사회이사회 특별자문단체이자 UN 공보국 협력 비정부기구로서 20개국 이상에서 활약 중이다. '하나님 아래 한 가족의 비전'이라는 인류 보편적 가치에 기반하여 평화구축을 목표로 혁신적인 접근법을 실행한다. GPF는 비전에 공감하는 파트너들과의 네트워크를 계속 확장하는 한편, 공동체가 스스로 주도하는 효율적인 평화구축 모델을 만들었다. 이 모델은 전 세계 종교에서 만성적으로 발생하는 정체성에 기반한 갈등을 해소하는 데 주력한다.

GPF는 아프리카에서 2008년 케냐 대통령 선거 직후 벌어진 폭동사태를 중재했으며, 건국이념의 중요성을 각인시키며 새 헌법을 마련하고 비준하는 데 협력해 없어서는 안 될 존재로 인정받고 있다. '하나님 아래 인류 한 가족' 캠페인은 나이지리아에서도 갈등이 극심한 지역에서 괄목할 만한 효과를 거둠으로써 국제적인 환호를 받았으며, 다른 많은 지역에서도 성공을 거뒀다.

GPF는 미국에서 폭력적인 극단주의와 혐오범죄를 방지하기 위해 연방정부와 주정부, 그리고 현지의 기관들과 힘을 합쳐 평화구축 노력을 펼친다. 아시아에서는 보편적인 비전과 영적인 원리로 세대와 교파를 아우른 초

종교 리더십의 강력한 네트워크를 구축했다. 이를 통해 새천년평화축제, 지구촌청년정상회의, 그리고 평화와 개발을 보장하는 '올라이츠빌리지Alllights Village' 캠페인 같은 혁신적인 사업을 벌였다. 또한 유럽을 평화의 허브로 만들어 전 세계 분쟁지역의 지도자들이 직면했던 어려움과 성공 사례를 나누는 한편, 비전과 혁신을 모색하고 성공의 경험을 공유하도록 돕는다.

남미, 특히 파라과이에서 GPF는 인류 보편적 원칙과 가치에 기반한 도덕적이고 혁신적인 리더십이 이끄는 국가변혁에 중요한 역할을 했다. 문 의장은 파라과이의 싱크탱크인 IDPPSInstituto de Desarrollo del Pensamiento Patria Sonada와 남미 12개국 전직 대통령들의 연합인 LAPMLatin America Presidential Mission의 사례와 같이 굿 거버넌스, 사회통합, 그리고 지속 가능한 개발을 촉진하는 주요 단체들을 설립하는 데 앞장서왔다.

2017년, 문 의장과 그의 아내 문전숙 회장은 '가정평화협회FPA'를 창설했다. FPA는 개인과 가정, 그리고 단체와 연대하여 평화세계의 기반으로서 하나님 중심의 가정을 장려, 양성하는 운동을 펼친다. 자애로운 남편이자 아버지인 문 의장은 줄리아드 음대에서 피아노를 전공한 아내 문전숙 회장과 30년 넘게 결혼생활을 이어오고 있다. 아내 문전숙 회장은 '글로벌피스우먼GPW' 의장으로도 활약 중이다. 문 의장 내외는 슬하에 9명의 자녀를 뒀으며 현재 4명의 손주가 태어났다. 특히 자녀 중 2명이 미 육군사관학교를 졸업했고, 또 한 자녀가 현재 이 학교에 재학 중이다.

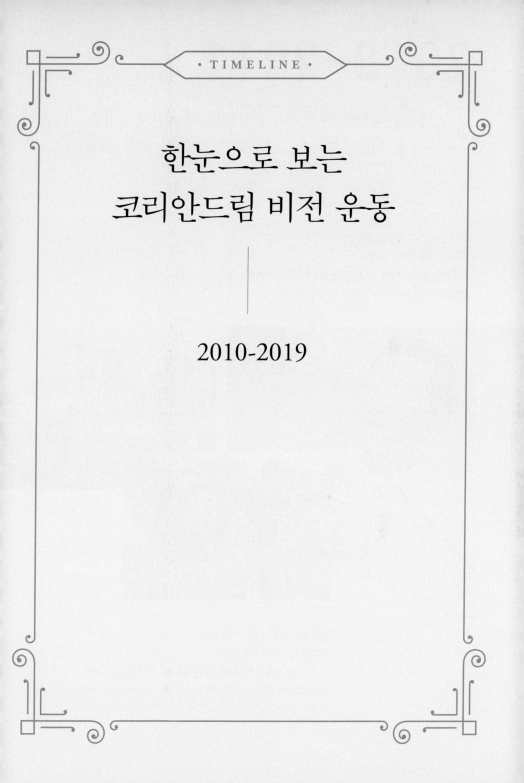

한눈으로 보는
코리안드림 비전 운동

2010-2019

2010-2011

"우리는 통일한국이 어떤 나라가 되어야 하는지 명확한
비전이 필요하고, 그것을 함께 이루기 위해 헌신해야 합니다."

글로벌피스리더십컨퍼런스
2010년 10월 | 대한민국 서울

G-20 정상회의 직전에 개최된 이 회의는 현존하는 난관 이면에
통일한국이 전 지구촌에 가져다줄 이익에 초점을 맞추었다.

글로벌피스리더십컨퍼런스
2011년 8월 | 몽골 울란바토르

전문가들은 새롭고 혁신적인 민간운동을 통해 남북통일을 보장하기 위한
새 방법을 모색했다. 문현진 의장은 몽골 지도자들에게 한반도에서
중요한 평화의 중재자가 되어줄 것을 촉구했다.

남북관계가 단절되는 회의적인 분위기 속에서도 문현진 의장은 통일한반도의 비전으로 코리안드림을 제시하고 남북통일을 전 세계적인 의제로 만들었다. 누구나 공감할 수 있는 전략을 구사하면서 문 의장은 주변국과 국제적인 우호세력의 지지를 받는 풀뿌리운동이 이끄는 한민족 주도의 통일이 되어야 한다고 촉구했다. 김정일이 죽고 김정은이 후계에 오르자 북한의 미래에 대해 다양한 추측과 함께 역내 불안정성이 커졌다.

글로벌피스컨벤션 2011
2011년 11월 | 대한민국 서울

문현진 의장은 자유와 인권이 존중되며 세계평화에 기여하는 새로운 통일국가 실현이라는 큰 꿈을 가질 것을 요청하면서 '코리안드림'이라는 표현을 처음 사용했다. 그는 도덕적이고 혁신적인 리더십을 체화한 새로운 통일한국을 이뤄 다음 세기를 맞자고 제안했다.

김정일의 사망과 김정은의 등장
2011년 12월

북한 지도자 김정일이 심장마비로 사망했다. 김정은이 한반도의 미래에 새로운 불확실성을 더함으로써 국제사회의 관심이 고조되었다.

2012

"이 시대의 난제들을 해결하기 위해서는 영적 원리에 기반한
통일한국을 위한 풀뿌리운동이 시급히 요구된다."

통일기부서약 캠페인 시작
2012년 5월 | 대한민국 서울 국회 본회의장

온라인 서명운동을 통해 시민들에게 물었다:
"나는 통일을 위해 무엇을 할 수 있는가?"

'통일을실천하는사람들' 출범
2011년 7월 | 대한민국 서울

300개 이상의 시민단체를 대표하는 리더들이 최초로 범민족적인 비전에
기초한 통일을 향해 공동으로 노력하고자 단체를 출범시켰다.

남북통일을 위한 공동의 비전을 펼치기 위해 300여 개 NGO 단체로 구성된 '통일을실천하는사람들 (AKU)'이 출범했다. AKU는 서울 여의도에서 1만 명 이상의 시민들이 참석한 가운데 통일실천 축제한마 당을 개최했다. '생활형 통일운동'을 시작해 한민족의 모든 구성원이 일상생활에서 통일을 위한 행동을 한 가지씩 실천하도록 촉구했다.

통일실천 축제한마당
2012년 8월 | 대한민국 서울 여의도

문현진 의장은 1만여 청중을 향해 '코리안드림'이 한민족 의 비전이자 통일을 위한 비전이라고 설파했다.

글로벌피스리더십컨퍼런스
2012년 8월 | 대한민국 서울

한국과 전 세계에서 모인 전문가들과 평화운동가들이 통일의 비전을 이끌고 시민이 주도하는 운동의 필요성에 대해 토론했다.

2013

"한국인이면 누구나 크건 작건 통일에 기여할 수 있다."

역사문화탐방

탐방 프로그램은
한국의 전통, 예절, 문화를
통해 고국과 해외의
한민족을 연결해준다.

국제 스포츠, 문화축제

외국인 유학생들과
함께하는 축제를 통해
한국의 문화와 통일문제에
관심을 갖게 한다.

천원의 기적

모금운동을 통해 북한
어린이들에게 제공할 빵을
만드는 데 지원하고 있다.

코리안드림 탁구대회

탈북민들과 외국인 체류자들이
지역사회의 시민들과
어울리는 기회를 제공한다.

생활형 통일운동은 통일이라는 주제에 남녀노소 누구나 참여시킴으로써 큰 바람을 일으켰다. 창조적이고 자발적인 다양한 활동을 통해 통일문제에 대한 일반 시민들의 관심을 높였다.

경제자문

지역사회의 기업인들이 탈북민들을 돕기 위해 취업정보와 생활에 필요한 기술을 제공한다.

통일공감 토크콘서트

소견 발표, 연주, 토론 등으로 이루어진 대학생 중심의 이 프로그램은 청년들 사이에 통일에 대한 논의를 촉진한다.

해외 봉사

올라이트빌리지 프로젝트와 같은 해외 봉사활동을 통해 베푸는 삶의 가치를 전파한다.

코리안드림 아카데미

주말교실을 개설해 학생들에게 분단의 역사와 통일에 대한 전망을 교육한다.

2014

"통일을 열망하는 모든 이들을 위한 교과서."

원코리아국제포럼
2014년 10~12월 | 미국 워싱턴 D.C.

일련의 포럼에서 통일과 관련하여 시민사회, 6자회담, 그리고
몽골을 비롯한 다른 국가들의 역할에 대해 다루었다.

《코리안드림 :
통일한반도의 비전》
한국에서 출간

GPF, 최우수 NGO상 수상
2014년 12월 | 대한민국 서울

글로벌피스재단이 '통일을 실천하는 사람들'의 활동과 관련하여
한국의 시민사회단체들이 선정하는 최우수 NGO로 인정받았다.

'2014 올해의책' 선정

대한민국 출판문화예술대상에서
문현진 의장의 저서 《코리안드림》이
사회 분야 올해의 책으로 선정됐다.

문현진 의장은 저서 《코리안드림 : 통일한반도의 비전》에서 통일의 비전과 틀을 명확히 밝혔다. 그의 저서는 '올해의책'으로 선정됐다. 글로벌피스재단은 AKU와 함께 획기적 성과를 인정받았으며, 미국 국제전략문제연구소와 함께한 포럼을 통해 국제사회에서 비전을 제시하기 위해 노력했다.

글로벌피스리더십컨퍼런스
2014년 9월 | 대한민국 서울

통일에 대한 비전 중심의 접근을
지원하기 위해 저명한 싱크탱크 및
시민단체와 국제 파트너십을 구축했다.

글로벌피스컨벤션 2014
2014년 12월 | 파라과이 아순시온

문현진 의장은 파라과이와 한국의 발전과정을 비교하며
국가변혁에서 도덕적이고 혁신적인 리더십의 중요성을 강조했다.

2015

"모두가 함께 꿈을 꾼다면 그것은 현실이 된다."

《코리안드림 :
통일한반도의 비전》
일본어판 출간

원코리아포럼
2015년 1~7월 | 미국 워싱턴 D.C.

이어진 포럼에서 한국 시민사회에서의 일본, 중국,
러시아의 역할에 대해 논의했다.

광복 70주년 행사
2015년 8월 | 한국, 미국, 중국, 일본

전 세계에서 통일의 노래
〈원드림 원코리아〉 제작 발표와
함께 기념식을 가졌다.

제1회 글로벌피스경제포럼 & 통일 및 시민사회포럼
2015년 10월 | 대한민국 서울

문현진 의장은 기조연설을 통해 공공 분야와 민간 분야의
국제 지도자들에게 경제포럼의 필요성과 시민사회의
참여를 독려했다.

원케이캠페인은 청년들을 참여시키고 음악과 대중문화를 통해 통일에 대한 인식을 확산하기 위한 플랫폼으로 꾸려졌다. 이 캠페인을 시작하며 광복 70주년을 기념한 노래 〈원드림 원코리아〉가 발매됐다. 제1회 원케이콘서트가 4만여 명의 팬이 모인 가운데 서울 상암 월드컵경기장에서 열렸다. AKU 회원은 930개 시민사회단체로 확대됐다.

〈원드림 원코리아〉 뮤직비디오 발표
2015년 8월

30여 명의 K-POP 가수, 여야 정당의 김무성·문재인 당대표, 그리고
통일부장관이 참여한 뮤직비디오 조회수가 한국과 해외에서
수백만 회에 이르렀다.

제1회 원케이콘서트, 상암 월드컵경기장
2015년 10월 | 대한민국 서울

4만여 명의 K-POP 팬들이 통일한국의 비전을 알리는 콘서트를 보기 위해
서울 월드컵경기장에 구름처럼 모여들었다. 출연 가수들이 모두 나와
〈원드림 원코리아〉를 함께 부르며 콘서트의 대미를 장식했다.

2016

"한반도의 오랜 숙제를 해결하기 위해서는
국제적인 협조와 지지가 요구된다."

원코리아포럼
2016년 7월 | 미국 존스홉킨스대학, 워싱턴 D.C. 연방의회 회관

미국의 수도 워싱턴에서 정상의 국제 전문가들과 연방의회 의원들이
원코리아포럼에서 시민단체 지도자들과 자리를 같이했다.
이 포럼은 존스홉킨스대학 국제학부와 공동으로 주관했다.

원케이글로벌캠페인 출범
2016년 8월 | 미국 뉴욕, 국제청년지도자회의

AKU 공동의장은 뉴욕에서 전 세계의 청년지도자들과 함께 글로벌 캠페인을
출범시켰다. 지미 잼과 테리 루이스는 이 자리에서 미국, 한국, 필리핀, 그리고
호주의 정상급 가수들과 함께 노래 〈코리안드림〉 제작 계획을 발표했다.

원코리아 캠페인은 뉴욕 UN 본부에서 UN의 다양한 부서들과 함께 주관한 국제청년지도자회의에서 원케이 글로벌 캠페인을 출범시킴으로써 한국이 주도해온 통일 노력에 대한 국제적인 지지를 확산시켰다. 원코리아포럼은 지속적으로 열리고 있다.

《코리안드림 : 통일한반도의 비전》
영어판 출간

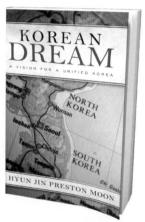

글로벌피스리더십컨퍼런스
2016년 12월 | 대한민국 서울

이 회의는 남북이 직면한 난제들을 풀기 위한 도덕적이고 혁신적인 리더십을 촉구했다.

2017

원드림, 원코리아, 원월드

글로벌피스컨벤션 2017 & 글로벌피스경제포럼 2017
2017년 2월 | 필리핀 마닐라

문현진 의장은 아시아 국가들과 한반도 내에서 평화와 개발의 모델을
만들기 위한 도덕적이고 혁신적인 리더십을 촉구했다.

원케이글로벌피스콘서트 2017
2017년 3월 | 필리핀 마닐라

"큰 꿈을 꿀 준비가 되었습니까?" 문현진 의장은 청중들에게 세계평화의
꿈을 함께 꾸자고 독려했다. 싸이와 샤이니를 비롯한 정상급 인기 가수들이
'원드림, 원코리아, 원월드'를 외쳤다.

코리안드림은 필리핀 마닐라에서 열린 글로벌피스컨벤션 2017과 원케이글로벌피스콘서트 2017로 세계적인 주목을 받았다. 이 콘서트에는 1만여 명의 관객이 참여했으며, KBS 월드 채널이 20여 개국에 중계했다. 북한 핵무기에 대한 긴장이 고조되자 문재인 대통령은 먼저 통일에 초점을 맞춰 장기적인 해결책을 주장했다.

원코리아국제포럼
2017년 7월, 11월, 12월 | 대한민국 서울, 미국 워싱턴 D.C.

이 포럼에선 북한의 핵 도발로 발생하는 예측 불허의 상황에 대해 다루었다. 문현진 의장은 통일을 위한 장기적인 목표를 통해 이 문제를 보다 나은 방향으로 해결하기 위한 국제 공조를 촉구했다.

〈코리안드림〉 뮤직비디오 공개
2017년 8월

팝 프로듀서계의 거장 지미 잼과 테리 루이스가 작사·작곡한 〈코리안드림〉 뮤직비디오와 음반은 한국계 호주 가수인 임다미, 미국 가수 피보 브라이슨, 필리핀 가수 사브리나, 그리고 한국 가수 정동하가 노래했다.

대북제재 국제공조
북한의 전통적인 우방이었던 중국과 러시아가 참여한 가운데 비핵화를 위해 북한 정권에 대한 전례 없는 제재가 가해졌다.

2018

"지금은 명확한 비전과 현명한 리더십,
과감한 행동이 요구되는 시점이다."

2018 미 국방정보국 추천도서 선정
2018년 3월 | 미국

문현진 의장의 저서 《코리안드림》이 미 국방정보국이
추천하는 국제정세분석 분야 추천도서에 선정됐다.

3·1운동 100주년위원회
2018년 8월 | 대한민국 서울

원케이 글로벌 캠페인 협의단체들이
1919년 대한독립운동 100주년을
기념하기 위한 위원회를 구성했다.

원코리아국제포럼
몽골 | 일본 | 우간다 | 인도 | 아일랜드 | 미국

AKU와 협의체들이 남북한의 이슈에 미래지향적
접근법을 촉구하기 위해 전 세계에서 포럼을 개최했다.

《코리안드림 : 통일한반도의 비전》
한국에서 개정판 출간

드라마 같은 변화로 북한이 협상 테이블에 나왔다. 문현진 의장은 한국 정부와 국제사회에 조심스럽게 발을 내디디며 궁극적으로는 코리안드림을 완성한다는 통일의 목표 아래 장기적인 안목을 견지해야 한다고 말했다. 한민족이 주도하는 비전 중심의 통일운동을 위한 노력에 국제적인 지지를 모으기 위해 전 세계 곳곳에서 국제포럼을 개최했다.

남북통일을 위한 연대 구성
2018년 12월 | 미국 워싱턴 D.C.

코리안드림의 실현을 지지하는
재미 한인단체와 개인들이 연합하여
남북통일을 위한 연대를 구성했다.

원코리아국제포럼
2018년 12월 | 미국 워싱턴 D.C. 카네기연구소

문현진 의장은 한반도 정세에 대해 통찰력 있는
분석을 내놓으며 한민족이 주도하는 전략적인
통일의 구상에 국제적인 지지를 강력히 요청했다.

동계올림픽
2018년 2월 | 대한민국 강원도 평창

남북한 선수들이 선린우호의 의지와 미래 협력의 징표로서 동계올림픽에 단일팀으로 출전했다.

남북정상회담
2018년 4월, 5월, 9월 | 판문점, 평양

남북정상회담은 통일에 대한 희망을 불러일으켰다. 그러나 통일된 나라의 모습에 대한 근심 또한 커졌다.

1차 북미정상회담
2018년 6월 | 싱가포르

북한과 직접 대화하겠다는 미국의 결정은 역내 다른 역할자들의 대응을 불러왔고 국제적인 제재를 약화시켰다.

2019

"코리안드림을 실현함으로써 새로운 내일에 불꽃을 점화하는
변화의 주자가 된다는 것은 애국심 있는 한국인으로서
우리의 소명이자 운명입니다."

글로벌피스컨벤션 2019
2019년 2~3월 | 대한민국 서울

세계의 지도자들이 남북통일의 문제와 기회에
대해 토론했다. 문현진 의장은 명확한 비전을
제시하며 과감한 리더십을 보여주었다.

3·1운동 100주년 기념 원케이콘서트
2019년 3월 | 대한민국 서울 국회의사당 광장

국회의사당 광장에서 이런 형식으로는
사상 처음 개최된 콘서트가 SBS를 통해 전 세계에
방영되었다. 문현진 의장은 3·1운동이 불어넣어준 꿈을
실현하기 위해 한민족 전체가 나설 것을 촉구했다.

3·1운동 100주년을 기념하는 캠페인과 행사는 통일한국의 비전에 대해 공감대를 형성하는 것으로 1919년 독립운동에 영감을 준 홍익인간에 기반한 꿈과 다르지 않다. 지난 100년간 한민족은 "독립적이고 자유롭고 통일된" 국가 건설이라는 숙명을 이룰 수 있었던 그 기회를 결코 잊은 적이 없다.

통일실천 축제한마당
2019년 8월 | 대한민국 서울

코리안드림을 실천하는 2만여 명의 활동가가 일산 킨텍스 컨벤션센터에서 지난 100년의 꿈을 조금이라도 앞당겨 이루겠다고 다짐했다.

원코리아국제포럼
2019년 8월 | 대한민국 서울

광복 74주년을 맞아 문현진 의장은 전 세계의 한민족이 코리안드림의 주인이 될 것을 당부하며 통일을 위한 한민족의 노력에 지지를 보내달라고 국제사회에 촉구했다.

코리안드림 : 통일한반도의 비전 (센테니얼 에디션)

2020년 8월 17일 초판 1쇄 발행

지은이 · 문현진
펴낸이 · 정법안 | 경영고문 · 박시형

책임편집 · 손현미 | 디자인 · 최윤선, 정효진
마케팅 · 양근모, 권금숙, 양봉호, 임지윤, 조히라, 유미정
경영지원 · 김현우, 문경국 | 해외기획 · 우정민, 배혜림 | 디지털콘텐츠 · 김명래

펴낸곳 · 마음서재 | 출판신고 · 2006년 9월 25일 제406 - 2006 - 000210호
주소 · 서울시 마포구 월드컵북로 396 누리꿈스퀘어 비즈니스타워 18층
전화 · 02 - 6712 - 9800 | 팩스 · 02 - 6712 - 9810 | 이메일 · info@smpk.kr

ⓒ 문현진 (저작권자와 맺은 특약에 따라 검인을 생략합니다)
ISBN 979-11-6534-214-2 (03300)